Prisión y alternativas en el nuevo Código Penal tras la reforma 2015

Jon-Mirena Landa Gorostiza
(Director)
Enara Garro Carrera
Miren Ortubay Fuentes
(Coordinadoras)

Prisión y alternativas en el nuevo Código Penal tras la reforma 2015

Jon-Mirena Landa Gorostiza
(Director)
Enara Garro Carrera
Miren Ortubay Fuentes
(Coordinadoras)

INSTITUTO INTERNACIONAL DE SOCIOLOGÍA JURÍDICA DE OÑATI

Colección **"Derecho y Sociedad"**

Editorial Dykinson

Este libro ha sido sometido a evaluación por parte de nuestro Consejo Editorial
Para mayor información, véase *www.dykinson.com/quienes_somos*

Editorial DYKINSON, S.L. Meléndez Valdés, 61 - 28015 Madrid
Teléfono (+34) 91 544 28 46 - (+34) 91 544 28 69
e-mail: info@dykinson.com
http://www.dykinson.es
http://www.dykinson.com

ISBN: 978-84-9148-015-0
Depósito Legal: M-41103-2016

Preimpresión realizada por los autores

Índice

Colaboradores 9

Jon-Mirena Landa Gorostiza
Introducción 13

Mª Concepción Sáez Rodríguez
La reforma del Código Penal en la LO 1/2015.
El eterno retorno. 17

Jon-Mirena Landa Gorostiza
Prisión permanente revisable, prisión de muy larga duración, terrorismo y Tribunal Europeo de Derechos Humanos 37

Lyane Sautner
La prisión perpetua en Austria: significado en el sistema penal y valoración constitucional y político-criminal 73

Pilar Otero González
La libertad vigilada aplicada a sujetos peligrosos 85

María del Rocío Gómez Hermoso
I y II informe sobre la eficacia de la predicción de peligrosidad de los informes psicológicos forenses en los juzgados de vigilancia penitenciaria de Madrid 123

Asier Urruela Mora
El sistema de medidas de seguridad en España a la luz del proceso de reforma penal (2012-2015) 147

Carolina Villacampa Estiarte
Las alternativas a la prisión en la reforma de 2015 171

Juan Mateo Ayala García, Juan Ignacio Echano Basaldua
La suspensión de la pena tras la LO 1/2015 199

Patricia Faraldo Cabana
Consecuencias inesperadas de la conversión de las faltas en delitos leves 225

Víctor Gómez Martín
Penas para personas jurídicas: ¿ovejas con piel de lobo? 247

María Soledad Gil Nobajas
Consideraciones en torno a la imposición y determinación de penas interdictivas a personas jurídicas 285

Índice de abreviaturas 309

Colaboradores

Juan Mateo Ayala García

Juan Mateo Ayala García obtuvo la oposición a Judicatura (1986), accedió a la categoría de magistrado (1989) y está destinado en la Audiencia Provincial de Bizkaia (1992). De 2000 a 2010 fue letrado del Consejo General del Poder Judicial, con destino en el Centro de Documentación Judicial de San Sebastián, del que fue director de 2007 a 2010. Colaboró con la Escuela de Práctica Jurídica del Colegio de Abogados de Bizkaia. Tiene distintas publicaciones en materia penal y ha impartido numerosos cursos formativos del Consejo General del Poder Judicial, y conferencias. Ha participación en misiones internacionales de la ONU, el CGPJ y la Unión Europea.

Juan Ignacio Echano Basaldua

Juan Ignacio Echano Basaldua es doctor en Derecho por la Universidad Autónoma de Madrid y actualmente profesor emérito de Derecho Penal en la Universidad de Deusto, de cuya Facultad de Derecho fue decano. Ha publicado distintos trabajos relativos a los delitos de falsedad, en especial, de falsedad documental, a la ejecución de las penas privativas de libertad y a la incidencia del perdón en derecho penal. Asimismo, cuenta con diferentes publicaciones de carácter docente. Es director de la revista *Cuadernos Penales José María Lidón.*

Patricia Faraldo Cabana

Patricia Faraldo Cabana es doctora en Derecho por la Universidade da Coruña y diplomada en Criminología por la Universidade de Santiago de Compostela. Actualmente es catedrática de Derecho Penal en la Universidade da Coruña y Adjunct Professor en la Queensland University of Technology de Brisbane, Australia, reincorporada tras haber estado contratada como Marie Curie fellow en el Instituto Max Planck de Derecho Penal Internacional y Comparado y como Eurias Senior Fellow en el Freiburg Institute for Advanced Studies, ambos en Friburgo, Alemania. Ha escrito nueve monografías y más de cien artículos sobre temas de derecho penal económico (delitos societarios, blanqueo de bienes, información privilegiada, contrabando), delincuencia informática, violencia de género, penas privativas de derechos, etc.

María Soledad Gil Nobajas

María Soledad Gil Nobajas es Doctora europea por la Universidad de Deusto y premio extraordinario «Ignacio Ellacuría» a la mejor tesis doctoral defendida durante el curso 2010-2011. Profesora de Derecho Penal en la Universidad de Deusto, donde imparte distintas materias en estudios de grado y postgrado y desempeña diversos cargos de gestión. Sus principales líneas de investigación se enmarcan en el ámbito del derecho penal económico y de la empresa, contando con publicaciones científicas en cuestiones de parte general y parte especial. Ha participado en diversos congresos y seminarios sobre su tema de estudio y otras cuestiones relativas al derecho penal y ha organizado jornadas y seminarios sobre diversos temas penales.

Víctor Gómez Martín

Víctor Gómez Martín es profesor titular de Derecho Penal de la Universidad de Barcelona. Acreditado como catedrático por ANECA en febrero de 2013. Jefe de los Estudios Criminológicos y de la Seguridad de la UB. Profesor en diversos grados y másters de Derecho y Criminología. Director de diversos cursos de posgrado de la UB. Magistrado suplente de la Audiencia Provincial de Barcelona (2005-2008). Investigador principal de los proyectos de investigación competitivos «Nuevos desafíos del derecho penal ante el fraude de consumidores» (2012-2014) y «Teoría del delito y proceso penal: ¿dos realidades conciliables?» (2015-2018) del Ministerio de Ciencia e Innovación. Autor de más de cincuenta publicaciones sobre la parte general y especial de la dogmática del derecho penal y la política criminal, ámbito en el que ha dirigido y coordinado, además, cinco libros colectivos.

María del Rocío Gómez Hermoso

María del Rocío Gómez Hermoso es licenciada en Psicología y en Derecho, especialista en psicología clínica y doctoranda en Derecho Penal. Desempeña sus funciones como psicóloga forense de los Juzgados de Vigilancia Penitenciaria de Madrid, y psicóloga forense del grupo de expertos del Tribunal Penal Internacional de La Haya. Actualmente, es coodirectora del Master de Psicología Forense de la Universidad Rey Juan Carlos de Madrid y el Colegio Oficial de Psicólogos de Madrid. Además, es secretaria de la Junta del Colegio oficial de Psicólogos de Madrid, vocal de la División de Psicología jurídica del Consejo de la Psicología de España y vocal de la Asociación de Psicólogos forenses de la Administración de Justicia de España.

Jon-Mirena Landa Gorostiza

Jon-Mirena Landa Gorostiza (www.jmlanda.com) es actualmente catedrático –acreditado– de Derecho Penal en la Facultad de Derecho –Bizkaia– de la Universidad del País Vasco (UVP-EHU) y es director de la Cátedra de Derechos Humanos y Poderes Públicos de la UPV/EHU. Sus principales líneas de investigación tienen que ver con el racismo, la xenofobia, la discriminación, así como con los delitos de odio, terrorismo, crímenes contra la humanidad y penología.

Landa ha sido profesor o investigador visitante, entre otras, en las universidades de Hamburg (Alemania, 2000 DAAD), Heidelberg (Alemania, 2004 DAAD) y, recientemente, en el Lauterpatch Centre for International Law de la Universidad de Cambridge (Reino Unido, 2010, 2011, 2012 y 2014), el Max Planck Institut (Freiburg, Alemania 2013), la Universidad de Munich (2015) o el Instituto de Derechos Humanos Ludwig Bolzmann de Viena (Austria, 2016).

En noviembre de 2005 obtuvo la beca Vom Humboldt de investigación y ha sido director de Derechos Humanos del Gobierno Vasco (Departamento de Justicia) desde noviembre de 2005 hasta mayo de 2009.

En la actualidad dirige un grupo de investigación financiado por el Gobierno español (I+D+I DER 2015-64599-P) en materia de sanciones penales desde una óptica comparada con especial atención a los delitos de odio y de terrorismo.

Pilar Otero González

Pilar Otero González es profesora titular (catedrática acreditada) de Derecho Penal de la Universidad Carlos III Madrid, y vicedecana de Derecho de la Facultad de Ciencias Sociales y Jurídicas de esta Universidad. Autora de siete monografías y más de cincuenta trabajos, entre artículos y partes de obras colectivas en revistas especializadas tanto españolas como extranjeras. Sus líneas de investigación abarcan el secreto y derecho penal, delitos de funcionarios, violencia de género, intimidad y delitos informáticos, penas y medidas de seguridad, protección penal de bienes culturales y delitos de corrupción.

María Concepción Saez Rodríguez

María Concepción Saez Rodríguez es miembro de la plataforma «Otro Derecho es Posible» y secretaria judicial en el Juzgado de lo Penal número 20 de Madrid durante más de dos décadas, además de responsable de la oficina judicial y asesora del director general del Centro de Estudios Jurídicos. Coordinadora de diversos trabajos que analizan la mediación familiar, la mediación penal y penitenciaria y el estatuto del mediador, con el concurso del Servicio de Planificación del Consejo General del Poder Judicial, la Fiscalía del Tribunal Superior de Justicia de Madrid y la Asociación de Mediación y Pacificación de los Conflictos. En la actualidad es vocal del Consejo General del Poder Judicial.

Lyane Sautner

Lyane Sautner se doctoró en la Johannes Kepler Universität Linz (2001), donde actualmente es catedrática de Derecho Penal (2015) y responsable de la Cátedra de Derecho Penal y Ciencias Forenses. Sus principales líneas de investigación se centran en la parte general del derecho penal, en temas vinculados a los fines de la pena, la justicia restaurativa y la victimología. En 2006 se incorporó al grupo de investigación I+D+I liderado por Adela Asua, que en la actualidad dirige el Prof. Jon-Mirena Landa Gorostiza.

Asier Urruela Mora

Asier Urruela Mora es doctor en Derecho por la Universidad del País Vasco (2002, Premio Extraordinario de Doctorado) y doctor en Medicina por la Universidad de Zaragoza (2014). En la actualidad es profesor titular de Derecho Penal en la Universidad de Zaragoza y asesor de la Cátedra Interuniversitaria, Diputación Foral de Bizkaia, de Derecho y Genoma Humano, Universidad del País Vasco-Universidad de Deusto. Sus líneas de investigación principales incluyen la dogmática de la parte general y especial del derecho penal, la bioética así como las implicaciones jurídicas de los modernos desarrollos de la genética y las biotecnologías.

Carolina Villacampa Estiarte

Carolina Villacampa Estiarte es catedrática acreditada y profesora de Derecho Penal en la Universitat de Lleida. Dirige el Máster Oficial Interuniversitario en Sistema de Justicia Penal y es miembro del Grupo de Investigación consolidado en Sistema de Justicia Penal. En los últimos años sus principales líneas de investigación se han centrado en el análisis de los derechos de las víctimas y de concretos ámbitos de la victimización, en especial la trata de seres humanos, la violencia de género y los atentados a la indemnidad sexual de los menores; ámbitos temáticos en los que ha coordinado varios proyectos de investigación competitivos y en los que cuenta con numerosas publicaciones.

Introducción

JON-MIRENA LANDA GOROSTIZA

El libro tiene como objetivo el estudio y discusión de una parte central –la relativa a la penas– de las novedades introducidas por las LO 1/2015 y LO 2/2015 de reforma del Código Penal (CP) y de los delitos de terrorismo, respectivamente, que han entrado en vigor el 1 de julio de 2015.

El derecho penal se encuentra sometido a un proceso de cambio permanente que, si bien hace tan sólo unas décadas era de índole excepcional, se ha convertido en una característica estructural y permanente. Los cambios legislativos se multiplican y se aceleran con cada elección de un nuevo gobierno, convirtiéndose la política criminal en una de las principales políticas simbólicas como instrumento primario de comunicación con el electorado.

El primado de la voluntad comunicativa de los procesos de reforma ha desplazado el papel y la dimensión técnica hasta el punto de que las reformas, al menos en el Estado español, prescinden de un análisis detenido de los cambios propuestos y su contraste con –inexistentes– evaluaciones de otras reformas previamente realizadas.

El objetivo de esta contribución es precisamente analizar los cambios que se impulsan a través de las citadas LO 1 y 2/2015 y ello con particular atención a todo lo que tiene que ver con el nuevo diseño de la regulación de las penas.

A tal fin el libro consta de once capítulos que cubren el tema central siguiendo el siguiente esquema:

1. En primer lugar se introduce el contexto político-criminal en el que se desarrolla el proceso legislativo que dio lugar a las modificaciones que finalmente se incorporar al nuevo Código Penal. Dicha contextualización titulada «La reforma del código penal en la LO 1/2015. El eterno retorno» es desarrollada por Concepción Sáez, secretaria judicial y actual vocal del Consejo General del Poder Judicial, lo que le otorga una posición privilegiada y de primera mano como protagonista –en parte– del propio proceso legiferante. La contextualización, de forma muy crítica, apunta a la deriva expansionista del derecho penal que una y otra vez («eterno retorno») recurre a endurecer la respuesta punitiva, incluso con fraude en los modos legislativos caóticos al albur de una mayoría absoluta en el arco parlamentario.

2. Caracterizado y valorado el contexto, se pasa a analizar los principales bloques de cambios, comenzando por el de mayor intensidad real y simbólica: la pena de prisión permanente revisable. Esta se estudia desde una doble perspectiva: en primer lugar, analizando la normativa introducida por la LO

1/2015, pero además, ajustando el angular de observación crítica de esta institución y de las penas privativas de libertad de larga duración desde la óptica del terrorismo y de la conformidad con la jurisprudencia del Tribunal Europeo de Derechos Humanos. Ello estará a cargo del profesor titular (catedrático acreditado) de Derecho Penal de la Universidad del País Vasco, Jon-Mirena Landa Gorostiza («Prisión permanente revisable, prisión de muy larga duración, terrorismo y Tribunal Europeo de Derechos Humanos»). El ajuste del angular a la temática del terrorismo simultáneamente también lo abre y desarrolla una reflexión de la situación penitenciaria de las personas presas por terrorismo que servirá de contraste para poder valorar, a su vez, de forma adecuada la oportunidad de endurecer aún más la intervención penal en este campo, de la mano de la reforma de 2015.

La segunda perspectiva a la que aludíamos para abordar la prisión permanente revisable viene de la mano del derecho comparado y, en particular, del derecho austríaco. Lyane Sautner, catedrática de Derecho Penal y Ciencias Forenses, directora del Instituto de Ciencias Penales de la Universidad Johannes Kepler de Linz (Austria), presenta la regulación de aquel país subrayando los aspectos sistemáticos de su significado y operatividad en el sistema de penas y medidas de seguridad, con especial énfasis en las cuestiones de política-criminal y de eventual inconstitucionalidad de una tal institución («La prisión perpetua en Austria. Significado en el sistema penal y valoración constitucional y político criminal»).

3. El análisis de la prisión se anuda en los capítulos cuarto, quinto y sexto, al estudio, por una parte, de la libertad vigilada que, si bien concebida originariamente como medida de seguridad, ya pasó a acumularse como posible intervención postpenitenciaria en la reforma del Código Penal de 2010 (LO 5/2010) precisamente en relación a los delitos de terrorismo y delitos sexuales. Por otra parte, de la libertad de vigilada se extiende la mirada progresivamente a cuestiones de peligrosidad criminal que afectan a la libertad vigilada pero que la superan como cuestión transversal. El estudio de las modificaciones a este respecto, por tanto, es un corolario lógico de los capítulos anteriores y cierra así el bloque de análisis de la prisión de forma especialmente oportuna.

Respecto de la libertad vigilada, Pilar Otero González, profesora titular de Derecho Penal (catedrática acreditada) de la Universidad Carlos III de Madrid, se centra en el impacto sobre «La libertad vigilada aplicada a imputables en la reforma del Código Penal por LO 1/2015». A continuación, los capítulos quinto y sexto se dedican a cuestiones relativas a la predicción de la peligrosidad y medidas de seguridad, inherentes a la libertad vigilada pero que van más allá de ésta, de la mano, en primer lugar, de María del Rocío Gómez Hermoso, psicóloga forense de los Juzgados de Vigilancia Penitenciaria de Madrid, psicóloga forense del Grupo de Expertos del Tribunal Internacional

Penal de la Haya y licenciada en Derecho («I y II Informe sobre la eficacia de la predicción de peligrosidad de los informes psicológicos forenses en los juzgados de vigilancia penitenciaria de Madrid»); y, en segundo lugar, de Asier Urruela Mora, profesor titular de Derecho Penal de la Universidad de Zaragoza («El sistema de medidas de seguridad en España a la luz del proceso de reforma penal (2012-2015)»).

4. Una mirada a la prisión prevista para la criminalidad más grave debe ser cabalmente completada con el desenvolvimiento de esta sanción –la más dura en el ordenamiento penal– respecto de la criminalidad menos grave. La prisión y sus alternativas o vías de escape obligan a hacer un recorrido por la problemática que se abre ahora con las reformas en materia de multas, faltas, y suspensión y sustitución de la pena privativa de libertad.

Por ello, en primer lugar, el capítulo séptimo, se dedica, con una reflexión de encuadre global, a un análisis general de «Las alternativas a la prisión en la reforma de 2015» que desarrolla Carolina Villacampa Estiarte, profesora titular de Derecho Penal (catedrática acreditada) de la Universitat de Lleida y que, de esta manera, abre paso al estudio más particularizado, ya en el capítulo octavo, de la suspensión y sustitución («Sobre la suspensión y la sustitución de las penas privativas de libertad tras la LO 1/2015 –arts. 80 - 87 CP–») en el que se combina, por sus autores, una doble aproximación tanto de índole académica (Juan Echano Basaldua, catedrático de Derecho Penal de la Universidad de Deusto) como de aplicación jurisprudencial (Juan Mateo Ayala García, magistrado de la Audiencia Provincial de Bizkaia).

Por último, el capítulo noveno cierra las reflexiones respecto de la respuesta penal a conductas delictivas menos graves o leves, al abordar los problemas que, a buen seguro, se generarán con la «desaparición» de las faltas. La profesora Patricia Faraldo Cabana, catedrática de Derecho Penal de la Universidade da Coruña, («Objetivos y consecuencias de la desaparición de las faltas») contrasta los tenores literales incorporados como nuevos delitos leves, con las intenciones declaradas por el legislador para denunciar que no se da, en realidad, tal desaparición, sino una transformación con múltiples repercusiones técnicas imprevistas y objetivamente descuidadas por el legislador que llevará a no pocos problemas de interpretación en el día a día de la Administración de Justicia.

5. El libro se ocupa de las penas que tradicionalmente eran únicamente aplicables a las personas físicas. Pero desde el año 2010 (LO 5/2010) ya se incorporó de forma expresa la responsabilidad penal de las personas jurídicas que ahora, en palabras del legislador de 2015, precisaban de ajustes técnicos de mejora. Por ello, los dos últimos capítulos del libro –diez y once– se dedican a estas «penas». En primer lugar, intentando caracterizar esta intervención que ha generado ríos de tinta en la doctrina y una evidente repercusión en los protocolos de las empresas para proteger su actividad mercantil ante la hasta

entonces inexplorada exposición de su actividad directamente al castigo penal. El capítulo diez, por tanto, se dedica a interpretar cómo se articula esta nueva institución mediante una contribución titulada «*Societas delinquere nec puniri potest?*» por Víctor Gómez Martín, profesor titular (catedrático acreditado) de Derecho Penal de la Universidad de Barcelona. Se cierra este bloque temático y el libro con un análisis en el capítulo once más particularizado y relativo en concreto a las «Consideraciones en torno a la imposición y determinación de penas interdictivas a personas jurídicas», a cargo de María Soledad Gil Nobajas, profesora de Derecho Penal de la Universidad de Deusto.

La reforma del Código Penal en la LO 1/2015. El eterno retorno.

Mª CONCEPCIÓN SÁEZ RODRÍGUEZ

1. Introducción. 2. Tramitación pre-legislativa y parlamentaria de la reforma penal. Su trascendencia formal y ontológica. 3. Contenido sustantivo de la reforma. 3.1. La reforma innecesaria. 3.2. La reforma que no cesa. 3.3. Las bases ideológicas de esta reforma, y su quiebra. 3.3.1. La custodia de seguridad. 3.3.2. Las medidas de seguridad. 4. Breve reflexión final. Bibliografía.

RESUMEN

El largo proceso de reforma del Código Penal (CP) de 1995, que ha ocupado toda la legislatura del gobierno con mayoría absoluta en el parlamento del Partido Popular, ha batido todos los records en irregularidades y anomalías: desde la existencia de dos anteproyectos con contenidos bien diferentes, sometidos inconexamente a informe de los órganos consultivos, hasta la introducción, ya en el proyecto, de decenas de enmiendas por el propio grupo parlamentario que sustenta al gobierno, alterando sustancialmente el texto elaborado por éste.

A lo largo de tan profunda evolución, las bases ideológicas y dogmáticas de la reforma han ido cediendo hasta conformar un texto aún reconocible, pero sin apenas lógica interna.

En sus inicios, la reforma afectaba sustancialmente al libro I; ocasionalmente, al II, y totalmente al III. Las claves se hallaban en los libros I y III; se estaba ante una reforma concebida para darle solución al sempiterno problema de los delincuentes irrecuperables, bien por su peligrosidad, bien por su reiteración delictiva. El problema –en pleno siglo XXI– se planteaba así en términos decimonónicos y se proporcionaban las mismas soluciones de entonces, medir la responsabilidad penal en términos de peligrosidad y no de culpabilidad. Todas las transformaciones sucesivas, particularmente la desaparición de la custodia de seguridad, la renuncia a la reforma integral de las medidas de seguridad, y la introducción de numerosos tipos en el libro II al albur a menudo de urgencias ocasionales, han velado el auténtico *leitmotiv* de esta reforma. Sin embargo, no hay duda de que, con ella, han vuelto el peligrosismo y la incapacitación (¿se fueron alguna vez?) y de nuevo el derecho se muestra incapaz de poner límites al poder punitivo, conformándose con cumplir una función exclusiva de legitimación. El eterno retorno, en palabras de Nietzsche.

Palabras clave: Peligrosidad vs. culpabilidad, delincuentes irrecuperables, multirreincidencia, inocuización.

ABSTRACT

The Amendment of the 1995 Criminal Code has taken the Popular Party the last full life of Parliament. It has been a lengthy reform process, even if the Popular Party counted on its absolute majority in the Executive and in Parliament, and has broken all records of irregularities and anomalies. Two different drafts were presented with different contents and submitted, without connection, to the advisory bodies. Later in the legislative passage, the same Popular Party introduced dozens of amendments that altered substantially the initial proposed text.

The draft suffered a profound evolution along the legislative process; the ideological and dogmatic foundation of the reform has led to a text that although still identifiable, lacks internal logic.

Initially, the reform affected substantially Book I; occasionally Book II and fully Book III. The keys were in Books I and III; the reform was intended to give solution to the everlasting problem of unrecoverable offenders, either because of their dangerousness or because of their criminal recidivism. In the 21st century, the problem was approached in nineteen-century terms, proposing the same old solutions: measuring criminal responsibility in terms of dangerousness and not in culpability conditions. All successive text alterations, particularly the removal of the security custody, the withdrawal of the security measures full reform, and the formulation of new criminal offenses in Book II, often at the mercy of occasional pressing needs, have veiled the true «life motive» of these reforms. However, there is no doubt that with the new text dangerousness and disablement have returned (if they were ever out). Law is again unable to establish the extent of the punitive power, accepting an exclusive legitimacy function. The eternal return in Nietzsche words.

Keywords: Dangerousness vs. culpability, unrecoverable criminals, multi-recidivism, inoculation.

1. INTRODUCCIÓN

El 20 de septiembre de 2013, el Consejo de Ministros dio luz verde a la tramitación legislativa del entonces ya considerado Proyecto de Ley Orgánica (LO) por la que se modifica la LO 10/1995, de 23 de noviembre, del Código Penal (CP). Le había antecedido una intensa campaña iniciada con la llegada del Partido Popular (PP) al gobierno de la nación en diciembre de 2011 que, desde los medios institucionalizados de prensa, radio y televisión, fue preparando a los ciudadanos para la publicación, en julio de 2012, de un borrador confirmatorio de los peores augurios, al que siguió una accidentada trayectoria pre-legislativa que incluyó la aprobación formal, también en Consejo de Ministros, del –llamémosle– primer Anteproyecto de LO de Reforma, el 11 de octubre de 2012, que fue sometido a informe del Consejo General del Poder Judicial (CGPJ) y del Consejo Fiscal (CF), y su posterior transformación, en el mes de abril del año 2013, en otro texto que, aunque manteniendo la categoría de anteproyecto y las líneas generales de política criminal que guiaron al primero, se separaba de éste en aspectos esenciales, y que fue el texto finalmente remitido para informe al Consejo de Estado.

El Proyecto de LO de Reforma del CP, con su *Memoria del análisis de impacto normativo* (MAIN), y los informes preceptivos emitidos, fue formalmente presentado en el Congreso de los Diputados el 24 de septiembre de 2013 y, admitido a trámite, su periodo de presentación de enmiendas finalizó el 11 de noviembre. Durante el mes de diciembre se debatieron las enmiendas a la totalidad y desde febrero a mayo de 2014 se desarrollaron diversas comparecencias de expertos ante la Comisión de Justicia del Congreso de los Diputados que, unánimemente, pusieron de relieve importantes objeciones político-criminales, técnicas e ideológicas al proyecto. Un consenso que incluye a los expertos propuestos por el PP y que debería haber hecho reflexionar a los impulsores de la reforma sobre la conveniencia de su retirada.

Su aprobación legislativa se esperaba para antes de que finalizara la presente X Legislatura, pero casi nadie creía en ello en la primavera de 2014 cuando, además, el escenario político cambió sustancialmente tras las elecciones europeas, quebrando la estabilidad y la previsibilidad que la mayoría absoluta del PP otorgaba al devenir político.

Fue la dimisión del ministro que diseñó y defendió la reforma, en septiembre de 2014, el Sr. Ruiz-Gallardón, lo que, paradójicamente, la impulsó. En pocos meses, el nuevo ministro, el Sr. Catalá, sacó de su letargo parlamentario al proyecto de ley –sobre el que muy pocos tenían puesta su mirada ya para entonces– y la tramitación se aceleró, reproduciéndose –ahora ya en el terreno legislativo– las irregularidades procedimentales, como ya había ocurrido en el periodo pre-legislativo, así como la renuncia –también con altos índices de reserva– a una buena parte de la reforma en uno de sus aspectos esenciales, las medidas de seguridad.

La larguísima tramitación de esta reforma concluyó el 31 de marzo de 2015 con la publicación en el Boletín Oficial del Estado (BOE) de la LO 1/2015, de 30 de marzo. Su entrada en vigor tuvo lugar el 1 de julio de 2015, coincidiendo deliberadamente con la de la LO 2/2015, de Reforma del CP en materia de terrorismo, y con la LO 4/2015, de Seguridad Ciudadana.

2. TRAMITACIÓN PRE-LEGISLATIVA Y PARLAMENTARIA DE LA REFORMA PENAL. SU TRASCENDENCIA FORMAL Y ONTOLÓGICA

La mirada crítica sobre las iniciativas legislativas tiende a posarse sobre su oportunidad, necesidad o contenido, pero rara vez sobre el procedimiento de producción normativa utilizado. En el caso de la tramitación de la LO 1/2015, su toma en consideración resulta imprescindible porque, en mi opinión, lejos de constituir un aspecto formal, accidental o accesorio, no solo ha puesto en evidencia la insuficiente e insatisfactoria normativa existente[1] y su abusiva y perversa puesta en práctica durante el todavía presente periodo de sesiones[2], sino que también ha dejado una huella especial sobre el texto legal ya que, al albur de su desordenada e inconexa trayectoria, se ha conformado una reforma legal que no se corresponde con la inicialmente diseñada y, por tanto, no proporciona una respuesta coherente a las cuestiones que impulsaron la

---

[1] En esencia, la Ley 50/1997, de 27 de noviembre, del Gobierno, arts. 22 y ss.; el Real Decreto (RD) 1083/2009, de 3 de julio, por el que se regula la *Memoria del análisis de impacto normativo*; la *Guía metodológica para la elaboración de la memoria del análisis de impacto normativo*; la Resolución de 28 de julio de 2005, de la Subsecretaría del Ministerio de la Presidencia, por la que se da publicidad al acuerdo del Consejo de Mministros, de 22 de julio de 2005, por el que se aprueban las directrices de técnica normativa, y los reglamentos de ambas cámaras legislativas.

[2] Este comentario supera el contexto al que se refiere este análisis, para hacerse extensivo a las otras dos leyes orgánicas de este año dictadas en materia penal y sancionadora, además de la que aquí comentamos, LO 1/2015 de Reforma Parcial de la LO 10/1995, esto es, la LO 2/2015 de Reforma del CP en Materia de Terrorismo, y la LO 4/2015 de Seguridad Ciudadana. Los avatares que las tres leyes orgánicas han sufrido en su tramitación pre-legislativa y legislativa las convierte en contra-modelos de producción normativa, sólo concebibles en el marco de un poder político ejercido desde mayorías absolutas. Aquí sólo cabe realizar un breve trazo, que no me resisto a esbozar:

- La gran reforma del Código Penal que ha desembocado en la LO 1/2015, cuya tramitación –como se ha dicho– comenzó en los primeros meses de la legislatura, en 2012, y ha finalizado atropelladamente en sus momentos postreros, a las puertas de las elecciones generales, tras pasar por transformaciones cualitativas y cuantitativas sucesivas en una elaboración pre-legislativa atolondrada y confusa, y una tramitación legislativa desplegada a saltos, entre impetuosa y displicente.
- Otra reforma del Código Penal que afecta a los delitos de terrorismo, la LO 2/2015, publicada el mismo día que la anterior, no tardó más que breves semanas en tramitarse mediante la técnica de la proposición de ley, el instrumento para el ejercicio de la iniciativa legislativa parlamentaria, considerado residual y secundario, que no acoge fórmula alguna de intervención de los ciudadanos bajo ningún mecanismo, y que asegura –con la mayoría parlamentaria precisa– una tramitación rápida y expeditiva.
- La LO 4/2015 de Seguridad Ciudadana, mediante una técnica de legislación también admitida por los reglamentos de las Cámaras, ha introducido en el ordenamiento jurídico, sin reflexión ni debate alguno, una reforma legislativa que afecta a una materia diferente de la norma que le da cobijo, tan sensible como las llamadas «devoluciones en caliente», mediante una disposición adicional introducida en la norma «de acogida» durante la fase final de su tramitación parlamentaria.

promoción del cambio legislativo, ni tampoco satisface cabalmente sus iniciales objetivos, poniendo en cuestión si aquéllos se mantienen o, de no ser así, cuáles son los que la han impulsado en las fases postreras de su tramitación.

Las irregularidades en el proceso de producción normativa de esta reforma fueron tempranamente denunciadas por diversos colectivos de penalistas y expertos juristas ya desde la inopinada aparición del segundo anteproyecto. Y también fueron, en ciertos aspectos, tenidas en cuenta y puestas en evidencia por el Consejo de Estado en su dictamen sobre aquel texto.

De julio de 2012 a abril de 2013, según se indica en la MAIN, el primer anteproyecto se sometió a informe del CGPJ y del CF y se mantuvieron contactos con diversos grupos y colectivos que la MAIN no cita[3]. Cuando se dio a conocer el segundo anteproyecto, se constató que –sin ninguna explicación pública al respecto– de él habían desaparecido instituciones completas, como la «novedad estrella» de la reforma del Sr. Ruiz-Gallardón (más brillante –si cabe– que la prisión permanente revisable), la custodia de seguridad, y se habían introducido otras novedades esenciales respecto del primer anteproyecto referidas a la parte general del código, como la regulación de la responsabilidad de las personas jurídicas, pero sobre todo, a la parte especial[4]. Sin embargo, ni la exposición de motivos del segundo anteproyecto hacía mención de estas alteraciones del texto ni, más tarde, lo haría la propia MAIN que omitió toda referencia, incluso en el apartado específicamente destinado a describir los hitos de la tramitación, a la existencia sucesiva de dos anteproyectos, uno aprobado en Consejo de Ministros el 11 de octubre de 2012 y otro emergido sorpresivamente a la luz pública tras su envío al Consejo de Estado para recabar el informe preceptivo previsto legalmente, ni a los motivos que habían dado lugar a ello y que habían producido el atípico efecto de sustraer aquel segundo anteproyecto al informe del CGPJ y del CF. Una circunstancia tan grave que el propio Consejo de Estado expresó en su

---

[3] Sabemos, porque así lo indica el Consejo de Estado en su dictamen, que informó el anteproyecto (aunque desconocemos cuál de los dos) el Ministerio de Agricultura, Alimentación y Medio Ambiente; la memoria, sin embargo, no lo dice; sí se indica que a lo largo de la tramitación del anteproyecto (no se dice cuál de ellos), se ha procedido al «estudio conjunto» del texto con distintos departamentos ministeriales, Ministerios de Interior; Sanidad, Servicios Sociales e Igualdad; Industria; Educación, Cultura y Deporte; Hacienda y Administraciones Públicas; y Economía y Competitividad. También sabemos, porque así se dice en su dictamen, que el Consejo de Estado se dirigió en audiencia a «la Asociación Española de Distribuidores y Editores de Software de Entretenimiento» y al Consejo General de la Abogacía (folio 37 de su dictamen).

[4] Sin ánimo exhaustivo, cabe citar las novedades introducidas en tipos como homicidio (art. 138); homicidio imprudente (art. 142); lesiones imprudentes (art. 152); consentimiento en abuso sexual a menores (art. 184 quáter); propiedad intelectual e industrial (arts. 270, 271 y 276); corrupción entre particulares (art. 286 bis, ter, quáter, quinquies); delitos contra los derechos de los trabajadores (art. 311 bis); cohecho (art. 419 y ss.); o prevaricación judicial (art. 448).

dictamen «la reserva correspondiente en la medida en que esas modificaciones del Código Penal han quedado privadas de la tramitación que se les hubiera debido dar».

En efecto, en la elaboración de toda disposición de carácter general, particularmente si tiene rango de ley y más aún si se trata de ley orgánica, son básicos los informes que van incorporándose al expediente en sus sucesivos trámites. Así se establece en la Constitución, cuyo art. 88 dispone que «los proyectos de ley serán aprobados en Consejo de Ministros, que los someterá al Congreso, acompañados de una exposición de motivos y de los antecedentes necesarios para pronunciarse sobre ellos». El art. 109 del Reglamento del Congreso prácticamente reproduce la norma constitucional. Por su parte, el Real Decreto 1083/2009 que concreta el contenido de las memorias, estudios e informes sobre la necesidad y oportunidad de las normas proyectadas que deben acompañar a los anteproyectos de ley y a los proyectos de reglamento a los que hacen referencia los arts. 22 y 24 de la Ley 50/1997, de 27 de noviembre, del Gobierno, establece que

> la versión definitiva de la memoria incluirá la referencia a [...] otros informes o dictámenes exigidos por el ordenamiento jurídico evacuados durante la tramitación, con objeto de que quede reflejado el modo en que las observaciones contenidas en estos, así como el resultado del trámite de audiencia, hayan sido tenidas en consideración por el órgano proponente de la norma (art. 2.3).

Como consecuencia, existe una asentada doctrina jurisprudencial de la Sala III del Tribunal Supremo (TS) acerca de los efectos de la omisión de los informes preceptivos no vinculantes durante el proceso de elaboración de las normas[5], «que impone la necesidad de reiterar la consulta cuando con posterioridad al inicial dictamen se introduzcan en el proyecto inicial modificaciones sustanciales» (Sentencia del Tribunal Supremo (STS) 2600/2013, citada por el Consejo de Estado en su informe), y que declara la nulidad de pleno derecho de las normas afectadas

> por considerar que se ha prescindido total y absolutamente del procedimiento establecido [en el caso concreto, para la elaboración de un Reglamento] y porque se han introducido en la redacción definitiva de dichos preceptos modificaciones sustanciales no sugeridas por los organismos informantes respecto de las que se ha eludido el preceptivo dictamen (STS 571/2001).

También el Tribunal Constitucional (TC) se ha pronunciado sobre las consecuencias de la omisión de informes en el trámite pre-legislativo, entre otras, en las Sentencias del Tribunal Constitucional (SSTC) 35/1984, y 108/1986, ésta última dictada en el recurso de inconstitucionalidad 839/1985,

---

[5] Además de las citadas, entre otras cabe también mencionar las SSTS 3366/2013; 913/2002; 263/2013; 928/2002, 4222/2003 y 912/2002.

promovido por el Sr. Ruiz Gallardón (padre, naturalmente), comisionado por otros 55 diputados, contra la LO 6/1985, de 1 de julio, del Poder Judicial, entre otros motivos, por vicios de procedimiento al no haberse recabado el informe del CGPJ[6].

Así las cosas, el pre-legislador aparentó que la desaparición en el primer anteproyecto de la custodia de seguridad en el libro I, y la introducción de más reformas en el libro II, carecían de relevancia suficiente para retroceder en la tramitación e instar un nuevo informe de los órganos ya consultados. Más allá de los desconocidos motivos que lo provocaran, y de lo arriesgado de una decisión que podía dar lugar a la impugnación de la LO ante los tribunales y ante el TC, la «caída» de la custodia de seguridad –como luego veremos– implicaba la renuncia a una de las bases ideológicas de la reforma, el colofón del nuevo sistema penológico que hacía de aquella medida de seguridad el cierre del círculo punitivo diseñado para el tratamiento de los delincuentes irrecuperables, en mi opinión, el *leitmotiv* de esta reforma penal.

Lo que entonces no se sabía era que lo que ocurriría a lo largo de su tramitación parlamentaria no le iría a la zaga: la introducción de enmiendas por parte del grupo parlamentario popular, singularmente llamativas a su paso por el Senado, que contribuyeron aún más a desorganizar sistemáticamente el proyecto de ley y a desdibujarlo, comprometiendo más intensamente su diseño dogmático[7].

Aunque parezca paradójico, la profunda transformación sufrida por el Proyecto de LO durante su tramitación parlamentaria vino dada por las enmiendas formuladas –y, como cabía esperar, aprobadas– tanto en el Congreso como en el Senado por el grupo parlamentario popular.

Las enmiendas presentadas en el Congreso de los Diputados por todos los grupos parlamentarios al articulado del Proyecto de LO[8] fueron, en total, 888,

---

[6] El TC desestimó el recurso, en el análisis de este motivo, porque al no haberse puesto de manifiesto en las Cámaras *ab initio* de la tramitación parlamentaria la ausencia del informe, se infiere que el legislativo no estimó que aquél fuera un elemento de juicio necesario para la formación de su voluntad.

[7] El dilatado *iter* del Proyecto de LO de Reforma del CP en sede parlamentaria dio como resultado un incremento en el número de artículos finalmente afectados por la reforma. En el primer anteproyecto, hecho público a tan solo año y medio de la entrada en vigor de la anterior gran modificación, la operada mediante LO 5/2010, que reformó 152 artículos, casi una cuarta parte de su total, la reforma comenzada a tramitar en 2012 afectaba a 171 artículos (de los que 39 habían sido reformados en 2010), al derogar todo el libro III, es decir, 23 artículos, y otros 5 del libro II, afectando en mayor o menor medida a 4 artículos del título preliminar, 65 del libro I y 58 de libro II. Además, introducía otros 16 artículos más. La LO 1/2015 altera 266 artículos del Código Penal: 71 del libro I; 172 del libro II y deroga los 23 artículos del libro III. Asimismo, reforma la ley de enjuiciamiento criminal (afectando a 16 artículos), la LO 5/1995, de 22 de mayo, del jurado, y la Ley 23/2014, de 20 de noviembre, de reconocimiento mutuo de resoluciones penales de la Unión Europea.

[8] Boletín Oficial del Congreso de los Diputados (BOCG), Núm. 66-2, 10.12.2014.

de las cuales, 92 correspondían al grupo parlamentario popular. Pues bien, de las 133 finalmente aprobadas, solo 41 habían sido presentadas por los demás grupos parlamentarios[9]. De ellas, 1 se correspondió con el preámbulo (todavía llamado exposición de motivos); 26, al libro I; 100, al libro II; y 6 a sus disposiciones adicionales y finales. Ya en el Senado, las enmiendas aprobadas ascendieron a 95 y afectaron al libro I, 14; al libro II, 69; a 3 disposiciones adicionales, a la disposición derogatoria única, y a 8 disposiciones finales; asimismo se aprobaron 36 modificaciones en su preámbulo.

Dos datos llaman la atención de este recorrido parlamentario: uno, que –más allá del acontecimiento más relevante habido durante la tramitación en fase legislativa de esta reforma, la renuncia a la reforma integral de las medidas de seguridad– la mayor parte de las enmiendas aprobadas lo fueron respecto del articulado del libro II y, dos, que el mayor número de enmiendas aprobadas fueron presentadas por el grupo parlamentario popular, el que sostiene con mayoría absoluta al gobierno de la nación, promotor de la reforma. Lo que puede apuntalar la sospecha del abandono por parte del nuevo equipo del ministro Catalá de las profundas pretensiones dogmáticas de transformación del Código Penal programadas por el anterior ministro en el libro I en pro de introducir modificaciones particularizadas en el libro II. Es decir, la abdicación de una reforma integral de las bases ideológicas del Código Penal para apostar por el pragmatismo y asegurarse –frente a un futuro político inmediato que el partido en el gobierno adivina no muy venturoso– unas reformas básicas en aquel terreno y una modificación intensa de la tipología delictiva que, en general, incrementa el elenco delictivo además de su rigor punitivo.

3. CONTENIDO SUSTANTIVO DE LA REFORMA

Esta reforma del Código Penal es mucho más que una profunda enmienda al texto de 1995, el denominado *Código Penal de la democracia*. Se trata, como punto de partida, de una reforma *innecesaria* desde la perspectiva de la política criminal. Y es, además, una reforma *reaccionaria*, en el sentido de que representa el regreso a respuestas de carácter anti-ilustrado para materias que se vienen planteando recurrentemente en el derecho penal moderno de los últimos 150 años: la cuestión de los incorregibles, los criminales peligrosos por la gravedad de los hechos o por la reiteración de las conductas infractoras.

[9] De ellas, 30, presentadas por el Grupo Parlamentario Socialista; 5, UPyD; 3 Grupo Parlamentario Vasco; de las presentadas por Convergència i Unió (CiU), Izquierda Plural y Grupo Mixto, se aprobaron 1 por cada grupo.

3.1. La reforma innecesaria

Que estamos ante una reforma *innecesaria*, lo evidencian algunos datos estadísticos que revelan los niveles de delincuencia en España y la percepción social del fenómeno de la inseguridad ciudadana entre quienes residen en nuestro país.

Según los datos procedentes del propio Ministerio del Interior, pese a que la población española creció en más de dos millones de personas entre 2008 y 2013, las cifras indican una tendencia descendente continuada de la criminalidad general (Ministerio del Interior 2013a) esta ha sido la propensión, al menos en esos seis años, en que el descenso acumulado operado ha sido de más de seis puntos[10]. El descenso de índices se ha mantenido durante los años 2013 a 2014, cuya variación general entre ambos años es de -3,6 y persiste durante 2015, en cuyo primer trimestre, el descenso acumulado es del -3,7. La comparativa con las estadísticas proporcionadas por Eurostat (Killias *et al.* 2010), también resulta concluyente: las tasas de delincuencia en España son notablemente inferiores a las de otros países de nuestro entorno en la Unión Europea.

Pese a que las tasas de encarcelamiento en nuestro país siguen estando por encima de las de los estados de nuestro entorno europeo (Aguilar Conde et al. 2012), la evolución del número de personas presas en España[11] desde 2010 hasta 2014 ha marchado pareja con la disminución continuada de los índices de criminalidad, pasó de 73.979 internos, a finales de 2010, a 65.017, el 31 de diciembre de 2014, lo que representa más del 12% de caída.

Los resultados de las prospecciones que desde el Centro de Investigaciones Sociológicas (CIS) se realizan periódicamente muestran, a su vez, la escasa preocupación que genera en los últimos años entre los residentes en España la inseguridad ciudadana frente a otras cuestiones como el paro, la corrupción y el fraude, o la situación económica (CIS 2015)[12].

[10] Ver el anuario estadístico del Ministerio del Interior (2013a). Hasta ese año, el acceso al Balance de criminalidad, también publicado por el Ministerio del Interior (2013b), se abría con una declaración solemne: «España es un país seguro».

[11] A 31 de diciembre de 2010, el número de internos sumaba 73 979; en la misma fecha de 2011, eran 70 472; en 2012, 68 597; en 2013, 66 765; a 31 de diciembre de 2014, su número es de 65 017 (CGPJ 2010).

[12] Sobre el índice de 100, el paro obtiene 80,3; la corrupción y el fraude, el 50,8 y los problemas económicos, el 24,9. La inseguridad ciudadana está situada en un 2,2. Comparados estos datos con los publicados por el Ministerio del Interior a partir de los del CIS en octubre de 2013, se trata de valores que también van en disminución. Así, en aquella fecha, hace año y medio, las mismas cuestiones eran así percibidas: el paro, 77; la corrupción y el fraude, 37,6; la situación económica, 29,7; la inseguridad figuraba en los últimos puestos con un 3,4 (CIS 2013).

3.2. La reforma que no cesa

El Código Penal de 1995 ha sido sometido a un número tal de modificaciones desde su entrada en vigor que hoy día se hace difícil determinar con certeza cuál es la cifra total. En todo caso, parece que hay consenso en admitir que supera la treintena. Constituye, en tal sentido, el paradigma de lo que se ha dado en llamar «el derecho penal líquido», por la dificultad de que las normas se mantengan, se apliquen e incluso tomen cuerpo alguna vez[13]. Se trata de un código que, por los avatares que rodearon su tramitación y su entrada en vigor –que algunos, incluso, temieron que no llegara a producirse– ha sido sometido por medio de esas reformas sucesivas a lo largo de sus 20 años de vigencia a un proceso de deconstrucción progresiva que lo convierten hoy día en gran medida en un cuerpo legal casi irreconocible respecto de aquel texto de 1995 que tantas pasiones, en un lado y otro del espectro social y político, despertó en su día.

Con todo, la reforma diseñada en el inicio de esta legislatura por un equipo mixto integrado por expertos del Ministerio de Justicia y del Ministerio del Interior no se limitó a seguir la inercia reformista emprendida desde 1996, ni siquiera a continuar transitando en la estela de las inmediatamente anteriores modificaciones del Código Penal durante la etapa del gobierno socialista. En mi opinión, el rasgo que diferencia esta reforma de las que la precedieron, incluso de la posterior contenida en la LO 2/2015, ha sido su vocación de transformación de las bases mismas de nuestro sistema penal sustantivo. Recordemos.

El propósito del primer Anteproyecto consistió en no limitarse a tomar el relevo de las políticas desplegadas por los grupos parlamentarios del PP y CiU durante la tramitación de la reforma de la LO 5/2010, que defendieron, respectivamente, la introducción de la prisión permanente revisable (PPR), llamada entonces «prisión *perpetua* revisable»[14], y la desaparición de las faltas[15],

---

[13] Vale la pena, a título de ejemplo, recordar algunas reflexiones contenidas en el Manifiesto por un debate político criminal racional, hecho público por la asociación Jueces para la Democracia en marzo de 2008: «...Antes de recurrir a la revisión legislativa, habría que analizar con rigor técnico-jurídico y criminológico la legalidad vigente, para objetivar y hacer públicas las eventuales deficiencias, con objeto de propiciar un debate al respecto. El Código Penal de 1995(...) aún no ha[n] alcanzado su mayoría de edad. Así las cosas, someter[lo] (...), como está sucediendo de manera reiterada, a continuas reformas sin justificar (probablemente por injustificables); sin apoyo en análisis estadísticos fiables que den razón de las necesidades de cambio; sin explicar en qué fallaron los preceptos a derogar; y, sobre todo, sin dar cuenta del alcance real, es decir, en términos prácticos, de la modificación, es sólo un signo claro de irracionalidad política...» (Jueces para la Democracia 2008).

[14] Durante la tramitación parlamentaria de la reforma del Código Penal operada por la LO 5/2010, el Grupo Popular en el Congreso presentó en la enmienda número 384 la propuesta de modificar el art. 33 CP, entre otros, para introducir una nueva pena en el catálogo, de parecidas características a la PPR que entonces llamaba «prisión *perpetua* revisable», presentada en los

sino –a partir de un proceso inductivo– alumbrar las causas, el origen último, de las «deficiencias» que para el gobierno del PP seguía presentando el código pese a todas las modificaciones y reformas legislativas ya sufridas, y darles una respuesta desde basamentos inéditos.

3.3. Las bases ideológicas de la reforma

El tal proceso inductivo que debía conducir hasta los orígenes últimos de la inseguridad ciudadana apuntó hacia la criminalidad grave y la criminalidad reiterada, en fin, hasta los delincuentes peligrosos, unos por la gravedad y relevancia penal del hecho cometido y otros, debido una actividad ilícita, reiterada y continua, al punto de llegar a transformarse en su modo de «ganarse la vida». Eran esas formas de criminalidad a las que había que atender superando las limitaciones de un sistema penal anclado en el principio de culpabilidad, e ir avanzando hacia un modelo que permitiera combinar el empleo de los instrumentos punitivos ordinarios, las penas, para atender las finalidades retributivas del castigo y cubrir las necesidades clásicas de prevención, y las medidas de seguridad, como mecanismos preventivos a aplicar con criterios de peligrosidad, despojadas de las limitaciones establecidas en el art. 6 CP.

---

debates por el entonces portavoz parlamentario del PP, Sr. Trillo, «como una pena distinta y no como una prolongación de la pena privativa de libertad», que pretendía integrar en un art. 35 bis al Código Penal, con la siguiente redacción: «La pena de prisión perpetua revisable se cumplirá por un período inicial de veinte años, sin que quepa aplicar ningún beneficio de condena, salvo los que se consideraran de necesidad grave de carácter humanitario apreciada expresamente por el Tribunal sentenciador. Cumplidos veinte años de internamiento, el Tribunal sentenciador decidirá si procede la revisión de la condena, conforme a lo previsto en el art. 90 bis de este código».

[15] Como manifestó el Sr. Villarrubia, portavoz del Grupo Parlamentario Socialista, durante la tramitación parlamentaria de la reforma del Código Penal por la LO 5/2010, «el delito ya tenía el tratamiento penal adecuado; *el problema eran las faltas*» Cientos de faltas, 437, llegó a concretar el Sr. Jané, por CiU, cometidas impunemente por la misma persona, según afirmaba. La solución pactada en torno a esta materia se transformó en aquellas fechas en condición *sine qua non* para el buen fin del proyecto legislativo, y situó la regulación de las faltas contra el patrimonio, singularmente las de hurto, en los términos que hasta esta nueva reforma se contienen en los arts. 623 y ss. y el art. 234 párr. 2º. Así puede leerse en el Diario de Sesiones de boca del Sr. Jané: «Si no llegábamos a un acuerdo en este aspecto de la multirreincidencia, nosotros no podíamos aprobar el proyecto de ley del Código Penal». Sin embargo, el Grupo Parlamentario Popular estimó insuficiente el resultado de la reforma pactada entre CiU y el grupo parlamentario socialista para conseguir «la erradicación de las calles de la delincuencia profesional como medio de vida y castigar la figura del reincidente delincuente, sea cual sea el delito que cometa», preciándose de ser el único partido político que defendía con contundencia y coherencia «la erradicación de nuestras calles de la criminalidad». Todos los entrecomillados se corresponden con intervenciones parlamentarias publicadas en el Diario de Sesiones del Congreso de los Diputados, IX Legislatura, núm. 522, de 21 de abril de 2010.

Desde un punto de vista dogmático, ya no había grandes inconvenientes. La reforma del Código Penal por la LO 5/2010 se había encargado de facilitar el camino al incorporar la medida de libertad vigilada a aplicar a sujetos imputables y a ejecutar tras el cumplimiento de la pena impuesta. La libertad vigilada así concebida significaba mucho más que la ruptura con el sistema tradicional de separación conceptual y finalista entre penas y medidas de seguridad. Supuso (y supone hoy) una fisura en nuestro sistema de justicia penal que permitió (y permite) la entrada en él de otra medida que, participando de aquellas mismas características, representa el rigorismo del castigo en toda su crudeza: la custodia de seguridad. El cierre del sistema. El mecanismo de inocuización perfecto.

Como se decía en la exposición de motivos de aquel primer anteproyecto:

> ... Con la reforma, el autor de un hecho criminal será condenado con la pena establecida por la ley en función de la gravedad del hecho y de las circunstancias del autor. Y, en los casos de peligrosidad y cuando concurran circunstancias que evidencien la tendencia al delito y permitan fundar un pronóstico de peligrosidad criminal, podrá imponerse, junto a la pena, una medida de seguridad: libertad vigilada o custodia de seguridad (...).

El tratamiento del delincuente peligroso por la gravedad del hecho contaba, pues, en aquella primera versión de la reforma con dos instrumentos a cual más severo, la PPR y la custodia de seguridad que, separados o combinados, garantizaban la eventual sumisión del condenado al control judicial durante toda su vida.

El delincuente peligroso por la reiteración delictiva de hechos leves obtenía la respuesta penal adecuada no tanto a través del incremento de las penas sino del recurso a las medidas de seguridad. Así, la exposición de motivos indicaba: «La introducción de esta medida de seguridad [la custodia de seguridad] determina la derogación del actual número 5 del art. 66.1 (...)». Por lo tanto, la respuesta a la reiteración delictiva no se iba a hacer depender de la gravedad del hecho cometido por el infractor, ni de su grado de culpabilidad, sino de su peligrosidad. La multirreincidencia y la regulación tradicional de la reincidencia como circunstancia agravante de apreciación obligatoria, como ya ocurriera en Alemania en 1986, quedaban derogadas por la presencia de la totalizadora nueva medida, la custodia de seguridad.

3.3.1. La custodia de seguridad

Como ya se ha dicho, en un momento indeterminado desde octubre de 2012 a abril de 2013, la custodia de seguridad desapareció del texto de la reforma. Más allá de los motivos que impulsaron al pre-legislador a adoptar esta decisión (se barajan como causas el impacto del demoledor informe emitido por el CGPJ y/o las muestras prácticamente unánimes de rechazo en la doctrina científica), no cabe duda de que con ello se produjeron dos efectos inmediatos, minimizar el significado desproporcionadamente punitivista de esta reforma que se apoyaba en buena medida en la aplicación de la custodia de seguridad y comprometía el respeto debido a los derechos humanos, y desmantelar uno de los pilares en que descansaba el «nuevo derecho penal de la peligrosidad» implícito en el primer anteproyecto. En todo caso, desde mi perspectiva, ambos fueron efectos positivos.

La custodia de seguridad es una institución en funcionamiento en buen número de países de nuestro entorno pero, sin duda, muy controvertida e inquietante si se analiza con la misma mirada, profundamente preocupada y crítica, que las autoridades y los organismos internacionales involucrados en la defensa de los derechos humanos, como el Comité Europeo para la Prevención de la Tortura y Tratos o Castigos Inhumanos o Degradantes, el Comisionado para los Derechos Humanos del Consejo de Europa, o el Grupo de Trabajo sobre Detenciones Arbitrarias de las Naciones Unidas. La ejecución de esta medida en el país que pasa por ser –se puede decir que con total merecimiento– el paradigma a nivel mundial de esta fórmula de inocuización del delincuente potencialmente peligroso, es decir, Alemania, pone en evidencia a un Estado en el que, en pocos años, se ha incrementado la enorme carga punitiva de esta medida de seguridad con reformas añadidas, como eliminar su límite de duración hasta convertirla en indefinida, o admitir que su imposición no se realice necesariamente en la sentencia sino una vez que el penado haya cumplido una parte importante de su condena, o –rizando el rizo de la exasperación– introducir la imposición de la medida después del cumplimiento de la pena, poco antes de que el interno sea puesto en libertad. Y siendo cierto que el Tribunal Europeo de Derechos Humanos (TEDH) ya ha tenido ocasión de pronunciarse sobre ella declarando que su imposición conjunta con la pena fundada en la culpabilidad del hecho no es contraria al art. 5 del Convenio Europeo de Derechos Humanos (CEDH), no es menos cierto que –siguiendo con el referente de la república alemana– este país ha sido en los últimos años condenado en diversos procedimientos seguidos ante el TEDH por violación del CEDH a propósito de la ejecución de la custodia de seguridad[16].

Como sabemos, la exposición de motivos del borrador del anteproyecto justificaba la introducción de esta medida en la lucha contra los delincuentes peligrosos que fueran condenados por algún delito de especial gravedad, así como contra la delincuencia tendencial[17]. Por lo tanto, la retirada de esta

[16] Entre otras, sentencia *M. v. Germany*, de 17 de noviembre de 2009, sentencia *Grosskopf v. Germany*, de 21 de octubre de 2010, sentencia *Shummer v. Germany*, de 13 de enero de 2011, y sentencia *Haydn v. Germany*, de 13 de enero de 2011.

[17] Evidencia de que el pre-legislador había concebido la introducción de esta medida de seguridad mirando a Alemania, donde, como sabemos, la custodia de seguridad fue incorporada al ordenamiento jurídico penal alemán por medio de la llamada Ley del Delincuente Peligroso y

institución de la reforma penal incidió sobre el tratamiento de ambas categorías de delincuentes.

Y, en efecto, una vez desaparecida en la reforma la custodia de seguridad, se hizo descansar la regulación penal frente a la delincuencia peligrosa en la nueva pena de prisión, la PPR, que ocupando el vértice de la escala de castigos del art. 33 CP, quedaba privada del soporte que en los ordenamientos de referencia del pre-legislador (léase, nuevamente, Alemania), le sirven de complemento.

En relación con la delincuencia por tendencia, la desaparición de la custodia de seguridad provocó la revisión de la supresión del art. 66.1 del primer anteproyecto, dejándolo de nuevo intacto, así como la circunstancia genérica de reincidencia, que mantuvo su apreciación obligatoria. Así pues, los supuestos de reincidencia y multirreincidencia resultaban tratados por medio de la estrategia diseñada para darle un tratamiento definitivo al «problema de las faltas», tal como había sido planteado pero no resuelto en la reforma de 2010: su mal denominada «despenalización», que implica –en lo que a las faltas contra el patrimonio se refiere– su transformación en delitos leves[18]. No obstante, como quiera que la reiteración delictiva guarda estrecha relación con la peligrosidad futura, y los efectos agravatorios de la reincidencia han de respetar el límite de la culpabilidad, y, además, tras la aceptación de las indicaciones del dictamen del Consejo de Estado, los delitos leves no resultan computables «a los efectos» de la circunstancia 8ª del art. 22 CP, el tratamiento de los delincuentes por tendencia –en la lógica de la reforma– debía verse complementado con la previsión de la imposición de una medida de seguridad, la libertad vigilada, que, para adaptarse a los contornos de la reforma proyectada, veía modificados sus requisitos y ampliado enormemente su ámbito de aplicación, siendo vinculada directamente con la peligrosidad futura del autor y previéndose en gran número de tipos delictivos, entre ellos, todos los delitos patrimoniales[19].

Así pues, la retirada de la custodia de seguridad, esencial en la lógica interna de la reforma proyectada por el equipo del ministro Ruiz-Gallardón

---

Habitual, de 24 de noviembre de 1933. Así pasó –sin solución de continuidad tras la derrota alemana en la segunda guerra mundial– a formar parte del sistema penal en la Alemania Federal, y hoy en día sigue concebida en la república germana como el principal instrumento para combatir ambas formas de delincuencia.

[18] Buena parte del resto del libro III, en especial, las faltas contra el orden público, han sido subsumidas en la nueva LO 4/2014, de seguridad ciudadana, y un número corto pero no menos importante, ha sido derivado a ser enjuiciado en el orden jurisdiccional civil.

[19] En el anteproyecto se preveía su aplicación, al menos, a los siguientes: delitos contra la vida, lesiones leves o maltrato de obra en violencia de género; lesiones; detenciones ilegales y secuestros; trata de seres humanos; hurto; robo; extorsión; utilización ilegítima de vehículo de motor; defraudaciones; receptación y blanqueo de dinero; delitos contra la seguridad colectiva y contra el orden público.

atendidos sus objetivos, provocó la primera gran quiebra en los cimientos ideológicos de la reforma penal, forzando su asentamiento sobre lo que quedaba del proyecto original, la derogación del libro III y dos instituciones básicas del libro I, la nueva PPR –siquiera huérfana ya de la medida llamada a completarla– y las medidas de seguridad, reformadas integralmente para integrarlas sin disfunciones en el nuevo diseño punitivo.

La renuncia por parte del legislador a la reforma integral de las medidas de seguridad aun habría de comprometer más la coherencia interna de la reforma penal en su conjunto.

3.3.2. Las medidas de seguridad

La desaparición de la reforma integral de las medidas de seguridad tuvo lugar en algún momento entre la formulación de las enmiendas parciales al articulado del Proyecto de LO de reforma, el 10 de diciembre de 2014, y la entrada en el Senado del texto aprobado por el Congreso de los Diputados, el 29 de enero de 2015.

La exposición de motivos del Proyecto de LO que se debatió en el parlamento, inalterada en esta materia ya desde el primer anteproyecto, declaraba que el objetivo de la reforma integral de las medidas de seguridad pretendía «superar» el sistema monista imperante en nuestro sistema de justicia penal. Sin embargo, tal aseveración se asentaba en una premisa incierta ya que, como sabemos, el Código Penal de 1995 optó por el establecimiento de un sistema dualista que prevé la aplicación conjunta de penas y medidas de seguridad, que sólo se transforma en monista cuando se llega a la ejecución de la condena, para que –con el correctivo vicarial– el tiempo de privación de libertad cumpliendo la medida se compute como tiempo de condena.

Los antecedentes históricos recientes en España en torno a las medidas de seguridad justificaban todas las cautelas adoptadas por el legislador de 1995. La Ley de Peligrosidad y Rehabilitación Social (LPRS), vigente desde 1970 hasta 1995[20], que vino a sustituir la Ley de Vagos y Maleantes para el control de los elementos considerados antisociales (una de las pocas leyes promulgadas durante la II República que el régimen franquista no sólo no derogó sino que aplicó y amplió para incluir la represión de los comunistas, masones y los homosexuales[21]), supuso –en palabras de Muñoz Conde (2004, p. 43)–, «tanto en la teoría como en la práctica, una perversión del derecho

[20] Ni siquiera las sentencias del TC, que reprobaron aspectos fundamentales de la normativa en que se asentaba la ley, como las medidas pre-delictuales, llegaron a declararla inconstitucional, y su derogación total sólo se produjo con la promulgación del Código Penal de 1995.

[21] Fruto de la influencia de la teoría del delito dominante en los años '30 del siglo pasado en Alemania sobre uno de los grandes juristas españoles, el catedrático don Luis Jiménez de Asúa, quien moriría en el exilio argentino precisamente el mismo año en que la ley que impulsó, la Ley de Vagos y Maleantes, fuera derogada ya en las postrimerías del franquismo para dar paso a la LPRS, la nueva versión empeorada de aquella.

penal y un abuso del poder del Estado» al sancionar a las personas definidas en la norma como *peligrosas sociales* con medidas de carácter pre-delictual, que en poco o nada se diferenciaban de las penas en sentido estricto o de las medidas de seguridad post-delictuales, desbordándose así los últimos muros de contención del poder punitivo estatal, el principio de legalidad y el principio de intervención mínima.

Pese a que la lectura del art. 25.2 de la Constitución y del art. 1 de la Ley General Penitenciaria parecían conducir al derecho penal posterior a la dictadura franquista hacia un sistema monista de organización de las consecuencias del delito, los sucesivos anteproyectos de Código Penal posteriores a la Constitución contemplaron, como se ha dicho, un sistema dualista, matizado por el intercambio vicarial entre pena y medida de seguridad, con exclusión absoluta –eso sí– de las medidas pre-delictuales[22], como finalmente quedó configurado en el Código Penal de 1995, ajustándose a las exigencias mínimas que venía enunciando el TC en las sentencias dictadas resolviendo los recursos de amparo interpuestos con ocasión de la aplicación de la LPRS: sujeción al principio de legalidad, con las mismas garantías previstas para las penas, integrando las penas y las medidas de seguridad bajo el paraguas vicarial evitando su aplicación acumulativa para no quebrantar el principio *ne bis in idem* al sancionar «desde la misma perspectiva de defensa social unos hechos ya sancionados»[23].

Pues bien, por vez primera desde 1995, tras haberse conservado intacto a lo largo de las numerosas reformas a que ha sido sometido el Código Penal, se ha pretendido actuar sobre su art. 6, ubicado en el Título Preliminar, el marco de la regulación de las medidas de seguridad que se desarrolla más adelante, en los arts. 95 y ss.

El art. 6 CP en su párrafo 1° fundamenta las medidas de seguridad en «la peligrosidad criminal del sujeto al que se impongan, exteriorizada en la comisión de un hecho previsto como delito», y en el 2° establece los límites, que –en este contexto– constituyen también las garantías, al disponer que «no pueden resultar ni más gravosas ni de mayor duración que la pena abstractamente aplicable al hecho cometido, ni exceder el límite de lo necesario para prevenir la peligrosidad del autor». Así pues, la norma, en su inicial y vigente redacción, impide la aplicación de una medida de internamiento en un centro de custodia por un delito que no esté castigado

---

[22] En defensa del monismo se pronunció buena parte de la doctrina científica durante la etapa constituyente. Así, el profesor Rodríguez Devesa (1978) publicó en el *Anuario de Derecho Penal y Ciencias Penales* un estudio reveladoramente titulado *Alegato contra las medidas de seguridad en sentido estricto*, en el que defendía que fuera la pena la única respuesta al delito, rechazando incluso las medidas de seguridad post-delictuales porque en último caso siempre se imponen por hechos futuros e inciertos, violentando el principio de legalidad y el de seguridad jurídica.

[23] STC 159/1985, de 27 de noviembre, FJ 3°.

con el ingreso en prisión e imposibilita que se cumpla a continuación de la pena, es decir, una vez cumplida ésta y sin solución de continuidad.

Para conseguir la ruptura definitiva con el sistema vicarial establecido por el legislador de 1995, se pretendió reformar el art. 6 vaciándolo de una parte sustancial de su contenido, de manera que quedara redactado en los concisos siguientes términos: «las medidas de seguridad no podrán exceder el límite de lo necesario para prevenir la peligrosidad del autor». De este modo, el criterio de la gravedad del hecho cede al de la peligrosidad del infractor, el centro de gravedad del sistema se traslada del delito al delincuente, y la peligrosidad sustituye a la culpabilidad como límite de la sanción a imponer. En otras palabras, se pretendía que la piedra angular del sistema pasara a ser el *juicio de peligrosidad criminal*, entendido como juicio de probabilidad de que el condenado cometiera algún delito futuro[24].

Así las cosas, la inesperada retirada el proyecto de LO de la reforma del art. 6 y del título IV del libro I del Código Penal ya bien avanzado el trámite parlamentario, sorprendió por lo que tuvo de súbita e inexplicada, pero justo es también referir que nadie la cuestionó y a muchos nos confortó. La sola comparación entre lo que hasta ahora sigue siendo y lo que pudo haber sido pone de manifiesto la profunda trascendencia que ha representado el mantenimiento del *statu quo* en la regulación de las medidas de seguridad, incluso en los términos en que quedaron tras la introducción en el año 2010 de la libertad vigilada[25].

En suma, el tratamiento de los delincuentes peligrosos por el hecho o por tendencia, en mi opinión, fundamento inicial y objetivo último de la reforma que se analiza, se sostiene ahora, tras los avatares sufridos durante su dilatada tramitación, exclusivamente en la nueva pena de PPR y en la desaparición de las faltas. Descontextualizadas ambas, resultan inoperantes para los fines a los que tendían y constituyen una distorsión en un sistema penal basado en penas de duración determinada, delimitada en función de criterios de culpabilidad, y en la presencia de infracciones que sin perder su carácter penal, por su levedad

---

[24] Hay que advertir, además, que el juicio de peligrosidad resultaba determinante no sólo para acordar la medida sino también para su prórroga que, por ejemplo, en el caso de la libertad vigilada, podía convertirse en perpetua (se había llegado a prever una duración mínima de 3 años y una máxima de 5, con posibilidades de prórroga indefinidas, por plazos sucesivos de 5 años).

[25] Una medida de seguridad limitativa de libertad, diseñada para imputables y para su ejecución post-penitenciaria, incorporada inopinadamente al Código Penal mediante la reforma de la LO 5/2010 con la coartada de que sólo sería de aplicación a determinados delitos graves, los delitos de carácter sexual y de actividades terroristas, y que, sin que haya mediado tiempo bastante para analizar su incidencia en la ejecución de las penas ni sus efectos sobre el condenado, se ha extendido en 2015 a otros tipos delictivos de gravedad menor. Y, lo que aún es más preocupante, que permite mantener expedita la eventual introducción en el futuro –sin cortapisas dogmáticas– de medidas de contenido más aflictivo que participen de su misma naturaleza y caracteres, como la –por el momento, descartada– custodia de seguridad.

medida con iguales parámetros que los delitos, aliviaban el eventual exceso y el rigorismo a que en ocasiones aboca la aplicación inclemente de la norma en estricta sujeción al principio de legalidad.

4. BREVE REFLEXIÓN FINAL

La gran reforma del Código Penal de 1995 emprendida en esta legislatura se separa y distingue de las que en número más que notable la han precedido desde su entrada en vigor por el objetivo perseguido y la técnica empleada, el tratamiento de la delincuencia peligrosa incidiendo no solo sobre la pena sino también –y esto era lo inexplorado hasta ahora– integralmente sobre el régimen jurídico de las medidas de seguridad. Un planteamiento inédito que quizá tenga su explicación en la percepción de que la sola ampliación y exasperación de la penalidad, tanto en su imposición como en su cumplimiento –las herramientas hasta ahora tradicionalmente utilizadas–, ha llegado a un punto difícil de traspasar sin comprometer seriamente los límites que el art. 25.2 de la Constitución establece, y la creencia de que nuestro sistema de justicia penal carece de instrumentos legales capaces de ofrecer una contundente respuesta al tratamiento del delincuente tendencial y, menos aún, al reputado –justificadamente o no– peligroso por el hecho, una vez cumplida la pena impuesta (porque hay que recordar que todas las penas de prisión, salvo la perpetua ejecutada en su literalidad, se terminan cumpliendo).

En cualquier caso, los riesgos afrontados desde el punto de vista dogmático han sido numerosos y quizá no fueron valorados en su inicio en toda su significación por el pre-legislador, que diseñó la reforma al modo de un castillo de naipes, de manera que la quiebra en uno sólo de sus elementos ha ido provocando la pérdida en cascada de solidez y coherencia interna en su conjunto.

Una cosa parece cierta. Como suele advertir Zaffaroni (2006), no hay nada nuevo en el derecho penal y, por lo mismo, es fuerte la tentación del retorno sempiterno. Esta penúltima reforma del Código Penal, basada en enmendar el texto legal alterando simultáneamente el sistema de penas y de medidas de seguridad, nos ha resituado frente a una cuestión recurrente y no resuelta, cuyos orígenes próximos ya centraron el debate de política criminal que ocupara buena parte de la polémica y los enfrentamientos entre escuelas hace un siglo. Un debate desenfocado y baldío en mi opinión, que ha distraído a la ciencia jurídica, y que enmascara una constante en la evolución del derecho penal de los últimos siglos en nuestro mundo occidental, «la dialéctica» –otra vez, en palabras de Zaffaroni– entre el Estado de derecho y el Estado de policía, tantas veces decantada en favor de este último y que en el momento presente, como mínimo, nos autoriza a dudar acerca de la capacidad del derecho penal democrático de cumplir con la función que le dota de sentido, «ser la reducción y contención del poder punitivo dentro de los límites menos irracionales posibles» (Zaffaroni 2006, p. 168).

BIBLIOGRAFÍA

Aguilar Conde, Araceli et al. (2012): «Realidad y política penitenciarias», *Boletín Criminológico* [en línea] 136. Disponible en: https://dialnet.unirioja.es/descarga/articulo/4008126.pdf [Acceso 4 Mayo 2016].

Armaza Armaza, Emilio José (2013): *El tratamiento penal del delincuente imputable peligroso*, Granada: Comares.

CGPJ – Consejo General del Poder Judicial (2010): *La justicia dato a dato* [en línea], Madrid: CGPJ. Disponible en: http://www.poderjudicial.es/stfls/cgpj/ESTAD%C3%8DSTICA/JUSTICIA%20DATO%20A%20DATO/FICHERO/Justicia%20Dato%20a%20Dato%20A%C3%B1o%202010_1.0.0.pdf [Acceso 19 febrero 2016].

CIS - Centro de Investigaciones Sociológicas (2015): *Barómetro de marzo 2015* [en línea], Madrid: CIS. Disponible en: http://www.cis.es/cis/export/sites/default/-Archivos/Marginales/3040_3059/3057/Es3057mar.pdf [Acceso 1 marzo 2016].

CIS – Centro de Investigaciones Sociológicas (2013): *Entrega del Barómetro de octubre 2013 y la encuesta sobre Opinión Pública y Política Fiscal: nota de prensa* [en línea], Madrid: CIS. Disponible en: http://www.cis.es/cis/export/sites/default/-Archivos/ComunicadosPrensa/2013/NotaBarometroOctubre2013-PoliticaFiscal.pdf [Acceso 1 marzo 2016].

Fernández, Tomás-Ramón (1998): *De la arbitrariedad del legislador*, Madrid: Civitas.

Filangeri, Gaetano (2012): *Ciencia de la legislación*, Buenos Aires: Ediar.

Killias, M. et al. (2010): *European Sourcebook of Crime and Criminal Justice Statistics – 2010* [en línea], The Hague: Boom Juridische uitgevers. Disponible en: https://english.wodc.nl/onderzoeksdatabase/european-sourcebook-4e-editie.aspx [Acceso 18 febrero 2016]

Jiménez de Asúa, Luis (1957): «La "nueva" defensa social», en *El Criminalista*, Buenos Aires: Víctor P. de Zavalía, 2ª serie, Tomo V, p. 11-35.

Jiménez de Asúa, Luis (2013): *La sentencia indeterminada*, Madrid: Marcial Pons.

Jueces para la Democracia (2008): *Manifiesto por un debate político-criminal racional* [en línea], Madrid: Jueces para la Democracia. Disponible en: http://www.juecesdemocracia.es/pdf/manifiestos/ManifiestoporunDebatePoliticoCriminalRacional.pdf [Acceso 1 marzo 2016].

Ministerio del Interior (2013a): *Anuario estadístico del Ministerio del Interior* [en línea], Madrid: Ministerio del Interior. Disponible en: http://www.interior.gob.es/documents/642317/1204854/Anuario_Estadistico_2013.pdf/ [Acceso 19 febrero 2016].

Ministerio del Interior (2013b): *Balance de criminalidad* [en línea], Madrid: Ministerio del Interior. Disponible en: http://www.interior.gob.es/documents/10180/1207668/balance_2013_criminalidad.pdf/562cc539-4a36-470f-8976-7dd305483e5b [Acceso 19 febrero 2016]

Muñoz Conde, Francisco (2003): *Edmund Mezger y el derecho penal de su tiempo*, Valencia: Tirant lo Blanch.

Muñoz Conde, Francisco (2004): *Derecho penal y control social*, Bogotá: Temis.

Rebollo Varas, Rafael (2011): «Reflexiones y propuestas sobre el tratamiento penal y procesal de la pequeña delincuencia patrimonial», *Estudios Penales y Criminológicos* 31, p. 553-583.

Robles Planas, Ricardo (2007): «'Sexual Predators'. Estrategias y límites del derecho penal», *Indret. Revista para el análisis del derecho* [en línea] 4. Disponible en: http://www.raco.cat/index.php/InDret/article/viewFile/78453/102441 [Acceso 18 Febrero 2016].

Rodríguez Devesa, José María (1978): «Alegato contra las medidas de seguridad en sentido estricto», *Anuario de derecho penal y ciencias penales*, Tomo 31, p. 5-12.

Sanz-Díez de Ulzurrun Lluch, Marina (2013): «Reincidencia, habitualidad y profesionalidad en las últimas reformas penales. Especial referencia a la delincuencia patrimonial», *Estudios Penales y Criminológicos* 33, p. 97-148.

Zaffaroni, Eugenio Raúl (2006): *El enemigo en el derecho penal*, Madrid: Dykinson.

Prisión permanente revisable, prisión de muy larga duración, terrorismo y Tribunal Europeo de Derechos Humanos

JON-MIRENA LANDA GOROSTIZA

1. Introducción. 2. Punto de partida: la doctrina Vinter. 3. La nueva regulación de las penas muy largas de prisión y de la pena perpetua tras la reforma por LO 1/2015: el terrorismo un caso «difícil». 3.1. Periodos mínimos de cumplimiento. 3.2. Otros presupuestos. 3.3. Penas largas de prisión. 4. Conclusiones. 4.1. Principio de reinserción individualizada, terrorismo y discriminación. 4.2. Principio de esperanza y materialización de los fines de la pena en fase de ejecución. 4.3. Reflexión final. Bibliografía.

RESUMEN

Las penas de prisión de larga duración, incluida la perpetua, tienden a ser analizadas críticamente desde la perspectiva del máximo tiempo de cumplimiento posible. En la presente contribución, sin embargo, el análisis, tras las reformas del Código Penal por LO 1/2015 (y 2/2015), se va a dirigir al proceso de progresión de grado en el tratamiento de dichas penas. Con otras palabras: ¿cuáles son los requisitos para progresar al tercer grado u obtener la libertad condicional? ¿Son las previsiones legales al respecto compatibles con los estándares que recientemente ha perfilado el Tribunal Europeo de Derechos Humanos (caso *Vinter y otros c. Reino Unido* 2013)? ¿Hay un procedimiento de revisión de las penas privativas de libertad de larga duración que garantice el derecho de reinserción? Todas estas cuestiones fundamentales serán objeto de estudio con atención especial a los delitos de terrorismo por cuanto éstos están sometidos al régimen penitenciario más severo que, al mismo tiempo, ha venido expandiéndose e influenciando tanto los modelos legislativos como la práctica penitenciaria emergente.

Palabras clave: Prisión perpetua, prisión de larga duración, terrorismo, convención europea de derechos humanos, reinserción.

ABSTRACT

Long-term imprisonment in Spain, as well as life-imprisonment, tends to be analysed from the point of view of the maximum term to be served. In the aftermath of the last reform process of the Penal Code of 2015 (Organic Acts 1/2015 and 2/2015) the main approach of this paper is, however, an analysis of the internal process of progressive categorisation that should take place within prison when it comes to execute long-term sentences or life-imprisonment. To put it in other words: which are the conditions for progression to open prison or for being granted parole according to current Spanish penitentiary law? Are those legal requirements and their interpretation in compliance with the standards recently set (*Vinter v. UK* 2013) by the European Court of Human Rights? Is there available a fair and effective review process in relationship with long-term sentencing that does not jeopardize the right to reintegration into society? Those fundamental questions will be explored also with a special focus upon the treatment of sentenced terrorists as they are currently subjected to the most severe penitentiary status that in turn has been influencing and indirectly modelling recent and emerging trends in Spanish penitentiary law and practise.

Key words: Life-imprisonment, Long-term imprisonment, terrorism, European Convention of Human Rights, rehabilitation.

1. INTRODUCCIÓN

Las penas privativas de libertad de larga o muy larga duración[1] –y más aún en el caso extremo de la pena perpetua– están expuestas a una primera aproximación sobre la legitimidad de una tal intervención punitiva desde el punto de vista del máximo –posible– de estancia en prisión. Se trata de una valoración de la legitimidad de lo que podríamos denominar «*worst case*» o peor hipótesis posible para el reo: esto es, la consistente en agotar el tiempo máximo posible previsto en la ley y determinado en la sentencia sin disfrutar de regímenes de semilibertad o libertad condicional. Desde esta perspectiva es conocida en la doctrina[2] la advertencia de que un máximo de cumplimiento efectivo superior a quince o veinte años de privación de libertad en centro cerrado podría dar lugar a un deterioro irreversible de la personalidad del interno. Pero también resulta una obviedad destacar que la realidad de la política criminal en Europa y, más aún, en los Estados Unidos de América,

---

[1] De conformidad con la Recomendación (2003)23 del Comité de Ministros del Consejo de Europa y en concreto del apartado 1 de su anexo, se considera pena privativa de libertad de larga duración aquella superior a los cinco años, lo que vendría a equivaler a una prisión grave del art. 33.2.b. CP 1995. Aunque en esta contribución también se analizará la prisión superior a los cinco años (por ejemplo, al estudiar el periodo de seguridad) el foco principal será la pena perpetua y las penas de «muy» larga duración, esto es, aquellas que tienden a acercarse a los topes máximos de cumplimiento para penas por delitos tanto únicos como acumulados (20, 25, 30 y hasta 40 años).
Recommendation Rec(2003)23 of the Committee of Ministers to member states on the management by prison administrations of life sentence and other long-term prisoners (Adopted by the Committee of Ministers on 9 October 2003 at the 855th meeting of the Ministers' Deputies): «1. For the purposes of this recommendation, a life sentence prisoner is one serving a sentence of life imprisonment. A long-term prisoner is one serving a prison sentence or sentences totalling five years or more».

[2] Véase, por todos, Mapelli (2011, p. 83).

hace ya tiempo que recurre a penas cada vez más prolongadas mucho más allá de la referencia doctrinal indicada. Por citar un ejemplo intermedio entre la política criminal en Europa occidental frente a la de los Estados Unidos[3], en el Reino Unido, concretamente en Inglaterra y Gales, caben diversas modalidades de pena perpetua en que nominalmente la prisión se extiende hasta el fin de la vida biológica del condenado, aunque, en la mayoría de los casos, cabe y se acaba por acceder a una liberación anticipada y condicional[4]. De igual manera en Alemania, por poner otro ejemplo de referencia, se cuenta con la pena perpetua entre las sanciones disponibles en el Código Penal (CP)[5].

Penas tan largas, decíamos, remiten a la reflexión sobre la compatibilidad de una estancia tan prolongada en prisión con la dignidad humana y principios fundamentales –singularmente el de reinserción– de un Estado social y democrático de derecho[6]. No obstante, el progresivo alargamiento de las penas privativas de libertad y la rehabilitación o reintroducción de la pena perpetua es un fenómeno que puede también abordarse no tanto desde la

[3] País este en el que el debate político-criminal sobre la pena perpetua en su modalidad más dura, esto es, sin posibilidad de libertad condicional, parece estar sujeto, en cualquier caso, a unas coordenadas diferentes y menos críticas en cuanto puede representar una alternativa a la pena de muerte. Véase en este sentido la sugerencia apuntada por Van Zyl Smit (2006, p. 406), en la misma línea, recientemente, por todos, Lerner (2013, *passim*), quien considera, sin embargo, la pena de prisión perpetua sin posibilidad de liberación condicional como una alternativa que puede acabar resultando incluso más dura que la misma pena de muerte.

[4] La terminología es muy prolija como corresponde a una pena –nominalmente perpetua– que hace relación, en realidad, a un conjunto de penas con regímenes de ejecución materialmente diferentes según los delitos cometidos, la peligrosidad y la edad del condenado: *(mandatory) life imprisonment, life imprisonment with whole life order, imprisonment for public protection, detention for life...* Fue una reforma penal llevada a cabo en el año 2003 la que determinó la estructura fundamental de las diversas modalidades de pena perpetua vigentes en Inglaterra y Gales que remiten esencialmente, por un lado, a si dicha pena es preceptiva o facultativa y, por otro lado, a si se imponen o no límites mínimos de cumplimiento a partir de los cuales cabe su revisión para acceder a regímenes de libertad condicional. Véase al respecto Ashworth (2010, p. 228 ss. y p. 400-401), véase también Easton y Piper (2012, p. 145 ss.) Véase también la documentada síntesis de Roig (2013, p. 102 ss.)

[5] Con una marcada tendencia a intentar evitar su aplicación de forma preceptiva y, en todo caso, con una expectativa por regla general de obtener una libertad condicional a los 15 años de cumplimiento. Véase, por todos, Drenkhahn (2014, p. 182 ss.), también insistiendo en la tendencia jurisprudencial a evitar la pena de prisión perpetua, forzando incluso la letra de la ley en el caso del asesinato Albrecht (2013, p. 226 ss.), más en detalle Dessecker (2014, *passim*). Para una perspectiva más amplia y actualizada de la regulación comparada de las penas de prisión de larga duración, véase la monografía citada de Drenkhahn et al. (2014), y también el detallado resumen contenido en la Sentencia del Tribunal Europeo de Derechos Humanos (STEDH), Gran Sala, *Caso Vinter y otros c. Reino Unido* (aps. núms. 66069/09, 130/10 y 3896/10), 9 julio 2013, aps. 68 ss.

[6] Véase, por todos, refiriéndose de forma conjunta tanto a penas perpetuas *de iure* como a penas de muy larga duración, los trabajos monográficos de Cuerda (2011, p. 59 ss.) y Ríos (2013, p. 139 ss. y 177 ss.).

legitimidad en abstracto de una tal previsión, sino desde el punto de vista de los mecanismos concretos para su cumplimiento efectivo en regímenes de semilibertad o libertad condicional. Por ser aún más preciso: el control del Tribunal Europeo de Derechos Humanos (TEDH) ha ido afinando su doctrina de control de estas penas –sobre todo la perpetua–, no tanto determinando la absoluta ilegitimidad o incompatibilidad de su duración en abstracto con los estándares previstos en la Convención de Roma, sino en función de que una pena muy larga de prisión –la perpetua paradigmáticamente– contemple mecanismos de revisión del régimen de cumplimiento. Que en un caso concreto se pueda materializar, por ejemplo, una violación del art. 3 y/o del art. 5 Convenio Europeo de Derechos Humanos (CEDH) depende por tanto de que se pueda acreditar que el programa de cumplimiento de la pena en cuestión no cerraba la puerta a una evolución de la misma desde regímenes cerrados hacia otros de semilibertad o libertad condicional. La ausencia total de una expectativa razonable y factible de acceder a la libertad, aunque sea con condiciones, determinaría la incompatibilidad de esa legislación o práctica aplicativa con el CEDH. La relación entre la pena nominal impuesta en sentencia y su concreta determinación penitenciaria resulta, en consecuencia, la piedra de toque[7] desde la que desplegar en esta materia bases de control –y de legitimidad– a la luz del principio de reinserción. Es esta una mirada no tanto al máximo posible de cumplimiento (*«worst case»*) sino al mínimo que acabaría por cumplirse y al mecanismo –y criterios– de revisión de la pena que posibiliten en su caso que se le abra al reo la puerta a regímenes de semilibertad o libertad condicional. En definitiva, la atención va a ponerse en lo que parece ser un estándar emergente que apunta a una suerte de «derecho a la esperanza» en las penas perpetuas[8] y *quasi*-perpetuas[9].

---

[7] Se confirma así, desde otra óptica convergente, una tendencia emergente a que el TEDH eleve los estándares de control sobre determinadas actividades de ejecución penitenciaria tal y como ya poníamos de manifiesto al hilo del caso *Del Río c. España* 2013 aunque en aquel supuesto con base en el art. 7 CEDH (principio de legalidad). Véase Landa (2012, *passim*, 2013, *passim*) y, en la misma línea, Ríos y Sáez (2014, p. 28 ss.).

[8] Terminología ésta del derecho a la «esperanza» que se empieza a acuñar particularmente en el derecho alemán, ligada al debate sobre la constitucionalidad de la pena perpetua (Vormbaum 2016), p. 245-246) y que incorpora ahora el TEDH con el efecto previsible de intensificar su extensión en el derecho comparado. Véase, por ejemplo, Vannier (2016), Van Zyl Smit et al. (2014, p. 66).

[9] Volveremos sobre este asunto más adelante (ver *infra apartado 3*) pero debe adelantarse que la jurisprudencia del TEDH se centra esencialmente en las penas nominal y formalmente perpetuas, y parece difícil que el estándar garantista de que va rodeando a las mismas sea trasladable *tout court* a las penas privativas de libertad muy largas. En cualquier caso, existen rasgos comunes entre ambas (dan un tratamiento común a las mismas, significadamente Cuerda (2011, *passim*) y Ríos (2013, *passim*), en la medida en que determinadas penas privativas de libertad muy largas pueden llegar a considerarse *de facto* como penas perpetuas más allá del

Ese mejor escenario posible para el reo («*best case*») es el punto de partida y objeto principal de esta contribución. Se pretende, desde dicha óptica del «límite mínimo» de cumplimiento en prisión o régimen cerrado, explorar la doctrina del TEDH en materia de pena perpetua y sus implicaciones para las penas privativas de libertad de muy larga duración y perpetua. A continuación se analizarán sus implicaciones respecto de la nueva regulación española de la prisión permanente revisable y, también, de las penas de muy larga duración con las que aquélla comparte similitudes estructurales de regulación[10]. Por último, cerrando aún más el objeto de investigación, se pretende estudiar de forma particular la regulación específica que se ocupa esencialmente de una constelación de casos particularmente complejo: el de los condenados por delitos de terrorismo. ¿Cuál debería ser, para este tipo de delitos, el límite mínimo de cumplimiento de sus penas en prisión antes de acceder a regímenes de semilibertad, de conformidad con los estándares del TEDH? Yendo incluso más allá y al fondo de la cuestión: ¿sobre qué criterios materiales debería articularse la progresión en grado? ¿Cómo debe entenderse la reinserción en tales supuestos? Tales preguntas y su respuesta implicarán sin duda una primera aproximación a los requisitos que deberían ser exigidos a los condenados por terrorismo para la progresión de grado, y su contraste con la legislación vigente y su interpretación por los tribunales. Es esta una tarea aún todavía demasiado amplia como para aspirar a una respuesta detallada y exhaustiva. Es por ello que la presente contribución quiere iniciar el debate y plantear algunas preguntas, sugiriendo líneas de reflexión de lo que debería convertirse, como efecto indirecto, en una revisión sistemática de la aplicación de la política antiterrorista acorde con la doctrina del TEDH y con la nueva realidad desde que ETA declarara, según las palabras por ella misma utilizadas, «el cese definitivo de su actividad armada» allá por el 20 de octubre de 2011[11].

---

nombre (Van Zyl Smit 2006, p. 405 ss.) y, en tal sentido, su ejecución debe regirse por idénticas garantías de legitimidad para evitar tratos inhumanos y degradantes y adecuarse en su ejecución al valor central de la dignidad humana.

[10] Debe hacerse notar que la regulación de la prisión permanente revisable se ubica sistemáticamente de forma paralela –y conforme a los criterios esenciales– que ya fueron reformados por la LO 7/2003 (arts. 36 CP, 78/78bis CP y los correspondientes a la libertad condicional –art. 90 ss. CP–).

[11] Literalmente la organización terrorista ETA (2011) hace la siguiente afirmación: «(…) *Por todo ello, ETA ha decidido el cese definitivo de su actividad armada.*(…)».
Con anterioridad, el 5 de septiembre de 2010, ya había declarado, como preámbulo, un cese de «acciones armadas ofensivas» que fue entendido como alto el fuego, y que siguió a sus últimos asesinatos en marzo de 2010 (Francia) y julio de 2009 (España). ETA cometió su último asesinato hace más de 5 años y medio (Wikipedia 2015).

2. PUNTO DE PARTIDA: LA DOCTRINA VINTER

El 9 de julio de 2013, la Gran Sala del TEDH dictó un fallo trascendental (en adelante caso Vinter) directamente relacionado con el control de las penas perpetuas, y que bien puede servir aquí de punto de partida como reflejo de la doctrina que va siendo progresivamente delimitada por el alto tribunal de Estrasburgo en la materia. El caso revisa de forma conjunta tres recursos presentados por tres ciudadanos británicos –Vinter, Bamber y Moore– cuyas demandas fueron consideradas de forma simultánea y rechazadas como conformes con el CEDH por la sección 4 del TEDH[12]. La Gran Sala, no obstante, admitió la remisión del caso a su consideración, emitiendo un pronunciamiento final y definitivo que, corrigiendo a la sala, sí que afirma la violación del art. 3 CEDH (prohibición de la tortura, tratos inhumanos y degradantes)[13] por la manera en que una de las modalidades de prisión perpetua preceptiva, la denominada «para toda la vida» (*whole life*), se aplicó según la legislación inglesa vigente[14].

Los casos a debate son ejemplos paradigmáticos de criminalidad muy grave –extrema–: Vinter, para cuando fue condenado a cadena perpetua «para toda la vida», había previamente asesinado a un colega del trabajo en 1996 al que siguió, una vez liberado condicionalmente de prisión, el de su mujer en 2008

---

[12] STEDH, Sección 4ª, *Caso Vinter y otros c. Reino Unido* (Aps. núms. 66069/09, 130/10 y 3896/10), 17 enero 2012, declaró la inexistencia de violación del art. 3 CEDH por mayoría de cuatro votos a tres.

[13] Fallo mayoritario, no unánime, por 16 votos a uno. De forma unánime, no obstante, se declaró que la eventual violación del art. 5 ap. 4 (derecho a la libertad y a la seguridad) quedaba fuera del ámbito de escrutinio del Tribunal al haber sido objeto en su momento de inadmisión por la propia Sección 4ª, limitando así de forma definitiva la competencia para su enjuiciamiento (STEDH, Gran Sala, Caso Vinter, párr. 132).

[14] Debe tenerse en cuenta que, según el año en que se impone esta concreta modalidad de pena de prisión «para toda la vida», el procedimiento concreto y la autoridad para imponerla eran diferentes: así en el caso de Vinter es competente el juez sentenciador (STEDH, Gran Sala, Caso Vinter, párr. 18) mientras que en los casos de Bamber (STEDH, Gran Sala, Caso Vinter, párr. 21) o Moore (STEDH, Gran Sala, Caso Vinter, párr. 28) fue el Secretario de Estado –Ministro del Interior– quien toma la última decisión con la posibilidad de diferentes modalidades de revisión judicial de tal medida. Precisamente fueron las deficiencias del procedimiento para imponer la tarifa mínima las que determinaron el cambio legal que transfirió definitivamente la decisión al ámbito judicial, de conformidad con la jurisprudencia del TEDH (y sus exigencias para que se adopte la decisión de conformidad con un proceso debido, art. 6 CEDH) en el año 2003. Véase al respecto, por todos, el análisis de la polémica jurisprudencial y legal inglesas de Mitchell y Roberts (2012, p. 39 ss.). Más allá de cuestiones procesales y de la naturaleza administrativa o judicial del órgano *a quo*, lo que aquí interesa es el hecho de que resulta común a los tres casos una argumentación a favor de la pena de prisión «para toda la vida», esencialmente fundada en razones de índole retributiva –gravedad de los delitos cometidos– y preventivo-general antes que preventivo-especial (STEDH, Gran Sala, Caso Vinter, párrs. 19, 22, 23 y 28 ss.).

mediante una acción combinada de estrangulamiento y apuñalamiento posterior[15]. Bamber asesinó en 1985 a sus padres, su hermana adoptiva y los dos hijos menores de ésta. Las circunstancias del caso apuntaban a una acción premeditada, a la búsqueda de enriquecimiento y con simulación y manipulación de la escena del crimen para encubrir de esa manera su autoría, trasladándosela falsariamente a su hermana por adopción. Por ello, se le aplicó igualmente no sólo la cadena perpetua, sino también la orden de que fuera «para toda la vida»[16]. El último de los demandantes, Moore, también era un condenado por asesinato múltiple, en este caso de cuatro homosexuales, motivado al parecer por un ánimo sádico de obtener así gratificación sexual propia. En septiembre, octubre, noviembre y Navidades de 1995, las víctimas fueron apuñaladas repetidamente una a una, con un cuchillo de combate comprado al efecto. La condena a pena perpetua le fue aplicada «para toda la vida»[17].

Las circunstancias de los casos resultan relevantes, como se verá, porque son la base argumental sobre la que se acaba por decidir si activar la modalidad más dura de cumplimiento de la pena perpetua «para toda la vida». Punto este que es el asunto esencial a debate en los tres casos y centro de la controversia jurídica para decidir su conformidad –o no– con la Convención Europea de Derechos Humanos. En los tres casos se impone una pena perpetua de por vida tras sopesar que, fundamentalmente, la gravedad de los

[15] STEDH, Gran Sala, Caso Vinter, párrs. 15 a 19. Las circunstancias del caso revelan una firme determinación para llevar a cabo el asesinato por cuanto una vez separados, y dándose por probado en el juicio que actuaba con altas dosis de alcohol y cocaína, después de seguirla hasta un local y discutir con ella delante de una de sus hijas, acabó por forzarla a entrar en el coche. Desde el vehículo obligó a responder a su esposa a una llamada de la policía que, alertada por su hija, buscaba comprobar su situación de seguridad. El propio Vinter llamó después a la policía para tranquilizarla. Unas horas más tarde se presentó ante la propia policía confesando los hechos: nariz rota, extensas y profundas marcas en torno al cuello –resultado del intento de estrangulamiento– y cuatro puñaladas en el pecho realizadas con dos cuchillos, uno de los cuales acabó con la hoja rota. Basándose en las circunstancias descritas, el juez sentenciador impuso la modalidad de cumplimiento «para toda la vida».

[16] STEDH, Gran Sala, Caso Vinter, párrs. 20 a 25; particularmente párr. 21. Bamber fue condenado a pena perpetua con un cumplimiento mínimo de al menos 25 años. Pero en la carta que dirigía dicho juez a la Secretaría de Estado, el alto magistrado –Lord Chief Justice–, en ejercicio de sus competencias, añadió un comentario en el sentido de que no se liberara jamás al condenado. En 1988 la Secretaría de Estado impuso, siguiendo la recomendación citada, una tarifa de cumplimiento «para toda la vida» que, tras la reforma legislativa del año 2003, no fue modificada (párrs. 22 a 25).

[17] STEDH, Gran Sala, Caso Vinter, párrs. 26 a 32. En este caso el juez sentenciador impuso la pena perpetua «para toda la vida» pero en el trámite posterior el alto magistrado –Lord Chief Justice– recomendó un mínimo de cumplimiento de 30 años. La Secretaría de Estado eligió, no obstante, la modalidad más dura de cumplimiento (*whole life tariff*). Tampoco en este caso la posibilidad de revisión por la reforma legislativa del año 2003 varió su régimen penitenciario.

hechos hace aconsejable tal castigo que, debe resaltarse, no es automático ni resulta previsto de forma preceptiva *ex legem*.

En el caso Vinter, no obstante, desde la perspectiva del TEDH no se discute la imposición de la pena por su eventual desproporción[18], sino desde la óptica de las condiciones de su «legitimidad» articulada sobre dos ejes esenciales: en primer lugar, la necesidad de que exista una expectativa de puesta en libertad y, en segundo lugar, de que, además, haya una posibilidad de revisión de la pena[19]. Es el Tribunal Europeo el que establece esos presupuestos o principios esenciales que se entiende constituyen el contenido esencial del art. 3 CEDH a la hora de controlar que una pena no infrinja la prohibición de malos tratos. La pena perpetua, por tanto, debe articularse de manera que exista una suerte de derecho a la esperanza –una expectativa de liberación– (*de iure*), acompañada de mecanismos efectivos de revisión (*de facto*) que permitan actualizar dicha expectativa. El anclaje de legitimación apunta, en un nivel más profundo, al derecho de reinserción y es por ello que resulta esencial construir un canon de revisión de la ejecución de la pena para poder establecer si ésta es compatible con dicho derecho. Pero ¿en qué términos establece el TEDH dicho estándar? Veamos hasta dónde progresa la Gran Sala.

Podría sintetizarse dicho estándar de control conforme a las siguientes claves: la pena perpetua debe ser «reducible» *de iure*; pero también *de facto* de lo que se deriva una obligación procesal de que exista un mecanismo de revisión del que, de forma más inconcreta, se asegura, en primer lugar, que debe estar sujeto a algún tipo de plazo para su activación; y, en segundo lugar, también de forma relativamente inconcreta, se adentra la Gran Sala en determinar los criterios materiales de dicha revisión con la enigmática alusión, a la que enseguida habremos de volver, que hace depender el mantenimiento justificado en prisión de que exista algún «motivo legítimo de política criminal»[20]. Por tanto, el estándar de control que se construye no es puramente formalista, aunque tampoco está totalmente cerrado y detallado[21].

---

[18] Según la Gran Sala del TEDH, una pena manifiestamente desproporcionada podría llegar a constituir malos tratos, prohibidos por el art. 3 CEDH, sólo en casos raros y muy excepcionales. No obstante, en el caso a examen, al no haberse planteado este test de proporcionalidad por parte de los demandantes, quedaba vetada la posibilidad de un análisis desde esta perspectiva. STEDH, Gran Sala, Caso Vinter, párrs. 102 y 103.

[19] STEDH, Gran Sala, Caso Vinter, párr. 110.

[20] «(...) as to mean that continued detention can no longer be justified on legitimate penological grounds.» STEDH, Gran Sala, Caso Vinter, párr. 119.

[21] Como por otra parte es propio y natural en la lógica jurídica del TEDH que, próximo al estilo del *common law* y deudor de la lógica de un tribunal de filtrado de garantías, construye sus estándares caso a caso en un proceso lento y fino de decantación. Por eso no se puede, sin más, deducir linealmente la evolución del estándar a partir de fallos posteriores de diversas salas del TEDH –y no de la Gran Sala– como son los casos *Bodein c. Francia* (STEDH, 5ª sección, ap.

Que la pena sea reducible *de iure*, en realidad, significa que no sería compatible con el art. 3 CEDH si no existiera la posibilidad legal –teórica, conforme al *dictum* legal– de liberación. Si la regulación niega total y absolutamente que el sujeto puede llegar a ser liberado, la pena sería contraria a la prohibición de malos tratos, inhumanos y degradantes[22], ya que negar incondicionalmente y *ex legem* toda expectativa de liberación supone negar al sujeto *a priori* y absolutamente su capacidad de cambio: tratar así a un ser humano es inhumano y atenta directamente contra su dignidad[23].

La dignidad, con otras palabras, exige que el Estado organice la ejecución de las penas sobre la creencia antropológica de que todo penado puede cambiar y, en consecuencia, prevea una oportunidad factible de reinserción. Oportunidad que no satisfaría el mínimo exigible, si consistiera única y exclusivamente en la posibilidad de que el ejecutivo pudiera conceder una suerte de perdón por razones humanitarias: el derecho a ser liberado va más allá del derecho a morir en casa, o en un establecimiento para enfermos terminales, en vez de en prisión[24].

La posibilidad legal de liberación debe estar disponible, por tanto, de forma relativamente universal para todos los que deban cumplir la pena perpetua, sean cuales fueren los hechos por los que fueron condenados, al igual que deben poderse conocer, desde el principio, los requisitos o presupuestos sobre cuya base se va a contrastar la evolución del interno de cara a que la revisión sea positiva o negativa. Si el horizonte legal es inexistente, difuso o indeterminado, no cabe una planificación adecuada del itinerario rehabilitador para que el recluso pueda trabajar para alcanzar dicho objetivo. Faltaría el incentivo mínimo que permitiría al interno actuar como un ser humano que precisa, como base existencial indispensable, de una esperanza razonable y efectiva como punto de partida –y llegada– para organizar una estancia en prisión que le posibilite volver a la sociedad como un sujeto responsable y respetuoso de la ley penal. El derecho a la esperanza de una liberación, en síntesis, debe recogerse en el ordenamiento legal de tal manera que despeje toda indeterminación sobre su existencia desde el primer momento en que el condenado lo es a pena perpetua. Así concebida, la falta de reducibilidad *de*

núm. 40014/10, 13 noviembre 2014) o *Hutchinson c. Reino Unido* (STEDH, 4ª sección, ap. núm. 57592/08, 3 febrero 2015) por más que declaren la conformidad con el art. 3 CEDH de determinados casos particulares de aplicación de penas perpetuas en sendos países.

22 STEDH, Gran Sala, Caso Vinter, párr. 121.

23 STEDH, Gran Sala, Caso Vinter, párr. 113, en el que el alto tribunal incorpora la doctrina del Tribunal Constitucional alemán en su seminal fallo de 21 de junio de 1977. Véase sobre la relevancia de la citada sentencia alemana, por todos, Calliess y Müller-Dietz (2008, p. 17, párr. 39), Streng (2012, p. 85, párr. 166), *y* también para su confirmación posterior en la jurisprudencia y en la legislación el resumen, con ulteriores referencias, de Leyendecker (2002, p. 145).

24 STEDH, Gran Sala, Caso Vinter, párr. 127.

iure podría desencadenar una condena del TEDH desde el momento de la imposición de la pena y sin tener que esperar a que ésta se llevara ejecutando un largo número de años[25].

Pero no basta con que, en teoría, la pena perpetua deje un resquicio legal a la libertad condicional. A este filtro negativo se añade uno más exigente ya que, sobre el presupuesto previo, el estándar se enriquece con la alusión a la reducibilidad de la condena *de facto* que, debe avanzarse desde ahora, el tribunal describe de forma relativamente inconcreta, lo que genera una doctrina emergente, y más avanzada, pero no totalmente depurada y cerrada. Entre los datos inequívocos se encuentra la afirmación de que debe haber un tal mecanismo de revisión: no basta con un mero reconocimiento legal de la expectativa de liberación si no hay una vía efectiva que pueda materializarla. Derecho a la esperanza implica también y singularmente una obligación procesal que se traduzca en la existencia de un mecanismo de revisión[26]. A partir de aquí, sin embargo, comienza la acumulación de indicaciones o sugerencias relativamente inconcretas por parte del tribunal. Indicaciones interpretables a la luz de que debe reconocerse, en primer lugar, un margen de maniobra a los Estados a la hora de conformar la configuración concreta de dicho mecanismo[27]. Ahora bien, un tal mecanismo no puede ser indeterminado en el plazo de revisión: tras un análisis pormenorizado de los estándares internacionales[28] y regionales de derechos humanos así como del derecho comparado en la materia, viene a sugerirse que el plazo de revisión efectiva debería situarse no más allá del cumplimiento de los 25 años desde la imposición de la pena perpetua con obligación, además, de que con posterioridad a dicha fecha haya revisiones periódicas[29]. La indicación de plazo, por tanto, es relativamente indeterminada aunque al menos se abre una horquilla en la que, por una parte, debe excluirse la indeterminación del plazo de revisión como contraria al art. 3 CEDH (filtro negativo) y, por otra, no debería irse más allá de un cumplimiento mínimo, que no es categórico ni debe ser interpretado de forma rigurosa, en torno a 25 años como máximo (filtro positivo).

Pero, al margen de la indicación de una especie de tarifa o periodo mínimo de cumplimiento antes del cual deba operar el mecanismo de revisión, la

---

[25] STEDH, Gran Sala, Caso Vinter, párr. 122.

[26] STEDH, Gran Sala, Caso Vinter, párr. 119.

[27] Llegando a afirmar la Gran Sala, Caso Vinter, párr. 120, que podría ser tanto un mecanismo de revisión en manos del poder ejecutivo o de índole judicial. No obstante, una visión más integral del convenio apunta a la necesidad de que dicho mecanismo de revisión cumpla con las garantías propias del debido proceso. Véase, desde la perspectiva de la aplicabilidad del art. 5.4 CEDH, Van Zyl Smit et al. (2014, p. 59 y 77 ss.).

[28] STEDH, Gran Sala, Caso Vinter, párrs. 59 ss., 76 ss. y 114 ss.

[29] STEDH, Gran Sala, Caso Vinter, párrs. 68 ss. y 117.

consideración sobre los criterios materiales de revisión reviste, a mi juicio, el mayor potencial de cuantas observaciones añade la Gran Sala. ¿Qué deberá tenerse en cuenta para activar *de facto* el mecanismo de revisión? ¿Sobre qué base es legítimo y razonable afirmar o denegar la liberación condicional? ¿Sobre la base de la gravedad del delito al momento de comisión –retribución–, sobre razones preventivo-generales –negativas y/o positivas– o sobre consideraciones de prevención especial y reinserción? ¿Sobre todas estas razones a la vez, sin orden ni concierto, o debe existir algún tipo de prelación y lógica que las jerarquice y articule hacia un criterio rector que, en definitiva, sea la clave? A mi entender, y yendo más allá de lo que el tribunal afirma literal y expresamente, creo que existe una lógica subyacente de primar el criterio de rehabilitación, en detrimento de razones puramente retributivas o preventivo-generales, como clave de bóveda para decidir si liberar condicionalmente al sujeto.

La Gran Sala inicia sus conclusiones generales destacando que la función del mecanismo de revisión debe ser permitir que las autoridades nacionales evalúen:

> (...) si los cambios experimentados en la persona condenada a cadena perpetua son tan importantes y que se han hecho tales progresos hacia la rehabilitación en el trascurso del cumplimiento de la condena, que el mantenimiento de la pena de prisión no está ya justificado en ningún motivo legítimo de política criminal. [30]

Y se añade, además, cuando se argumenta desde el prisma de la necesaria seguridad jurídica que otorga una previsión clara de mecanismo de revisión, que su ausencia convertiría en irrazonable esperar que el recluso vaya a trabajar «(...) para obtener su rehabilitación (...)» si no supiera que en fecha determinada se analizará su caso «(...) sobre la base de su rehabilitación (...)» para considerar su eventual liberación condicional[31].

Podría interpretarse que las afirmaciones de la Gran Sala acabadas de reproducir cifran la revisión en un test sobre las posibilidades de reinserción del sujeto en clave preventivo-especial. El periodo de tiempo pasado en prisión habría ya cumplido esencialmente la función retributiva de la pena y asegurado el efecto preventivo-general, al menos en un primer nivel, y, por tanto, la nueva evaluación del condenado desplazaría tácitamente la mirada hacia consideraciones de balance sobre la progresión del interno durante el tiempo de prisión ya trascurrido y sobre su efecto con respecto a la disminución y/o neutralización de su eventual peligrosidad criminal.

---

[30] STEDH, Gran Sala, Caso Vinter, párr. 119.

[31] STEDH, Gran Sala, Caso Vinter, párr. 122.

Países como Inglaterra (y Gales)[32] o Alemania[33], por aludir a dos realidades próximas a nuestro entorno jurídico-cultural[34], de hecho funcionan con modelos de ejecución y planificación de la libertad condicional que ordenan la relevancia de la gravedad de los hechos o el impacto preventivo-general y especial de forma tasada y expresa. En dichos países, el diseño legal posibilita, en distintos grados, que la decisión sobre la progresión a una vida en libertad pueda tomarse con base, esencialmente, en el pronóstico de peligrosidad criminal y al margen del peso de la gravedad de los hechos como losa permanente e irremisible, que bloquearía o interferiría de forma determinante en su concesión.

Esta decisión de individualizar y concretar el criterio material de revisión en torno al pronóstico individual de peligrosidad vaciado de consideraciones puramente retributivas o de prevención general que pudieran bloquearlo de raíz, parece que está en la línea de un modelo de ejecución penal conforme con los estándares de derechos humanos. Como fundadamente señala Lazarus

---

[32] El complejo sistema de determinación de la pena en derecho inglés –incluida Gales– se caracteriza por una amplia discrecionalidad judicial limitada únicamente por topes fijados por ley y, en algunas constelaciones de casos, también limitada por periodos mínimos de cumplimiento. A ello deben sumarse además los criterios de orientación (*sentencing guidelines*) que se van decantando de manera *ad hoc*, delito a delito. Véase en detalle una buena descripción tanto de la evolución histórica como de la situación actual al respecto en Ashworth y Roberts (2013, p. 1 ss.), también, en particular respecto de los denominados criterios de orientación –*sentencing guidelines*– Ashworth y Roberts (2014, p. 3 ss.). En concreto en el derecho inglés, desde la abolición de la pena de muerte, se estableció como única pena imperativa para los casos de asesinato (*murder*) la pena perpetua, la cual se divide en tres partes. La primera, conocida como periodo mínimo (o tarifa con anterioridad a la reforma legal de 2012), tiende a reflejar la gravedad del delito cometido y debe ser cumplida en su integridad. Una vez cumplido el periodo mínimo, el foco de atención se dirige, sin embargo, a consideraciones de protección de la sociedad en función de la peligrosidad –neutralizada o todavía presente– del preso. La tercera y última parte correspondería a la posibilidad de acceder a la libertad condicional (Ashworth 2010, p. 117 ss.).

[33] En Alemania rige una separación –y toma en consideración– «consecuente» de los fines de la pena según se trate del momento de imposición de la pena (en que caben consideraciones retributivas y de prevención general y especial) o de su ejecución penitenciaria, de tal manera que, en esta última, existe una orientación hacia la resocialización como fin principal. Véase, por todos, como principio general, Neubacher (2015, p. 44, párr. 45), con ulteriores referencias. Volveremos sobre este aspecto inmediatamente en el texto, pero debe ya avanzarse que la mencionada separación es «consecuente» porque de la misma se deriva una prolija y detallada doctrina, muy influenciada en su devenir histórico por la jurisprudencia del Tribunal Constitucional alemán, que determina una depuración de las argumentaciones que rigen las instituciones de la ejecución penitenciaria, en línea de principio con el mencionado punto de partida. Véase, al respecto, el estado de la interpretación de la ejecución de la pena perpetua alemana, en particular en lo que corresponde a la suspensión condicional de la misma, por todos, Stree y Kinzig (2014, *passim*), con ulteriores y actualizadas referencias.

[34] También Roig (2013, *passim*) analiza en la misma línea metodológica el caso Vinter recurriendo al análisis comparado de los modelos inglés y alemán.

(2006, p. 738 ss., más ampliamente Lazarus 2004, *passim*), en el afán por fijar y definir el estatuto jurídico que debe corresponder al preso en un Estado protector de los derechos humanos, hay un punto de partida esencial: la necesidad de asumir –y aplicar– una concepción «dual» o «divisible» de la libertad que permita una articulación jurídica nítidamente diferenciada entre el momento de imposición de la pena (libertad y derechos suprimidos con la sentencia) y la administración penitenciaria de ese castigo (ejecución penitenciaria en sentido estricto). Sólo con base en una distinción clara y nítida como la señalada es posible, según remarca Lazarus, que la cabal aplicación de los principios de conformidad y respeto para con los derechos humanos, el principio de legalidad y el de proporcionalidad puedan filtrar eficazmente las actuaciones de ejecución de las penas de prisión –y particularmente las de larga duración– que deban considerarse legítimas y razonables en el marco axiológico del Estado constitucional (Lazarus 2006, p. 740 ss.). Con otras palabras, las limitaciones de los derechos fundamentales –y las penas lo son– deben estar sometidas a ciertos parámetros de justificación (carga de justificación que recae en el Estado), que necesariamente deben ser diferentes cuando se impone la pena o cuando se está ejecutando en un centro penitenciario: y dicha distinción debe tener un reflejo legal expreso y nítido como vía única para posibilitar, a su vez, una determinación clara de fines (Lazarus 2006, p. 742, 743 y 744). La autora, interesada sobre todo en la dimensión de transparencia, antes que en la sustantiva, del principio de proporcionalidad, llega a asegurar que sólo si en la fase de ejecución se procede a una formulación expresa y clara del fin de reinserción entendido como capacidad de llevar a cabo una vida en libertad responsable y sin delitos, renunciándose por tanto a una articulación retributiva, será posible un control eficaz de los límites legítimos impuestos a los derechos fundamentales como estatus de libertad residual (Lazarus 2006, p. 741 y 742).

La doctrina Vinter del TEDH, al sugerir los criterios de revisión de las penas perpetuas, no alcanza, como venimos insistiendo, un nivel de precisión como el expuesto por la profesora Lazarus pero, de cualquier manera, sí revela una inclinación evidente a articular el canon de control y de conformidad con el art. 3 CEDH, con base en consideraciones de reinserción como piedra de toque de legitimación de la reducibilidad *de facto*. Esta idea, central, será retomada enseguida para intentar proyectar sus implicaciones respecto de la nueva regulación en la materia tras la reforma penal española de 2015.

3. La nueva regulación de las penas muy largas de prisión y de la pena perpetua tras la reforma por Lo 1/2015: el terrorismo un caso «difícil»

El año 2003 marcó un antes y un después en el modelo de ejecución de las penas de prisión y en particular de aquellas que debían imponerse a los delitos más graves[35]. Fue por la LO 7/2003, de cumplimiento íntegro y efectivo de las penas, que se incorporaron al Código Penal el llamando periodo de seguridad para penas de prisión impuestas superiores a 5 años (art. 36 CP) y que se modificaron las reglas especiales de los concursos de delitos ampliando los límites máximos de cumplimiento hasta los 40 años y estableciendo simultáneamente reglas de bloqueo temporal para la concesión del tercer grado, la libertad condicional pero también los permisos de salida y los beneficios penitenciarios (art. 76/78 CP). En la misma línea, fue la citada reforma legislativa la que inaugura un cambio de modelo a varias velocidades, que distingue requisitos esenciales de acceso a regímenes de semilibertad en función del tipo de delito cometido (terrorismo, criminalidad organizada...) Pues bien, la LO 1/2015 retoma la senda iniciada por aquella LO 7/2003 y extiende, a la vez que profundiza su lógica, no ya sólo para las penas graves o muy graves de prisión, sino también para la regulación específica de la nueva prisión permanente revisable. Con otras palabras: la regulación incorporada al Código Penal por la LO 1/2015 traslada el espíritu y la articulación del cumplimiento de las penas largas de prisión vigentes hasta entonces a la nueva pena de prisión permanente revisable. De forma gráfica, la regulación específica de la nueva pena perpetua se inserta esencialmente en los arts. 36, 78bis y 92 CP en paralelo a los artículos que acogieron en su momento las modificaciones clave de aquella reforma por la LO 7/2003. Y es que la revisabilidad de la prisión permanente, ahora como modalidad de suspensión, se apoya precisamente en dos claves esenciales ya indicadas respecto de la situación previa: una, la imposición de periodos mínimos de cumplimiento o tarifas y otros presupuestos-obstáculo (responsabilidad civil, abandono, colaboración...) para acceder a regímenes de semilibertad; y, dos, la diferenciación de subregímenes en atención al tipo y gravedad de delitos. Repasemos a continuación, de forma necesariamente sintética, las modificaciones y novedades más relevantes del nuevo sistema.

3.1. Periodos mínimos de cumplimiento

El paso del tiempo en forma de periodos mínimos de bloqueo es una primera característica que atraviesa de forma omnipresente la regulación de la

[35] Son particularmente categóricos sobre el cambio radical de sistema Cervelló (2004, p. 5 ss.) y Leganés (2005, p. 49). En la misma línea crítica, la literatura empieza a resultar ya inabarcable: véase sólo también López Peregrín (2003, *passim*), Téllez (2003, p. 1641 ss.), Espina (2004, p. 23 ss.), García y Tamarit (2004, *passim*), Sanz (2004, p. 11 ss.), Llobet (2007, *passim*), Faraldo (2008, p. 173 ss.), Llobet (2011), p. 187 ss.) y, por todos, recientemente, Fernández Bermejo (2014a), p. 501 ss.) con ulteriores –y muy detalladas– referencias. Desde la óptica más específica de su eventual inconstitucionalidad González (2003, p. 1009 ss.) y Juanatey (2004, p. 5 ss.) Por último, desde una perspectiva más amplia, contextualiza la aprobación de la LO 7/2003 en el conjunto de reformas de dicho año, por todos, Polaino (2004, *passim* y especialmente el capítulo III).

ejecución de la prisión permanente revisable. Periodos de tiempo mínimos cuya materialización cambia en función de tres variables: la primera, de cuál sea la institución jurídica a la que se pretende acceder (beneficios penitenciarios, tercer grado o libertad condicional); la segunda, de si se trata de la condena por uno solo o por varios delitos en concurso; y, finalmente, la relativa al tipo de delito según sea de terrorismo (y, con asimetrías[36], de categorías de gravedad equivalente como la criminalidad organizada) o cualquier otro.

En concreto, impuesta la pena permanente revisable, no cabe de forma preceptiva e irreversible acceder a permisos penitenciarios (art. 36.1 CP) se trate de un único delito o de multidelincuencia, hasta trascurridos 8 (régimen común) y 12 años de prisión (terrorismo) respectivamente. Este primer periodo mínimo de cumplimiento crea, por tanto, un subrégimen especial respecto de los permisos –entendemos que ordinarios– sólo para terrorismo –12 años frente a 8– excluyendo del mismo al crimen organizado que se reconduce al régimen común.

El segundo escalón de tarifas se apareja a la institución del grado de tratamiento en semilibertad distinguiéndose, a su vez, la regulación para un solo delito respecto de los casos de multidelincuencia con aplicación de topes absolutos de cumplimiento por concurso. Para el caso de un único delito (art. 36.1 CP), el mínimo de cumplimiento antes de poder acceder al tercer grado se establece en 15 años de prisión efectiva frente a los 20 años que constituye, este último, una tarifa privativa para los casos de terrorismo con exclusión del crimen organizado. Periodo mínimo por tanto preceptivo y no reversible para todo delito, pero más largo en caso sólo de delitos de terrorismo[37].

Cuando se trata de concursos, la nueva previsión (art. 78bis CP), en paralelo a lo establecido por el art. 78 CP respecto de las penas privativas de libertad de larga duración con anterioridad a la reforma de 2015, eleva los periodos mínimos preceptivos e irreversibles que deben ser cumplidos antes de poderse considerar una progresión al tercer grado de tratamiento. En

[36] La regulación, como a continuación se va a ir exponiendo, añade especificidades a veces sólo y exclusivamente respecto de los delitos de terrorismo y, otras veces, incluyendo también al crimen organizado sin que, aparentemente, quepa reconocer la lógica subyacente que determina tales asimetrías.

[37] Sirva a modo de contraste que en derecho alemán, por ejemplo, el periodo mínimo de cumplimiento para la pena perpetua se fija en 15 años como régimen general (§57a StGB) no ya como presupuesto de un régimen de semilibertad, sino para acceder directamente a la libertad condicional (*Aussetzung des Strafrestes bei lenbenslanger Freiheitsstrafe*). Cabe, eso sí, que excepcionalmente dicho periodo se alargue aún más para supuestos de especial gravedad (*«besondere Schwere der Schuld»*). Esta distinción de periodos mínimos, muy criticada por la doctrina (véase, por todos, Streng (2012, p. 144 y 145), también entre nosotros Roig (2013, p. 127)), en cualquier caso, no depende del tipo delictivo en abstracto sino de su gravedad en concreto. Véase Stree y Kinzig (2014, p. 993 ss., número marginal 3 ss.).

concreto, si la condena es por varios delitos y al menos uno de ellos lo ha sido a prisión permanente revisable, debe atenderse a la duración del resto de penas y al tipo de delitos para determinar el periodo mínimo de cumplimiento efectivo: 18 años cuando el resto de penas excedan los cinco años y hasta los 15 inclusive (art. 78bis1.a. CP); 20 años cuando el resto de penas exceda los 15 años y hasta los 25 inclusive (art. 78bis1.b. CP); y 22 años cuando el resto de penas sumen 25 años o excedan esa cifra (art. 78bis1.c. CP). Estos mínimos, cuando se trata de delitos de terrorismo y también los cometidos en el seno de organizaciones criminales, se elevan hasta los 24 años (supuestos del art. 78bis.1.a y b CP: penas restantes hasta menos de 25 años) y 32 años (supuesto del art. 78bis.1.c CP: penas restantes de 25 o más años) respectivamente.

El tercer y último escalón de periodos mínimos de cumplimiento efectivo es el referido a la libertad condicional, ahora como modalidad de suspensión de la ejecución del resto de la pena de prisión permanente[38]. La libertad condicional, siguiendo el mismo patrón expuesto respecto del tercer grado, se sujeta a periodos mínimos preceptivos e irreversibles, atendiendo a los criterios de si se trata de una única condena o varias acumuladas, su duración y del tipo de delito cometido. Cuando es único el delito con condena a prisión permanente revisable, el periodo mínimo antes de poder acceder a la libertad condicional es de 25 años (art. 92.1.a CP). Sin embargo, en supuestos de delitos de terrorismo o similares, no se prevé aquí ningún régimen especial respecto de un periodo de tiempo mínimo más prolongado que sí se daba respecto del tercer grado[39] y que sí se dará respecto de los supuestos de varias condenas acumuladas.

En efecto, para los casos de multidelincuencia con al menos una condena a prisión permanente revisable y si el resto de penas de prisión alcanzan más de cinco años pero menos de veinticinco, también se establece como periodo mínimo preceptivo e irreversible los 25 años que se elevarían hasta los 32 años para supuestos de pena restante acumulada de veinticinco años o más (art. 78 bis 2.a y b CP). Este subrégimen de periodos mínimos para poderse conceder la libertad condicional es aún más duro respecto de los delitos de terrorismo y cometidos en el seno de organizaciones criminales que (por remisión del art. 92 CP al 78 bis.3 in fine CP) se establecen respectivamente en 28 y 35 años respectivamente[40].

---

[38] En la línea, por tanto, del modelo alemán. Véase Meier (2009, p. 125 ss.), también Streng (2012, p. 134 ss.).

[39] Por lo que, en cierto modo indirecto, siguen produciéndose *de facto* regímenes diferenciados de libertad condicional, ya que ésta tiene como presupuesto general la clasificación previa en tercer grado cuyo diferente régimen de acceso configura entonces diferentes vías.

[40] En la modificación legal se observa lo que no puede ser sino una error material, que se arrastra al menos desde la discusión parlamentaria, ya que se hace referencia en el párrafo final del art. 78 bis a los supuestos por una parte de las letras «a» y «b» (penas restantes de más de 5 y

En resumen, los periodos mínimos que acompañan a los permisos penitenciarios, el tercer grado y la libertad condicional son siempre preceptivos –no potestativos– e irreversibles[41] y se extienden en el régimen común o general desde los 8 (permisos), 15 (tercer grado) y 25 (libertad condicional) años para un solo delito, hasta los mínimos de 18, 20 y 22 (tercer grado) y 25 y 30 años (libertad condicional) en el caso de condenas acumuladas. En el caso de permisos no hay un régimen desdoblado para los casos de uno o varios delitos acumulados. El régimen excepcional para el terrorismo extiende todos esos periodos –excepto en el caso de la libertad condicional para un solo delito en la que no hay previsión al respecto y se mantienen los 25 años– en los siguientes términos: 12 años (permisos), 20 tercer grado y, para supuestos de pluridelincuencia, 24 y 32 (tercer grado) y 28 y 35 (libertad condicional). Este régimen excepcional es sólo y exclusivamente de terrorismo, dejando fuera la criminalidad organizada, en los casos de un único delito respecto de los permisos y el tercer grado; en los supuestos de pluridelincuencia el régimen excepcional acoge también al crimen organizado.

3.2. Otros presupuestos

Cumplidos sin embargo los periodos mínimos, existen además otros requisitos, no lo olvidemos, que condicionan el acceso al tercer grado y la libertad condicional también en el caso de la prisión permanente revisable: la satisfacción del cumplimiento de la responsabilidad civil para todos los delitos como requisito general para acceder tanto al tercer grado como, en consecuencia, a la libertad condicional (art. 72.5 y 6 LOGP y art. 92.1.b CP); y los requisitos de abandono y colaboración para delitos de terrorismo y crimen organizado (art. 72.6 LOGP y art. 92.2 CP)[42]. Estos requisitos añadidos podrían muy bien verse como «criterios privilegiados» a la hora de considerar

---

menos de 25 años) y la letra «b» –por error– cuando debería ser «c» (penas restantes de 25 años o más).

[41] Salvo los casos de edad avanzada (70 años), enfermedad muy grave con padecimientos incurables o peligro patente para la vida (art. 36.3 –periodo de seguridad– y arts. 91.1 y 3 CP –libertad condicional) en los que, por motivos humanitarios y de dignidad personal, se abre una vía de escape excepcional.

[42] Debe remarcarse que el nuevo art. 92.2 CP añade como presupuesto particular sólo para terrorismo –sin mención del crimen organizado– los requisitos de abandono y colaboración que, sin embargo, de acuerdo con el art. 72.6 LOGP son requisitos también para este último en la medida en que se precisa de la previa clasificación en tercer grado. He aquí otra contradicción sistemática que bien podría abrir la puerta a la derogación de la exigencia de abandono y colaboración tasados respecto de las organizaciones y grupos criminales, si se entendiera que el art. 92.2 CP es ley especial respecto del art. 72.6 LOGP: en tal caso, sólo el terrorismo en sentido estricto –al igual que en los casos del art. 36.1 CP: periodos mínimos más largos para permisos y tercer grado sólo en terrorismo– debería cumplir con ese segundo escalón de requisitos –o presupuestos obstáculo– en el proceso de revisión de la prisión permanente.

la revisión de la pena de prisión permanente, con el efecto de ampliar e introducir confusión en el arco de elementos y parámetros que deberían incluirse en el proceso de revisión que brevemente debe ser referido a continuación.

En efecto, el proceso de revisión de la prisión permanente respecto de la posibilidad de la suspensión de su ejecución es un elemento central en la regulación y el legislador era muy consciente de la necesidad de articularlo de forma tal que pudiera cohonestarse con el derecho de reinserción y, en particular, con la jurisprudencia del TEDH en la materia[43]. Pero más allá de que se trata de un proceso de revisión judicial periódico a activar tras el cumplimiento de los periodos mínimos[44], y demás presupuestos ya mencionados, se añaden de forma expresa un conjunto amplísimo de criterios que deben informar la decisión de concesión de la libertad condicional. Literalmente se alude a:

> (...) la personalidad del penado, sus antecedentes, las circunstancias del delito cometido, la relevancia de los bienes jurídicos que podrían verse afectados por una reiteración en el delito, su conducta durante el cumplimiento de la pena, sus circunstancias familiares y sociales, y los efectos que quepa esperar de la propia suspensión de la ejecución y del cumplimiento de las medidas que fueran impuestas (...) (art. 92.1.c).

Se trata esta última de una enumeración omnicomprensiva de criterios, igualmente exigidos en la regulación general de la libertad condicional (art. 90.1 CP) y copiados del derecho alemán[45], que deberían apuntar a fundar

---

[43] La exposición de motivos de la LO 1/2015 dedica su apartado II a describir sucintamente la nueva institución, afirmando categóricamente que «(...) de ningún modo renuncia a la reinserción del penado (...)», argumentando que precisamente es preceptiva una revisión por un tribunal colegiado pasado un periodo mínimo, revisión periódica cuyo objetivo sería verificar el pronóstico favorable de reinserción social de conformidad con el modelo del TEDH, cuya jurisprudencia más reciente alude (caso Kafkaris, Meixner, Bodein y Hutchinson), pero con una notable –y sorprendente– ausencia: el caso Vinter.

[44] El tribunal sentenciador es el competente para revisar mediante un procedimiento oral contradictorio, en el que intervendrán también el Ministerio Fiscal y el penado, asistido por su abogado, una vez cumplido el periodo mínimo correspondiente. De no resultar favorable tal revisión, ésta debe repertirse de oficio por el tribunal cada dos años, aunque el penado puede también instar la revisión. La autoridad judicial puede limitar este derecho de petición, estableciendo, en su caso, la imposibilidad de la misma hasta por un año una vez denegada una petición previa (art. 92.1 y 4 CP).

[45] Es esta una evidencia de particular relevancia respecto de la inspiración –parcial– del legislador español en el alemán, que se cifra en la transferencia de forma prácticamente literal de esta amplísima lista de criterios generales de valoración. Véase la comparación que sigue de los tenores literales contenidos respectivamente en el Código Penal español y alemán (art. 90.1 CP v. *§57.2 Strafgesetzbuch StGB):* «Para resolver sobre la suspensión de la ejecución del resto de la pena y concesión de la libertad condicional, el juez de vigilancia penitenciaria valorará la personalidad del penado *[die Persönlichkeit der verurteilten Person]*, sus antecedentes *[ihr Vorleben]*, las circunstancias del delito cometido *[die Umstände ihrer Tat]*, la relevancia de los bienes jurídicos

también con base en los informes de evolución del centro penitenciario y de los expertos que el tribunal determine (art. 92.1.c.), un pronóstico favorable de reinserción social[46].

En definitiva, hay tres escalones en el proceso de revisión: uno, periodo mínimo de tiempo –preceptivo e irreversible en terrorismo–; dos, otros presupuestos como son la satisfacción de la responsabilidad civil, la constatación del abandono de la violencia y la colaboración activa del penado, según una lógica particular y tasada legalmente; y, finalmente, una valoración de conjunto final en que se integrarían los criterios del art. 92.1.c. (personalidad, antecedentes, circunstancias del delito...).

Parece lógico que el proceso de revisión de la pena de prisión permanente parta de un periodo mínimo de cumplimiento que en cierto modo descargue a la pena de su contenido retributivo y preventivo-general. Periodo, eso sí, que no debería prolongarse excesivamente para evitar que el propio proceso de reinserción se bloquee y devenga imposible. Pero a partir de que se haya cumplido un período mínimo, debería ser la finalidad preventivo-especial el criterio rector que determinara la progresión de grado y en su caso la libertad condicional. Y es aquí, a mi juicio, donde reina una completa confusión, particularmente en el caso del terrorismo, ya desde la reforma del año 2003 y que ahora no hace sino consolidarse y agravarse. Y es que, al solaparse después de la tarifa otros presupuestos particulares que apuntan, no ya a la elaboración de un pronóstico favorable de peligrosidad criminal, sino a una exigencia intrusiva de retractación ideológica del penado (Landa Gorostiza 2006, p. 198-199), se rompe la lógica preventivo-especial y se infiltran en el proceso de revisión consideraciones jurídicas y políticas que entroncan directamente con la dimensión retributiva y preventivo-general del castigo, e incluso con un discurso desenfocado de los derechos de las víctimas[47]. Y si la revisión no fuera ya a estas alturas suficientemente compleja, debe además

---

que podrían verse afectados por una reiteración en el delito *[das Gewicht des bei einem Rückfall bedrohten Rechtsguts]*, su conducta durante el cumplimiento de la pena *[das Verhalten der verurteilten Person im Vollzug]*, sus circunstancias familiares y sociales *[ihre Lebensverhältnisse]* y los efectos que quepa esperar de la propia suspensión de la ejecución y del cumplimiento de las medidas que fueren impuestas *[und die Wirkungen zu berücksichtigen, die von der Aussetzung für sie zu erwarten sind]*.»

[46] Si bien resulta competente en tal caso el juez de vigilancia penitenciaria y no el tribunal sentenciador, como ocurre respecto de la prisión permanente revisable (art. 90.1 v. art. 92.1 CP).

[47] Siguiendo a Silva (2008, p. 360 y 361), una teoría penal orientada a la víctima no debe ser ni retributiva ni preventiva, abriendo espacios a una toma en consideración de aquélla con el fin de evitar su situación de dominio, humillación o subordinación. Y todo ello, aunque implica una necesaria incorporación en la respuesta penal de la dimensión expresivo-simbólica en fase de la declaración de culpabilidad y condena, no puede derivar en una ejecución del castigo que acabe por resultar una «venganza institucionalizada bajo un manto de supuesta racionalidad». Alerta de forma sistemática de los excesos del derecho penal simbólico en la intervención contraterrorista y, en particular, en fase de ejecución, Llobet (2010, p. 256 ss.).

tenerse en cuenta que, al margen de los dos primeros escalones ya señalados, el proceso de revisión será positivo sólo si se contrasta el pronóstico favorable de reinserción de conformidad con los criterios generales –tercer escalón (art. 92.1 c CP)–.

Respecto de estos últimos, en derecho alemán, su toma en consideración se hace según una lógica preventivo-especial que evita que sirvan para una valoración arbitraria que precipite el bloqueo del pronóstico por razones ajenas a la peligrosidad criminal del interno. Como atinadamente afirma Dünkel (2013, p. 2091 ss., número marginal 22) al analizar los presupuestos para la concesión de la libertad condicional que también se aplican a la pena perpetua, el listado de circunstancias no son sino elementos de pasado (antecedentes), presente (comportamiento durante la ejecución en prisión, circunstancias sociales y familiares actuales) y futuro (ámbito social de retorno, efectos esperables de la suspensión condicional de la pena...) para en definitiva poder fundamentar el pronóstico de peligrosidad criminal[48].

Podría, por tanto, afirmarse que el proceso de revisión de la prisión permanente revisable en España, en la medida en que está sujeta incluso con el periodo de tiempo mínimo cumplido, a una enorme variedad tanto de presupuestos extra (segundo escalón) como de criterios de valoración (tercer escalón), descansa simultáneamente en criterios materiales que tanto podrían interpretarse en una lógica retributiva, preventivo-general como preventivo-especial. Bien es cierto que el texto legal también podría –y debería– llegar a interpretarse teleológicamente de forma restrictiva, orientando todo ese conjunto de elementos hacia el denominado pronóstico favorable de reinserción social. Pero, como mínimo, no queda suficientemente precisado que un tal pronóstico deba ser preferente, ni esencialmente, decantado de conformidad con el criterio de que el sujeto en cuestión pueda hacer vida en libertad respetando la ley penal como pronóstico no intrusivo de peligrosidad criminal. Es más, en el caso de los delitos de terrorismo y crimen organizado, parece que las excepciones hacia periodos mínimos de cumplimiento más inflexibles y más largos, y requisitos adicionales y privativos como el abandono y la colaboración, hacen bascular definitivamente dicho proceso de revisión a consideraciones más de índole retributiva y preventivo-general que de cualquier otra naturaleza. La indicación general del legislador hacia un

---

[48] No cabe en esta contribución un análisis en profundidad de la libertad condicional alemana, pero debe dejarse apuntado que incluso en algunos presupuestos de dicha institución como la denominada «cláusula de responsabilidad» (*Verantwortungsklausel*) o la distinción de regímenes de pena perpetua en función de la mayor o menor gravedad del delito (*besondere Schwere der Schuld*), que por su dicción literal podrían ser interpretables conforme a criterios retributivos o preventivo-generales, la interpretación de la doctrina y jurisprudencia alemanas las reconduce a elementos base para el pronóstico de peligrosidad, según consideraciones estrictamente preventivo-especiales y de reinserción. Véase, por todos, Dünkel (2013, p. 2088 ss. y 2145 ss.).

pronóstico favorable de reinserción no despeja en ningún momento un estado de indefinición de criterios acumulados, sin jerarquía ni armonización clara, que dificultarán, a mi juicio, un ejercicio de discrecionalidad que pudiera ser objeto de un control nítido desde el punto de vista de su compatibilidad con un estatus jurídico del penado interno («libertad residual») (Lazarus 2006, p. 738 ss.), que se tomara «en serio» el derecho de reinserción.

3.3. Penas largas de prisión

Conviene ir cerrando este apartado con una referencia al resto de penas de prisión de larga duración, con la intención de destacar su estructural simetría con la regulación de la prisión permanente revisable ya vista y que, a la postre, ha sido definida precisamente a partir del modelo de regulación previo a la LO 1/2015.

Ya hemos indicado que en la reforma por LO 7/2003 se incorporó para el ordenamiento penal el art. 78 CP, que tenía como objetivo asegurar un cumplimiento íntegro y efectivo sobre todo en los casos en que los topes de pena máximos por acumulación de delitos fueran ampliamente rebasados (más del doble) por el número de años impuestos nominalmente en sentencia. El mecanismo del art. 78, en definitiva, conseguía que para los supuestos más graves de límites de pena acumulada jurídicamente (art. 76.1 CP)[49] se alterara –alargándolos– los periodos mínimos de cumplimiento, sin poder acceder al tercer grado, libertad condicional, permisos o beneficios penitenciarios hasta incluso los 40 años. Tras la reforma por LO 1/2015 se incorporan algunos cambios relevantes a este respecto, en la medida en que ahora se generaliza que el art. 78 se aplicará de forma potestativa –no preceptiva– a criterio del tribunal sentenciador, incluso para los supuestos de topes de pena desde los 25 hasta los 40 años, incluidos los delitos de terrorismo o criminalidad organizada, en la medida en que decaen todos los subregímenes excepcionales a este respecto[50]. El alargamiento de los periodos mínimos de cumplimiento es, por tanto, como regla general, potestativo, pero además reversible por el juez de vigilancia penitenciaria, en cuyo caso la tarifa resultaría tendencialmente la de la mitad de la condena en las condiciones del art. 36 CP (art. 78.2 CP/36.2 CP). Sólo se mantiene, como régimen excepcional preexistente a la reforma de 2015, que la reversibilidad se trueca en práctica irreversibilidad en los delitos de terrorismo y crimen organizado, hasta que

[49] Triple de la más grave, 20 años o 25, 30 y hasta 40 años.

[50] Antes, el art. 78 CP operaba *ex legem* por ministerio de la ley, de forma preceptiva, en todos los casos de límites excepcionales con topes absolutos de pena de entre 25 y 40 años. Si bien resulta competente en tal caso el juez de vigilancia penitenciaria y no el tribunal sentenciador, como ocurre respecto de la prisión permanente revisable (art. 90.1 v. art. 92.1 CP).

resten un quinto y un octavo del tope absoluto de pena para el tercer grado y la libertad condicional, respectivamente.

En definitiva, la LO 1/2015 ha dulcificado en cierta manera el régimen de acceso al tercer grado y la libertad condicional respecto de la situación previa. La inflexibilidad de que operara el bloqueo por ministerio de la ley parece que se ha transferido al régimen de revisión de la pena permanente. Los periodos mínimos de tiempo, por tanto, no siempre se prolongan –régimen potestativo– y casi siempre se pueden cancelar de forma anticipada –reversibilidad–. De cualquier manera, sigue siendo extraordinariamente duro el régimen de ejecución, en la medida en que se mantienen como presupuestos generales, incluso pasado el tiempo del periodo mínimo, el del pago de la responsabilidad civil y, para el terrorismo, los requisitos de abandono y colaboración, además de la práctica irreversibilidad del régimen de cumplimiento íntegro en los términos que ya estaba contemplado en la regulación anterior. El reconocimiento de la dulcificación del régimen debe aplaudirse pero, al mismo tiempo, debe seguir insistiéndose en que el modelo de ejecución, sobre todo en materia de terrorismo, sigue siendo difícil de cohonestar con el principio de reinserción, por los largos periodos mínimos de cumplimiento y por la acumulación de requisitos que parecen operar en lógicas diferentes del pronóstico de peligrosidad criminal a futuro.

4. Valoración crítica final

La doctrina, ya desde el momento en que se anunció la eventual introducción de la prisión permanente revisable, ha ido pronunciándose de manera muy crítica[51]. En esta contribución, sin embargo, interesa sólo remarcar y caracterizar los aspectos más controvertidos de la prisión perpetua desde una triple mirada: en primer lugar, desde la óptica de los delitos de terrorismo; en segundo lugar, ampliando la mirada más allá de la prisión permanente revisable y encajando la caracterización de ésta en el modelo general de ejecución de las penas privativas de libertad de muy larga duración; por último, incorporando a la valoración un contraste con los criterios acuñados por el TEDH y, particularmente, por la denominada doctrina Vinter.

Así delimitado –y reducido– el objeto de análisis, hay dos ideas fuerza que se tornan en elementos clave para articular –y sintetizar– la crítica a la nueva

[51] La literatura comienza a resultar inabarcable. Véase, sólo: Juanatey (2012, *passim*, 2013, *passim*), Muñoz (2013, p. 447 ss.), Ortiz (2012, *passim*), Serrano (2012, *passim*), Ríos (2013, *passim*, 2014, *passim*), Cancio (2013, *passim*), Daunis (2013, *passim*), González (2013, *passim*), Jaén (2013, *passim*), Lozano (2013, *passim*), Nistal (2013, *passim*, 2015, *passim*), Ramírez y Rodríguez (2013, *passim*), Roig (2013, *passim*), Fernández Bermejo (2014b, p. 5), Fernández García (2014, *passim*), Leganés (2014, p. 2), Castillo (2015, *passim*), Martínez (2015, *passim*), Pascual (2015, *passim*).

regulación de la prisión permanente revisable –y la de las penas de prisión de muy larga duración–, particularmente en el caso difícil del terrorismo: a saber, la idea, por un lado, de que se trata de un régimen legal discriminatorio; y, por otro lado, la idea de que tal régimen supone la práctica anulación del principio de esperanza o, con otras palabras, la neutralización *de facto* de su reducibilidad.

4.1. Principio de reinserción individualizada, terrorismo y discriminación

Las personas presas por delitos de terrorismo son destinatarias de una política penitenciaria particular y específica, diferente de la del resto de internos, con diferentes manifestaciones[52], entre las que destacan, como se ha puesto de manifiesto en esta contribución, la existencia de regímenes más exigentes y particulares para obtener permisos penitenciarios u otros beneficios, progresar al tercer grado y/u obtener la libertad condicional (art. 36, 76, 78, 78bis, 90.8, 92 CP; art. 72.5 y 6 LOGP). En efecto, el régimen de ejecución de la pena de prisión permanente o de las penas privativas de libertad de larga duración resulta más duro, ya que los periodos mínimos son más largos o se activan de forma preceptiva e irreversible, allí donde no sucede lo mismo (regímenes potestativos y/o reversibles) para el resto de las categorías delictivas. Las especialidades, en ocasiones, se cifran en requisitos *ad hoc*, sólo exigibles respecto de tales delitos (abandono, colaboración: art. 72.6 LOGP); en otras ocasiones se cancelan regímenes privilegiados (por ejemplo, art. 90.8 CP). El hecho de que ocasionalmente dichas especialidades sean predicables sólo y exclusivamente del terrorismo en sentido estricto (por ejemplo, art. 36.1, 76.1.d CP, 92.2 CP), del terrorismo en conjunción con el crimen organizado (por ejemplo, art. 78, 78 bis CP) e incluso incluyendo a cierto delitos sexuales (por ejemplo, art. 36.2 CP), no impugna –sólo lo difumina– que se trata, en efecto, de un régimen especial y *ad hoc* respecto de determinados delitos. Todos los subregímenes y especialidades *in peius* respecto del reo incluyen a los delitos de terrorismo en sentido estricto y algunos están destinados sólo –y nada más que– a ellos.

Esta aplicación de un régimen especial penitenciario en atención al tipo de delito (de terrorismo), y no a las características personales e individuales de cada preso, constituye una política general, colectiva, que pugna directamente

[52] Especialmente en el caso de las personas presas que han cometido delitos de terrorismo en relación con ETA, son manifestaciones relevantes de esa política particularizada, entre otras, la intervención generalizada de comunicaciones, la política de dispersión por todos los centros penitenciarios peninsulares; la denegación generalizada de permisos de salida, la inclusión en un fichero centralizado (FIES), o la sistemática clasificación en primer grado de tratamiento (Cano 2012, p. 33 ss., también Llobet 2007, p. 5 ss.). En particular, véase también, respecto del régimen cerrado, la Instrucción 17/2011 Protocolo de intervención y normas en régimen cerrado.

contra la necesidad de considerar la ejecución penitenciaria de forma individualizada. Política que, además de dirigirse a un grupo concreto y particular de delitos, trata a estos tendencialmente sin consideración hacia la mayor o menor gravedad de tales delitos –los de terrorismo– que, respecto de determinadas especialidades, son destinatarios de las mismas al margen de que se trate, por ejemplo, de una serie de asesinatos terroristas consumados o de un condenado por una colaboración con banda armada, incluso de una mera apología más o menos periférica.

El consenso emergente en materia de derecho internacional de los derechos humanos relativo a las condiciones de ejecución penitenciaria y, particularmente, la jurisprudencia del TEDH al respecto (caso Vinter), exigen que la aplicación del principio de reinserción y sus consecuencias lo sean de forma individualizada en función de la situación de cada preso y, en concreto, de su pronóstico de peligrosidad criminal (Van Zyl Smit y Snacken 2011, p. 178 ss.). En la misma línea, la Ley Orgánica General Penitenciaria (LOGP) española de 1979 consagra el sistema de «individualización» científica (art. 72 LOGP). Pero conviene destacar que tampoco parece haber una clara base de constitucionalidad para una eventual política específica contraterrorista –colectiva y no individualizada– en fase de ejecución penitenciaria.

En efecto, la Constitución española (CE) habilita la suspensión individualizada de algunos derechos fundamentales (art. 55.2 CE) relativos a la actuación de bandas armadas o elementos terroristas, pero sólo en fase de investigación. Una política penitenciaria que otorga un régimen diferente y de mayor restricción de los derechos fundamentales respecto de un colectivo particular de presos no podría entonces anclarse en una interpretación analógica contra reo de la citada habilitación constitucional. Pero incluso en el caso de que se considerara una eventual cobertura de la política antiterrorista penitenciaria a la luz del art. 55.2 CE[53], la propia doctrina del Tribunal Constitucional (STC 25/1981) interpreta que la suspensión individual de derechos sólo puede ser conforme a la Constitución cuando se pueda comprobar que la actividad terrorista genera una especie de «crisis de legitimación» que pone en peligro con su actividad el libre y pacífico ejercicio de los derechos fundamentales de amplios sectores de la población. No basta de ninguna manera aludir a fines utilitarios o de mera eficacia policial como título habilitante. Con una organización terrorista en situación de alto el fuego permanente desde hace más de cuatro años (y más de cinco sin asesinar) y con

---

[53] Véase como representativo de la aproximación dominante, por todos, Cano (2012, p. 33), quien alude tácitamente a la extensión de tal habilitación constitucional a la legislación penitenciaria de excepción; también, tácitamente, Llobet (2010, p. 200 ss. y 224 ss.), quien separa la cobertura de especialidades contraterroristas de ejecución de la cobertura del art. 55.2 CE. Sin embargo, argumenta a favor de una línea similar a la apuntada en el texto Cuerda (2013, p. 163 ss.).

una declaración por parte de los internos de compromiso con dicho alto el fuego permanente y de acatamiento de la legislación penitenciaria[54], no parece que el riesgo de la actividad criminal sea tan actual como para dar por sentado que se cumplen los presupuestos habilitantes dictaminados por el alto tribunal. La carga de justificación de una limitación de derechos fundamentales en fase de ejecución más intensa y referida en bloque a un tipo de delitos parece que se incrementa a la vez que demanda de la actuación de las autoridades penitenciarias un mayor despliegue argumental a la luz de las nuevas circunstancias. Parece innegable, con otras palabras, que el riesgo de crisis de legitimación por la existencia de ETA es ahora menor que antes de 2011 y tal circunstancia debería ser integrada –en su valoración actualizada– en cada pronóstico individualizado, y no presumido como invariable y no susceptible de gradación «hasta que se disuelva» la organización. La intensidad de la amenaza terrorista es graduable y puede disminuir, y ello incrementa simultáneamente la carga de justificación que las autoridades deben arrostrar en cada decisión limitadora de derechos fundamentales como es el caso, evidentemente, de regímenes más duros y excepcionales de progresión a regímenes de semilibertad o libertad condicional[55].

Por tanto, en los términos expuestos, una política antiterrorista especial y excepcional *de facto* o *de iure* atenta tendencialmente contra el modelo de suspensión individualizada de derechos fundamentales en la CE y, también, contra el propio modelo legal de individualización científica y su aneja prohibición de discriminación (art. 3 LOGP) respecto del entendimiento de lo que debe significar el principio de reinserción[56]. Y ello bien podría encontrar también apoyo incluso en ciertas líneas de la reciente jurisprudencia del TEDH respecto de su art. 14 como afirma categóricamente Rogan (2013, *passim*)[57]. Según dicha autora, en tiempos recientes, particularmente a partir del caso *Clift contra Reino Unido* 2010[58], se detecta una evolución del Tribunal de Estrasburgo que sería ahora mucho más renuente a aceptar un trato diferenciado de grupos de prisioneros basado en la diferente gravedad de los

---

[54] Puede consultarse la declaración de acatamiento de la legislación penitenciaria hecha formalmente a finales de diciembre de 2013 en EPPK (2013).

[55] Aboga también por derogar toda excepcionalidad a la luz de las nuevas circunstancias del alto el fuego permanente Cuerda (2013, *passim*, y conclusivamente p. 171 y 172).

[56] Sin perjuicio de que el debate sobre la constitucionalidad de las especialidades contraterroristas en materia de ejecución y, en particular, respecto de la pena de prisión permanente revisable, no pueda ser abarcado en toda su dimensión en una contribución de este tipo. Véase, sólo en materia de prisión permanente revisable y penas de larga duración, las monografías de Cuerda (2011, *passim*) y Ríos (2013, *passim*) con ulteriores y amplias referencias.

[57] Rogan advierte, más cauteloso, sin embargo, de la inestabilidad interpretativa del TEDH respecto de este art. 14 CEDH haciendo mención expresa, entre otros, precisamente al caso Clift (Gerards 2013, p. 106 ss.).

[58] STEDH, Sección 4ª, 13 julio 2010 (Ap. núm. 7205/07) –en adelante caso Clift–.

delitos cometidos (Rogan 2013, p. 615). El caso Clift atañe precisamente a modelos de regulación de libertad anticipada diferenciados respecto de los que el TEDH acepta, en primer lugar, que son susceptibles de control a través de la cláusula final del artículo 14 CEDH (*«other status»*)[59], para desplegar, a renglón seguido, un control sobre la razonabilidad de la diferencia de estatus jurídico, que no puede satisfacerse con una mera referencia a que se trata de delitos diferentes. La razonabilidad debe poder afirmarse únicamente sobre un control individual de cada caso, por las circunstancias de un delito particular, no de una clase de delito, en general, proscribiéndose de esa manera políticas de bloque o colectivas (Rogan 2013, p. 623).

4.2. Principio de esperanza y materialización de los fines de la pena en fase de ejecución

La perspectiva de análisis que reprocha al régimen especial penitenciario contraterrorista su deriva discriminatoria es de tipo externo: compara ese subrégimen con el que se aplica de forma más favorable a otros delitos. Pero también cabe una mirada *ad intra* que, al margen de su comparación con otros supuestos, chequee su legitimidad desde la óptica de un cabal entendimiento del principio de reinserción.

Más allá del reconocimiento del principio de reinserción en el marco del debate sobre los fines de la pena, se ha ido decantando e incorporando al consenso emergente del derecho penitenciario europeo una separación de los fines que deben considerarse a la hora de imponer la pena en sentencia de aquéllos que deben regir, en sentido estricto, en la fase de ejecución penitenciaria de la pena en prisión (Van Zyl Smit y Snacken 2011, p. 76 ss.). En la sentencia se acogen los fines retributivos, de prevención general y prevención especial, pero en el momento de la entrada en prisión, el único fin que legítimamente debe determinar el régimen de vida es el de la reinserción. Reinserción como derecho humano de todo preso y como obligación del Estado social que, en atención al interés de evitar futuros delitos, debe hacer los esfuerzos que estén en su mano para facilitar la rehabilitación del interno. Reinserción como oferta no coercitiva para que, si el proceso de resocialización es exitoso, el preso pueda desarrollar en el futuro una vida

---

[59] El art. 14 CEDH proyecta su protección antidiscriminatoria respecto de los derechos recogidos en la propia convención, con base en un listado abierto de supuestos: sexo, raza, color, lengua, religión, opinión política o de otra naturaleza, origen nacional o social, asociación con una minoría nacional, propiedad, nacimiento y, por último, «otra situación» (*other status*). Es respecto de este último inciso que en el caso Clift se acepta el control del estatus jurídico de diferentes grupos de prisioneros, a pesar de que tal circunstancia no constituye una característica personal sobre cuya base proyectar la diferencia de trato eventualmente discriminatorio. Véase al respecto Jacobs et al. (2014, p. 572) y Van Zyl Smit y Snacken (2011, p. 123).

responsable y libre de delito (Regla Penitenciaria Europea núm. 102.1 y art. 59.2 LOGP). En síntesis: los condenados son enviados a prisión «como castigo» no «para ser castigados» (Lazarus 2006, p. 742)[60].

De esta nítida diferenciación de fines se derivan consecuencias particularmente respecto de cuáles son los argumentos y razones que legítimamente puedan determinar la evolución y progresión del grado de tratamiento en prisión. Razones que deberán atender, más allá de un periodo mínimo de cumplimiento –no excesiva e inflexiblemente prolongado– en los casos en que éste se considere indispensable, al principio de reinserción con base en el pronóstico de peligrosidad criminal individualizado, y no a razones de retribución o prevención general. Con otras palabras, la organización de la vida en prisión y sus actividades deben diseñarse de manera que faciliten y hagan efectivamente posible el proceso de reinserción, sin que razones puramente retributivas o de prevención general puedan convertir en imposible ese derecho o lo bloqueen hasta el punto de reducirlo a una pura quimera. De conformidad con la propia doctrina del TEDH (caso Vinter), al menos en los casos de penas perpetuas o equivalentes, el principio de reinserción comporta no sólo el derecho concreto a una eventual, pero realista, posibilidad de liberación condicional anticipada, sino a que dicha posibilidad sea confirmada o rechazada con base en la correspondiente revisión judicial. En definitiva, la eventual semilibertad o liberación condicional para que pueda llegar a materializarse, deberá conllevar la correspondiente disponibilidad legal de un procedimiento específico de revisión judicial, rodeado de las garantías del proceso debido, en que debería comprobarse el pronóstico individualizado de reinserción como base preferencial para la progresión de grado[61].

El proceso de revisión de la prisión permanente revisable en el caso de los delitos de terrorismo, pero también, el régimen paralelo de ejecución de las penas privativas de libertad muy prolongadas, con sus tres escalones de requisitos (periodo mínimo de cumplimiento; presupuestos de abandono, colaboración y pago de responsabilidad civil y, finalmente, consideración global de criterios de evaluación de toda índole) suponen una «camisa de fuerza», una malla reticular de acero que aprisiona al interno bloqueando de facto su eventual proceso de reinserción[62]. Tal régimen atenta directamente contra una concepción divisible de la libertad (Lazarus 2006, p. 738 ss.) y obscurece, difumina, la preponderancia del pronóstico favorable de reinserción, con base en la peligrosidad criminal del interno, hasta el punto en que un control individualizado de la proporcionalidad de las medidas de

[60] Incluye en su razonamiento la referencia a la conocida cita de Alexander Paterson, comisionado de las prisiones inglesas entre 1922 y 1946 quien afirmaba con una formulación que hizo fortuna que: «*men are sent to prison* as *punishment not* for *punishment*».

[61] Véase *supra* apartado 2.

[62] En la misma línea, Grupo de Estudios de Política Criminal (2013, p. 14).

bloqueo de los regímenes de semilibertad se hace imposible (Lazarus 2006, p. 741 ss.). La doctrina Vinter se apoyaba en tres hitos: la reducibilidad *de iure*, una limitación de los periodos mínimos de cumplimiento, y la reducibilidad *de facto*. En el caso que nos ocupa la esperanza teórica de liberación anticipada se torna en imposible –o prácticamente imposible– *de facto*. La regulación española carga de tal forma de presupuestos-obstáculo la revisión de la prisión que su reducibilidad *de facto* acaba por volatilizarse. En cualquier caso la confusión y acumulación de criterios de revisión dificulta que los operadores jurídicos puedan reconducir sus decisiones con claridad de tal forma que cupiera un cabal control de proporcionalidad de si cada restricción –denegación de permisos, bloqueo del tercer grado, de la libertad condicional...– resulta proporcional y legítima respecto del proceso de reinserción del interno y no respecto de otras consideraciones retributivas o de combate preventivo-general, incluso puramente ideológico del fenómeno terrorista. La ausencia de claridad legislativa facilita que se sustituya la lógica jurídica de individualización del proceso de reinserción por expedientes de combate colectivo y «derrota del terrorismo», infiltrándose una lógica más de índole política que jurídica con laminación intrusiva de la esfera interna del penado.

Las afirmaciones previas contrastan de manera abierta con las afirmaciones categóricas de Kett-Straub (2011), monografista alemana en materia de pena perpetua, que sintomáticamente titulaba una de sus contribuciones *También los terroristas tienen derecho a una expectativa de libertad* (Kett-Straub 2007, p. 332-347). La eventual liberación de dos terroristas de la RAF (*Rote-Armee-Fraktion*), condenados a pena perpetua tras haber pasado en prisión 24 años por la comisión de numerosos asesinatos, había desencadenado una intensa polémica en la opinión pública ante la que la autora reivindica desde el prisma de interpretación del modelo alemán que no cabe un «encierro de por vida» ni siquiera para asesinos que no se arrepientan (Kett-Straub 2007, p. 332 y 333)[63]. La evolución del proceso de liberación condicional en Alemania para la pena perpetua demuestra que ya antes de que se estableciera un mecanismo de revisión de la pena (vía §57a StGB), incluso el ejercicio del derecho de gracia en dichos casos venía operando con base en el pronóstico de peligrosidad del interno (Kett-Straub 2007, p. 337). El TC alemán, en su sentencia de 21 de junio de 1977, fuerza el cambio legal al poner las bases para convertir el principio de esperanza en una auténtica garantía del condenado a prisión perpetua. Y dicho cambio legal, hoy consolidado (§57a StGB), hereda su

---

[63] La RAF asesinó a 34 personas, resultando condenados unos 30 activistas de entre los que 19 lo fueron a cadena perpetua. Los casos en concreto objeto de la polémica se refieren a los procesos contra Brigitte Mohnhaupt y Christian Klar, pertenecientes a la segunda generación de la organización y directamente implicados en la ola de violencia (1977) conocida más tarde como «el otoño alemán» (*Deutscher Herbst*) (Kett-Straub 2007, p. 333 y 334).

anclaje en consideraciones de índole preventivo-especial (Dünkel 2013, p. 2100, 2101 y 2014 ss.). Por ello, satisfechos los requisitos legales consistentes, esencialmente, en un periodo mínimo cumplido y un pronóstico favorable e individualizado de peligrosidad[64], decae de raíz la relevancia jurídica de otros factores como en particular, tal y como literalmente afirma Kett-Straub (2007 p. 340):

> el arrepentimiento de los hechos cometidos, petición de perdón a la víctima o una contribución para aclarar definitivamente los hechos delictivos cometidos.

La negación de los hechos o sentimientos mencionados por parte del inculpado son además medios legítimos de defensa del acusado que no pueden ser después exigidos contra él aunque su satisfacción bien pudiera, eso sí, desplegar efectos positivos de cara a un eventual ejercicio del derecho de gracia o indulto (Kett-Straub 2007, p. 340).

4.3. Reflexión final

La nueva regulación española de la prisión permanente revisable en su régimen común, pero aún en mayor medida respecto de los regímenes especiales, y particularmente en el caso del terrorismo, supone una mala solución a un caso difícil. La reinserción en materia de terrorismo requiere reflexiones adicionales que no justifican, sin embargo, un bloqueo tan radical y discriminatorio de las posibilidades de progresión de grado a base de presupuestos y periodos mínimos de cumplimiento que, *de facto*, lo puedan convertir en virtualmente imposible (reducibilidad *de facto*) o simplemente al margen de toda lógica de reinserción en sentido estricto. Y esa sombra de ilegitimidad se prolonga, también, respecto de las penas largas de prisión de máxima duración en casos, sobre todo, de terrorismo. La sombra de ilegitimidad, esa calificación de «mala» solución, se debe afirmar porque, de conformidad con la doctrina emergente del TEDH, la regulación, tal y como se ha explicado, genera una malla, una camisa de fuerza, que encierra –*de facto*– el derecho de reinserción, que lo bloquea, que lo anula.

---

[64] No cabe aquí un análisis detenido y en detalle de todos los requisitos para obtener la suspensión del resto de la condena en los casos de pena perpetua (periodo mínimo de 15 años –salvo casos de especial gravedad–, consentimiento, cláusula de responsabilidad...), ni tampoco para poder señalar los matices diferenciales y la polémica interpretativa según concurra una «culpabilidad de especial gravedad». Pero sí cabe asegurar que dichos requisitos tienden a expulsar en su aplicación y crítica doctrinal consideraciones ajenas a la lógica preventivo-especial, incluso en aquellos aspectos más críticos como en particular la mencionada necesidad de que la especial gravedad de la culpabilidad obligue a que se continúe la ejecución de la pena perpetua. Véase, por todos, Stree y Kinzing (2014, p. 992), Dünkel (2013, p. 2145 y 2146) y, también, con ulteriores y exhaustivas referencias, Kett-Straub (2011, p. 93 ss.) y, sobre los casos de «culpabilidad de especial gravedad», Kett-Straub (2011, p. 201 ss.).

El derecho a la esperanza se torna en puramente teórico (*de iure*) porque el interno no verá más que un conjunto inacabable de obstáculos en el horizonte que sólo será capaz de saltar no ya si cambia y rehabilita su capacidad y voluntad de respetar la ley penal, sino si «renace» y se transforma internamente.

Los obstáculos se han ido exponiendo a la largo de esta contribución: los periodos mínimos de libertad son extraordinariamente prolongados (incluso mucho más allá de los 25 años) y mayoritariamente preceptivos –no potestativos– e irreversibles[65]; pero, además, hay requisitos adicionales como la responsabilidad civil y, en casos de terrorismo y crimen organizado, abandono y colaboración con sesgo intrusivo, que invaden la esfera interna más allá de lo legítimo en un Estado de libertades. Todo lo acabado de señalar se erige como contrapeso objetivo a la teórica posibilidad de revisión de la pena permanente o determinados casos de prisión extraordinariamente prolongada. La reducibilidad *de iure* deviene papel mojado ante una *quasi* inexistencia de reducibilidad *de facto*. Y todo ello coronado por la ausencia de un diseño legal que identifique con claridad el criterio rector para un ejercicio discrecional cabal de las decisiones de liberación condicional, o regímenes de semilibertad, con base en consideraciones preventivo-especiales de reinserción.

A mi juicio, cabe concluir que la nueva regulación de la prisión permanente revisable y los casos más graves de prisión muy larga se cohonestan con enormes dificultades con la doctrina Vinter, precisamente donde ésta era más ambigua: periodos mínimos de cumplimiento y criterios de revisión por ausencia de «motivos legítimos de política criminal» para retener al interno en

---

[65] El periodo mínimo de cumplimiento en los casos de criminalidad más extrema, tanto en Inglaterra/Gales (véase *supra apartado 2*) o Alemania, tienden a ser determinados con base en la gravedad de las conductas. De alguna manera dicho periodo refleja una dimensión retributiva y de proporcionalidad que «extiende» su brazo, «atando» desde el momento de la condena un periodo concreto de ejecución que se «bloquea». Ese bloqueo, informado por consideraciones no sólo ni necesariamente preventivo-especiales, sin embargo, no puede ser «eterno» o «perpetuo»: en Alemania, por ejemplo, la regla legal es 15 años, que será más largo en los casos en que se vuelva a re-evaluar una presencia residual de la gravedad de la culpabilidad (*«besondere Schwere der Schuld»*). Este último aspecto, muy criticado por la doctrina alemana, hasta el punto de pedir mayoritariamente su derogación: al respecto, por todos, Arbeitskreis (2008, p. 259), infiltra un caballo de Troya en la estricta división entre estatus del condenado y estatus del penado, que tiende a laminar la aproximación preventivo-especial de la revisión. Véase al respecto Stree y Kinzing (2014, p. 992), Dünkel (2013, p. 2145 y 2146) y, también, con ulteriores y exhaustivas referencias, Kett-Straub (2011, p. 161 ss. y 201 ss.). Este aspecto, por limitaciones de la contribución, sólo puede quedar apuntado en la medida en que el diseño legal español también comparte, desde otros presupuestos, tal aspiración de procurar *de facto* que el periodo de seguridad acabe por estar bloqueado sin ser alzado, bien por su enorme duración, bien por hacerlo posteriormente dependiente de ulteriores presupuestos ajenos al pronóstico individualizado de peligrosidad criminal.

prisión. Esa legitimidad al límite, afectada por la ausencia de reducibilidad *de facto*, encuentra como elemento más criticable el hecho de que el estatus jurídico del interno desconoce la necesidad de separar las limitaciones de derechos fundamentales en sentencia respecto de su ejecución. El *totum revolutum* de criterios y los presupuestos-obstáculo por doquier pueden convertir el proceso de revisión en la tumba silenciosa del derecho de reinserción, bajo consideraciones omnipresentes de índole retributivo y preventivo-general. Y todo ello, además, con grave lesión del principio de igualdad y no discriminación.

Ante los problemas señalados, Alemania bien podría erigirse en un modelo inspirador donde la estricta separación del estatus del condenado y del estatus del penado han sentado las bases sobre las que un activo Tribunal Constitucional ha ido elevando los estándares de respeto de los derechos fundamentales –y el de reinserción– en el ámbito de las prisiones ya desde la década de los años 70 del siglo pasado (Lazarus 2006, p. 746 ss.). El camino entonces iniciado parece que comienza a ser asumido –y generalizado– de forma paulatina por la doctrina emergente del TEDH en el caso Vinter. Deberíamos entonces preguntarnos si, al margen de la –por desgracia remota– posibilidad de que el legislador español obrara en consecuencia corrigiendo los excesos y desviaciones señaladas, no es ya tiempo de que el Tribunal Constitucional español tome cartas en el asunto y revise un estándar «esclerotizado» de reinserción, en que éste es reconocido simplemente como un fin más entre otros en la fase de ejecución[66] lo que, de hecho, sirve un expediente de control de las decisiones de la Administración Penitenciaria en este terreno débil e inane, y que acaba por relegar a España en este sector de actividad en los vagones de cola de un tren europeo que, aquí sí que para bien, ya puso a su cabeza a la locomotora alemana hace más de 30 años

BIBLIOGRAFÍA

Albrecht, Hans-Jörg (2013): «Sentencing in Germany: explaining Long-Term Stabilitiy in the Structure of criminal Sanctions and Sentencing», *Law and Contemporary Problems* 76, p. 211-236.

Arbeitskreis AE (2008): «Alternativ-Entwurf Leben (AE-Leben). Entwurf eines Arbeitskreises deutscher, österreichischer und schweizerischer Strafrechtslehrer (Arbeitskreis AE)», *Goltdammer's Archiv für Strafrecht 2008*, p. 254-262.

Ashworth, Andrew (2010): *Sentencing and Criminal Justice*, 5th ed., Cambridge: Cambridge University Press.

Ashworth, Andrew y Julian V. Roberts (2014): «Sentencing: Theory, Principle and Practice», en T. Brooks edtr., *Sentencing*, Surrey/Burlington: Ashgate, p. 3-31.

[66] Véase al respecto, por todos, el análisis jurisprudencial de Serrano y Serrano (2012), p. 22 y 17 ss.; también Mapelli (2011), p. 172 en la línea de calificar la actitud del Tribunal Constitucional de «lamentable» a la hora de interpretar el estándar de reinserción incluido en el art. 25.2 CE de forma restrictiva.

Ashworth, Andrew y Julian V. Roberts (2013): «The Origins and Nature of the Sentencing Guidelines in England and Wales», en A. Ashworth y J.V. Roberts edtrs., *Sentencing Guidelines. Exploring the English Model*, Oxford: Oxford University Press, p. 1-14.

Calliess, Rolf-Peter y Heinz Müller-Dietz (2008): *Strafvollzugsgesetz*, 11. Auflage, München: Beck.

Cancio, Manuel (2013): «La pena de cadena perpetua ("prisión permanente revisable") en el Proyecto de reforma del Código Penal», *Diario La Ley* 8175, p. 1-7.

Cano, Miguel Angel (2012): *Régimen penitenciario de los terroristas en España: la prisión como arma para combatir a ETA*, Madrid: Dykinson.

Castillo, Rafael (2015): «Anotaciones procesales acerca de la ejecución de la pena de prisión permanente revisable», *La ley penal: revista de derecho penal, procesal y penitenciario* 115, p. 1-10.

Cervelló, Vicenta (2004): «Los nuevos criterios de clasificación penitenciaria», *La ley penal: revista de derecho penal, procesal y penitenciario* 8, p. 5 -22.

Cuerda, Antonio (2013): «La necesidad de modificar la normativa antiterrorista por motivos constitucionales, tras el fin de la actividad armada de ETA», en J.G. Teruelo et al. edtrs., *Estudios penales en homenaje al profesor Rodrigo Fabio Suárez Montes*, Oviedo: Constitutio Criminalis Carolina, p. 161-172.

Cuerda, Antonio (2011): *La cadena perpetua y las penas muy largas de prsión: por qué son inconstitucionales en España*, Barcelona: Atelier.

Daunis, Alberto (2013): «La prisión permanente revisable. Principales argumentos en contra de su incorporación al acervo punitivo español», *Revista de derecho penal y criminología* 10, p. 65-114.

Dessecker, Axel (2014): *Die Vollstreckung lebenslanger Freiheitsstrafen Dauer und Gründe der Beendigung im Jahr 2013* [en línea], Wiesbaden: Kriminologische Zentralstelle e.V. Disponible en: http://www.krimz.de/fileadmin/dateiablage/E-Publikationen/BM-Online/bm-online3-korr_Aufl.pdf [Acceso 1 marzo 2016].

Drenkhahn, Kirstin (2014): «Germany», en K. Drenkhahn et al. edtrs., *Long-Term Imprisonment and Human* Rights, London/New York: Routledge, p. 180-197.

Drenkhahn, Kirstin et al. edtrs. (2014): *Long-Term Imprisonment and Human* Rights, London/New York: Routledge.

Dünkel, Frieder (2013): «§57, 57a, 57b StGB», en U. Kindhäuser et al. edtrs., *NomosKommentar*, 4. Auflage, Baden-Baden: Nomos, p. 2078-2172.

Easton, Susan y Christine Piper (2012): *Sentencing and Punishment. The Quest for Justice*, 3rd ed., Oxford: Oxford University Press.

EPPK – Euskal Preso Politikoek Kolektiboa (2013): «Reconocemos el sufrimiento y daño multilateral generados», El País [en línea], 28 diciembre. Disponible en: http://politica.elpais.com/politica/2013/12/28/actualidad/1388246455_701545.html [Acceso 6 septiembre 2015].

Espina, Jorge Ángel (2004): «La reforma para el cumplimiento íntegro y efectivo de las penas: luces y sombras», *Revista de derecho y proceso penal* 11, p. 23-38.

ETA (2011): «Declaración de ETA», *El País*, 20-10-2011. Disponible en: http://politica.elpais.com/politica/2011/10/20/actualidad/1319131779_738058.html [Acceso 5 mayo 2016].

Faraldo, Patricia (2008): «La Ley Orgánica 7/2003, de 30 de junio, de medidas de reforma para el cumplimiento íntegro y efectivo de las penas», en Observatorio del sistema penal y los derechos humanos, coord., *Privación de libertad y Derechos Humanos: la tortura y otras formas de violencia institucional en el Estado español*, Barcelona: Icaria, p. 173-186.

Fernández Bermejo, Daniel (2014a): *Individualización científica y tratamiento en prisión*, Madrid: Ministerio del Interior.

Fernández Bermejo, Daniel (2014b): «Una propuesta revisable: la prisión permanente», *La ley penal: revista de derecho penal, procesal y penitenciario* 110, p. 5.

Fernández García, Julio (2014): «Las penas privativas de libertad en la reforma Gallardón: especial referencia a la prisión permanente revisable», en M.C. Gorjon y A.I. Pérez edtrs., *El proyecto de reforma del código penal de 2013 a debate*, Salamanca: Ratio Legis, p. 49-73.

García, Ramón y Josep Maria Tamarit (2004): *La reforma de la ejecución penal*, Valencia: Tirant lo Blanch.

Gerards, Janneke (2013): «The Discrimination Grounds of Article 14 of the European Convention on Human Rights», *Human Rights Law Review* 13, p. 99-124.

González, Tália (2013): «¿Sería inconstitucional la pena de prisión permanente revisable?», *ReCRIM: Revista de l'Institut Universitari d'Investigació en Criminologia i Ciències Penals de la UV* 9, p. 6-23.

González, Carmen Paloma (2003): «Análisis de la Ley Orgánica 7/2003, de 30 de junio, de medidas de reforma para el cumplimiento íntegro y efectivo de las penas: examen de su constitucionalidad», *Actualidad penal* 40, p. 1009-1028.

Grupo de Estudios de Política Criminal (2013): *Una propuesta de renovación de la política criminal sobre terrorismo*, Valencia: Tirant lo Blanch.

Jacobs, Francis G. et al. (2014): *The European Convention on Human Rights*, 6th ed., Oxford: Oxford University Press.

Jaen, Manuel (2013): «Prisión permanente revisable», *El Cronista del Estado Social y Democrático de Derecho* 35, p. 44-50.

Juanatey, Carmen (2013): «Una "moderna barbarie": la prisión permanente revisable», *Revista General de Derecho Penal* 20, p. 1-13.

Juanatey, Carmen (2012): «Política criminal, reinserción y prisión permanente revisable», *Anuario de derecho penal y ciencias penales ADPCP* 65, p. 127-153.

Juanatey, Carmen (2004): «La ley de Medidas de Reforma para el cumplimiento íntegro y efectivo de las penas, y los principios constitucionales del Derecho Penal», *La ley penal: revista de derecho penal, procesal y penitenciario* 9, p. 5-30.

Kett-Straub, Gabriele (2011): *Die lebenslange Freiheitsstrafe. Legitimation, Praxis, Strafrestaussetzung und besondere Schwere der Schuld*, Tübingen: Mohr Siebeck.

Kett-Straub, Gabriele (2007): «Auch Terroristen haben einen Rechtsanspruch auf Freiheit. Die Aussetzung der Reststrafe in Mordfällen mit besonderer Schuldschwere», *Goltdammer's Archiv für Strafrecht* 2007, p. 332-347.

Landa, Jon-Mirena (2013): «El control de legalidad de la ejecución de penas por el TEDH: nuevas perspectivas tras el caso Del Río Prada (doctrina Parot) c. España 2013», en J.L. de la Cuesta *et al.* edtrs., *Armonización penal en Europa*, Vitoria-Gasteiz: IVAP, p. 486-513.

Landa, Jon-Mirena (2012): «Ejecución de penas y principio de legalidad ante el TEDH. A propósito del caso Del Río Prada c. España, STEDH, 3ª, 10.07.2012 (42750/09) y la aplicación de la doctrina Parot», *Indret* [en línea] 4, p. 1-25. Disponible en: http://www.indret.com/code/getPdf.php?id=1595&pdf=924.pdf [Acceso 21 marzo 2016].

Landa, Jon-Mirena (2006): «Delitos de terrorismo y reformas penitenciarias (1996-2004): un golpe de timón y correcciones de rumbo ¿Hacia dónde?», en M. Cancio y C. Gómez-Jara edtrs., *Derecho penal del enemigo. El discurso penal de la exclusión, Vol. 2*, Madrid: Edisofer, p. 165-202.

Lazarus, Liora (2006): «Conceptions Of Liberty Deprivation», *Modern Law Review* 69, p. 738-769.

Lazarus, Liora (2004): *Contrasting Prisoners' Rights. A Comparative Examination of England and Germany*, Oxford.

Leganés, Santiago (2014): «La prisión permanente revisable y los "beneficios penitenciarios"», *La ley penal: revista de derecho penal, procesal y penitenciario* 110, p. 2.

Leganés, Santiago (2005): *La evolución de la clasificación penitenciaria*, Madrid: Ministerio del Interior.

Lerner, Craig S. (2013): «Life without Parole as a conflicted Punishment», *Wake Forest Law Review* 48, p. 1101-1171.

Leyendecker, Natalie Andrea (2002), *(Re-)Sozialisierung und Verfassungsrecht*, Berlín: Duncker & Humblot.

Llobet, Mariona (2011): «El discurso político-criminal de la LO 7/2003, de cumplimiento íntegro y efectivo de las penas: prevención general positiva *vs.* prevención especial negativa», en F. Pérez edtr., *Temas actuales de investigación en ciencias penales*, Salamanca: Universidad de Salamanca, p. 187-206.

Llobet, Mariona (2010): *Derecho penal del terrorismo. Límites de su punición en un Estado democrático,* Urduliz (Bizkaia): La Ley-Wolters Kluwer.

Llobet, Mariona (2007): «La ficticia realidad modificada por la Ley de cumplimiento íntegro y efectivo de las penas y sus perversas consecuencias», *Indret* [en línea] 1, p. 1-36. Disponible en: https://dialnet.unirioja.es/servlet/articulo?codigo=2236394&orden=105705&info=link [Acceso 7 marzo 2016].

López Peregrlín, Carmen (2003): «¿Lucha contra la criminalidad mediante el cumplimiento íntegro y efectivo de las penas?», *Revista Española de Investigación Criminológica*
REIC AC-02-03, p. 1-20.

Lozano, María de la Luz (2013): «La nueva prisión permanente revisable», *Diario La Ley* 8191, p. 1-4.

Martínez, Gema (2015): «Prisión permanente revisable: ¿Derecho penal del enemigo o Derecho penal del acto?», *Diario La Ley* 8464, p. 1-9.

Mapelli, Borja (2011): *Las consecuencias jurídicas del delito,* 5ª ed., Madrid: Civitas.

Meier, Bernd-Dieter (2009): *Strafrechtliche Sanktionen*, 3. Auflage, Berlin/Heidelberg: Springer.

Mitchell, Barry y Julian V. Roberts (2012): *Exploring the Mandatory Life Sentence for Murder*, Oxford/Portland: Hart.

Muñoz, Francisco (2013): «Algunas reflexiones sobre la pena de prisión perpetua y otras sanciones similares a ella», en J.G. Fernández et al. edtrs., *Estudios penales en homenaje al profesor Rodrigo Fabio Suárez Montes*, Oviedo: Constitutio Criminalis Carolina, p. 447-458.

Neubacher, Frank (2015): «B. Vollzugsgrundsätze», en K. Laubenthal et al. edtrs., *Strafvollzugsgesetze*, 12. Auflage, München: Beck, p. 23-86.

Nistal, Javier (2015): «La duración del cumplimiento efectivo de la nueva pena de "prisión permanente revisable" introducida por la la Ley Orgánica 1/2015, de 30 de marzo, de reforma del Código Penal», *Revista Aranzadi Doctrinal* 6, p. 27-39.

Nistal, Javier (2013), «La nueva pena de prisión permanente revisable proyectada en la reforma del código penal. Su particular régimen penitenciario de cumplimiento», *Revista Aranzadi Doctrinal* 7, p. 239-258.

Ortiz, Iñigo (2012): «El Tribunal Constitucional tiene las manos atadas frente a la prisión permanente revisable», *Cristina Gallardo Iuris: Actualidad y práctica del derecho* 176, p. 7-12.

Pascual, Laura (2015): «La prisión permanente revisable. Un acercamiento a un derecho penal deshumanizado», *Estudis i testimonis sobre el conflicte i el canvi social* 3, p. 51-65.

Polaino, Miguel (2004): *La reforma penal española de 2003: una valoración crítica*, Madrid: Tecnos.

Ramírez, José Luis y José Antonio Rodríguez (2013): «Fin de trayecto: custodia de seguridad, libertad vigilada y prisión permanente revisable en el anteproyecto de reforma del Código Penal», *Jueces para la democracia* 76, p. 50-80.

Ríos, Juan Carlos (2014): «La pena de prisión permanente revisable. Razones de su inconstitucionalidad», en M. Valle y M. Bustos edtrs., *La reforma penal de 2013: Libro de Actas. XIV Jornadas de profesores y estudiantes de Derecho Penal de las Universidades de Madrid* [en línea], Madrid: Universidad Complutense de Madrid, p. 133-150. Disponible en: http://eprints.ucm.es/28027/ [Acceso 7 marzo 2016].

Ríos, Juan Carlos (2013): *La prisión perpetua en España. Razones de su ilegitimidad ética y de su inconstitucionalidad*, Donostia-San Sebastián: Gakoa.

Ríos, Juan Carlos y María Concepción Sáez (2014): «Del origen al fin de la doctrina Parot», *Indret* [en línea] 3, p. 1-42. Disponible en: http://www.indret.com/pdf/1057.pdf [Acceso 7 marzo 2016].

Rogan, Mary (2013) «Prisoners and "other status" under Article 14 of the European Convention on Human Rights», *European Human Rights Law Review* 6, p. 615-623

Roig, Margarita (2013): «La cadena perpetua. Los modelos inglés y alemán. Análisis de la STEDH de 9 de Julio de 2013. La "prisión permanente revisable" a examen», *Cuadernos de Política Criminal CPC* 111, p. 97-144.

Sanz, Ángel J. (2004): «Reflexión de urgencia sobre las últimas reformas de la legislación penal», *Revista de Derecho Penal* 11, pp. 11-40.

Serrano, Alfonso (2012): «La constitucionalidad de la prisión permanente revisable», en *Constitución y democracia: ayer y hoy : libro homenaje a Antonio Torres del Moral*, Vol. 2, Madrid: Universitas, p. 1813-1834.

Serrano, Alfonso y María Isabel Serrano (2012): *El mandato constitucional hacia la reeducación y reinserción social*, Madrid: Dykinson.

Silva, Jesús M. (2008): «¿Nullum crimen sine poena? Sobre las doctrinas penales de la "lucha contra la impunidad" y del "derecho de la víctima al castigo del autor"», en S. Mir edtr., *Derecho penal del Siglo XXI. Cuadernos de Derecho Judicial. Escuela Judicial*, Vol. VII, Madrid: Consejo General del Poder Judicial, p. 325-361.

Stree, Walter y Jörg Kinzig (2014): «§57a, b», en A. Schönke y H. Schröder, *Strafgesetzbuch*, 29. Auflage, München: Beck, p. 991-1005.

Streng, Franz (2012): *Strafrechtliche Sanktionen. Die Strafzumessung und ihre Grundlagen*, 3. Auflage, Stuttgart: Kohlhammer.

Téllez, Abel (2003): «La ley de cumplimiento íntegro y efectivo de las penas: una nota de urgencia», *Diario La Ley* 4, p. 1641-1651.

Van Zyl Smit, Dirk (2006): «Life imprisonment: Recent issues in national and international law», *International Journal of Law and Psychiatry* 29, p. 405-421.

Van Zyl Smit, Dirk y Sonya Snacken (2011): *Principles of European Prison Law and Policy. Penology and Human Rights*, Oxford: Oxford University Press.

Van Zyl Smit, Dirk et al. (2014): «Whole Life Sentences and the Tide of European Human Rights Jurisprudence: What Is to Be Done?», *Human Rights Law Review* 14, p. 59-84.

Vannier, Marion (2016): «A Right to Hope? Life Imprisonment in France», en D. Van Zyl Smit y C. Appelstone edtrs., *Human Rights and Life Imprisonment*, Oxford: Hart/Bloomsbury (en prensa).

Vormbaum, Thomas (2016): *Einführung in die moderne Strafrechtsgeschichte*, 3ª ed., Berlin/Heidelberg: Springer.

Wikipedia (2015): «Alto el fuego de ETA de 2010-2011», en *Wikipedia* [en línea]. Disponible en: https://es.wikipedia.org/wiki/Alto_el_fuego_de_ETA_de_2010-2011 [Acceso 5 septiembre 2015].

*La prisión perpetua en Austria: significado en el sistema penal y valoración constitucional y político-criminal**

LYANE SAUTNER

1. Introducción. 2. Regulación legal. 2.1. Las penas privativas de libertad como penas unitarias. 2.2. Delitos que tienen prevista la pena de prisión perpetua. 2.3. Especificidades para adolescentes y jóvenes adultos. 3. Determinación de la pena. 4. Libertad condicional en casos de prisión perpetua. 5. La prisión perpetua en la práctica jurídica austriaca. 6. Valoración constitucional y discusión político-criminal. Bibliografía.

RESUMEN

En Austria, la pena de prisión perpetua se inserta en un sistema de consecuencias jurídicas de doble vía. Por una parte, prevé la multa y la prisión como sanciones, y por otra, la privación de libertad preventiva como medida de seguridad. La pena de prisión perpetua es obligatoria para unos pocos delitos como el genocidio, mientras que la mayoría de tipos penales que contemplan dicha pena lo hacen sólo como alternativa a una privación de libertad de entre 10 y 20 años. Por más que la legislación austriaca contemple la posibilidad de acceder a la libertad condicional, y por más que un gran número de condenados accedan a ella, la discusión político criminal arroja una valoración crítica respecto a la pena de prisión perpetua, con más argumentos en su contra que a favor.

Palabras clave: Prisión perpetua, consideraciones preventivas, libertad condicional, plazo de suspensión.

ABSTRACT

In Austria life imprisonment is embedded into a two-track system of sanctions. On the one hand, it allows fines as well as imprisonment as punishment and, on the other hand, it aims at preventative deprivation of liberty. Life-long prison sentences are only obligatory for a few offences like genocide. Most offences, which impose life imprisonment, consider a prison sentence of 10 to 20 years as an alternative. Even if the Austrian sanction law offers the possibility for a conditional release, and this does happen for a great

---

* Traducción del alemán al español a cargo de Enara Garro Carrera.

Este capítulo ha sido financiado por el Proyecto de Investigación I+D+I DER 2012-33215, del Ministerio de Economía y Competitividad.

number of convicts, life imprisonment is looked at critically. Especially criminal policy discussions provide reasons against and not for life-long sentences.

Keywords: Life imprisonment, preventative considerations, conditional release, period of parole.

1. INTRODUCCIÓN

La prisión perpetua se inserta en Austria en un sistema de consecuencias jurídicas de doble vía. Dicho sistema prevé, por una parte, las penas pecuniarias y las privativas de libertad, y, por otra, medidas de seguridad también privativas de libertad, de naturaleza preventiva (§§ 21 ss. CP). Mientras que las penas representan un mal basado en la culpabilidad y al que se asocia un reproche, la razón de ser de las medidas preventivas es la peligrosidad del infractor, siendo su objetivo el de proteger a la sociedad de un sujeto que puede representar un peligro. Se trata, como es evidente, de un objetivo que se limita a la prevención especial. A pesar de las diferencias conceptuales, las medidas y las penas muestran algunas similitudes o coincidencias. Así, a la hora de determinar la pena, las consideraciones preventivas ostentarán un papel muy significativo, consideraciones que adquieren una especial trascendencia en relación con la prisión perpetua, sobre todo cuando ha de decidirse sobre la finalización anticipada de dicha pena. Por su parte, las medidas de seguridad preventivas suelen criticarse por ser percibidas como auténticas penas privativas de libertad para aquellos que están sometidos a ellas. La objeción relativa al fraude de etiquetas[1] es, por tanto, aplicable a ambas.

2. REGULACIÓN LEGAL

2.1. Las penas privativas de libertad como penas unitarias

Las penas privativas de libertad se imponen en Austria a perpetuidad o por un período de tiempo limitado (§ 18 párr. 1 CP). Una pena privativa de libertad impuesta por un tiempo limitado tendrá una duración mínima de un día y máxima de 20 años (§ 18 párr. 2 CP). Desde 1975 las penas privativas de libertad en Austria son lo que se denomina "penas unitarias". Esto significa que el mal que representa la pena privativa de libertad se concreta en una única clase de sanción, mientras que con la legislación anterior a 1975 también se preveían el calabozo y el arresto, respecto a los que se distinguían, a su vez, modalidades agravadas.

[1] Sobre las medidas de seguridad preventivas véase Medigovic, Reindl-Krauskopf (2013, p. 143).

2.2. Delitos que tienen prevista la pena de prisión perpetua

Actualmente[2] en el Código Penal (CP) austriaco son 27 los delitos (a su vez con diversos subtipos) que prevén la prisión perpetua como pena. Sólo en tres de ellos es absoluta la amenaza con la privación de libertad a perpetuidad, lo que significa que no se prevé ninguna pena alternativa para castigarlos. Se trata del genocidio (§ 321 párr. 1 CP), algunas modalidades de crímenes contra la humanidad (§ 321a párr. 1 y 2 CP) así como de una modalidad de crímenes de guerra contra las personas (§ 321b párr. 1 CP). Para el resto de delitos respecto a los cuales cabe imponer la pena de prisión perpetua se prevé como alternativa la posibilidad de imponer una pena privativa de libertad de 10 a 20 años. El tribunal deberá decidir en cada caso concreto en torno a la duración de la pena y, por tanto, sobre la procedencia de aplicar o no la prisión perpetua. Los delitos para los que se prevé una alternativa respecto a la pena de prisión perpetua pueden clasificarse en tres grupos:

El primer grupo lo conforman algunos delitos dolosos. Se trata del asesinato (§ 75 CP), la producción y difusión de armas de destrucción masiva (§ 177a párr. 2 CP), un supuesto dentro de los crímenes contra la humanidad (§ 321a párr. 3 CP), algunos supuestos de crímenes de guerra contra personas (§ 321b párr. 2 y 3 CP), algunos tipos cualificados de tráfico de drogas (§ 28a párr. 5 Ley de Sustancias Adictivas[3]) así como algunos supuestos de reactivación del nacionalsocialismo (§§ 3a, 3e párr. 1, § 3 Ley de la Proscripción[4]). No todos estos delitos implican la causación de la muerte de una persona.

El segundo grupo de delitos lo conforman aquellas conductas en las que se produce la muerte de una persona como consecuencia imprudente de un delito doloso previo. En este grupo se encuentran el secuestro con extorsión (§ 102 párr. 3 CP), el robo grave (§ 143 CP), la violación (§ 201 párr. 2 CP), la coacción sexual (§ 202 párr. 2 CP), el abuso sexual (§ 205 párr. CP), el abuso sexual (grave) de menores (§ 206 párr. 3, § 207 párr. 3 CP) así como la tortura (§ 312a párr. 2 CP).

El tercer grupo de delitos que prevén una pena de prisión de duración limitada como alternativa a la pena de prisión perpetua, se caracteriza por la causación de la muerte imprudente de un número elevado de personas como consecuencia de un hecho doloso previo. En este grupo se encuentran el incendio (§ 169 párr. 3 CP), la puesta en peligro dolosa a través de energía atómica o radiaciones ionizantes (§ 171 párr. 2 CP), la puesta en peligro dolosa a través de explosivos (§ 173 párr. 2 CP), la puesta en peligro colectiva dolosa (§ 176 párr. 2 CP), el manejo no autorizado de material nuclear, radiactivo o

[2] Actualizado en junio de 2015.

[3] Boletín Oficial del Estado I 1997/112.

[4] Boletín Oficial del Estado 1945/13.

de equipamiento de radiaciones (§ 177b párr. 4 CP), el atentado doloso contra el medio ambiente (§ 180 párr. 2 CP), el manejo o transporte de desechos doloso que suponga peligro para el medioambiente (§ 181b párr. 2 CP), la gestión dolosa de instalaciones que pongan en peligro el medioambiente (§ 181d párr. 2 CP), la piratería por aire (§ 185 párr. 2 CP), la puesta en peligro dolosa de la seguridad del tráfico aéreo (§ 186 párr. 3 CP) así como el robo en el mar (§ 45 párr. 2 de la Ley sobre el Tráfico Marítimo).

2.3. Especificidades para adolescentes y jóvenes adultos

La amenaza de imponer la pena de prisión perpetua no opera para adolescentes y jóvenes adultos. En caso de que el autor sea menor de 16 años en el momento de los hechos, en lugar de enfrentarse a una posible pena de prisión perpetua, deberá hacer frente a una pena de prisión de 1 a 10 años. En caso de que el infractor sea mayor de 16 años pero menor de 19, se aplicará una pena privativa de libertad de 1 a 15 años (§ 5.2 Ley de la Responsabilidad del Menor[5]). La especificidad de esta regulación reside en que, a diferencia de lo que habitualmente ocurre en el ámbito del derecho penal de menores[6], se prevé una pena mínima. Tampoco puede imponerse la pena de prisión perpetua a aquellos jóvenes adultos que sean menores de 22 años. En su lugar procederá la imposición de una pena privativa de libertad de entre 5 y 20 años (§ 36 CP).

Debe asimismo ponerse de relieve que estas infracciones que prevén la imposición de una pena de prisión perpetua sólo como una de las posibles alternativas no prescriben (§ 57 párr. 1 CP), aunque si hubiesen transcurrido 20 años desde los hechos, en lugar de la pena de prisión perpetua será de aplicación la pena de prisión de 10 a 20 años. Para jóvenes infractores la pena se reduce una vez más (§ 5.3 Ley de la Responsabilidad del Menor). Debe además mencionarse que la pena de prisión perpetua tampoco prescribe (§ 59 párr. 1 CP).

3. DETERMINACIÓN DE LA PENA

En cada caso, el tribunal deberá imponer la pena concreta dentro del marco penal previsto sobre la base de la culpabilidad del autor (§ 32 párr. 1 CP). Según la teoría de la flexibilidad (*Spielraumtheorie*), que es la que más seguidores tiene en Austria, las consideraciones preventivas sólo podrán llevar a la imposición de una pena superior o inferior dentro del marco determinado

---

[5] Boletín Oficial del Estado 1988/599.

[6] Hay un único supuesto, además del citado, respecto al cual se prevé una pena mínima: las penas de prisión de entre 10 y 20 años se sustituyen en el derecho penal del menor por penas de entre 6 meses y 10 años de privación de libertad (§ 5.3 Ley de la Responsabilidad del Menor).

por la envergadura de la culpabilidad del autor (Burgstaller 1982, p. 133, Leukauf, Steininger 1992, núm. marginal 11, Triffterer 1994, p. 509)[7]. Para aquellas infracciones castigadas alternativamente con pena de prisión perpetua, las consideraciones preventivas suelen desempeñar un papel importante. Así, desde una perspectiva preventivo-general, los delitos más graves pueden requerir en algunos casos penas especialmente altas para restaurar la paz jurídica alterada por el delito o para disuadir a la generalidad de que los cometa. Respecto a la prevención especial, ésta puede influir sobre la cantidad de pena en un sentido tanto agravatorio como atenuatorio: en caso de que el pronóstico de reincidencia revele una alta probabilidad de cometer delitos futuros, la pena se verá agravada, mientras que la sanción será menor en caso de prognosis positiva (como ocurriría, por ejemplo, en el caso de que un cónyuge matase al otro, enfermo terminal, por compasión). Lo dicho es sólo aplicable a aquellos casos en los que la prisión perpetua se prevé como pena alternativa respecto a la pena de prisión de duración limitada. Como es evidente, especialmente difícil resulta determinar la pena de manera flexible y adaptada a la culpabilidad en los delitos que sólo prevén una pena de prisión perpetua.

Por más que se prevea la imposición de una pena de prisión perpetua para un delito, la concurrencia de circunstancias modificativas muy cualificadas puede llevar a la imposición de una pena de prisión temporal que deberá ser, como mínimo, de un año de duración (§§ 41, 41a CP). Para ello, será necesario o bien que prevalezcan las circunstancias atenuantes respecto a las agravantes, sin que concurran circunstancias que hagan necesaria la pena de prisión perpetua desde el punto de vista de la prevención especial, o bien que se haya producido la colaboración con las autoridades, cumpliéndose ciertos requisitos. El último de los supuestos citado es el que se conoce como pequeña regulación sobre los testigos de la corona *(kleine Kronzeugenregelung)*.

4. LIBERTAD CONDICIONAL EN CASOS DE PRISIÓN PERPETUA

El hecho de que el reo haya sido condenado a una pena de cadena perpetua no implica necesariamente en Austria que el penado deba pasar en la cárcel el resto de su vida. Como ocurre con las penas de prisión temporales, se prevé para los condenados a cadena perpetua la posibilidad de acceder a la libertad condicional (§ 46 párr. 6 CP). Sin embargo, los requisitos para acceder a la libertad condicional variarán de un caso a otro. La libertad condicional para un reo condenado a una pena de prisión perpetua será posible tras un mínimo de 15 años de cumplimiento en régimen cerrado, y sólo si concurre

[7] Boletín Oficial del Estado 1997/117. Desde otra perspectiva, Ebner 2014, núm. marginal 49, 100). La imposición de una pena inferior a la adecuada a la culpabilidad del autor sería posible desde el punto de vista de Fuchs (2012, capítulo 2, núm. marginal 39).

un pronóstico positivo, en el sentido de ausencia de comisión de delitos futuros por parte el reo. La valoración desde un punto de vista de prevención especial ha de ser, por tanto, favorable y se entiende, como se ha señalado, como asunción de que el condenado va a tener un comportamiento futuro libre de infracciones penales (Jerabek 2011, número marginal 20). Las consideraciones de prevención general no desempeñan, desde la reforma legal operada en 2007, ningún rol a la hora de decidir sobre la concesión de la libertad condicional[8]. En este sentido, debe ponerse de relieve que los requisitos para obtener la libertad condicional de una pena de prisión perpetua son más laxos que lo que disponen las reglas generales para el resto de casos. El cambio obedece a una reacción del legislador ante una crítica expresada durante mucho tiempo en el sentido de considerar que los reos condenados a una pena de prisión perpetua no tienen ninguna influencia sobre el desarrollo general de la criminalidad y, por lo tanto, tampoco sobre las exigencias preventivo generales (Pilgram 1989, p. 181 s., Müller 2002, p. 422).

El período de prueba en el caso de la libertad condicional obtenida tras una pena de prisión perpetua es de 10 años (§ 48 párr. 1 CP), aunque si concurren motivos especiales este plazo podrá ampliarse hasta 3 años más (§ 53 párr. 4 CP). La especificidad de esta regulación consiste en que el período de prueba puede ser repetidamente ampliado, hasta llegar, en casos extremos, a alargarlo hasta la muerte del reo. Si bien es cierto que en esas ocasiones, pese a lo prolongado del control, el condenado se evita el cumplimiento de la condena privado de libertad de por vida, un período de prueba que se alargue mientras viva el reo se halla en una relación de tensión respecto al principio de culpabilidad. Es evidente que el legislador ha optado en esos casos por priorizar la protección de la generalidad, es decir, por que prevalezcan las consideraciones preventivas (Birklbauer 2013, p. 143).

En caso de que un reo condenado a pena de prisión perpetua acceda a la libertad condicional, deberá contar necesariamente con el apoyo de los asistentes sociales durante al menos 3 años del período de prueba (§ 50 párr. 2 cifra 4 y párr. 3 CP). De esa manera y con ayuda de los asistentes sociales se pretende favorecer la incorporación del condenado a la vida en libertad.

En general, parece que la libertad condicional sirve para aliviar los rigores de la pena de prisión perpetua. De hecho, el juez competente tendrá que decidir sobre si procede o no seguir cumpliendo la pena en régimen cerrado una vez transcurridos 15 años (Jerabek 2011, núm. marginal 25), por lo que concurre un mandato de revisar la pena durante su ejecución. La resolución correspondiente también puede ser recurrida por el reo, aunque lo cierto es que en la práctica el condenado difícilmente estará en condiciones de criticar fundadamente las consideraciones sobre su pronóstico de comportamiento

[8] Boletín Oficial del Estado I 2007/109.

futuro. Es evidente que el pronóstico de comportamiento futuro puede terminar operando como coladero de valoraciones extrajurídicas. De hecho, algunas investigaciones han mostrado que las circunstancias que hacen que algunos tribunales concedan la libertad condicional a presos condenados a prisión perpetua y que se la denieguen a otros son difíciles de discernir (Pilgram 1989, p. 176).

5. LA PRISIÓN PERPETUA EN LA PRÁCTICA JURÍDICA AUSTRIACA

La mayoría de condenas a prisión perpetua se producen como consecuencia de delitos de asesinato consumado o asesinado en grado de tentativa (Pilgram 1989, p. 172, Müller 2002, p. 406). Sin embargo, debe ponerse de relieve que sólo en un 20% de casos (con cierta desviación) de delitos de asesinato consumado o asesinato en grado de tentativa se termina imponiendo esta pena. Llamativas resultan en Austria las diferencias regionales en el ámbito de la determinación de las consecuencias jurídicas. Así, si se atiende a las diferencias entre el este y el oeste del país, destaca que los tribunales del distrito de Viena imponen aproximadamente el doble de penas de prisión perpetua que los tribunales del distrito de Linz (Pilgram 1989, p. 173). Parece que ello confirma que en la determinación de la pena, también desempeñan un papel importante consideraciones de naturaleza extrajurídica.

Como se desprende del Informe oficial sobre la Seguridad relativo al año 2013, eran 145 las personas que en ese año estaban cumpliendo una pena de prisión perpetua en Austria (Bundesministerium für Justiz 2013, p. 97). Anualmente una media de 11 personas acaban de cumplir una pena de prisión perpetua en el país. Siete de ellas obtienen la libertad condicional, 2 mueren y otras dos son extraditadas (Bundesministerium für Justiz 2013, p. 97). En los años de 2011 a 2013, 19 personas obtuvieron la libertad condicional, habiendo cumplido 19 años de media en régimen de internamiento. 5 personas obtuvieron la libertad condicional tras 15 años, 6 personas tras 16 años y 7 personas después de haber transcurrido 20 años. Por lo tanto, puede constatarse que en la práctica una condena de cadena perpetua no implica una privación de libertad de por vida para un 63% de los reos, aunque en un 15% de los condenados la pena se cristaliza en un encarcelamiento hasta el final de sus vidas. El hecho de que, en algunos casos, la privación de libertad llegue a ser de por vida remite, a su vez, a una necesidad de evaluar esta pena desde un punto de vista constitucional y político-criminal.

6. VALORACIÓN CONSTITUCIONAL Y DISCUSIÓN POLÍTICO-CRIMINAL

Todas las previsiones legales citadas, que prevén la imposición de la pena de prisión perpetua, tienen rango de leyes ordinarias, por lo que no es necesario contar con una mayoría cualificada para llevar a cabo reformas en esta materia. Esto explica el hecho de que las conductas que llevan aparejada la pena de prisión perpetua se hayan triplicado desde la entrada en vigor del CP hace 40 años (Grafl, Schmoller 2001, p. 113).

El Tribunal Constitucional austriaco no se ha pronunciado de manera directa sobre la constitucionalidad de la prisión perpetua (Müller 2002, p. 413 s) y la posición de la doctrina científica es ambivalente. Algunos sectores defienden la constitucionalidad de esta pena basándose en la jurisprudencia del Tribunal Europeo de Derechos Humanos (TEDH) sobre el art. 3 de la Convención (Tischler 2003, núm. marginal 39, Lässig 2011, núm. marginal 8, SSt 57/47, 14 Os 30/03, JBl 2004, 191) (téngase en cuenta que la Convención Europea de los Derechos Humanos (CEDH) tiene en Austria rango constitucional). Según el TEDH las penas de prisión a perpetuidad pueden suponer una vulneración del derecho a la dignidad humana recogido en el art. 3 cuando resultan claramente desproporcionadas y cuando no ofrecen una posibilidad de revisión que permita acceder a la libertad[9]. El TEDH formula dos requisitos para una liberación anticipada: en primer lugar, el acceso a la libertad ha de ser posible cuando la prisión deja de servir a los fines legítimos de la pena, como son la retribución, la disuasión, la protección de la generalidad o la preparación del penado para una vida en libertad. Por otro lado, es necesario que en el momento de la condena esté previsto un mecanismo para valorar la concurrencia de las legítimas necesidades preventivas y retributivas a las que sirve la pena y, en su caso, la procedencia de atenuar la sanción o de recurrir a la remisión de la pena. Por lo tanto, y según el TEDH, negar a un reo su salida anticipada de prisión basándose en su peligrosidad será conforme a la Convención, siempre y cuando siga habiendo un resquicio de esperanza para acceder a una vida en libertad[10]. En Austria, la posibilidad de recurrir a la libertad condicional en penas de prisión perpetua (posibilidad de la que se hace uso en la gran mayoría de los casos), parece indicativa de la constitucionalidad de dicha pena. Considerando que la regulación austriaca hace depender la decisión sobre la libertad condicional del pronóstico en torno a si el reo va a cometer delitos en el futuro, parece que dicha regulación está en consonancia con los criterios desarrollados por el

---

[9] TEDH 12. 2. 2008 (Gran Cámara), 21.906/04, Kafkaris/Cyprus; TEDH 9. 7. 2013 (Gran Cámara), 66.069/09, 130/10 y 3.896/10; Vinter y Otros/Reino Unido; TEDH 4. 9. 2014, 14/10, Trabelsi/Bélgica.

[10] TEDH 9. 7. 2013 (GK), 66.069/09, 130/10 and 3.896/10; Vinter y Otros/Reino Unido.

TEDH. El hecho de que se renuncie a introducir en la valoración otros fines de la pena aumenta además las posibilidades de una liberación anticipada. Asimismo, debe tenerse en cuenta que la posibilidad de acceder a la libertad condicional se ofrece a partir de que se hayan cumplido 15 años de condena, lo que puede considerarse un plazo relativamente temprano. De hecho, incluso la media de cumplimiento de 19 años sigue siendo más breve que la pena de prisión limitada en el tiempo de mayor duración.

Otro de los argumentos que se invocan para argumentar sobre la posible inconstitucionalidad de la pena de prisión perpetua es que se trata de una pena cruel, inhumana y degradante, una especie de pena de muerte a plazos (Broda 1985, pp. 23 ss., 265 ss., 275). La discusión político-criminal sobre la abolición de la pena de prisión perpetua comenzó en Austria en la década de los años 80 del pasado siglo (Müller 2002, p. 414), siendo muchos los juristas renombrados que abogaban en favor de su eliminación (Höpfel 1988, p. 33 ss., Pilgram 1989, pp. 184 ss., Bertel 1992, p. 28, Müller 2002, pp. 419 ss.)[11]. Sus argumentos pueden ser sintetizados de la siguiente manera: la pena de prisión perpetua no evita la comisión de delitos de sangre, y nada hace suponer que su abolición suponga un incremento de la criminalidad más grave. Además, esta pena se contradice con el fin resocializador que es el que actualmente se considera prioritario en la ejecución de la pena de prisión. Cabe mencionar que como ejemplo de un sistema penal que funcionaba sin necesidad de recurrir a la pena de prisión perpetua solía hacerse referencia al sistema español.

Los citados argumentos resultan plausibles y hablan en pro de la abolición de esta pena, aunque la pregunta que sigue abierta es si no resulta legítima la prisión perpetua para el restablecimiento de la paz jurídica ante la criminalidad más grave. Esta pregunta se plantea no sólo desde la perspectiva de las necesidades de la sociedad de reaccionar ante determinados hechos especialmente lesivos, sino también desde las necesidades de las propias víctimas, perspectiva esta última que actualmente también se considera que tiene un lugar legítimo en el sistema de Justicia penal (Hassemer, Reemtsma 2002, p. 130, Rössner 2001, p. 987, Hörnle 2006, p. 955, 2011, pp. 39 ss., Velten FECHA, núm. marginal 12, Sautner 2010, pp. 289 ss.). Pero en cualquier caso, la cuestión es si, para dar respuesta a estas necesidades, es preciso recurrir a la pena de prisión perpetua, o si no resultaría suficiente con una pena de prisión temporal de hasta 20 años. Personalmente, opto por la segunda opción, aunque haciendo una advertencia: la abolición de la pena de prisión perpetua en ningún caso debiera llevar a reforzar en paralelo las medidas de seguridad preventivas como la custodia de seguridad. Teniendo en cuenta que la imposición de éstas no depende de la medida de la culpabilidad

[11] Una panorámica muy instructiva se encuentra en Müller (2002, pp. 414 ss.).

del sujeto, resultan mucho más problemáticas que la pena de prisión perpetua para las garantías del Estado de derecho.

En caso de considerar que no procede abolir la pena de prisión perpetua, procede al menos abordar el tema desde una perspectiva diferenciadora[12], valorando si aquellos delitos que llevan aparejada esta sanción conllevan un desvalor que esté en proporción con el rigor de esta pena. Esta limitación también procede de la jurisprudencia del TEDH y a mi juicio no se le ha prestado en Austria la atención debida. En la legislación austriaca hay diversos delitos respecto a los cuales sería oportuno prescindir de la pena de prisión perpetua[13]. En primer lugar, debiera ponerse el foco sobre aquellas infracciones que no conllevan la causación de la muerte de una persona, tales como el tipo cualificado de tráfico de drogas (§ 28a párr. 5 Ley de Sustancias Adictivas) o algunos supuestos de reactivación del nacionalsocialismo, como el restablecimiento del Partido Nacionalsocialista Obrero Alemán (§ 3a 1 Ley de la Proscripción). Esta última ley fue aprobada en 1947, por lo que todo parece indicar que la pena de prisión perpetua se explica fundamentalmente por motivos históricos. Además de los citados casos, la pena de prisión perpetua también parece problemática respecto a aquellos supuestos en los que se da la discordancia de prever dicha pena para ciertos tipos cualificados, mientras que los tipos básicos tienen prevista una pena muy baja. Este es el caso de algunos delitos contra el medioambiente, para los que el tipo básico prevé la imposición de penas máximas de 2 o 3 años, pero que en caso de producirse la muerte de un número elevado de personas pueden llevar a la imposición de una pena de prisión de 10 a 20 años o de la pena de prisión perpetua (§ 180 párr. 1, § 181b párr. 1, § 181d párr. 1 CP).

Recientemente el Gobierno ha aprobado un proyecto de reforma del Código Penal en Austria[14], proyecto en el que se prevé prescindir de la pena de prisión perpetua en ocho delitos. Entre ellos están el incendio (§ 169 párr. 3 CP), la puesta en peligro dolosa a través de energía atómica o radiaciones ionizantes (§ 171 párr. 2 CP), así como la puesta en peligro dolosa a través de explosivos (§ 173 párr. 2 CP). Todos estos delitos implican la causación de un número elevado de muertes imprudentes como consecuencia de una primera conducta dolosa. Este proyecto indica, hasta cierto punto, que la pena de prisión perpetua en Austria se percibe con razón como una consecuencia jurídica más bien problemática. Se trata, sin embargo, de un gesto más bien

---

[12] Véase en este sentido, muy recientemente, Grafl, Schmoller (2015, pp. 115 ss.).

[13] Grafl, Schmoller (2015, p. 117 s.), con propuestas más amplias de limitar la pena de prisión perpetua.

[14] Véanse los siguientes documentos que recogen las sesiones parlamentarias: 689 BlgNR 25. GP. Al cierre de este texto, había concluido la tramitación de la reforma a través de la Ley de reforma penal en la que la pena de prisión perpetua ha sido eliminada respecto a los ocho delitos citados. Véase el Boletín Oficial del Estado 2015/112.

simbólico, dado que cuando se han juzgado en la práctica esa clase de delitos, no se han llegado a imponer penas de prisión perpetua.

BIBLIOGRAFÍA

Bertel, Christian (1992): «Lebenslange Haft. lebendig begraben», *Salzburger Nachrichten* 23-5-1992, p. 28.

Birklbauer, Alois (2013): «Der Umgang mit psychisch kranken Rechtsbrechern: Auf dem Weg zur lebenslangen Sicherheitsverwahrung?», *JSt* 2013, p. 143.

Broda, Christian (1985): «Tod auf Lebenszeit?», *Zukunft* 4, p. 23.

Bundesministerium für Justiz (2013): *Sicherheitsbericht, Bericht über die Tätigkeit der Strafjustiz* [en línea]. Wien: Bundesministerium für Justiz. Disponible en: https://www.justiz.gv.at/web2013/file/2c94848525f84a630132fdbd2cc85c91.de.0/sicherheitsbericht2013.pdf [Acceso 8 marzo 2016].

Burgstaller, Manfred (1982): «Grundprobleme des Strafzumessungsrechts in Österreich», *ZStW* 94, p. 133.

Burgstaller, Manfred (1985): «Diskussionsbeitrag, in Verhandlungen», *9. Österreichischer Juristentag 1985, II/3*, Wien: Manz, p. 265-275.

Ebner, (2014) Josef «§ 32», en F. Höpfel, y E. Ratz edtr., *Wiener Kommentar zum Strafgesetzbuch*, 2ª ed., Wien, Manz.

Fuchs, Helmut (2012): *Strafrecht Allgemeiner Teil I*, 8 ed., Wien: Verlag Österreich.

Grafl, Christian y Schmoller, Kurt (2015): «Entsprechen die gesetzlichen Strafdrohungen und die von den Gerichten verhängten Strafen den aktuellen gesellschaftlichen Wertungen?», *Gutachten, in Verhandlungen* 19. *Österreichischer Juristentag* 2015, III/1, Wien, Manz.

Hassemer, Winfried y Reemtsma, Jan (2002): *Verbrechensopfer. Gesetz und Gerechtigkeit,* München: C.H.Beck.

Höpfel, Frank (1988): «Empfiehlt sich eine Ausgestaltung des strafrechtlichen Sanktionensystems? », *Gutachten, in Verhandlungen* 10. *Österreichischer Juristentag* 1988, I/2 (1088), p. 33.

Hörnle, Tatjana (2006): «Die Rolle des Opfers in der Straftheorie und im materiellen Strafrecht», *JZ* 2006, p. 955.

Hörnle, Tatjana (2011): *Straftheorien,* Tübingen, Mohr Siebeck

Jerabek, Robert (2011) «§ 46», en F. Höpfel, y E. Ratz edtr., *Wiener Kommentar zum Strafgesetzbuch*, 2ª ed., Wien Manz.

Lässig, Rudolf (2011) «§ 18» en F. Höpfel y E. Ratz edtr., *Wiener Kommentar zum Strafgesetzbuch*, 2ª ed., Wien, Manz. Leukauf, Otto y Steininger, Herbert (1992): *Kommentar zum Strafgesetzbuch,* 3ª ed., Eisenstadt : Prugg.

Medigovic, Ursula y Reindl-Krauskopf, Susanne (2013): *Strafrecht Allgemeiner Teil II,* Wien: Neuer Wissenschaftlicher Verlag.

Müller, Otto (2002): «Die lebenslange Freiheitsstrafe in Österreich», en R. Moos, et al. coords., *Festschrift für Udo Jesionek zum 65. Geburtstag,* Wien: Neuer Wissenschaftlicher Verlag.

Pilgram, Arno (1989): *Endet mit dem Tode: Die lebenslange Strafe in Österreich,* Wien: Neuer Wissenschaftlicher Verlag.

Rössner, Dieter (2001): «Die besonderen Aufgaben des Strafrechts im System rechtsstaatlicher Verhaltenskontrolle», en B. Schünemann, et al. edtr., *Festschrift für Claus Roxin zum 70. Geburtstag am 15. Mai 2001*, Berlin, Boston: De Gruyter, p. 987.

Sautner, Lyane (2010): *Opferinteressen und Strafrechtstheorien. Zugleich ein Beitrag zum restorativen Umgang mit Straftaten,* Innsbruck; Wien: Studien-Verlag.

Tischler (2003) «Vorbem §§ 18 ff» en O. Triffterer, et al. edtr., *Salzburger Kommentar zum Strafgesetzbuch*, Wien: LexisNexis, Rz 39.

Triffterer, Otto (1994): *Österreichisches Strafrecht Allgemeiner Teil*, 2ª ed., Wien, New York: Springer.
Velten, Petra «Vor §§ 374–406h» en J. Wolter edtr., *Systematischer Kommentar zur StPO*, 4 ed., Köln: Carl Heymanns, Rz 12.

La libertad vigilada aplicada a sujetos peligrosos

PILAR OTERO GONZÁLEZ

1. El derecho penal de la culpabilidad *versus* el derecho penal de la peligrosidad. Delincuentes peligrosos con trastornos de la personalidad: ¿imputables o semiimputables? breve referencia a las neurociencias y la responsabilidad penal. 2. La nueva medida de libertad vigilada como respuesta. 2.1. Naturaleza jurídica. 2.2. Fundamentación. 2.3. Ámbito de aplicación. 2.3.1 LO 5/2010: de carácter obligatorio a delitos sexuales y a delitos de terrorismo 2.3.2. LO 1/2015: de carácter facultativo con ampliación del ámbito de aplicación a delitos contra la vida, a maltrato ocasional en el ámbito familiar y a violencia doméstica habitual. 2.4. La presunción de peligrosidad. 2.5. Cumplimiento posterior a la pena privativa de libertad. 2.6. Contenido de la medida. 2.7. Vigilancia de la ejecución de la medida. 2.8. Quebrantamiento de la medida. 2.9. Plazos, prórrogas y principio de proporcionalidad. 2.10. Reflexiones finales sobre esta medida de libertad vigilada aplicada a delincuentes peligrosos. Bibliografía.

RESUMEN

La LO 5/2010 introdujo en el Código Penal la medida de seguridad de libertad vigilada. La principal novedad es que se aplica a sujetos imputables peligrosos y se impone en sentencia junto a la pena de prisión para su cumplimiento posterior a la extinción de la pena de prisión. Ello supone un *tertium genus* entre pena y medida que rompe el rígido binomio establecido hasta ahora: medida de seguridad aplicable a los peligrosos inimputables frente a pena impuesta en función de la culpabilidad, aplicable a los imputables. Se estableció la aplicación de esta medida, de forma obligatoria, a los condenados a pena de prisión por uno o más delitos contra la libertad e indemnidad sexuales y a los condenados a pena grave privativa de libertad por uno o más delitos de terrorismo. La LO 1/2015 ha ampliado su ámbito de aplicación a delitos contra la vida, a maltrato ocasional en el ámbito familiar y a violencia doméstica habitual, si bien su previsión en estos casos es de carácter facultativo (lo que supone una diferente e incongruente regulación). Se analizarán, por tanto, las ventajas e inconvenientes de esta medida, aportándose algunas sugerencias de mejora técnica.

Palabras clave: Libertad vigilada, sujetos peligrosos, medida de seguridad, sujetos plenamente responsables.

LA LIBERTAD VIGILADA APLICADA A SUJETOS PELIGROSOS

ABSTRACT

The Organic Law 5/2010 has introduced the security measure of probation in the Penal Code. The main novelty is that it is applied to dangerous attributable subjects and it is imposed in the sentence next to the prison sentence for his performance after the extinction of the prison sentence. This implies a *tertium genus* between the penalty and the security measure breaking the rigid binomial established so far: the security measure applicable to subjects unattributable against the penalty imposed on the basis of culpability, applicable to attributable subjects. This measure was stablished, on a mandatory basis, for those sentenced to imprisonment for one or more crimes against sexual freedom and for those sentenced to severe punishment of imprisonment for one or more terrorist offenses. The Organic Law 1/2015 has expanded its scope to crimes against life, occasional abuse in the family and regular domestic violence, although its forecast in these cases is optional (which means a different and inconsistent regulation).Therefore, this paper analyses the advantages and drawbacks of this measure, providing some suggestions for technical improvement.

Keywords: Probation, dangerous subjects, security measure, fully responsible subjects.

1. EL DERECHO PENAL DE LA CULPABILIDAD *VERSUS* EL DERECHO PENAL DE LA PELIGROSIDAD. DELINCUENTES PELIGROSOS CON TRASTORNOS DE LA PERSONALIDAD: ¿IMPUTABLES O SEMIIMPUTABLES? BREVE REFERENCIA A LAS NEUROCIENCIAS Y RESPONSABILIDAD PENAL

Hace un tiempo leíamos esta noticia:

> Mañana jueves sale a la calle de la cárcel Brians-1, en Sant Esteve Sesrovires (Barcelona) el llamado 'segundo violador del Ensanche' de Barcelona, Alejandro Martínez Singul. Singul fue condenado en 1993 a 65 años de prisión por diez violaciones y otros cuatro intentos a menores de entre diez y quince años a las que siempre asaltaba en los rellanos o en el ascensor de sus viviendas. Salió de prisión en 2007 sin que se le considerara rehabilitado tras cumplir el máximo de 16 años que le correspondían de acuerdo con el antiguo Código Penal. A su salida reincidió en varias ocasiones, protagonizando nuevas agresiones sexuales creando una gran alarma social. En junio de 2008 fue detenido en su domicilio de Cardedeu (Barcelona) y extraditado a Perpiñán (Francia), donde cumplió nueve meses de prisión por exhibicionismo ante una escolar en esa población francesa. En junio de 2010, la Audiencia de Barcelona le condenó a tres años y nueve meses de cárcel por su último intento de violación a una niña de doce años, cometido mientras estaba en libertad

provisional, tras recurrir otra condena de dos años de cárcel por un doble intento de violación.

Ahora se ha sometido voluntariamente a un programa psicosocial para intentar controlar su conducta, impulsos y fantasías sexuales, y a un tratamiento farmacológico de inhibición del deseo sexual («castración química»), dentro del programa que desde agosto de 2009 ofrece la Generalitat de Catalunya a delincuentes sexuales.

No obstante, los expertos no consideran que el ex interno esté rehabilitado[1]. El presidente de la Sociedad Española de Psiquiatría Forense, Leopoldo Ortega-Monasterio, define la personalidad del violador como de «inmadurez neurótica de la personalidad, con una forma muy regresiva y primaria de expresar su sexualidad», lo que impide su rehabilitación.

La puesta en libertad de este tipo de sujetos reabre continuamente el debate jurídico penal sobre las medidas que se deben adoptar ante violadores y asesinos reincidentes una vez cumplida la pena que les corresponde.

Esta tensión entre las medidas de carácter securitario «más mano dura para los que no están rehabilitados» frente a los que proclaman que por el escrupuloso cumplimiento del principio de culpabilidad deben ser puestos en libertad una vez cumplida la condena, se ha intensificado por la excarcelación en los últimos meses de determinados delincuentes peligrosos a raíz de la anulación de la doctrina Parot por la Sentencia del Tribunal Europeo de Derechos Humanos (STEDH) nº 306/2013, de 21 de octubre. Enfatizado todo ello, como suele ser habitual, por los medios de comunicación.

Aunque produce un gran impacto mediático la excarcelación de terroristas, que como es sabido, se trata de uno de los supuestos para los que está prevista la libertad vigilada, en este momento voy a focalizar la atención en delincuentes con trastornos graves de la personalidad, bien con parafilias[2] consistentes en la imposibilidad de controlar los impulsos derivados de la tendencia u orientación sexual del sujeto, ubicadas, por tanto, en los «trastornos sexuales y de la identidad sexual» y estadísticamente con porcentajes muy altos de reincidencia; bien con trastornos psicóticos o con

---

[1] Sobre las características diferenciales de este tipo de patologías, sobre la persistencia de estos procesos en el tiempo y sobre las dificultades para su rehabilitación o modificación, *vid.*, Antuña y Rodríguez Franco (2007, p. 11 y ss.).

[2] Dentro de las parafilias típicas, como manifestaciones de la conducta sexual desviada, hay que destacar muy especialmente la pedofilia que, además de ser reconocida desde 1980 como enfermedad psiquiátrica (American Psychiatric Association 1988), viene incluida dentro de aquéllas en el quinto lugar del catálogo DSM-IV (American Psychiatric Association 1995). Al igual que ocurre con el resto de los trastornos de la personalidad, los estudios de la neurociencia de los últimos años han detectado sustratos orgánicos cerebrales que podrían estar implicados en la pedofilia, centrados en ciertos déficits en el volumen de la sustancia blanca cerebral de los lóbulos temporales y parietales, principalmente del fascículo fronto-occipital superior. *Vid.*, ampliamente, Portero (2009, p. 78-84) y bibliografía allí citada.

personalidad rayana en el límite de la psicopatía, incapaces de medir las consecuencias de sus actos; bien con otro tipo de dolencias como la inmadurez neurótica de la personalidad; bien con trastorno por sadismo sexual, o alguna otra patología sexual como la obsesión extrema por el sexo. En definitiva, hablamos de sujetos reincidentes altamente peligrosos.

Reincidencia que, por cierto, también ha de valorarse en su justa medida. De acuerdo con diversos estudios evaluativos (Redondo 2006)[3], la reincidencia en los agresores sexuales es, como grupo, baja, y se estima en torno al 19%-20%. Esta cifra se reduce al 5,8% cuando se trata de cometer una nueva agresión sexual, ya que *un 6,5% reincidirá en otro acto violento y un 6,2% en delitos sexuales de otro tipo*. El promedio general de la reincidencia de los delincuentes –no específicamente sexuales– según los estudios anteriormente mencionados, se sitúa entre el 37,4%[4] y el 50% (Redondo 2006). Estos estudios rompen los tópicos que atribuyen a los delincuentes sexuales una reincidencia mucho mayor que la del conjunto de delincuentes.

No obstante, y este es el dato que debe tenerse en cuenta, la distribución de la reincidencia en el ámbito de los delitos sexuales es muy heterogénea y oscila entre un número importante de casos de un solo delito conocido (y, por tanto, no reincidentes) y, en el extremo opuesto, unos pocos delincuentes sexuales[5] seriales, como el citado en el texto, que cometen decenas de delitos a lo largo de sus carreras criminales. En este grupo se situarían los psicópatas sexuales violentos sobre los que se estima que antes de transcurridos seis años desde su puesta en libertad el 80%, en contraste con el 20% aproximadamente de los no psicópatas, han vuelto a cometer una conducta violenta, la mayoría de ellos de índole sexual (Navarro 2011, p. 148), por lo que puede

---

[3] Cfr., asimismo, un estudio reciente elaborado por el Centro de Estudios Jurídicos y Formación Especializada del Departamento de Justicia de la Generalitat, que se basa en el seguimiento de todos los delincuentes sexuales liberados entre 1998 y 2003 de las cárceles catalanas, **un total de 315**, que han estado en prisión entre uno y quince años, en función de la gravedad del delito –desde una violación hasta un acoso sexual o exhibicionismo–. Una reseña de este último puede verse en El Mundo (2009). Igualmente puede consultarse Portero (2009, p. 74 y ss.). Esta información puede completarse de la mano de Armaza (2013, p. 44-45), quien recoge cifras de la criminalidad sexual grave de los últimos 10 años (Fuente: Instituto Nacional de Estadística www.ine.es) en los que se ha condenado a 202 personas reincidentes por este tipo de delitos, por lo que se registra un promedio de 15,88 reincidentes anuales.

[4] Estudio del Centro de Estudios Jurídico y Formación especializada de la Conselleria de Justicia catalana.

[5] Entre los condenados por delitos sexuales, el riesgo de reincidencia no es siempre el mismo. Se estima que los más reincidentes son los que condenados por delitos en los que la víctima es un niño de sexo masculino (El Mundo 2009). Ello podría explicarse porque los abusadores de estos menores manifiestan en prisión más síntomas de ansiedad fóbica, con un nivel de gravedad significativo en relación con otro tipo de internos. *Vid.*, al respecto Castro et al. (2009, p. 50).

pronosticarse entre los psicópatas sexuales un elevado riesgo de reincidencia (Navarro 2011, p. 150).

Si trascendemos del dato, estos delincuentes, mayoritariamente sexuales, con diversos trastornos de la personalidad, reincidentes, con pocas posibilidades de rehabilitación y, por tanto, peligrosos, ¿son imputables? ¿Este tipo de peligrosidad puede ser síntoma de una imputabilidad disminuida? ¿Puede implicar que se tenga limitada la comprensión de la ilicitud del acto? ¿Son sujetos plenamente motivables normativamente?

Los avances de las neurociencias de la última década, fundamentalmente los realizados a través de técnicas de neuroimagen, han demostrado que estas patologías relacionadas con una menor capacidad inhibitoria y con una tendencia a la conducta antisocial –psicópatas–, se deben a ciertas anomalías generadas en la zona orbito frontal del cerebro (Maraver 2013)[6] –donde se aloja el cumplimiento de las normas morales y sociales–, bien porque se ha lesionado, bien porque no ha madurado lo suficiente, identificada o no neurológicamente la causa, pero que se manifiesta de forma análoga a la zona orbito frontal de un adolescente, que tiene una menor capacidad de inhibición en la medida en que esa parte del cerebro todavía no ha madurado al completo. El cerebro de una persona con rasgos psicopáticos[7] carece de

[6] Demetrio (2011, p. 16): «En diversos estudios se ha podido comprobar que, a diferencia de la población normal, los criminales violentos y, en general, las personas con elevada agresividad, padecen con frecuencia diversos déficit cerebrales en el área prefrontal». Véase, asimismo, Gudín (2010, p. 27-28). Igualmente sobre el factor biológico-genético de los psicópatas, véase, Leal (2003, p. 158-162). A mayor abundamiento, Navarro (2011, p. 145-146) señala que dentro de la corteza prefrontal, encargada de controlar los impulsos agresivos, las tasas de actividad baja se presentan en los asesinos afectivos, mientras que en el caso de los asesinos depredadores (de sangre fría) tienen un buen funcionamiento prefrontal, lo que les permite controlar su comportamiento. Conforme a esta distinción, en opinión de esta autora, sólo en el caso de los asesinos afectivos, ante esa falta de control, es posible hallar respuesta a sus posibles delitos en la circunstancia 1ª del art. 20 CP (por no poder actuar conforme a la comprensión de la ilicitud del hecho).

[7] Dentro de la psicopatía, siguiendo a Fallon (2014, p. 38-40), neurocientífico de la Universidad de California en Irvine (EEUU) hay que distinguir, a su vez, entre los psicópatas primarios y los secundarios. Los psicópatas primarios, con una puntuación de 40 en la lista de verificación de Hare (cuestionario que valora estos aspectos dentro del contexto biográfico del paciente), son muy peligrosos, realmente son irrecuperables (por ejemplo, los depredadores sexuales), por lo que lo único que se puede hacer con respecto a ellos es neutralizar parte de su cerebro. Nacen así. No necesitan influencias externas negativas. De niños ya suelen presentar patrones de conducta distintos. En su opinión, la terapia no puede funcionar. Con este perfil, por un lado de ausencia de sentimientos de culpa y, por otro, del escaso miedo que sienten en general, y al castigo en particular, debemos concluir –también Navarro (2011, p. 152)– que nos hallamos próximos a la idea de la incorregibilidad. Lo único que queda para estos casos extremos es la prevención: diagnosticar a los psicópatas lo antes posible, teniendo enfermeros y médicos formados en ese campo capaces de reconocer las señales: si un niño mira con total frialdad como si no estuvieras ahí, se debe hacer el esfuerzo en confirmar la existencia a esa predisposición desde una edad muy temprana y prevenir que ese niño sufra malos tratos o que

actividad en la zona de los lóbulos frontal y temporal, que son las regiones responsables de la empatía y el autocontrol. Ello implica que esas personas no son capaces de razonar moralmente ni de controlar sus impulsos.

Anteriormente a este progreso científico, las conductas de estos sujetos se conceptuaban como actuaciones violentas libres de la persona. En cambio, desde la neurociencia se constata que no hay nada que no pueda explicarse en términos científicos conforme a las reglas de la causalidad.

No es el lugar de profundizar en un problema tan complejo como es poner en cuestión el fundamento de la culpabilidad en derecho penal[8], simplemente conviene resaltar que, aunque sea un hecho constatable desde las neurociencias que las decisiones se vinculan a procesos neuronales no conscientes, esto no significa que, como consecuencia de ello, el fundamento de la construcción de la culpabilidad jurídico penal haya de desecharse por completo, en la medida en que nuestra discusión anida y se desarrolla en otro plano; no en un sistema empírico sino en un sistema social. En otras palabras, a pesar de los avances neurocientíficos, debemos seguir actuando conforme a patrones estrictamente normativos que nos permitan determinar «el nivel de disposición *jurídica* exigible a los ciudadanos» (Feijóo 2012, p. 251) partiendo del presupuesto, eso sí, de lo que evidencian las neurociencias a través de sus avances.

Más aún, como afirma Cancio (2012, p. 264), desde la perspectiva del concepto funcional de la culpabilidad, la fundamentación de ésta viene determinada por las necesidades de la prevención general positiva, por lo que es inmune a las dudas sembradas por las neurociencias en torno a si los seres humanos están plenamente determinados por procesos neuronales inconscientes.

Sí será útil, en cambio, para afinar la relación entre determinadas afecciones y su grado de inimputabilidad. Es decir, con estos avances se ha diluido la frontera entre el ser responsable y el irresponsable.

A pesar de todo ello, la jurisprudencia[9] no ha sido permeable a estos avances, pues suele mantener la imputabilidad[10] tanto de los delincuentes psicópatas como de los que sufren otro tipo de trastornos de la personalidad

---

sea objeto de acoso, circunstancias que pudieran ser posteriormente las desencadenantes de su conducta delictiva violenta. *Vid.*, ampliamente, Fallon (2013, p. 11 y ss.).

[8] Sobre el debate en torno al concepto dogmático de la culpabilidad en la actualidad, véanse, entre otros, Urruela (2004, p. 23 y ss.), Frisch (2012, p. 22 y ss.), Feijóo (2012, p. 229), Cancio (2012, p. 261-265).

[9] Cfr., sobre la evolución jurisprudencial en esta materia, Sánchez (2012, p. 347-366). *Vid.*, Sentencias del Tribunal Supremo (SSTS) núm. 423/2007 de 23 de mayo; núm. 439/2004 de 25 de marzo. Igualmente, para un análisis exhaustivo de esta jurisprudencia véase, Navarro (2011, p. 138 y ss.) y Urruela (2004, p. 315 y ss.).

[10] SSTS 4 de abril de 1984 (RJ 1984/2312), 13 de junio de 1985 (RJ 1985/3005); 18 de enero de 1986 (RJ 1986/150) y 11 de noviembre de 1987 (RJ 1987/8496).

rayanos o no en la psicopatía, en la medida en que, sigue afirmando, que pueden comprender racionalmente la ilicitud del acto. A no ser que presenten junto a este déficit de la personalidad algún otro factor, endógeno o exógeno, que pueda afectar siquiera de modo parcial al entendimiento y la voluntad del sujeto, por lo que, en estos casos, se aplicará bien una eximente incompleta (en supuestos más graves de trastorno de la personalidad unido a alguna otra patología[11]), bien una atenuante analógica[12].

Ello demuestra que los penalistas no hemos sido permeables a los matices que la ciencia psiquiátrica nos proporciona sobre las distintas tipologías de estas patologías[13], reduciéndolas a tres grandes categorías para encasillar a estos delincuentes. Y si simplificamos una realidad tan compleja[14] como es la mente, lo que se consigue es deformar o pervertir dicha realidad impidiendo alcanzar una solución adecuada a estos casos. En otras palabras, se ha simplificado en exceso la compleja realidad de aquellos sujetos que, sin llegar a ser declarados como «enfermos mentales», es decir, sin ser inimputables, tienen demostradas, por ejemplo, unas tendencias sexuales de obsesión extrema que determinan una reincidencia incontrolable a la hora de cometer los delitos relacionados con su patología. A éstos se les ha calificado como imputables conforme a los parámetros que utilizamos porque no hay más que tres categorías, pero quizá haya que asumir una cuarta entre los imputables y los semiimputables, a modo de *quartum genus* o semiimputabilidad *sui generis*, en la que se encuadrarían este tipo de sujetos.

---

[11] SSTS de 9 de mayo de 1986 (RJ 1986/2437); 17 de mayo de 1991 (RJ 1991/3695), 5 de octubre de 1991 (RJ 1991/7005), núm. 1272/1995, de 19 de diciembre; núm. 768/1996, de 23 de octubre, núm. 1414/1997, de 7 de abril; núm. 1416/1997, de 24 de noviembre; núm. 243/1998, de 20 de febrero; núm. 1357/1999, de 1 de octubre; núm. 179/2000, de 4 de febrero, entre otras. Sentencia de la Audiencia Provincial (SAP) de Málaga, núm. 5/2001, de 29 de enero: se apreciará la atenuante analógica «cuando el hecho cometido estuviera en relación causal psíquica con la desviación caracterológica advertida», y la eximente completa o incompleta cuando «por coexistir la personalidad psicopática con otra enfermedad mental o concurrir circunstancias excepcionales, quedase eliminada o más seriamente afectada su inteligencia y voluntad». *Vid.*, ampliamente, Salvador (2014, p. 63-64), Urruela (2004, p. 318-321), Gudín (2010, p. 25-27).

[12] SSTS núm. 338/1994, de 16 de febrero; núm. 564/1995, de 7 de abril; 22 de febrero de 1997 (RJ 1997/1369), 12 de marzo de 1985 (RJ 1985/1627), 17 de marzo de 1985 (RJ 1985/2035), 27 de enero, 1 de julio y 19 de diciembre de 1986 (RJ 1986/185; 1986/3869; 1986/7968) entre otras. Vid., Guisasola (2008, p. 150), Caruso (2013, p. 19), Navarro (2011, p. 119, nota a pie núm. 4), destacando la STS de 9 de noviembre de 2000, Urruela (2004, p. 320 y ss.).

[13] Las sucesivas ediciones del DSM *Manual diagnóstico y estadístico de los trastornos mentales* (*Diagnostic and Statistical Manual of Mental Disorders, DSM*) de la Asociación Estadounidense de Psiquiatría (American Psychiatric Association, o APA) van incorporando nuevos trastornos; en ocasiones, son meras subdivisiones de trastornos identificados desde antiguo; otras veces, son «nuevos» trastornos desgajados de un tronco común y menos preciso que los englobaba previamente. Sea como fuere, lo cierto es que la psiquiatría nos ofrece una variedad nosológica sorprendente que, a mi modo de ver, la ciencia penal ha simplificado en exceso.

[14] «Hay que alejarse de maniqueísmos simplistas»(Gudín 2010, p. 18).

En efecto, merecen, al igual que los tradicionalmente catalogados como semiimputables, una atenuación de la pena[15]. Son, en este sentido, próximos a ellos. Es necesario, por tanto, replantearse el propio concepto de inimputabilidad, esto es, aun cuando las facultades afectadas no sean la intelectual o la volitiva, «la afectación de otras facultades también puede dar lugar a una disminución de la imputabilidad del sujeto» (Caruso 2013, p. 19). [16], porque, en definitiva, son incapaces de comprender *emocionalmente* (Cancio 2012, p. 264). [17] lo que está bien y lo que está mal, un grupo por incapacidad de *sentir* (los psicópatas) y otro (sujetos con otro tipos de trastornos de la personalidad) por incapacidad de *controlar sus impulsos* –normalmente sexuales–, por lo que sus acciones delictivas podrían encontrar acomodo en el art. 20.3 CP[18] (Cancio 2012, p. 281-282) (*alteraciones en la percepción desde el nacimiento o desde la infancia que supongan una alteración grave en la conciencia de la realidad*), principalmente a través de la eximente incompleta.

Sin embargo, esta atenuación no se compagina bien con la peligrosidad de estos sujetos, por lo que la misma debe ser compensada con medidas de seguridad orientadas a la prevención especial. En este marco tiene sentido la figura de la libertad vigilada.

Al imponerse esta medida de seguridad junto a la pena, parece que *de facto*, se confiere a estos sujetos un tratamiento próximo a los semiimputables, sin embargo, siguen siendo imputables desde el momento en que se les impone la totalidad de la pena que les corresponde conforme al hecho cometido. Esta afirmación de la plena imputabilidad es la que debe cuestionarse partiendo de

---

[15] Sin embargo, el derecho penal actúa ante este tipo de sujetos, a mi modo de ver, de forma contradictoria. En efecto, como indica Demetrio (2011, p. 16): «Lo curioso es que el derecho penal excluye la culpabilidad del autor ante graves déficit psíquicos del autor, por considerarlos casos de inimputabilidad, pero castiga más severamente cuando se trata de autores violentos, respecto de los cuales se han constatado asimismo empíricamente problemas mentales de considerable importancia».

[16] En este sentido, añade (Caruso 2013, p. 20) «sería conveniente la creación de una atenuante a incluir en el art. 21 que recogiera la relevancia de una alteración o trastorno mental que afectara a facultades del sujeto que no incidieran en las capacidades intelectual y volitiva. (…) como por ejemplo la facultad afectiva también puede provocar una disminución en la culpabilidad del individuo», permitiendo así la aplicación de una medida de seguridad frente a un grupo específico de sujetos imputables. Igualmente, Mateo (2003, p. 390-393).

[17] Ilustrativa al respecto la frase que destaca Leal (2003, p. 157): «Sabía lo que hacía pero no lo sentía», con la que se concluye muchas sesiones judiciales donde forenses psiquiatras y psicólogos informan a los tribunales de justicia acerca de la conducta, comportamiento y facultades mentales de los psicópatas.

[18] Por su parte, Leal (2003, p. 168-175) es partidario de incardinar estas conductas por la vía del art. 20.1ª CP, integrándose así la psicopatía como anomalía o alteración grave que exige tratamiento, con la consiguiente imposición de la medida de seguridad adecuada a su patología. Igualmente, consideran apreciable en estos casos la eximente incompleta (o en la mayoría de los supuestos, la atenuante analógica) en relación con la eximente de anomalía psíquica (González y Sánchez 2014, p. 162).

la constatación de su falta de capacidad afectiva o de la afectación de su capacidad inhibitoria, lo que indica una disminución de su culpabilidad a la que debe responderse, insisto, con una atenuación de la pena.

2. LA NUEVA MEDIDA DE LIBERTAD VIGILADA COMO RESPUESTA

2.1. Naturaleza jurídica

Para supuestos, entre otros, como estos, la medida de seguridad de libertad vigilada fue introducida en el Código Penal en virtud de la reforma operada por la LO 5/2010. La novedad fundamental de esta medida en relación con el resto de medidas de seguridad que conocemos es que la misma resulta aplicable no sólo a los inimputables o semiimputables, sino también y de forma obligatoria (con una matización que comentaremos) a los sujetos imputables pronosticada su peligrosidad en función de la naturaleza del delito cometido (limitados en la LO 5/2010 a los delitos sexuales y de terrorismo), y siempre que el legislador así lo haya previsto en un precepto de manera expresa[19].

La LO 1/2015, tras muchos avatares, lo que produce respecto a esta figura, según su propia exposición de motivos, es una ampliación de su ámbito de aplicación a todos los delitos contra la vida, y a los delitos de malos tratos y lesiones cuando se trate de víctimas de violencia de género y doméstica (si bien se impone de forma facultativa. «Se les podrá imponer» rezan los preceptos correspondientes).

Se impone en sentencia junto a la pena privativa de libertad, para su cumplimiento posterior a ésta, y se hará o no efectiva precisamente cuando se vuelva a actualizar ese pronóstico de peligrosidad, en el momento de extinción de la pena, previa propuesta de mantenimiento, cese, sustitución o suspensión de la misma, elevada anualmente por el juez de vigilancia penitenciaria (art. 98.1 CP). Por tanto, se cumple cuando ya se hayan extinguido todas las penas impuestas, incluida la última fase de libertad condicional.

En resumen, *tertium genus*, un híbrido[20], entre pena y medida, rompiendo el rígido binomio[21]: pena-imputables, medida de seguridad-irresponsables, salvo

[19] Ampliamente, Díaz (2011, p. 46 y 54) y Cámara (2012, p. 9).

[20] Prueba de este carácter híbrido ha sido la mutante naturaleza jurídica de esta figura en los distintos anteproyectos que dieron lugar a la LO 5/2010. El Anteproyecto de modificación del CP de 2006 le confirió la doble naturaleza de pena y medida. El Anteproyecto de reforma del CP de 2008 le otorgó la naturaleza de pena. La LO 5/2010 optó por catalogarla dentro de las medidas de seguridad. Sobre la cambiante naturaleza jurídica de esta pena, *vid.*, Cámara (2012, p. 2-6). Igualmente, puede consultarse al respecto mi trabajo (Otero 2015, p. 51-56) y bibliografía allí citada.

[21] Sobre las consecuencias de este nuevo escenario, *vid.*, Urruela (2015, p. 119-160).

que nos replanteemos, como he sugerido, el concepto de inimputabilidad, por lo que, entonces, esta figura ya no sería tal *cuerpo extraño*. Independientemente de la naturaleza jurídica otorgada, sí conviene resaltar que, al ejecutarse una vez cumplida la pena principal, por un lado implica que no está sometida a los criterios generales de aplicación de las medidas de seguridad, y por otro, subyace a esta medida la prolongación de la consecuencia penal impuesta al sujeto peligroso, enmascarándose bajo el amplio paraguas de la medida de seguridad, lo que no es sino una pena accesoria de control, en la mayoría de los casos de carácter meramente asegurativo.

2.2. Fundamentación

La exposición de motivos de la LO 5/2010, fundamenta esta medida en supuestos de *especial gravedad* en los que

> ese efecto rehabilitador de la pena se ve dificultado, en la medida en que ésta no resulta suficiente o adecuada para excluir un elevado riesgo de reincidencia. Sin cejar en el esfuerzo rehabilitador hay que adoptar ciertas medidas que permitan conciliar el fin de prevención especial con otros valores, como son la seguridad y la libertad del resto de los ciudadanos, potenciales víctimas del delincuente no rehabilitado que el sistema penitenciario devuelve a la sociedad.

Se pueden destacar varias incongruencias al respecto. En primer lugar, la alusión a «casos de especial gravedad» es incoherente con el texto del articulado, pues tanto el art. 192 CP como el 579.3 CP (regulado conforme a la LO 5/2010) prevén la aplicación de la libertad vigilada cuando el delito o la pena, respectivamente, hayan sido «graves» o «menos graves» (Benítez 2011, p. 118). Incongruencia no subsanada en la LO 1/2015 en relación con el art. 192 CP ni en la LO 2/2015 con respecto al art. 579 bis.2 CP.

En segundo lugar, se reconoce el fracaso de la rehabilitación pero no se ceja en el esfuerzo rehabilitador, a modo de advertencia simbólica (Silva 2010, p. 2)[22], porque, a pesar de ello, en el texto del articulado se observa que esta incidencia es secundaria, pues no se alude en ningún momento a ningún tratamiento para la reinserción. La mayoría de las medidas en que consiste la libertad vigilada son de carácter asegurativo. Todo ello deriva, en relación con este tipo de sujetos, en el retorno de la inocuización (Silva 2001, p. 699 y ss.), parece que sin ninguna otra finalidad añadida.

Se trata, pues, de una medida de seguridad postdelictual, en principio fundamentada en la peligrosidad, pero sin tener necesariamente en cuenta la reincidencia, que sería uno de los criterios que deberían sopesarse para calibrar la peligrosidad –pues se afirma en el texto que se aplicará[23] *cuando se hayan*

[22] Véase también Durán (2009, p. 34).

[23] Salvo en el caso de la violencia doméstica habitual, donde no se especifica nada.

cometido «uno o más delitos»– luego puede aplicarse cuando se haya delinquido una sola vez–, y atendiendo al falso entendimiento de que la mayor gravedad de ciertos injustos conlleva la mayor peligrosidad del autor[24]. En efecto, sólo se tiene en cuenta la peligrosidad en el último inciso del art. 192.1 y del art. 579 bis.2 CP –delincuente primario– al que se le podrá imponer o no la libertad vigilada en atención a la menor peligrosidad del autor.

La cuestión ahora consistirá en resolver si, efectivamente, esta medida es la menos grave de entre aquellas que pueden resultar suficientes para prevenir la peligrosidad del autor, esto es, si es eficaz y si es proporcionada en todos los casos para los que se ha previsto.

3. ÁMBITO DE APLICACIÓN

3.1. LO 5/2010: de carácter obligatorio a delitos sexuales y a delitos de terrorismo

La LO 5/2010 estableció la aplicación de esta medida de forma obligatoria a los condenados a pena de prisión por uno o más delitos contra la libertad e indemnidad sexuales (art. 192) y a los condenados a pena *grave*[25] privativa de libertad por uno o más delitos de terrorismo (art. 579.3)[26]. Ambos tipos penales han sido retocados, respectivamente, por las LO 1/2015 y 2/2015[27], manteniendo idéntico contenido en lo que respecta a la libertad vigilada.

La introducción de la medida de libertad vigilada aplicable a delincuentes terroristas responde a la crítica e indignación de una parte de la opinión pública ante algunos casos de excarcelaciones de condenados por terrorismo, lo cual carece de fundamento, pues si la razón de ser de la libertad vigilada, tal como expresa la exposición de motivos, es luchar contra la peligrosidad subsistente del sujeto, en el caso de los delitos de terrorismo,

[24] De hecho, el art. 192.1 y el art. 579 bis.2 CP determinan distinta duración de la medida si el delito (o la pena) fuera *grave* o *menos grave*. Como desarrollaré más adelante, la *gravedad del injusto* cometido por el sujeto sólo podrá tomarse en cuenta, en mi opinión, para modular el concepto de *peligrosidad* basado, entre otros parámetros, en la reincidencia. Es decir, la *gravedad del hecho* no es un parámetro para conformar la *peligrosidad* del sujeto sino sólo para desechar del concepto de *peligrosidad* en determinados casos de reincidencia.

[25] La diferente redacción entre ambos preceptos indica que la medida resulta más fácilmente aplicable en los delitos sexuales, porque se exigen menos requisitos para su imposición –pena de prisión– que en terrorismo –pena *grave* privativa de libertad–.

[26] Con la matización referida a los delitos menos graves reflejada en el último inciso de ambos preceptos, donde se señala que se *podrá imponer o no*, en atención a la menor peligrosidad del autor.

[27] Conforme a la LO 2/2015, la previsión de la libertad vigilada en delitos de terrorismo se encuentra ahora en el art. 579 bis.2 CP.

fundamentalmente los pertenecientes a ETA, es prácticamente inexistente si tenemos en cuenta el bajo índice de reincidencia en este ámbito[28].

Es complicado, en todo caso, establecer los parámetros adecuados para determinar el índice de reincidencia en los delitos de terrorismo por la complejidad, extensión y, a la vez, ambigüedad, del propio concepto de *terrorismo*[29]. Si ponemos el foco de atención en ETA, evidentemente no es lo mismo –y no debe ser equiparable a efectos de conformar la reincidencia– causar la muerte de una persona perteneciendo, actuando al servicio o colaborando con esta organización terrorista (art. 573 bis.1.1º CP) que realizar actos de *kale borroka*, es decir, actos de violencia callejera por militantes o simpatizantes del entorno de la izquierda abertzale y de la banda terrorista ETA. Actos que, precisamente, han sido calificados como *terrorismo de baja intensidad*, lo que indica la abismal diferencia entre las distintas conductas que pueden ser calificadas de «actos terroristas».

Por otro lado, es fácil augurar que el índice de reincidencia en los delitos de terrorismo será aún más bajo si tenemos en cuenta otro parámetro: la larga duración de las penas impuestas en esta clase de delitos[30], lo que conlleva inevitablemente que se hayan convertido en ancianos al término del cumplimiento de sus condenas: «antes los condenados por terrorismo pasaban en prisión un máximo de 20 o 25 años, pero ahora van a pasar 40. Y si sabemos de una circunstancia que disminuye la reincidencia es precisamente envejecer» (Ortiz de Urbina 2010, p. 12)[31].

A todo ello, hay que añadir otro dato: la entrada en vigor de la LO 5/2010, en diciembre de ese año, coincide prácticamente en el tiempo con el anuncio por parte de ETA del cese definitivo de su actividad armada (el 20 de octubre de 2011), por lo que el principio de irretroactividad de las disposiciones penales desfavorables impedirá aplicar la libertad vigilada a los delincuentes que pertenecieron a esta banda terrorista y que abandonaron la lucha armada antes de la implantación efectiva de esta medida. En consecuencia, en el caso de los etarras, sólo podrá imponerse esta medida a los que delinquieron entre diciembre de 2010 y octubre de 2011. Por tanto, por mucho que se haya previsto su aplicación, su efectiva ejecución en estos casos es pura ficción, lo

---

[28] Ampliamente, Cano (2011, p. 27-28), Jiménez (2012, p. 25-26) y Parra (2009, p. 20).

[29] Ortiz de Urbina (2010, p. 11-12) afirma que la reincidencia varía en función de los distintos grupos terroristas que consideremos. Así, en los años 80, el índice de reincidencia de los GRAPO era muy elevado, pero sus miembros suponen un número muy reducido de la totalidad de terroristas que han actuado en España y actualmente su índice de reincidencia está en niveles próximos a cero. En el caso de los miembros de ETA, su índice de reincidencia es asimismo muy bajo y, si reincidieran, los delitos que cometerían no suelen ser de la misma naturaleza que los que cometieron en el pasado.

[30] En virtud de la modificación del CP por la LO 7/2003, de 30 de junio, de medidas de reforma para el cumplimiento íntegro y efectivo de las penas.

[31] Igualmente, Huerta (2013, p. 127).

que demuestra que nos encontramos ante una nueva manifestación del derecho penal simbólico.

Es cierto que el terrorismo no termina con ETA y que el yihadismo islámico continúa siendo una amenaza constante. Pero no nos engañemos, cuando el legislador pensó en implantar esta medida en el ámbito de los delitos de terrorismo, lo hizo para «compensar» la excarcelación de algunos casos de terroristas de ETA que escandalizó a gran parte de la opinión pública. Hecho que no guarda relación con la fundamentación de esta medida, pues no hay que olvidar que aunque el terrorista sea un delincuente por convicción, no tiene alteradas las bases de su imputabilidad penal, en la medida en que no tiene connotaciones psicopatológicas.

En relación con la imposición de la libertad vigilada a delincuentes sexuales, tiene su razón en el fenómeno denominado *sexual predator* y en los antecedentes que, como respuesta al mismo, se vienen imponiendo en las últimas décadas en el derecho comparado[32]. Sin embargo, el legislador no ha distinguido entre los diferentes tipos de delincuentes sexuales; el art. 192 CP simplemente explicita a «los condenados a pena de prisión» cuando no todos tienen la misma entidad, ni estadísticamente todos van acompañados del mismo índice de reincidencia. Por ejemplo, ¿tiene sentido imponerla al acosador sexual? ¿Al proxeneta? (García 2010, p. 5).

3.2. LO 1/2015: de carácter facultativo con ampliación del ámbito de aplicación a delitos contra la vida, a maltrato ocasional en el ámbito familiar y a violencia doméstica habitual

Sin que haya habido una evaluación de la eficacia de la medida, la LO 1/2015 prevé además su imposición de forma facultativa («podrá imponer») por un tiempo de hasta 10 años (art. 105.2 CP), en los siguientes preceptos: 140 bis CP (todos los delitos contra la vida), 156 ter CP (maltrato ocasional en el ámbito familiar) y 173.2 CP (violencia doméstica habitual).

Con respecto al art. 140 bis CP, aunque la previsión está ubicada después de los delitos de homicidio doloso y de asesinato, determina expresamente la aplicación de la medida a los «delitos comprendidos en este título», lo que permite imponerla, por ejemplo, al homicidio imprudente o a la inducción y cooperación necesaria al suicidio. Parece adecuada la ubicación de esta figura, pues de acuerdo con lo que vengo manteniendo, su aplicación es idónea en el caso de asesinos psicópatas seriales, luego su aplicación extensiva a todos los delitos del título supone un defecto de técnica legislativa que debe subsanarse.

---

[32] Para ampliar información al respecto, puede consultarse mi trabajo (Otero 2015, p. 43-46). A mayor abundamiento, resulta muy útil el exhaustivo estudio de Derecho comparado realizado por Salat (2015, p. 65-276).

En relación con los delitos de maltrato ocasional y habitual en el ámbito doméstico, el legislador denota otra contradicción, al no haberlo pensado igualmente para los arts. 171.5 y 172.2 CP (amenazas y coacciones en el ámbito familiar, respectivamente), cuando por coherencia debería haberse previsto para dar idéntica respuesta a todos los delitos relacionados con este tipo de violencia, si político-criminalmente se considerara conveniente la aplicación de la libertad vigilada en este ámbito. Yo no lo creo, pues los delincuentes de este tipo de violencia no tienen el perfil anteriormente mencionado, que debe ser la guía para la aplicación de la medida. Es cierto que los programas de reeducación y tratamiento psicológico en maltratadores como alternativa a la suspensión de la condena tienen una duración de nueve meses, tiempo insuficiente, dadas las características de estos casos, para obtener resultados exitosos en el tratamiento. O cuando se les condena por estos delitos, la pena de prisión impuesta no puede superar los tres años, tiempo también insuficiente para que los programas de tratamiento psicológico puedan ser efectivos a efectos de la disminución de la peligrosidad del agresor. Pero es el tiempo que corresponde conforme al principio de legalidad y proporcionalidad de las penas.

En general, hay que advertir, además, el escaso efecto intimidatorio de las penas en los autores de estos delitos que son delincuentes por convicción –a estos efectos, igual que los delincuentes terroristas–, dispuestos, incluso a suicidarse posteriormente con tal de llegar a su propósito, teniendo en cuenta, por otro lado, la compleja realidad que acompaña a este tipo de delincuencia. Está constatado igualmente, que los mayores riesgos de reincidencia se estiman cuando sale de prisión, pero para reducir ese riesgo el ordenamiento ya ha previsto que la pena accesoria de alejamiento tenga una duración superior a la pena de prisión impuesta, lo que va a producir, por cierto, como veremos más adelante, un solapamiento entre ambos tipos de consecuencias jurídicas.

Por todo ello, a pesar del drama que subyace a muchos de estos supuestos, no veo útil la medida de libertad vigilada, cuya aplicación debe estar fundamentada en los trastornos anteriormente desarrollados. Como es sabido, este tipo de violencia no se soluciona prolongando indefinidamente el alejamiento, sino mejorando la terapia y, sobre todo, educando en igualdad.

En definitiva, en mi opinión debe restringirse el ámbito de aplicación de la libertad vigilada a los siguientes delitos: asesinatos realizados por psicópatas u otro tipo de delincuentes con trastornos de la personalidad cuyo pronóstico de reincidencia[33] y, por tanto de peligrosidad, se demuestre que es elevado (para evitar asesinatos en serie), a los delitos de agresiones sexuales y a todos los demás delitos sexuales que lleven aparejada pena de prisión cometidos sobre

[33] A su vez, como indica Salat (2015, p. 389), si realmente existe riesgo de reincidencia y se impone la medida de libertad vigilada, deberá eliminarse la agravante de reincidencia.

menores, debiendo suprimirse en todos los demás ámbitos (incluidos los delitos de terrorismo y los de violencia de género). En el caso de los asesinatos, será operativa siempre y cuando se suprimiera la pena de prisión permanente revisable, pues de mantenerse, como detallaré más adelante (cfr., *infra*), la ejecución de la libertad vigilada en la práctica será imposible.

Es decir, perfiles de peligrosidad, basados en patologías de conducta con pronóstico elevado de reincidencia en el ámbito de los delitos graves.

Siguiendo con este argumento, me atrevería a afirmar, dentro de la restricción del ámbito concreto de aplicación de esta medida, que debe otorgarse al juez la facultad de elegir la aplicación excepcional de la libertad vigilada cuando el sujeto haya cometido un único delito, pero se constate que los predictores de riesgo de repetición delictiva son absolutamente inmodificables, lo que ocurrirá únicamente en determinados perfiles de peligrosidad anteriormente señalados, basados en trastornos graves de la personalidad (psicópatas con un índice 40 en la escala de Hare).

4. LA PRESUNCIÓN DE PELIGROSIDAD

La regulación de la libertad vigilada en la reforma de 2010 estableció una presunción *iuris tantum* de peligrosidad futura de la persona, en el momento de ser condenada atendiendo a un específico perfil deducido de la propia naturaleza[34] de los delitos cometidos (contra la libertad o indemnidad sexuales o de terrorismo) y, por tanto, sin ninguna comprobación científica o empírica (García 2010, p. 5, 2011, p. 692)[35], pues ni siquiera se constata necesariamente por la reincidencia ya que ésta, por lo general, no se exige –rezan los preceptos correspondientes: «uno o varios delitos»–. Sólo se tiene en cuenta –como se ha mencionado *supra*– en el último inciso del art. 192.1 CP y en el último inciso del art. 579 bis.2 CP, cuando se alude a delincuente primario por delito menos grave, al que se le podrá imponer o no la medida de libertad vigilada en atención a la menor peligrosidad del autor (recordemos que a estos efectos estos dos preceptos no se han modificado en las LO 1/2015 y 2/2015).

Se trata, en definitiva, de un juicio de peligrosidad no fundamentado[36], al preverse que ésta subsistirá tras el cumplimiento de la pena de prisión, sin añadir ningún otro requisito al respecto.

---

[34] Nistal (2010, p. 3): «se estará incurriendo en un derecho penal de excepción, lo que no deja de ser una iniciativa jurídicamente arriesgada». Igualmente, Urruela (2010, p. 661) y Caruso (2013, p. 8).

[35] En el mismo sentido, Benítez (2011, p. 102), lo que contradice los principios de aplicación de las medidas de seguridad. Gráficamente, Huerta (2013, p. 121) afirma: «Dicho de una manera sencilla: se impone "para por si acaso"...».

[36] Desde esta perspectiva, Córdoba (2011, p. 908) mantiene que la peligrosidad ha de quedar probada pues así lo establece el art. 95.1.2ª CP, con el que debe coordinarse su regulación pues, de lo contrario, se vulneraría el principio de presunción de inocencia.

No obstante, deja la puerta abierta para desvirtuar la presunción en la medida en que, como mantiene el vigente art. 106.2, II CP, al menos dos meses antes de la extinción de la pena privativa de libertad se prevé que el juez de vigilancia penitenciaria no sólo pueda cambiar las obligaciones del penado durante la ejecución de la pena de libertad vigilada, de acuerdo con ese pronóstico de peligrosidad variable, sino también reducir la medida de libertad vigilada o, incluso, dejarla sin efecto en cualquier momento de su cumplimiento, es decir, incluso en el mismo momento del comienzo de su ejecución «*ex* art. 106. 3 c) CP». Es más, una interpretación sistemática del art. 106. 3 CP con los arts. 97 CP (el juez sentenciador «adoptará») y 98 CP (el juez de vigilancia penitenciaria «estará obligado»), permite sostener la obligatoriedad (Rebollo 2011, p. 860)[37] del juez o tribunal sentenciador de adoptar, al menos antes de dos meses de la extinción de la pena, el mantenimiento, cese, sustitución o suspensión de la medida, cuando ésta no resulte necesaria.

Además de establecer el legislador de 2010 ese juicio de peligrosidad atendiendo a un específico perfil, el de los delincuentes sexuales y el de los terroristas, este pronóstico se intensifica cuando el delito es grave (pena de prisión superior a 5 años). Por el contrario, la presunción de peligrosidad puede desvirtuarse más fácilmente («menor peligrosidad del autor») cuando el delito es menos grave, siendo además delincuente primario.

Es decir, para el legislador de 2010, el hecho de *ser primario* es revelador de una menor peligrosidad y, sin embargo, a pesar de ello, puede imponérsele la medida de libertad vigilada, lo que supone un contrasentido y una falta de justificación de la aplicación de la medida en estos casos (¿sobre qué base se impone en estos supuestos?). Por otro lado, el hecho de preverse la aplicación obligatoria de la medida cuando el delito fuera grave y sólo facultativa cuando se trate de un delito menos grave, parece fundamentarse en la falsa consideración –como se ha mantenido *supra*–, de que de la mayor gravedad de ciertos injustos se deduce necesariamente un incremento de la peligrosidad de sus autores (presunción *iuris et de iure* en determinados supuestos), al mismo tiempo que demuestra la confusión del fundamento de imposición de las penas y de las medidas.

De otra parte (Urruela 2010, p. 668), suscita dudas lo que el legislador entiende por delincuente *primario*: ¿debe ser aquél que nunca ha cometido un delito o puede haberlo realizado siempre que se trate de una infracción de naturaleza diferente?

---

[37] O, como indica Del Carpio (2012, p. 188), mantener este carácter facultativo del término «podrá» no significa que el tribunal sentenciador pueda o no adoptar alguna de las decisiones previstas en el art. 106.3 CP, sino que debe interpretarse en el sentido de no descartar la posibilidad de que en el transcurso de la medida puedan aparecer otras circunstancias no contempladas en el art. 106.3 CP.

Por su parte, la LO 1/2015, en relación con los delitos a los que amplía su aplicación, prevé la imposición de la medida de libertad vigilada de forma facultativa, «se les podrá imponer», lo cual evidentemente es positivo porque implica necesariamente un juicio fundamentado de peligrosidad en el momento de la imposición de la sentencia, debiendo constatarse entonces el pronóstico de probabilidad de comisión de nuevos delitos.

Lo incoherente es que haya dos categorías diferentes: por un lado, los delitos de terrorismo y contra la libertad sexual para los cuales, por regla general, *ex* art. 579 bis.2 y 192.1 CP, es preceptiva la imposición, y de otro lado, los delitos contra la vida, maltrato ocasional y violencia doméstica habitual, para los que la imposición de la libertad vigilada es facultativa. En consecuencia, en el caso de los delitos a los que se amplía el ámbito de aplicación de la libertad vigilada por virtud de la LO 1/2015, se establece un doble control de peligrosidad: en el momento de la imposición de la sentencia y en el momento de la ejecución de la medida. Lo cual no tiene ninguna justificación.

5. CUMPLIMIENTO POSTERIOR A LA PENA PRIVATIVA DE LIBERTAD

La libertad vigilada se ejecuta después de extinguida la pena de prisión impuesta (art. 106.2.I CP), por tanto, después de cumplida la fase de libertad condicional. Este momento de cumplimiento de la medida plantea *a priori* dos problemas: la posible incompatibilidad con el régimen progresivo penitenciario y la dificultad de asegurar, en el momento de la imposición de la medida, que ese pronóstico vaya a mantenerse en el momento de la ejecución.

Con respecto al primer problema, la libertad vigilada parece incompatible con el régimen progresivo (CGPJ 2008, p. 38)[38] penitenciario al suponer un retroceso con respecto al régimen de cumplimiento de la pena de prisión en libertad condicional, pues es más restrictiva que esta última fase de cumplimiento de la pena. Ello obliga a prestar especial atención[39] al control de las obligaciones que dotan de contenido la libertad vigilada. Si el sujeto alcanzó la libertad condicional, normalmente no procederá la libertad vigilada salvo que haya habido un cambio radical de las circunstancias del sujeto, relativas a un pronóstico sobrevenido de peligrosidad inexistente en el momento de haber alcanzado la libertad condicional, lo que será

---

[38] También Díaz (2011, p. 56) y Santana (2009, p. 470). Sobre incompatibilidad de esta medida y el régimen de tercer grado y libertad condicional, *vid.*, Nistal (2010, p. 4-8). En el mismo sentido, Acale (2013, p. 435): «¿qué es la libertad condicional, sino una libertad vigilada?», Alambra (2012, p. 34) y García (2013, p. 25). Ampliamente, Vázquez (2012, p. 205-206, 2013, p. 265-266). También, Leganés (2012, p. 4-7) y Huerta (2013, p. 123-124).

[39] Como ya advirtió el CGPJ (2008, p. 38).

absolutamente excepcional. A mayor abundamiento[40], esta posibilidad excepcional de aplicación de la libertad vigilada será aún más excepcional en el caso de delincuentes terroristas, dado el régimen agravado que impone el Código Penal a este tipo de delincuentes para acceder al tercer grado y a la libertad condicional.

Por no hablar de la práctica imposibilidad de aplicar la libertad vigilada en algunos de los delitos contra la vida para los que está prevista tras la LO 1/2015. Por ejemplo, ¿cuándo se aplica la libertad vigilada en un asesinato castigado con pena de prisión permanente revisable si uno de los requisitos de la suspensión de la ejecución de la pena de prisión permanente revisable, conforme al art. 92 CP, además de haber cumplido veinticinco años en prisión, es que en ese momento exista un pronóstico favorable de reinserción social? ¿No resulta un contrasentido que a la persona a la que se le revisa una prisión permanente por falta de peligrosidad pueda ejecutársele a continuación una medida de libertad vigilada basada en un pronóstico de peligrosidad?

El Proyecto de Código Penal de 2013 intentó compatibilizar ambas figuras al declarar en uno de sus preceptos, el art. 106.4 que

> cuando se acordara la suspensión de la ejecución de una pena de prisión o se concediere al penado la libertad condicional y estuviese pendiente de ser cumplida una medida de libertad vigilada, su contenido se determinará conforme a lo dispuesto en el artículo 104 bis, y se incluirán en su caso en la misma las obligaciones y condiciones de que se hubiera hecho depender la suspensión o la libertad condicional.

Sin embargo, esta previsión no se ha hecho efectiva en la LO 1/2015, por lo que volvemos a padecer el mismo problema de incompatibilidad.

En cuanto al segundo problema enunciado, hay que destacar que el hecho de que la imposición de la libertad vigilada esté tan alejada del momento de su ejecución supone inevitablemente la dificultad de asegurar[41], en el momento de la imposición de la medida, que este pronóstico vaya a mantenerse después de la extinción de la pena privativa de libertad, momento en que debe empezar a ejecutarse la medida. Sin embargo, se ha hecho así –entiendo que correctamente–, en primer lugar, porque la imposición de otra consecuencia jurídica tras el cumplimiento de la pena sin haberse previsto previamente infringiría el principio *non bis in idem* (Cerezo 2008, p. 20, García 2011, p. 685, Zugaldía 2009, p. 205 y ss., Boldova 2009, p. 299)[42] y segundo porque «si se

[40] Siguiendo a Huerta (2013, p. 124).

[41] Precisamente porque no es posible asegurar este pronóstico en el momento de la imposición de la medida, Córdoba (2011, p. 908) afirma que «la conclusión obligada será la de que la peligrosidad no está probada y de que, en consecuencia, no puede en la sentencia acordarse la imposición de dicha medida de seguridad».

[42] En contra, Huerta (2013, p. 129-132), quien añade (Huerta 2013, p. 132) «no sólo nada impide que la libertad vigilada sea impuesta tras el cumplimiento de la pena y no antes, sino que de las consideraciones anteriormente expuestas se deduce que su imposición en sentencia

configurase por razón de una subsistente y autónoma peligrosidad criminal, entonces estaríamos en presencia de medidas de seguridad predelictuales» (García 2010, p. 1), con lo cual esta medida debe vincularse con el hecho delictivo realizado y no con el hipotético futuro delito.

6. CONTENIDO DE LA MEDIDA

El art. 106 vigente, tras proporcionar una definición de la libertad vigilada: «consistirá en el sometimiento del condenado a control judicial a través del cumplimiento por su parte de alguna o algunas de las siguientes medidas», establece un catálogo de ellas en que puede concretarse esta figura, que podemos dividir en tres grupos[43]. Primero, las que tienden a vigilar la libertad del sometido a esta medida, sin que vaya acompañado de ningún fin rehabilitador, por tanto, las que tienen un carácter meramente asegurativo y, en consecuencia, incoherente con lo manifestado en la exposición de motivos «sin cejar en el esfuerzo rehabilitador», y que serían las siguientes: art. 106.1 a): «Obligación de estar siempre localizable mediante aparatos electrónicos que permitan su seguimiento permanente». Necesita combinarse con otras obligaciones si queremos que sirva esta medida de algo más que de mera inocuización. No se especifica quién controla estos medios telemáticos[44]. Lo que sí permite deducirse de su redacción es el sistema de seguimiento que se utilizará para cumplir esta obligación, que no puede ser otro que el GPS (sistema de posicionamiento global) pues es la técnica que permite controlar todo movimiento del sujeto mediante una red de satélites («su seguimiento permanente»), a diferencia de otros sistemas, menos injerentes, como el de vigilancia electrónica activa[45], que detecta el lugar en que se encuentra el sujeto

---

condenatoria plantea serios problemas de compatibilidad con lo que se dice ser su fundamento y finalidad». Fundamentalmente se refiere (Huerta 2013, p. 131) a que los problemas de cohabitación de la libertad vigilada con la concesión de la libertad condicional o con el paso al tercer grado penitenciario quedarían resueltos si la libertad vigilada no fuera impuesta en la sentencia sino una vez cumplida la condena.

[43] Véase Acale (2010, p. 192 y ss.), Jiménez (2012, p. 32 y ss.) y Del Carpio (2012, p. 170-175), todos en referencia a la Reforma por LO 5/2010.

[44] Además de ello, con la implantación de esta medida se vuelven a reproducir todos los problemas planteados en referencia a los mecanismos de control telemático de penados –que no es este lugar el idóneo para desarrollarlos–. Baste apuntar la invasión de la libertad y de la intimidad del individuo, lo que hace imprescindible una normativa que desarrolle los requisitos, alcance y contenido de esta medida para conseguir una adecuada ponderación de intereses. Puede consultarse al respecto mi trabajo(Otero 2008, p. 11 y ss.). E igualmente, en el ámbito concreto de la libertad vigilada, Gudín (2009, p. 1-35, 2012, p. 11 y ss., especialmente, p. 81 y ss.).

[45] Desde esta perspectiva, parecía más idónea la redacción prevista en el proyecto de 2013 que finalmente no ha prosperado: «*Obligación de llevar consigo y mantener en adecuado estado de conservación los dispositivos electrónicos, que hubieran sido dispuestos para controlar los horarios en que acude a su lugar de residencia o, cuando resulte necesario, a los lugares en que se encuentra en determinados momentos o el*

únicamente en la franja horaria previamente programada por software. Y parece, de otro lado, estructurarse como medida autónoma[46] y no como instrumento de control orientado a garantizar el cumplimiento de otras medidas, obligaciones o prohibiciones impuestas al penado.

Por otra parte, hay que tener en cuenta que la LO 1/2015 ha añadido un párr. 3° al art. 468 CP donde se señala que la inutilización o perturbación de estos dispositivos constituye delito de quebrantamiento de condena, que puede llegar a constituir una vulneración del principio *non bis in idem* cuando esta obligación se aplique en delitos relacionados con la violencia doméstica, pues en la medida en que, conforme al art. 57 CP, la pena accesoria de alejamiento se impone en estos delitos obligatoriamente con una duración superior a la de la pena de prisión impuesta, en el caso de que se ejecute la misma mediante dispositivos electrónicos, la inutilización o perturbación de los mismos, además de constituir un posible delito de quebrantamiento, puede conformar un delito de desobediencia (Fiscalía General del Estado 2011).

- Las letras b) y c): «obligación de presentarse periódicamente en el lugar que el juez o tribunal establezca» y de comunicar inmediatamente el cambio del lugar de residencia o de trabajo, medidas a las que se recurre en el ámbito de la prisión provisional (art. 530 LECRim).
- La d): prohibición de ausentarse del lugar donde resida sin autorización del juez o tribunal.
- Y la i): «prohibición de desempeñar determinadas actividades que puedan ofrecerle o facilitarle la ocasión para cometer hechos delictivos de similar naturaleza», pues, al no ir acompañada de ningún programa educativo o formativo, la mera prohibición tiene carácter meramente asegurativo.

Se trata de una medida similar a la prevista en el parágrafo 68 a) del StGB, cuyo contenido podría consistir, por ejemplo, en el caso de delincuentes pederastas, en la prohibición de trabajar como monitor de tiempo libre, de clubs deportivos[47] o de otras actividades extraescolares, como granjas escuelas, que le faciliten el contacto directo con menores.

---

cumplimiento de alguna de las medidas a que se refieren las reglas 1ª a 4ª. Esta regla solamente podrá ser impuesta cuando el sujeto hubiera sido condenado por alguno de los delitos del artículo 57 de este código», en primer lugar porque se configuraba no como un fin en sí mismo, sino como un instrumento de control orientado a garantizar el cumplimiento de las reglas señaladas. Y en segundo lugar, suponía una menor injerencia en la intimidad y libertad del penado, pues parece deducirse de su redacción –*controlar los horarios en que se acude a determinados lugares*–, que no es un seguimiento permanente de movimientos controlado por GPS sino uno de vigilancia electrónica activa.

[46] *Vid.*, al respecto, Urruela (2010, p. 661).

[47] En este sentido, Urruela (2010, p. 664).

El segundo grupo de medidas son las que hacen hincapié en la protección de las víctimas y están previstas en los números e), f), g) y h) del art. 106 CP: e) prohibición de aproximarse a la víctima, f) prohibición de comunicarse con ella g) prohibición de acudir a determinados lugares y h) prohibición de residir en determinados lugares. Coinciden, con ligeras modificaciones, con la triple dimensión de la pena accesoria de alejamiento (art. 48 CP) y, a su vez, también con ligeras modificaciones, con algunas de las derogadas medidas de seguridad no privativas de libertad previstas antes de la reforma de 2010 en el art. 96.3, 3ª, 4ª y 5ª CP. Igualmente se corresponden con algunas de las obligaciones o deberes a cuyo cumplimiento puede condicionarse la suspensión de la ejecución de la pena en el actual art. 83.1. 1ª, 2ª y 3ª[48] CP.

Finalmente, la única con contenido rehabilitador es la prevista en la letra j): «obligación de participar en programas formativos, laborales, culturales, de educación sexual u otros similares», que coincide igualmente con la derogada por la LO 5/2010, medida de seguridad no privativa de libertad 96.3. 12ª CP.

Todo ello denota un trasvase de penas privativas de derechos previstas para imputables/medidas de seguridad para inimputables/libertad vigilada para imputables e inimputables, utilizado sin fundamento, que irremediablemente obligará al juez a interpretar esta medida en algunas de sus modalidades del modo que se venía aplicando en relación, por ejemplo, con la pena de alejamiento (prevista en los arts. 48 y 57 CP) o con la medida de seguridad equivalente derogada, dispuestas estas últimas con más concreción que la actual. En definitiva[49], ha venido a alterar de manera significativa la sistemática tradicional del Código Penal sobre las medidas de seguridad.

En concreto, la obligación de imponer la medida de libertad vigilada en el art. 192 CP (delitos relativos a la libertad sexual), o la posibilidad de aplicarla en el delito de maltrato habitual (art. 173.2 CP), junto con la obligatoriedad al mismo tiempo de la imposición de la pena accesoria con idéntico contenido, va a plantear problemas de compatibilidad[50] pues, aunque el fundamento sea aparentemente distinto, desde el momento en que su imposición deriva de la peligrosidad subsistente del sujeto imputable tras cumplir la pena correspondiente, el contenido real es idéntico, teniendo en cuenta además que

---

[48] Art. 83: «1. La suspensión de la ejecución de la pena quedará siempre condicionada a que el reo no delinca en el plazo fijado por el juez o tribunal, conforme al artículo 80.2 de este Código. En el caso de que la pena suspendida fuese de prisión, el juez o tribunal sentenciador, si lo estima necesario, podrá también condicionar la suspensión al cumplimiento de las obligaciones o deberes que le haya fijado de entre las siguientes:

1.ª Prohibición de acudir a determinados lugares.

2.ª Prohibición de aproximarse a la víctima, o a aquellos de sus familiares u otras personas que determine el juez o tribunal, o de comunicarse con ellos.

3.ª Prohibición de ausentarse sin autorización del juez o tribunal del lugar donde resida».

[49] Como destaca Nistal (2012, p. 1).

[50] Véase también, Cazorla (2013, p. 19) y Tomás (2013, p. 21).

la libertad vigilada es de ejecución posterior a la privativa de libertad correspondiente, mientras que las privativas de derechos se tienen que cumplir de forma simultánea a la pena de prisión pero con una duración superior a aquélla, por lo que, al menos en parte, coinciden en el tiempo[51].

En definitiva, aunque técnicamente no habría problemas de *bis in idem* por apoyarse en fundamentos diferentes[52], ahora bien en la medida en que el contenido de la libertad vigilada en determinadas obligaciones es prácticamente idéntico a las penas accesorias, el juez deberá resolver en cada caso concreto el posible solapamiento no tanto, como decimos, por vulneración del principio *non bis in idem* sino por la propia efectividad de la medida, de cara a contrarrestar la peligrosidad subsistente del sujeto. Ello vuelve a demostrar una vez más el fraude de etiquetas.

Especial mención merece la medida prevista en el apartado k) «La obligación de seguir tratamiento médico externo, o de someterse a un control

[51] A pesar de ello, la STS núm. 347/2013, de 9 de abril, en un supuesto de abusos a menores, declara compatible la libertad vigilada con la pena accesoria de alejamiento. Así, indica que no existe esa invocada duplicidad entre las dos consecuencias que deben acarrear los delitos imputados, ya que no tienen por qué coincidir en el tiempo de cumplimiento. La libertad vigilada (arts. 105.1.a) y 192 CP) se cumplirá con posterioridad a la privación de libertad y la prohibición de aproximación se cumplirá de forma simultánea con la pena de prisión, según impone el art. 57, por más que la duración de aquélla exceda la de ésta. Declara, por tanto, esta compatibilidad entre la libertad vigilada y la pena de prohibición de aproximación a la víctima a pesar del solapamiento parcial. Expresamente, mantiene que «la coincidencia temporal no alcanza a la libertad vigilada». Afirmación que no entendemos, a no ser que se interprete que la mayor duración del alejamiento respecto del de la pena se ejecuta bajo el régimen de libertad vigilada. Por el contrario, la sentencia de instancia, además de la pena de prisión, imponía la medida de libertad vigilada por tiempo de cinco años, a ejecutar una vez cumplidas las penas privativas de libertad, sin que constase en el fallo ningún pronunciamiento sobre la pena de prohibición de aproximación de los arts. 57.1 y 48.2 CP. La sentencia había excluido la imposición de las penas accesorias previstas en tales preceptos por considerar que «sus fines y efectos» ya son realizables mediante la libertad vigilada, por lo que sería una duplicidad innecesaria. Vázquez (2012, p. 198), por su parte, augura lo que se hará en la praxis judicial: «entendemos que los jueces irán a lo seguro: imposición en la sentencia condenatoria de penas privativas de derechos (con una duración mayor que la pena privativa de libertad) y, si en su momento se debe cumplir la medida de libertad vigilada, excluirán estas prohibiciones de su contenido» (Vázquez 2013, p. 257). En efecto, la práctica jurisprudencial (vid., por ejemplo, SAP Cuenca, núm. 10/2014, de 29 de abril; SAP, 1ª, Cuenca núm. 9/2014, de 22 de abril; SAP Valencia, 3ª, núm. 223/2014, de 6 de marzo; SAP Baleares, 2ª, núm. 47/2014, de 6 de marzo; SAP Salamanca, 1ª, núm. 2/2014, de 4 de marzo; SAP Huelva, 1ª, núm. 38/2013, de 18 de febrero; STS núm. 411/2014, de 26 de mayo; STS núm. 44/2014, de 4 de febrero; STS núm. 618/2014, de 24 de septiembre; STS, 1ª, 651/2013), imponen en la sentencia condenatoria la pena de alejamiento –de mayor duración que la pena de prisión– junto con la libertad vigilada. Todas las sentencias reseñadas aplican la libertad vigilada en delitos de abusos y de agresiones sexuales combinados estos delitos o no, con algún otro delito de naturaleza sexual (por ejemplo, la SAP Valencia, 3ª, núm. 223/2014, de 6 de marzo, condena por varios delitos de acoso sexual junto con otro de agresión sexual).

[52] Ampliamente, Requejo (2008, p. 17-20).

médico periódico». Esta obligación estaba prevista antes de la reforma de Código Penal de 2010, en el art. 96.3. 11ª, como medida de seguridad aplicable a inimputables o semiimputables[53]. Sin embargo, la citada LO 5/2010 traspasa este contenido a una de las obligaciones de la libertad vigilada aplicada en este caso a imputables, lo cual denota que el legislador de 2010 olvida el presupuesto básico de que el sujeto, tanto en el momento de la imposición de la sentencia como en el momento de la ejecución de la medida, ha sido considerado plenamente responsable.

Y, en consecuencia, desconoce que toda cuestión relativa a la admisión o rechazo de un tratamiento médico de un imputable, forma parte del desarrollo a la autodeterminación personal y, por tanto, todo tratamiento médico coactivo es contrario a la Ley 41/2002, reguladora de la autonomía del paciente, que exige la voluntariedad del sujeto capaz a la hora de aceptar o rechazar cualquier tipo de tratamiento y puede implicar, en consecuencia, un atentado a la dignidad humana. La única posibilidad de mantener esta medida compatible con la Constitución es transformarla en una opción promocional, esto es, no coactiva[54] tal como se aplica en otros países, como en Alemania, donde si el sujeto se somete a tratamiento médico, la «vigilancia orientadora» (parágrafo 68 SGtB) tendrá una duración menor que si no se somete.

No obstante, no hay que olvidar que las únicas personas para las que –en mi opinión– podría ser útil la libertad vigilada, una vez restringido el ámbito de aplicación, son calificadas como «plenamente» imputables pero con graves trastornos de la personalidad, lo que, a mi modo de ver, como vengo manteniendo, debería ser tomado en cuenta para un replanteamiento de las categorías de inimputabilidad, que determinaría una semiimputabilidad o próxima a ella. Ahora bien, una cosa es que esto –a mi juicio– deba ser así y otra muy distinta que deba implicar la aplicación a estos sujetos –aun siendo semiimputables– de un tratamiento médico externo de forma obligatoria, particularmente si tenemos en mente que ese tratamiento ambulatorio puede ser la castración química, pues se trata de una terapia de reducción hormonal reversible que no precisa del internamiento del paciente.

Es decir, ni siquiera en aquellos casos absolutamente excepcionales de delincuentes muy violentos debe aplicarse la castración química de forma

---

[53] Aunque no hay una regulación legal específica sobre esta materia, el TAI (tratamiento ambulatorio involuntario) aplicable en España sólo a personas con anomalías psíquicas –y, por tanto, inimputables o semiimputables– es un hecho consumado: se administran gotas de haloperidol en la comida sin conocimiento del enfermo o se inyecta medicación *depot* aunque el enfermo exprese su reticencia y sin que se haya solicitado al juzgado una autorización para obligar al paciente a un tratamiento involuntario. Desde la experiencia clínica es útil en algunos enfermos, ya que previene el empeoramiento de su enfermedad. *Vid.*, al respecto, Hernández et al. (2006, p. 183-187).

[54] De esta opinión son Jiménez (2012, p. 37-38), Durán (2009, p. 36), Boldova (2009, p. 313-314) y Urruela (2010, p. 664).

involuntaria, pues en estos supuestos, el delito de coacciones y el atentado contra su dignidad no justificaría ni el eventual interés de procurar la mejora de su salud, ni el hipotético beneficio que la sociedad consiguiera de ello.

En otras palabras: adviértase que esta posibilidad de aplicación eficaz y ponderada de la medida no se cumplirá nunca en el caso de la imposición coactiva de la castración involuntaria, pues los constatados efectos secundarios de la misma, impedirán que se ajuste a los principios de adecuación y de proporcionalidad.

En relación con otro tipo de terapias menos invasivas, habría que plantearse *de lege ferenda* caso por caso, si la coacción que supone su aplicación involuntaria a delincuentes –insisto– semiimputables muy violentos, cumple los principios de adecuación, necesidad y proporcionalidad de la medida, teniendo en cuenta en la ponderación la ausencia de efectos secundarios físicos o psíquicos sobre el sometido a la misma[55].

Precisamente por todos estos inconvenientes, el legislador de 2010, consciente de las críticas vertidas al respecto, complementa acertadamente esta «obligación» prevista en la letra k) con la adición en el art. 100 CP de un tercer párrafo que prescribe que la negativa del sujeto a someterse a tratamiento médico en ningún caso constituirá quebrantamiento de condena.

7. VIGILANCIA DE LA EJECUCIÓN DE LA MEDIDA

En la concreción del contenido de la libertad vigilada como en su eventual sustitución, modificación, suspensión o cese, intervienen, conforme al art. 98 CP, tanto el juez de vigilancia penitenciaria como el juez o tribunal sentenciador al que corresponde resolver motivadamente a la vista de la propuesta del juez de vigilancia penitenciaria.

A pesar de este control doblemente judicial, el Código Penal no desarrolla cómo el mismo ha de realizarse ni cómo se vigila la ejecución, por lo que hay un vacío normativo que impide dotar a esta figura de un completo contenido material. El art. 23 del RD 840/2011, de 17 de junio, sobre Competencia de la Autoridad Penitenciaria tampoco desarrolla las funciones. Es imprescindible para que el juez de vigilancia penitenciaria pueda cumplir adecuadamente su

[55] Al respecto, el estudio de Duke University (Hernández et. al. 2006, p. 185) sugiere que una orden de TAI mantenida (180 días o más), cuando se combina con servicios de salud mental intensivos, puede incrementar la adhesión al tratamiento y reducir el riesgo de resultados negativos, como recaídas, conducta violenta, victimización o detenciones. Hay que advertir que este estudio está referido, fundamentalmente, a enfermos agresivos con graves anomalías psíquicas. Sin embargo, también se mantiene en enfermos psicópatas. Véase, por ejemplo, Sanmartín (1999, p. 61), quien en relación con los psicópatas, considera que no debe dejarse al libre albedrío de este tipo de enfermos el recibir o no, terapia. Sobre el tratamiento terapéutico de los delincuentes sexuales, González (2014, p. 24 y ss.).

función de control, que se prevea la figura del agente de ejecución[56] de esta medida. Estos asistentes deberán ser profesionales tales como psicólogos, educadores sociales, trabajadores sociales, técnicos de integración social, de modo que el control que se ejerce sobre estas personas cumpla una finalidad terapéutica y asistencial, que ayude al condenado a superar los rasgos de peligrosidad. Y si no hay dotación presupuestaria prevista para estos funcionarios, esta figura no servirá de nada.

8. QUEBRANTAMIENTO DE LA MEDIDA

El art. 100 CP que regula el régimen de incumplimiento de las medidas de seguridad, prevé en su apartado 3°, en relación con el apartado 2°, que el quebrantamiento *en una sola ocasión* de una medida de seguridad (ya sea privativa o no privativa de libertad) dará lugar en todo caso a que el juez o tribunal deduzca testimonio por el quebrantamiento, mientras que, conforme al art. 106.4 CP (que regula los requisitos del quebrantamiento de la medida de libertad vigilada), sólo el incumplimiento *reiterado o grave* dará lugar a este delito de quebrantamiento.

Una posible explicación ante tal contradicción, adhiriéndome a la línea apuntada por Del Carpio (2012, p. 190-191)[57] podría ser la siguiente: que el legislador haya previsto dos consecuencias jurídicas diferentes, según se trate de incumplimiento de libertad vigilada por parte de imputables o por parte de inimputables o semiimputables, de tal modo que el incumplimiento de la libertad vigilada por imputables conlleve la aplicación de lo previsto en el art. 106.4 CP, esto es, sólo si es reiterado el juez deducirá testimonio por delito de quebrantamiento. Por el contrario, el quebrantamiento de la libertad vigilada por parte de inimputables o semiimputables conforme al art. 100.3 CP implicaría en todo caso que el juez o tribunal dedujera testimonio por el quebrantamiento.

Por su parte, el art. 468 CP que contempla las consecuencias del quebrantamiento, determina que si la pena o medida de seguridad quebrantada es privativa de libertad, conlleva pena de prisión de 6 meses a un año, y si se trata de pena o medida de seguridad no privativa de libertad, multa de 12 a 24 meses. Sin embargo, el art. 468.2 CP establece para el quebrantamiento de la libertad vigilada un régimen agravado (en todo caso 6 meses a un año, como si se tratare de una medida de seguridad privativa de libertad), de forma idéntica

---

[56] Puede tomarse como referencia la figura del agente responsable de la *Führungsaufsicht* del Código Penal alemán o la figura del *parole officer* en el sistema anglosajón. Sobre la necesidad de prever agentes o asistentes de esta libertad vigilada, Durán (2009, p. 37), Magro (2008, p. 1 y ss.), Rodríguez (2013, p. 3), García (2010, p. 2), Manzanares (2013, p. 18), Tomás (2013, p. 23), Boldova (2009, p. 313), Urruela (2010, p. 671) y Gudín (2009, p. 16-18, 2012, p. 263-271).

[57] En este mismo sentido, Gómez-Escolar (2012, p. 31).

al incumplimiento de la pena, medida cautelar o medida de seguridad en los supuestos de violencia doméstica.

Se trata, en definitiva, de una doble excepción al régimen general de incumplimiento de las medidas de seguridad, no justificada, pues en primer lugar se exigen más requisitos para que se deduzca testimonio por quebrantamiento de condena (la reiteración o gravedad) y en segundo lugar, una vez que se produce el delito de quebrantamiento, en todo caso conlleva el régimen agravado, análogo al de las medidas de seguridad privativas de libertad, cuando la libertad vigilada no lo es.

A todo ello hay que añadir el problema destacado anteriormente sobre las consecuencias del quebrantamiento añadidas por la LO 1/2015 en el art. 468.3 CP cuando no se mantenga en perfecto estado los dispositivos electrónicos que controlan una pena o medida de seguridad (cfr., *supra*).

9. PLAZOS, PRÓRROGAS Y PRINCIPIO DE PROPORCIONALIDAD

El art. 105 CP establece dos plazos distintos de duración de la libertad vigilada: por un tiempo no superior a cinco años, o bien por un tiempo de hasta diez años, cuando expresamente lo disponga el Código. Esta diferencia de tramos se determina en función de la gravedad de los delitos contra la libertad sexual a los que se aplica (art. 192.1) o de la gravedad de las penas (579 bis.2) en el caso de los delitos de terrorismo. Sin profundizar en este matiz[58], sí conviene destacar que resulta llamativa esta diferencia de criterio para aplicar la duración de esta medida, en función de la gravedad del *delito* en el caso de los delitos sexuales o de la *pena* en el caso de los delitos de terrorismo, sin que resulte justificable y sin que se proporcione ninguna explicación al respecto. Igualmente, resulta incongruente que la duración de la medida esté condicionada por la gravedad del hecho cometido cuando debería ser adecuada a la peligrosidad del autor. En efecto, parece deducirse de esta

[58] En efecto, hay que relacionar el art. 33 CP (penas graves y menos graves) en referencia a la aplicación *in concreto* con lo previsto en el art. 13.4 CP, esto es, que el delito en todo caso, se considera grave cuando la pena por su extensión pueda considerarse a la vez como grave o menos grave. Sobre esta interpretación *vid.*, ampliamente Del Carpio (2012, p. 180-181). En la misma línea, Benítez (2011, p. 100), partiendo de que lo deseable hubiera sido que el legislador hubiera aplicado el mismo criterio para ambas tipologías de delitos, en el caso del artículo 192 CP, un «concurso de distintos delitos sexuales menos graves atendiendo a que ninguno de ellos por separado permitiría una pena privativa de libertad superior a los cinco años, limitaría la libertad vigilada post-pena a un máximo de cinco años, si bien en el caso de delitos relativos al terrorismo, que atienden exclusivamente a la gravedad de la pena correspondiente a los hechos cometidos, si el *quantum* de pena privativa de libertad aplicable tras la aplicación de las reglas concursales resultara superior a los cinco años, aun cuando los delitos por separado no puedan ser calificados como graves, darán lugar a la medida de libertad vigilada de cinco a diez años», consecuencia que implica un tratamiento más desfavorable para los delitos de terrorismo para los que, en ningún caso, debería estar prevista esta medida.

regulación la falsa conclusión de que de la mayor gravedad de ciertos injustos deriva necesariamente en un incremento de la peligrosidad de sus autores, lo que conlleva una confusión de fundamento a la hora de aplicar esta medida, diluyéndose el contorno con las penas privativas de derechos. Y en definitiva denota, una vez más, un fraude de etiquetas.

Los nuevos delitos a los que se aplica esta figura conforme a la LO 1/2015 no establecen expresamente ninguna duración de la libertad vigilada, luego sólo podrá aplicarse conforme al régimen general del art. 105 CP, hasta 5 años en delitos contra la vida (asesinato, por ejemplo), y hasta 10 en casos contra la libertad sexual, lo cual supone un contrasentido pues si se sigue el –erróneo– criterio del legislador de determinar una diferente duración de la medida en función de la gravedad de los delitos, es más grave un delito de asesinato que uno contra la libertad sexual que conlleve pena de prisión. Es correcto, a mi modo de ver, que no se establezcan diferencias en función de si el delito es grave o menos grave porque la correcta aplicación de la medida debe basarse en la peligrosidad, pero hay que destacar que resulta paradójica la consecuencia.

En todo caso, lo que interesa ahora señalar es que la regulación actual de 2015 no ha modificado el art. 6.2 CP donde se establece que «las medidas de seguridad no pueden resultar más gravosas ni de mayor duración que la pena abstractamente aplicable al hecho cometido». Este techo se intentó romper en el proyecto de 2013, señalándose exclusivamente la exigencia de que las mismas no podrían exceder el límite de lo necesario para prevenir la peligrosidad del autor. En coherencia con este nuevo sistema pretendido, el proyecto de 2013 previó igualmente que la duración mínima de esta medida sería de 3 años y la máxima de 5 años, con posibilidad de prórrogas sucesivas de 5 años, que podrían llegar a ser indefinidos en tanto subsistiera la peligrosidad del sujeto[59].

El legislador de 2015 no se ha atrevido a mantener esta modificación, lo que, en mi opinión, habría sido congruente con el fundamento de la medida que debe mantenerse en tanto sea necesaria para la rehabilitación o curación del sujeto. De mantenerse como está actualmente, impide desarrollar con éxito

---

[59] Mantenía Cerezo (2001, p. 72 y ss.) antes de la reforma que las medidas de seguridad no tienen por qué ser necesariamente proporcionadas a la gravedad de los delitos cometidos, sino únicamente a la peligrosidad del delincuente (Cerezo 2008, p. 18-19, 1997, p. 380 y ss.), pues existe la posibilidad de que un sujeto cometa un delito leve y, sin embargo, sea portador de una gran peligrosidad, y viceversa. De la misma opinión es Urruela (2001, p. 179-180), al admitir que esta concepción latente en el art. 6.2 CP de 1995, resulta totalmente censurable por cuanto supone una total confusión entre los fundamentos y fines de las penas y de las medidas de seguridad (Urruela 2009, p. 40 y ss.). También, Mateo (2004, p. 34-46) y Rubio (2011, p. 47-48). Requejo (2008, p. 20) mantiene además que la opción de vincular la duración de la medida a la pena en vez de a la peligrosidad tiene un regusto retributivo a la vez que no asegura que, llegado ese tope temporal, la peligrosidad haya desaparecido.

las posibilidades de cualquier tratamiento (Sánchez 2006, p. 148). Las medidas tienen que ser proporcionadas a la peligrosidad, puesto que es éste el fundamento de su imposición y, en consecuencia, no deben quedar limitadas a la pena abstractamente aplicable al hecho realizado, pues éste únicamente constituye un indicio (Romeo 1986, p. 32-37) para la determinación de dicha peligrosidad pero nunca el límite de la misma (Urruela 2001, p. 180) [60].

El problema de fondo que se plantea, como adelantaba, es la falta de fundamento en la detección de la peligrosidad. Los sistemas de detección de ésta deben ser desarrollados y evaluados por expertos a través de métodos de psicología clínica[61] basada fundamentalmente en las características de ciertos delincuentes reincidentes, y acompañada de los resultados que evalúan el rechazo del condenado al tratamiento.

En efecto, el riesgo de reincidencia va a depender de la tipología del agresor y, específicamente, de los factores de riesgo que confluyan en cada sujeto[62]. La investigación más moderna en psicología criminal (Redondo 2006 y bibliografía allí citada), además de ir sustituyendo poco a poco el término «peligrosidad» por la expresión «valoración del riesgo» poniendo el acento en la probabilidad de que ocurra el acto violento más que en la cualidad inherente de *ser violento* (Martínez 2014, p. 9 y bibliografía allí citada), ha puesto de relieve la existencia tanto de *factores de riesgo* –aumentan el riesgo– como de *factores de protección o resistencia* –protegen al individuo, disminuyendo el riesgo de conducta delictiva–. A su vez, unos y otros factores se han categorizado como factores *estáticos* (o inmodificables) y *dinámicos* (o modificables mediante intervenciones). Los factores de riesgo estáticos suelen ser factores inherentes al sujeto o a su pasado y, por ello, de difícil o imposible alteración, mientras

---

[60] Gracia (2006, p. 435-437, 457-466, especialmente, p. 461-462) reitera que el hecho de limitar la duración de la medida al de la pena correspondiente no es satisfactorio al suponer una confusión de fundamentos.

[61] Sobre los métodos clínicos y actuariales, *vid.*, Martínez (2014, p. 16-19) y García (2011, p. 16). Por su parte Córdoba (2011, p. 909) dice: «Como ha expuesto Vives Antón, estos métodos son de dos clases: los de orden empírico-discursivo o científico (biológico, sociológico, psicológico, además de las técnicas de pronóstico); y los métodos intuitivos. Ello quiere decir que con independencia de que el juzgado o tribunal acuda a la simple intuición para decidir si existe peligrosidad criminal, lo cierto es que racionalmente existen métodos que permiten averiguar si tal peligrosidad concurre». En igual sentido, Rodríguez (2013, p. 5). Y como suele ocurrir en estos casos, como indica Nistal (2012, p. 15): «La responsabilidad asignada a la Administración Penitenciaria en la normativa vigente para hacer efectivo el cumplimiento material de las medidas de seguridad privativas de libertad exige la disponibilidad por parte de dicha Administración de centros especiales para el tratamiento adecuado a los internados judiciales y la dotación del personal especializado y adecuadamente preparado para el tratamiento de las patologías que han determinado el estado peligroso».

[62] Es decir, los dos momentos que tradicionalmente la doctrina penalista ha diferenciado en el juicio de peligrosidad: el diagnóstico de peligrosidad (o comprobación de la cualidad sintomática de peligroso) y la prognosis criminal (probabilidad de que el sujeto cometa nuevos delitos en el futuro) (Romeo 1986, p. 24 y ss., Urruela 2009, p. 70-78, Armaza 2013, p. 88 y ss.).

que los factores de riesgo dinámicos consisten en hábitos, valores, cogniciones, bajo estatus académico y social, bajo autocontrol, conflictos interpersonales, etc., los cuales pueden modificarse en cierto grado mediante intervenciones apropiadas.

Estos métodos, evidentemente, no están exentos de incertezas y han sido criticados por la doctrina penalista (García 2011, p. 16-17 y bibliografía allí citada)[63] y por los propios psiquiatras (Prats 2014), no sólo por la escasa fiabilidad y validez de los diagnósticos –escasa fiabilidad que se incrementa en el caso del sujeto imputable– (Caruso 2013, p. 13)[64], sino por la precariedad y provisionalidad de la mayor parte del cuerpo teórico de la psiquiatría, pero constituyen una primera aproximación evaluativa que, aunque luego deberá ser completada mediante un seguimiento más prolongado de los sujetos, a mi juicio, no debe ser despreciada para decidir, en su caso, la adopción de la medida de libertad vigilada. Desde esta perspectiva (Frisch 2012, p. 54), no es nuevo que el legislador y los operadores jurídicos tienen que tomar a menudo decisiones sobre la base de conocimientos incompletos, adoptando sobre esas bases cognitivas incompletas una decisión de acuerdo a puntos de vista normativos.

Ello pasa irremediablemente por flexibilizar el sistema de garantías al mínimo indispensable para neutralizar la peligrosidad de determinados sujetos, desde el momento en que hay que encontrar un equilibrio entre el conflicto *seguridad* y *garantías* (Silva 2001, p. 710, 2009, p. 25)[65], entre el cumplimiento de las garantías de aplicación y los principios fundamentadores de la pena, y las vías para neutralizar la peligrosidad criminal contrastada de ciertos delincuentes. Y para lograrlo no veo otra opción menos gravosa para el penado que la imposición del complemento pena y medida, medida no privativa de libertad como es la libertad vigilada, como la mejor alternativa de las posibles, aplicada a casos en los que se haya constatado empíricamente esa peligrosidad.

Se trata así de fundamentar la resolución del conflicto en la ponderación de intereses para justificar la imposición de las medidas de seguridad. El evidente

---

[63] Sobre los falsos positivos en este ámbito, y sobre la baja capacidad predictiva de este tipo de métodos a la hora de predecir la probabilidad de comisión de futuros delitos, *vid.* Martínez (2014, p. 7-14, 18-26 y 52). Sobre los problemas de la determinación del nivel de certeza de los pronósticos, *vid.* Von Hirsch (2005, p. 205-207). Una amplia exposición de los métodos de prognosis criminal es realizada por Armaza (2013, p. 92-118).

[64] En este sentido, Von Hirsch (2005, p. 205-206).

[65] Contrario a la ideología de distribución de riesgos, en la medida en que en el fondo subyace la idea de que la sociedad rechaza hacerse cargo de los costes derivados de los riesgos de la reiteración delictiva, lo que supone, en su opinión, un discurso que se sirve de una terminología tecnocrática para ocultar la insolidaridad social que le inspira (Díez 2005, p. 17-18). De esta última opinión, Martínez (2014, p. 57).

problema que se deduce de ello y así ha sido destacado[66], es el hecho de que uno de los dos intereses a ponderar es cierto (aplicación de la medida de seguridad más allá del injusto culpable), por tanto, se trata de un *mal* real y efectivo, mientras que el otro *mal* es de producción incierta (probabilidad más o menos fundada de nueva comisión de futuros delitos). A mi juicio, basta con que ese pronóstico de peligrosidad futura sea fundado y riguroso, pues dentro de ese rigor se tienen en cuenta los falsos positivos como consecuencia inevitable; esto es, es suficiente un método riguroso, independientemente del resultado efectivo, porque se es consciente de que se pondera sobre un futurible. De igual modo que en la propia ponderación del estado de necesidad, el mal que se pretende evitar, aunque inminente, tampoco está exento de incerteza. Por tanto, para valorar la proporcionalidad de la medida hay que ponderar el riesgo de incertidumbre y, con ello, también los falsos positivos. Si no fuera así, no podría imponerse ni ésta ni ninguna otra medida de seguridad.

Partiendo de esta base y considerando que la indeterminación absoluta de la medida chocaría con el principio de seguridad jurídica inexcusable en un Estado de derecho, propongo de *lege ferenda* la modificación del art. 6.2 CP para que la duración de la medida no esté limitada a la de la pena abstractamente aplicable al hecho cometido, y en segundo lugar, reformar la duración de la libertad vigilada con un plazo previo que oscile entre 1 y 5 años en función del objetivo preventivo perseguido, complementándolo, como hizo el prelegislador de 2013 con un sistema de prórrogas[67] en aquellos casos en los que la peligrosidad del sujeto lo haga aconsejable para controlar el riesgo de reincidencia y valorando periódicamente su estado.

10. REFLEXIONES FINALES

1ª: Esta figura es polémica por lo ya explicado: naturaleza híbrida, posible fraude de etiquetas, flexibilización de garantías, retorno a la inocuización por su carácter esencialmente asegurativo, es decir, tiene detractores y defensores. Algunos autores[68] consideran incluso que la libertad vigilada es una solución tímida e insuficiente, propugnando el paso hacia la custodia de seguridad incluso permanente aunque no irreversible.

---

[66] Véase, al respecto, Gracia (2008, p. 997 y ss.) y Martínez (2014, p. 55).

[67] En este sentido, Sánchez (2006, p. 152 y ss.) a propósito de la custodia de seguridad. Por su parte, Jorge (2011, p. 516) considera que hubiera sido mucho más coherente y adecuado el haber previsto en el CP una pena relativamente indeterminada, como en el CP portugués, para los delincuentes habituales peligrosos de criminalidad media o grave. Asimismo, partidario del sistema de prórrogas, se muestra Nistal (2014, p. 257-266).

[68] *Vid.*, por ejemplo, Manzanares (2010, p. 8), Silva (2010, p. 5 y ss.) y Zugaldía (2009, p. 199 y ss.).

2ª: Sea como fuere, hay que buscar una solución a casos como los aquí planteados. Para ello, considero que es el momento de recordar el fundamento de la medida de seguridad y su aplicación desde la perspectiva del principio de ponderación de intereses,[69] que pasa inevitablemente por la flexibilización de las garantías del penado. Aunque los métodos de predicción de la peligrosidad sean inciertos, es suficiente con que sean rigurosos porque se es consciente de que se pondera sobre un futurible. De lo contrario, no podría imponerse ni ésta ni ninguna otra medida de seguridad. De acuerdo con ello, me parece adecuado que no se limite su duración a la de la pena que se hubiera impuesto al sujeto de haber sido responsable, por lo que debe modificarse el art. 6.2 CP en este sentido. En coherencia, creo conveniente la determinación relativa de la duración de la libertad vigilada con un plazo de 1 a 5 años, complementándola con un sistema posible de prórrogas en tanto subsista la peligrosidad del sujeto y valorando periódicamente su estado.

3ª: Debe imponerse así a estos sujetos reincidentes peligrosos una pena atenuada vía eximente incompleta del art. 20.3ª CP (por su limitada capacidad emocional para comprender el hecho) acompañada de medida de seguridad no privativa de libertad con orientación preventivo especial (y no meramente asegurativa como pretende el legislador) restringiendo el ámbito de aplicación a los delitos anteriormente mencionados: asesinatos y delitos sexuales graves, como opción menos gravosa de las posibles, aplicada a casos en los que se haya constatado empíricamente esa peligrosidad a través de métodos de psicología clínica basada en perfiles de ciertos delincuentes reincidentes.

4ª: El parámetro fundamental de la peligrosidad, la reincidencia, debe no obstante matizarse en el caso de psicópatas primarios con rasgos absolutamente inmodificables, por lo que debe mantenerse la redacción actual en los preceptos donde está prevista su aplicación: a sujetos que hayan cometido «uno o varios delitos».

6ª: El cumplimiento debe ser simultáneo al de la pena: en primer lugar, para evitar los problemas de prueba de la subsistencia de la peligrosidad del sujeto en el momento en que se ejecuta la medida, tan alejada del momento de la imposición (complementado con el sistema de prórrogas hasta el límite que

[69] Roxin (1997, p. 105): «según esto puede privarse de libertad cuando su disfrute conduzca con una elevada probabilidad a menoscabos ajenos que globalmente pesan más que las restricciones que el causante del peligro debe soportar por la medida de seguridad». Y p. 104: «También sobre sujetos en los cuales no concurran alteraciones de tal modo manifiestas puede imponerse un internamiento o custodia de seguridad, que sobrepase en su duración la pena posible según el principio de culpabilidad, siempre que aquéllos sean reincidentes y amenacen con causar ulteriores daños graves. También las restantes medidas de seguridad (…) se asientan todas ellas sobre la idea de una peligrosidad del autor para la colectividad, que no se elimina mediante la pena» (Urruela 2009, p. 11 y ss., Sanz 2003, p. 81 y ss., Gracia 2008, p. 997, Boldova 2009, p. 299, Sierra 1997, p. 94-96).

represente la peligrosidad). Y, en segundo lugar, para hacerlo compatible con el régimen progresivo penitenciario.

7ª: Es imprescindible desarrollar las funciones de la figura del agente de vigilancia, así como de su equipo de expertos que se ocupen de controlar la ejecución de la medida. Y ante todo, dotar presupuestariamente esta figura, si no estará abocada al fracaso, como ya ocurrió con la pena de arresto de fin de semana o con el control de ejecución de la pena de alejamiento en los delitos relacionados con la violencia de género.

8ª: Su aplicación debe adecuarse fundamentalmente a la de las penas accesorias para que sean compatibles. En definitiva, se echa en falta que la LO 1/2015 hubiera entrado a fondo en la cuestión y, partiendo del distinto fundamento de las diversas instituciones, se hubiera planteado si las penas accesorias (fundamentalmente el alejamiento) son en realidad medidas (Sanz 2011, p. 1027, 2014, p. 78), lo que hubiera supuesto una reconsideración general del régimen penas-medidas que habría evitado solapamientos, duplicidades, posible vulneración del principio *non bis in idem* y problemas a los jueces a la hora de aplicar la consecuencia más adecuada.

9ª: Por el contrario, la única modificación de 2015 con respecto a esta figura consistente en ampliar su ámbito de aplicación (en este caso con carácter facultativo y, por tanto, correcto, sin embargo es incongruente con la previsión de esta figura en relación con los delitos sexuales y de terrorismo –establecida, recordemos, con carácter obligatorio–), pero sin haber ido acompañada de una reforma en profundidad de las medidas de seguridad (cuyo régimen de aplicación –insisto– debe mantenerse en tanto subsista la peligrosidad del sujeto sin ajustarse su duración al límite de la pena) y con un contenido tan parecido a las penas privativas de derechos, a las condiciones de suspensión y a las otras medidas de seguridad, significa que se ha tratado de una reforma meramente simbólica sin que en el fondo nada cambie. Para ese viaje no hacían falta tantas alforjas.

BIBLIOGRAFÍA

Acale, María (2010): *Medición de la respuesta punitiva y Estado de Derecho. Especial referencia al tratamiento penológico del delincuente imputable peligroso*, Pamplona: Aranzadi.

Acale, María (2013): «Medidas de seguridad», en F.C. Álvarez García dir., J. Dopico Gómez-Aller coord., *Estudio Crítico sobre el Anteproyecto de Reforma penal de 2012*, Valencia: Tirant lo Blanch, p. 415-453.

Alambra, Pilar (2012): «Aspectos prácticos de las modificaciones más relevantes contenidas en la Parte general del Código Penal», en *Problemas prácticos derivados de la reciente reforma del Código Penal*, Madrid: Centro de Estudios Jurídicos, p. 1-36.

American Psychiatric Association (1988): *DSM-III-R: Manual diagnóstico y estadístico de los trastornos mentales*, Barcelona: Masson.

American Psychiatric Association (1995): *DSM-IV: Manual diagnóstico y estadístico de los trastornos mentales*, Barcelona: Masson.

Antuña, Mª de los Ángeles y Rodríguez Franco, Luis (2007): «Psicópatas y asesinos en serie», *Estudios Penales y Criminológicos* 27, p. 7-37.

Armaza, Emilio José (2013): *El tratamiento penal del delincuente imputable peligroso*, Granada: Comares.

Benítez, Ignacio Francisco (2011): «La nueva medida de seguridad de "libertad vigilada" aplicable al sujeto imputable tras el cumplimiento de la pena privativa de libertad. La admisión de los postulados del "derecho penal del enemigo" por la LO 5/2010», *Cuadernos de Política Criminal* 103, I, Época II, mayo, p. 95-132.

Boldova, Miguel Ángel (2009): «Consideraciones político criminales sobre la introducción de la libertad vigilada», *Revista del Instituto Universitario de Investigación en Criminología y Ciencias Penales de la Universidad de Valencia (ReCrim)* [en línea], p. 290-315. Disponible en: http://www.uv.es/recrim/recrim09/recrim09a05.pdf [Acceso 8 marzo 2016].

Cámara, Sergio (2012): «La libertad vigilada en adultos: naturaleza jurídica, modos de aplicación y cuestiones penitenciarias», *La ley penal: revista de derecho penal, procesal y penitenciario* 96-97, p. 1-43.

Cancio, Manuel (2012): «Psicopatía y Derecho Penal: algunas consideraciones introductorias», en B. Feijóo Sánchez edtr., *Derecho Penal de la culpabilidad y Neurociencias*, Madrid/Pamplona: Civitas/Thomson Reuters, p. 261-286.

Cano, Miguel Ángel (2011): «Los delitos de terrorismo en el Código Penal español tras la reforma de 2010», *La ley penal: Revista de Derecho penal, procesal y penitenciario* 86, p. 17-33.

Caruso, Viviana (2013): «Sobre el fundamento y la justificación de las medidas de seguridad aplicables al delincuente habitual peligroso», *Revista Penal* 31, enero, p. 3-21.

Castro, Mª Esther et al. (2009): «Sintomatología asociada a agresores sexuales en prisión», *Anales de Psicología*. 25 (1), p. 44-51.

Cazorla, Soledad (2013): «Un año más en torno a la violencia sobre la mujer. Algunos problemas suscitados», en *Jornadas especialistas en violencia doméstica y de género*, Madrid: Centro de Estudios Jurídicos, p. 1-29.

Cerezo, José (1997): «Consideraciones político criminales sobre el nuevo Código Penal de 1995», en *Estudios jurídicos en memoria del profesor Dr. D. José Ramón Casabó Ruiz*, v. 1, Valencia: Tirant lo Blanch, p. 373-394.

Cerezo, José (2001): *Curso de Derecho penal español. Parte General, General, III. Teoría Jurídica del delito/2*, Madrid: Tecnos.

Cerezo, José (2008): «Reflexiones críticas sobre algunas manifestaciones de la moderna tendencia a incrementar el rigor en la exigencia de responsabilidad criminal», *Revista Penal* 22, p. 16-21.

Consejo General del Poder Judicial (2009): *Informe al Anteproyecto de Ley Orgánica por la que se modifica la Ley Orgáncia 10/1995, de 23 de noviembre, del Código Penal* [en línea], Madrid: CGPJ. Disponible en: http://www.poderjudicial.es/stfls/CGPJ/COMISI%C3%93N%20DE%20ESTUDIOS%20E%20INFORMES/INFORMES%20DE%20LEY/DOCUMENTOSCGPJ/Informe%20anteproyecto%20modificacion%20Codigo%20Penal.pdf [Acceso 8 marzo 2016].

Córdoba, Juan (2011): «Prescripción del delito, libertad vigilada y comiso», *Revista Jurídica de Catalunya* 110 (4), p. 899-910.

Del Carpio, Juana (2012): «La medida de seguridad de libertad vigilada para delincuentes imputables», *Revista de Derecho y Proceso Penal* 27, p. 155-193.

Demetrio, Eduardo (2011): «Libertad de voluntad, investigación sobre el cerebro y responsabilidad penal. Aproximación a los fundamentos del moderno debate sobre Neurociencias y Derecho penal», *Indret Penal* [en línea], 2, p. 1-39. Disponible en: http://www.raco.cat/index.php/InDret/article/viewFile/241339/323930 [Acceso 8 marzo 2016].

Díaz, Cristina (2011): «Las medidas de seguridad con la nueva reforma del Código Penal: la libertad vigilada como modalidad postpenitenciaria», *Revista de Derecho y Proceso penal* 1 (25), p. 45-56.

Díez, José Luis (2005): «De la sociedad del riesgo a la seguridad ciudadana: un debate desenfocado», *Revista Electrónica de Ciencia Penal y Criminología* [en línea] 07-01, p. 1-37. Disponible en: http://criminet.ugr.es/recpc/07/recpc07-01.pdf [Acceso 8 marzo 2016].

Durán, Isabel (2009): «La reforma de los delitos sexuales en el Anteproyecto de Ley Orgánica de 14 de noviembre de 2008», *La ley penal: revista de derecho penal, procesal y penitenciario* 63, p. 18-39.

El Mundo (2009): «El 5,8% de los delincuentes sexuales reinciden, menos que el resto de criminales», *El Mundo* [en línea], 1-4-2009. Disponible en: http://www.elmundo.es/elmundo/2009/04/01/barcelona/1238593291.html [Acceso 7 junio 2016].

Fallon, James (2013): *The Psychopath inside. A neuroscientist's personal journey into the dark side of the brain*, New York: Penguin Group.

Fallon, James (2014): «El mal está dentro de mí», *XL el Semanal*, 22 de junio, p. 36-40.

Feijóo, Bernardo (2012): «Derecho penal de la culpabilidad y neurociencias», en B. Feijóo Sánchez edtr., *Derecho Penal de la culpabilidad y Neurociencias*, Madrid/Pamplona: Civitas/Thomson Reuters, p. 215-259.

Fiscalía General del Estado (2011): *Circular 6/2011 FGE de 2 de noviembre, sobre criterios para la unidad de actuación especializada del ministerio fiscal en relación a la violencia sobre la mujer* [en línea], Madrid: Fiscalía General del Estado. Disponible en: https://www.fiscal.es/fiscal/PA_WebApp_SGNTJ_NFIS/descarga/circular%20en%20materia%20de%20violencia%20sobre%20la%20mujer.pdf?idFile=87165082-287f-4f06-a3b5-4ff6d4d2d9e8 [Acceso 8 junio 2016].

Frisch, Wolfgang, (2012): «Sobre el futuro del Derecho Penal de la Culpabilidad», en B. Feijóo Sánchez edtr., *Derecho Penal de la Culpabilidad y Neurociencias*, Madrid/Pamplona: Civitas/Thompson Reuters, p. 19-70.

García, Mª Aránzazu (2013): «Medidas de seguridad: problemas derivados de la ejecución de la medida de internamiento. Medida de sumisión a tratamiento ambulatorio. Especial mención de la libertad vigilada», en *Ejecución penal*, 1ª ed., Madrid: Centro de Estudios Jurídicos, p. 1-27.

García, Nicolás (2011): «La libertad vigilada y el derecho penal de la peligrosidad», *Revista General de Derecho Penal* 16, p. 1-27.

García, Ramón (2010): «La nueva medida de libertad vigilada», *Revista Aranzadi Doctrinal* 6, p. 1-9.

García, Ramón (2011): «De las medidas de seguridad», en G. Quintero Olivares dir., *Comentarios al Código Penal Español, Tomo I*, Pamplona: Aranzadi, p. 683-696.

Gómez-Escolar, Pablo (2012): «Las medidas de seguridad tras las últimas reformas», en *La libertad vigilada*, Madrid: Centro de Estudios Jurídicos, p. 1-37.

González, Tàlia (2014): «Las respuestas a la delincuencia sexual: entre la resocialización y la inocuización», *Revista General de Derecho Penal* 21.

González, Tàlia y Sánchez, María (2014): «Trastornos de personalidad, in/imputabilidad penal y medidas de seguridad», *Estudios Penales y Criminológicos* 34, p. 127-171.

Gracia, Luis (2006): «Las medidas de seguridad y de reinserción social», en L. Gracia Martín coord., *Tratado de las consecuencias jurídicas del delito*, Valencia: Tirant lo Blanch.

Gracia, Luis (2008): «Sobre la legitimidad de medidas de seguridad contra delincuentes imputables peligrosos en el Estado de Derecho», en *Estudios Penales en Homenaje a Enrique Gimbernat*, v. 1, Madrid: Edisofer, p. 975-1003.

Gudín, Faustino (2009): «La nueva pena de libertad vigilada bajo control de sistemas telemáticos», *Revista General de Derecho Penal* 11, p. 1-35.

Gudín, Faustino (2010): «Trastornos de la personalidad respuesta penal frente a los nuevos avances neurológicos sobre las disfunciones ejecutivas del cerebro», *Revista de Derecho y Proceso Penal* 24, p. 13-30.

Gudín, Faustino (2012): *La nueva medida de seguridad postdelictual de libertad vigilada. Especial referencia a los sistemas de control telemáticos*, Valencia: Tirant lo Blanch.

Guisasola, Cristina (2008): *Reincidencia y Delincuencia Habitual. (Regulación legal, balance crítico y propuesta de lege ferenda)*, Valencia: Tirant lo Blanch.

Hernández, Miguel et al. (2006): «Tratamiento ambulatorio involuntario (TAI) para personas con enfermedad mental grave», *Psiquiatría Biológica* 13 (5), p. 183-187.

Huerta, Susana (2013): «Esa extraña consecuencia del delito: la libertad vigilada», en *Libro Homenaje al Profesor Luis Rodríguez Ramos*, Valencia: Tirant lo Blanch, p. 117-137.

Jiménez, Custodia (2012): «La libertad vigilada en el CP de 2010. Especial mención a la libertad vigilada para imputables peligrosos», *Revista de Derecho Penal y Criminología* 3ª Época, (7), p. 13-49.

Jorge, Agustín (2011): «Medidas de seguridad», *Memento Práctico Penal*, Madrid: Francis Lefebvre, p. 509-520.

Leal, Julio (2003): «La psicopatía y su incidencia como anomalía psíquica en la doctrina del Tribunal Supremo. La interacción de los factores biológicos, genéticos y ambientales en el juicio de imputabilidad. Un nuevo enfoque hacia la prevención del delito, el derecho a la seguridad y la reeducación del sujeto», *Revista de Derecho y Proceso Penal* 2 (10), p. 157-175.

Leganés, Santiago (2012): «Clasificación penitenciaria y libertad vigilada», *La Ley penal: Revista de Derecho penal, procesal y penitenciario* 96-97, p. 1-7.

Magro, Vicente (2008): «La figura del gente de libertad vigilada en la reforma del Código Penal», *Diario La Ley* 7074, 11 de diciembre, p. 1-5.

Manzanares, José Luis (2010): «La libertad vigilada», *Diario La Ley* 7386, 22-4-2010, p. 1-8.

Manzanares, José Luis (2013): «Comentarios a la reforma de la parte general del Código Penal conforme al nuevo anteproyecto de Ley Orgánica (III). De las medidas de seguridad», *Diario La Ley* 7999, 11-1-2013, p. 1-26.

Maraver, Mario (2013): «Neurociencia, libertad y culpabilidad penal», *XIII Jornadas de profesores y estudiantes de Derecho Penal de las Universidades de Madrid, conferencia pronunciada en la Universidad rey Juan Carlos, 13 de marzo.*

Martínez, Lucía (2014): «La incertidumbre de los pronósticos de peligrosidad: consecuencias para la dogmática de las medidas de seguridad», *Indret* [en línea] 2, p. 1-78. Disponible en: http://www.raco.cat/index.php/InDret/article/view/289824/378133 [Acceso 8 junio 2016].

Mateo, Eladio José (2003): *La imputabilidad del enfermo psíquico: un estudio de la eximente de anomalía o alteración psíquica en el Código penal español*, Madrid: EDERSA/Instituto de Criminología de Madrid.

Mateo, Eladio José (2004): *La medida de seguridad de internamiento psiquiátrico. Su ejecución y control*, Madrid: EDERSA/Instituto de Criminología de Madrid.

Navarro, Irene (2011): «Psicopatía y medidas de seguridad: el caso de los psicópatas sexuales y la libertad vigilada tras la última reforma del Código Penal», *Cuadernos de Política Criminal* 105, III, Época II, p. 117-158.

Nistal, Javier (2010): «La nueva medida de "libertad vigilada". Problemática jurídica que conllevaría su cumplimiento», *Actualidad Jurídica Aranzadi* 793, p. 2-14.

Nistal, Javier (2012): «El cumplimiento de las medidas de seguridad privativas de libertad. Problemática que genera la escasa regulación normativa al respecto», *Diario La Ley* 7865, 24-5-2012, p. 1-19.

Nistal, Javier (2014): «La «libertad vigilada postpenitenciaria» proyectada en la reforma del Código Penal. La necesidad de un derecho de ejecución para esta medida de seguridad no privativa de libertad», *Revista Aranzadi Doctrinal* 1, p. 257-266.

Ortiz de Urbina, Íñigo (2010): «La introducción de la libertad vigilada en el Derecho penal español: ¿hay motivos para el escándalo?» [en línea], Ponencia pronunciada en Madrid, dentro de las *XXXII Jornadas organizadas por la Abogacía General del Estado. El nuevo Código Penal, los días 17 y 18 de noviembre.* Disponible en: http://www.mjusticia.gob.es/cs/Satellite/1292342418143?blobheader=application%2Fpdf&blobheadername1=Content-Disposition&blobheadervalue1=attachment%3B+filename%3DPonencia_de_%C3%8D%C3%B1igo_Ortiz_de_Urbina_Gimeno.PDF [Acceso 8 junio 2016].

Otero, Pilar (2008): *Control telemático de penados. Análisis jurídico, económico y social*, Valencia: Tirant lo Blanch.

Otero, Pilar (2015): *La libertad vigilada aplicable a ¿imputables? Presente y futuro*, Madrid: Dykinson.

Parra, Ana Victoria (2009): «La orientación político criminal del Proyecto de reforma del CP», en D. Díaz-Santos, M. Rodríguez, F. Caparrós, coords. *De los delitos y de las Penas, hoy: La nueva reforma del CP*, Salamanca: Ratio Legis, p. 11-34.

Portero, Guillermo (2009): «La libertad vigilada en el Anteproyecto de Ley Orgánica que modifica el Código penal. Perspectiva desde el ámbito de las ciencias de la conducta», *El Anteproyecto de modificación del Código Penal de 2008. Algunos aspectos, Cuadernos penales José María Lidón* 6, p. 71-101.

Prats, Jaime (2014): «¿Enfermos mentales y presos para siempre? », *El País* [en línea], 6-4-2014. Disponible en: http://sociedad.elpais.com/sociedad/2014/04/06/actualidad/1396816993_322595.html [Acceso 8 junio 2016].

Prats, Jaime (2014): «¿Enfermos mentales y presos para siempre?» *El País* [en línea], 6-4.2014. Disponible en: http://sociedad.elpais.com/sociedad/2014/04/06/actualidad/1396816993_322595.html [Acceso 8 marzo 2016].

Rebollo, Rafael (2011): «De las medidas de seguridad», en J. Córdoba Roda, M. García Arán, dirs., *Comentarios al Código Penal.* Parte general, Barcelona: Marcial Pons, p. 787-868.

Redondo, Santiago (2006): «¿Sirve el tratamiento para rehabilitar a los delincuentes sexuales?», *Revista Española de Investigación Criminológica* [en línea] 6, art. 4. Disponible en: http://www.criminologia.net/pdf/reic/ano4-2006/a42006art3.pdf [Acceso 8 junio 2016].

Requejo, Paloma (2008): «Peligrosidad criminal y Constitución», *InDret* [en línea] 3, p. 1-23. Disponible en: http://www.raco.cat/index.php/InDret/article/view/124294/172267

Rodríguez, Justo (2013): «¿Medida de libertad vigilada en violencia de género?», *Diario La Ley* 8008, 24-1-2013, p. 1-7.

Romeo, Carlos Mª (1986): *Peligrosidad y derecho penal preventivo*, Barcelona: Bosch.

Roxin, Claus (1997): *Derecho penal. Parte general. Tomo I. Fundamentos. La estructura de la teoría del delito.* trads. D.-M. Luzón Peña, M. Díaz y García Conlledo, J. De Vicente Remesal, Madrid: Civitas.

Rubio, Pedro Ángel (2011): *Las medidas de seguridad tras la Reforma de la LO 5/2010, de 22 de junio, del Código Penal: perspectivas doctrinales y jurisprudenciales. Problemas y soluciones*, Cizur Menor, Navarra: Thomson Reuters/Aranzadi.

Salat, Marc (2015): *La respuesta jurídico-penal a los delincuentes imputables peligrosos: especial referencia a la libertad vigilada*, Pamplona: Thomson Reuters/Aranzadi.

Salvador, Rosa (2014): «La inimputabilidad por «anomalía o alteración psíquica». Tratamiento jurisprudencial actual», *Revista de Derecho y Proceso Penal* 33, p. 31-71.

Sánchez, Fernando Guanarteme, (2006): «Un problema de peligrosidad postdelictual: reflexiones sobre las posibilidades y límites de la denominada custodia de seguridad», *Revista Penal* 17, p. 142-165.

Sánchez, Francisco (2012): «El tratamiento jurisprudencial de la psicopatía. Comentario de la STS 1391/1988, de 29 de febrero. Ponente Excmo. Sr. D. José Jiménez Villarejo», *Revista de Derecho Penal y Criminología* 3ª época (7), p. 347-366.

Sanmartín, José (1999): *Conclusiones del IV Encuentro Internacional «Psicópatas y asesinos en serie», organizado por el Centro Reina Sofía para el Estudio de la Violencia*, Valencia, 15 y 16 de noviembre.

Santana, Dulce Mª (2009): «La pena de libertad vigilada en delitos de terrorismo», *Estudios Penales y Criminológicos* 29, p. 447-488.

Sanz, Ángel J. (2003): *Las medidas de corrección y de seguridad en el Derecho Penal*, Valladolid: Lex Nova.

Sanz, Ángel, J. (2011): «La nueva medida de libertad vigilada: reflexión político-criminal», *Un Derecho Penal Comprometido. Libro Homenaje al Prof. Dr. Gerardo Landrove Díaz*, Valencia: Tirant lo Blanch, p. 997-1028.

Sanz, Ángel, J. (2014): «La peligrosidad criminal. Problemas actuales», en J.-M. Landa Gorostiza, ed., E. Garro Carrera, coord., *Delincuentes peligrosos*, Madrid: Trotta, p. 61-79.

Sierra, Mª del Valle (1997): *Las medidas de seguridad en el nuevo Código Penal*, Valencia: Tirant lo Blanch.

Silva, Jesús Mª (2009): «El contexto del Anteproyecto de reforma del Código penal de 2008», *El Anteproyecto de modificación del Código Penal de 2008. Algunos aspectos, Cuadernos Penales José María Lidón* 6, p. 15-34.

Silva, Jesús-María (2001): «El retorno de la inocuización: El caso de las reacciones jurídico-penales frente a los delincuentes sexuales violentos», en L. Arroyo e I. Berdugo, dirs., *Homenaje al Dr. Marino Barbero Santos. In Memoriam, vol. I*, Salamanca: Universidad de Castilla-La Mancha y de Salamanca, p. 699-710.

Silva, Jesús-María (2010): «La reforma del Código Penal: una aproximación desde el contexto», *Diario La Ley* 7464, 9-9-2010, p. 1-18.

Tomás, María Pilar (2013): «Medidas de seguridad no privativas de libertad. Especial referencia a la libertad vigilada», *Medidas de seguridad: régimen vigente y perspectivas de futuro*, Madrid: Centro de Estudios Jurídicos, p. 1-43.

Urruela, Asier (2001): «Los principios informadores del derecho de medidas en el Código Penal de 1995», *Revista de Derecho Penal y Criminología* 2ª Época (8), p. 167-194.

Urruela, Asier (2004): *Imputabilidad penal y anomalía o alteración psíquica. La capacidad de culpabilidad penal a la luz de los modernos avances en psiquiatría y genética*, Bilbao; Granada: Fundación BBVA-Diputación Foral de Bizkaia, Cátedra de Derecho y Genoma Humano y editorial Comares.

Urruela, Asier (2009): *Las medidas de seguridad y reinserción social en la actualidad. Especial consideración de las consecuencias jurídico-penales aplicables a sujetos afectos de anomalía o alteración psíquica*, Granada: Comares.

Urruela, Asier (2010): «Medidas de seguridad. Particular consideración de la libertad vigilada», *Memento Experto. Reforma Penal 2010. LO 5/2010*, Madrid: Francis Lefebvre, cap. 30.

Urruela, Asier (2015): «¿Hacia un cambio de paradigma? La configuración de un Derecho Penal de la peligrosidad mediante la progresiva introducción de medidas de seguridad aplicables a sujetos imputables en las recientes reformas penales españolas», *Cuadernos de Política Criminal* 115, p. 119-160.

Vázquez, Carlos (2012): «Consideraciones político-criminales sobre la nueva medida de libertad vigilada», *Revista Jurídica de la UAM* 25 (1), p. 189-210.

Vázquez, Carlos (2013): «Algunas cuestiones penales y criminológicas sobre la nueva medida de libertad vigilada», *Libro Homenaje al Profesor Luis Rodríguez Ramos*, Valencia: Tirant lo Blanch, p. 247-269.

Von Hirsch, Andrew (2005): «La prolongación de la pena para los delincuentes peligrosos», en J. Cid, E. Larrauri, coords., *La delincuencia violenta ¿prevenir, castigar o rehabilitar?*, Valencia: Tirant lo Blanch, p. 191-210.

Zugaldía, José Miguel (2009): «Medidas de seguridad complementarias y acumulativas para autores peligrosos tras el cumplimiento de la pena», *Revista de Derecho Penal y Criminología* (UNED) 1, p. 199-212.

I y II informe sobre la eficacia de la predicción de peligrosidad de los informes psicológicos forenses en los juzgados de vigilancia penitenciaria de Madrid

MARÍA DEL ROCÍO GÓMEZ HERMOSO

1. Introducción. 2. Planteamiento del problema. 3. Objetivos del estudio. 4. Procedimiento. 5. Análisis. 6. Conclusiones. 7. II Informe sobre la eficacia de la predicción de peligrosidad de los informes psicológicos forenses en los juzgados de vigilancia penitenciaria de Madrid. 8. Conclusiones. 9. Valoración de la peligrosidad: teoría de las 5 aes.

RESUMEN

Los psicólogos forenses de los juzgados de vigilancia penitenciaria llevan a cabo valoraciones de peligrosidad para asesorar a los jueces ante cualquier beneficio penitenciario de personas privadas de libertad (presos) por haber cometido delitos contra otras personas, principalmente. Informe sobre la eficacia del Informe Psicológico Forense (IPF). Planteamiento del problema: Sólo en 3 ciudades españolas hay psicólogos forenses en juzgados de vigilancia penitenciaria: Madrid, León y Oviedo. ¿Podemos afirmar que estos informes son útiles? ¿Estos informes seleccionan de forma adecuada a los presos que no deben salir en libertad porque son peligrosos y pueden reincidir? Objetivo del estudio: Comprobar el porcentaje de reincidencia en delitos graves. Comprobar si el IPF en los juzgados de vigilancia penitenciaria incrementa la detección de probables casos de reincidencia. Se desarrolla el procedimiento y se presentan los resultados del 1er Informe y los del 2º, en el que se incluyen nuevas variables como asunción de la autoría y responsabilidad entre otras. Además se desarrolla la teoría de las 5 aes sobre la valoración de la peligrosidad.

Palabras clave: Informe psicológico forense, peligrosidad, vigilancia penitenciaria.

ABSTRACT

The forensic psychologists of the penitentiary surveillance courts carry out valuations of endangerment to advise judges on any prison benefit of persons deprived of liberty (prisoners) for committing crimes against other people, mainly. Problem: only 3 Spanish cities there are forensic psychologists in penitentiary surveillance courts: Madrid, León and Oviedo. Can we say that these reports are useful? Do these reports selected adequately prisoners who should not go free because they are dangerous and they can relapse? Aim of the study: check percentage of recidivism in serious crimes. Check if the forensic psychological report in penitentiary surveillance courts increases detection of probable cases of recidivism. The procedure is developed and presented the results of the 1st report, effectiveness of predicting psychological forensic reports for the detection of relapse, and those of the 2nd report which includes new variables as assumption of authorship and responsibility, among other things, and try to see which variables are the most important in assessing the danger, about which variables sits to the decision by the forensic psychologist when making a favorable psychological report. Finally, develops the theory of the 5 aes on the assessment of the danger.

Keywords: Forensic psychological report, endangerment, penitentiary surveillance.

1. INTRODUCCIÓN

En la actualidad los juzgados de vigilancia penitenciaria, incardinados en el orden penal, tienen una competencia jurisdiccional especifica que actúa en una triple vertiente: la ejecución de las penas privativas de libertad, las medidas de seguridad postdelictuales y el control jurisdiccional sobre la administración penitenciaria en relación a los derechos de los internos, tanto fundamentales como específicos que se derivan del beneficio penitenciario.

El actual sistema de vigilancia penitenciaria se centra en el seguimiento de la pena impuesta al penado y su cumplimiento, pero al mismo tiempo, intenta que en la misma no se vean conculcados los derechos del penado.

El procedimiento que se sigue en los juzgados de vigilancia penitenciaria en la ejecución de penas conlleva la concesión de beneficios penitenciarios que permiten la salida del preso a la calle de forma progresiva, primero a través de permisos ordinarios de salida, luego con progresión a tercer grado de tratamiento, que supone un mayor tiempo en libertad y, por último, la obtención de la libertad condicional. Este último periodo del cumplimiento de condena permite que el preso se encuentre en casi total libertad cumpliendo las condiciones de la libertad condicional impuesta por el juez.

Aunque las competencias son las mismas en todo el Estado, sin embargo la dotación de asesores del juez varía muy notablemente. Casi todos los juzgados de vigilancia cuentan con médicos forenses, pero tan sólo los juzgados de vigilancia penitenciaria de Madrid, León y Asturias tienen psicólogos forenses.

Cuando una persona es condenada por sentencia firme a la pena de privación de libertad, comienza la competencia jurisdiccional de los juzgados de vigilancia penitenciaria. Estas personas inician el cumplimiento de la condena en el centro penitenciario y una vez clasificados, la ejecución de la pena es ejercida por los jueces de vigilancia penitenciaria. Desde el centro se emiten informes del psicólogo, jurista, educador y trabajador social sobre el tratamiento que efectúan los internos y la evolución en el mismo, realizando propuestas favorables o desfavorables de salida de los internos a unas mayores condiciones de libertad. En los juzgados en los que no hay psicólogos forenses, esta suele ser la única fuente de información con la que cuenta el juez para adoptar sus decisiones.

En los juzgados de vigilancia en los que hay psicólogos forenses públicos adscritos a los juzgados estos emiten, a solicitud de los jueces, fundamentalmente, informes de peligrosidad de los internos con delitos más graves contra las personas. Aunque se disponga de informes de evolución del interno emitidos por los Profesionales del centro penitenciario los magistrados-jueces suelen demandar estos informes por razones de objetividad pericial y por razones de competencia profesional, ya que quien efectúa un tratamiento o intervención terapéutica de un preso puede verse influido a la hora de emitir la evaluación del mismo mediatizando la misma. Lógicamente es necesario y conveniente que los centros penitenciarios informen sobre la evolución y tratamiento de los presos, pero no considerarlos como informes forenses.

Los psicólogos forenses de los juzgados de vigilancia penitenciaria de Madrid realizan informes psicológicos periciales para los magistrados-jueces de los juzgados de vigilancia penitenciaria desde 1995. Durante todos estos años estos informes han respondido a las preguntas periciales que los magistrados-jueces demandaban en las providencias. Sus peticiones, entre otras, se centraban en:

- Evaluar la peligrosidad de los penados (fundamentalmente agresores sexuales, abusadores sexuales a menores, asesinos, homicidas y maltratadores) y la posibilidad de reincidencia si se les concediese una situación de libertad (permisos ordinarios de salida, progresiones a tercer grado y libertad condicional).

Este trabajo supone realizar una evaluación psicológica forense exhaustiva y rigurosa metodológicamente ya que cualquier propuesta favorable que se efectúe puede conllevar la salida de una persona *condenada YA* por delitos graves y su reincidencia generaría un daño importantísimo tanto a las víctimas directas de esos nuevos delitos, como a la sociedad en general provocando una gran alarma social. A lo que hay que añadir el cuestionamiento del sistema judicial y penitenciario vigente.

Los informes de peligrosidad se realizan para cualquier tipo de salida del preso, ya sea permiso, progresión de grado o libertad condicional.

En nuestro sistema penal el concepto de peligrosidad aporta la base para las evaluaciones psicológicas forenses. Si tenemos en cuenta que los psicólogos estudian el comportamiento humano, este pronóstico de comportamiento es una de sus competencias profesionales básicas. De ahí que durante estos 23 años sus informes hayan ayudado a tomar decisiones a los jueces sobre la libertad de personas condenadas y privadas de libertad por delitos graves.

Las valoraciones de peligrosidad se fundamentan en el reconocimiento legal ya que el concepto de peligrosidad criminal aparece contemplado en nuestro sistema penal como equivalente a la previsión o pronóstico razonable de que un reo pueda volver a cometer nuevos delitos, definición que se extrae del art. 95.1.2º CP, que alude a «que del hecho (delictivo) y de las circunstancias personales del sujeto pueda deducirse un pronóstico de comportamiento futuro que revele la probabilidad de comisión de nuevos delitos».

A su vez, el Código Penal utiliza el término pronóstico de reinserción social favorable como contrapunto al de peligrosidad criminal del delincuente, que vendría a representar, parafraseando el art. 95.1.2ª CP, un pronóstico de comportamiento futuro que revele la improbabilidad de comisión de nuevos delitos. Esta expresión aparece explícitamente contemplada en los arts. 36.2-III, 78.3, 90.1.c), 90.1-III, y 106.3-III CP, e implícitamente en el art. 88.1-II CP.

En nuestro sistema penal el concepto de peligrosidad aporta la base para las evaluaciones psicológicas forenses. Si tenemos en cuenta que los psicólogos estudian el comportamiento humano, este pronóstico de comportamiento es una de sus competencias profesionales básicas. De ahí que durante estos 23 años sus informes hayan ayudado a tomar decisiones a los jueces sobre la libertad de personas condenadas y privadas de libertad por delitos graves.

Además de los informes de peligrosidad, a día de hoy la reforma de la LO 5/2010 establece en su art. 192.1 CP que

> a los condenados a pena de prisión por uno o más delitos comprendidos en este Título se les impondrá además la medida de libertad vigilada, que se ejecutará con posterioridad a la pena privativa de libertad. La duración de dicha medida será de cinco a diez años, si alguno de los delitos fuera grave, y de uno a cinco años, si se trata de uno o más delitos menos graves. En este último caso, cuando se trate de un solo delito cometido por un delincuente primario, el Tribunal podrá imponer o no la medida de libertad vigilada en atención a la menor peligrosidad del autor.

El primer supuesto legalmente tasado es el de los condenados a penas de prisión por uno o más delitos comprendidos en el Título VIII del Código Penal, esto es, delitos contra la libertad e indemnidad sexuales.

Esto nos lleva a los psicólogos forenses a emitir también informes de peligrosidad sobre internos condenados por delitos contra la libertad sexual y que antes de finalizar su condena y de acuerdo a esta ley, el juez solicite el informe para ejecutar la libertad vigilada impuesta al interno, duración y contenido de la misma.

Según el artículo 98.1 del Código Penal (redactado conforme a la LO 5/2010):

> Cuando se trate de una medida de seguridad privativa de libertad o de una medida de libertad vigilada que deba ejecutarse después del cumplimiento de una pena privativa de libertad, el juez de vigilancia penitenciaria estará obligado a elevar, al menos anualmente, una propuesta de mantenimiento, cese, sustitución o suspensión de la misma. Para formular dicha propuesta el juez de vigilancia penitenciaria deberá valorar los informes emitidos por los facultativos y profesionales que asistan al sometido a medida de seguridad o por las administraciones públicas competentes y, en su caso, el resultado de las demás actuaciones que a este fin ordene.

Del texto del precepto examinado se desprenden varias conclusiones.

1. No basta con que el reo haya sido condenado por delito contra la libertad o indemnidad sexual; se requiere además que haya sido condenado a pena de prisión. Así pues, si el reo es declarado exento de responsabilidad criminal conforme a los supuestos establecidos en los arts. 101 a 105 CP, se impondrán las medidas de seguridad procedentes, que nunca jamás podrán concurrir con esta medida de seguridad específica. Y lo propio sucede caso de que se impongan penas de multa. Se requiere como presupuesto ineluctable la condena a pena de prisión.
2. La imposición es imperativa en caso de condena por un delito grave, o varios menos graves.
3. La imposición es discrecional en caso de condena por un solo delito menos grave en atención a la menor peligrosidad del autor.
4. En cuanto a la duración de dicha medida de libertad vigilada conviene precisar: duración máxima será de cinco a diez años, si alguno de los delitos fuera grave, y de uno a cinco años si fuere menos grave.

Las claves legales son claras: el sistema de crimen tasado por la ley deja abierta la puerta de la ampliación del catálogo cerrado actual, y sólo cabe preguntarse el tiempo que tardará en fijarse la aplicación del modelo a otras categorías criminales -particularmente en el caso de la criminalidad multirreincidente doméstica, homicidios, asesinatos, etc., por citar tan solo algunas categorías.

Está claro que se pretende con esta ley mantener el control sobre personas condenadas con privación de libertad por delitos graves, agresiones sexuales y delitos de terrorismo y violencia de género (LO 1/2015, art. 156 ter) pero que sería adecuado ampliarlo a todos aquellos casos de penados por delitos graves contra las personas.

Ante el debate sobre la posible ampliación de las medidas postpenales a otro tipo de delitos, es especialmente relevante este estudio sobre la capacidad de detectar la peligrosidad mediante informes psicológicos periciales, junto con el valor intrínseco que implica conocer la eficacia de los mismos.

2. PLANTEAMIENTO DEL PROBLEMA

El sistema judicial, penitenciario así como la Administración penitenciaria tienen que conjugar dos valores que en ocasiones, entran en conflicto: La seguridad de las víctimas y de la sociedad en general, y el carácter rehabilitador de la pena.

Los psicólogos forenses de los juzgados de vigilancia penitenciaria al emitir sus informes sobre la peligrosidad de personas condenadas son conscientes de la responsabilidad que entraña la emisión de propuestas favorables y desfavorables para que estos internos salgan en libertad. La alarma social que genera que un preso condenado por delitos graves salga en libertad, durante un permiso de salida, un tercer grado de tratamiento y la libertad condicional, y cometa un nuevo delito hace que se extreme la rigurosidad para emitir informes favorables. Teniendo en cuenta las graves consecuencias sociales y personales de estos delitos, no se deben realizar propuestas favorables si no se cuenta con todas las condiciones evaluadas a favor, ya que en estos casos debe primar la seguridad. El riesgo que se asuma debe ser mínimo. Es necesario controlar al máximo el riesgo para evitar nuevas víctimas.

Obviamente, al establecer criterios rigurosos puede darse el caso de que penados que ya pudiesen obtener beneficios penitenciarios, no los obtengan en un primer momento, pero consideramos que, como hemos dicho, debe prevalecer en estos casos el valor de seguridad, máxime cuando se trata de presos condenados, por delitos graves contra las personas y que pueden solicitar dichos beneficios trascurridos unos meses, sin que sus derechos sean conculcados.

Ahora bien como hemos comentado en la introducción los juzgados de vigilancia penitenciaria en España, se encuentran con dos situaciones muy diferentes. En la mayoría de estos juzgados, el juez sólo dispone para tomar decisiones, con su propio criterio y los informes procedentes del centro penitenciario. Sin embargo, en Madrid, León y Asturias los juzgados de vigilancia penitenciaria disponen además de psicólogos forenses, que emiten informes. La necesidad de esta figura viene determinada por criterios tanto técnicos como deontológicos, ya que como se ha comentado, el juicio de un psicólogo que trata a una persona puede verse mediatizado cuando debe evaluarla, y es conveniente que el tratamiento y la evaluación sea realizado por profesionales distintos.

Pero ¿Puede afirmarse que los informes realizados por los psicólogos forenses adscritos a los juzgados de vigilancia penitenciaria son útiles?, ¿Hasta qué punto su asesoramiento a los jueces para la toma de decisión reduce la reincidencia en casos de delitos graves? ¿Incrementa el informe de estos psicólogos la detección de la probable reincidencia? En definitiva ¿Se reduce así los índices de reincidencias en estos delitos? O dicho de otra forma a través de estos informes se realiza una selección adecuada de qué preso podía obtener una situación de mayor libertad y cuál no. Estas son las cuestiones que este estudio quiere contribuir a resolver.

3. OBJETIVOS DEL ESTUDIO

1er objetivo
Comprobar el porcentaje de reincidencia en delitos graves.

2º objetivo
Comprobar si el informe psicológico forense en los juzgados de vigilancia penitenciaria incrementa la detección de probables casos de reincidencia.

4. PROCEDIMIENTO

Se analizaron *150 expedientes* en los que se había emitido un informe psicológico Forense a petición de los magistrados-jueces de vigilancia penitenciaria, Estos 150 informes son la totalidad de los realizados sobre delitos graves entre 2003 y 2006. La tipología delictiva de estos penados era:

- 37 Agresores sexuales.
- 36 Agresores de Género.
- 31 Homicidas.
- 23 Asesinos.
- 16 Abusadores sexuales a menores.
- 7 detenciones ilegales.

Posteriormente se comprobó si los penados incluidos en el estudio habían reincidido, cuándo y con qué tipología delictiva, entre 2003 y Julio 2012. Esta comprobación se realizó analizando los datos existentes en el Programa SIP, Sistema de Información Penitenciaria.

Se eligió este periodo temporal (2003/2012) para que al menos hubiesen trascurrido entre cinco y seis años desde el final de recogida de informes (2006), espacio de tiempo que se consideró suficiente para evaluar de forma fiable la reincidencia.

Además se recogieron los siguientes datos:

- El informe favorable o desfavorable del centro penitenciario.
- El informe favorable o desfavorable del psicólogo forense del juzgado de vigilancia penitenciaria.

5. ANÁLISIS

1er objetivo: tasas de reincidencia en casos de delitos graves contra las personas

De los 150 casos analizados sólo 18 han reincidido, lo que supone un porcentaje del 12%. Este dato nos revela la baja reincidencia en general de los penados por delitos graves. Con este dato podríamos aseverar que pese a que se genera una gran alarma social ante cualquier reiteración delictiva que ocasiona una nueva víctima directa de delincuentes reincidentes, la realidad es que el 88% de los penados no vuelven a reincidir.

Analicemos ahora las tasas de reincidencia por tipología delictiva (tabla 1)

Tabla 1. Tipología delictiva. Reincidencia

	Reincidencias	Tipología
Agresión sexual (37)	3/37 8,1%	Robo con violencia, robo y violencia de género.
Abuso sexual a menor (16)	2/16 12,5%	Abuso sexual a menor.
Asesinato (23)	1/23 4,3%	Homicidio.
Homicidio (31)	4/31 12,9%	Robos con intimidación.
Violencia de género (36)	8/36 22,2%	2 CSP*, 1 estafa, 5 violencia de género
Detención ilegal (7)	0/7 0%	

* CSP= Delitos Contra la Salud Pública

Como puede observarse, la tipología delictiva en la que hay mayor tasa de reincidencia es la de Violencia de Género (22.2%) seguida pero con niveles considerablemente menores de Homicidio y Abuso Sexual (ligeramente superiores al 12%).

Los delincuentes de violencia contra la mujer son los que más reinciden en la misma tipología delictiva. Un 20% de reincidencia.

De los 31 Homicidios estudiados se dan 4 casos de reincidencia, los 4 delinquen por robo con intimidación, es decir, los 4 utilizan arma blanca para el robo, siendo esta una actividad altamente peligrosa. No se ha producido resultado de muerte pero han utilizado medios peligrosos que podían haber generado un resultado muy lesivo para las víctimas.

Resulta muy llamativo que los agresores sexuales hayan reincidido en tipologías delictivas distintas, en un porcentaje inferior al 10%, mientras que los abusadores a menores hayan reincidido en la misma tipología (12.5%). Por tanto parece deducirse que serían más peligrosos como reiteración de conducta delictiva, los abusadores a menores.

Otro dato a tener en cuenta es en qué momento temporal se producen las reincidencias, cuanto más próxima al informe se produzca menos eficaz será dicho informe. Así en los 3 casos de reincidencia, una vez emitidos los informes psicológicos forenses favorables de los juzgados de vigilancia penitenciaria, la reincidencia se produce entre el 4º y 5º año de la emisión del informe. En el caso de los 11 que reinciden siendo favorable el informe del centro penitenciario, 3 son los mismos casos que en vigilancia penitenciaria y de los otros 8, uno reincide en el 1º permiso (a los 3 meses) otro caso reincide en 3 ocasiones (a los 4 años), en otros 2 casos reinciden al año, otro caso a los 2 años, y los 3 últimos casos de reincidencia a los 3 años.

2º objetivo: comprobar si el informe psicológico forense en los juzgados de vigilancia penitenciaria incrementa la detección de probables casos de reincidencia

En la tabla 2, se presentan los datos de la tabla 1 y en negrita el porcentaje de reincidencia que se hubiera producido si se hubiera seguido el criterio marcado en los informes psicológicos forenses. Esta cifra se ha obtenido restando los reincidentes que contaban con informe psicológico desfavorable. Como podemos ver en todas las tipologías delictivas se reducen de forma notable las tasas de reincidencia. Así en agresión sexual de un 8,1% de reincidencia se hubiera pasado a un 2,7%. Pero quizá el dato más llamativo lo encontramos en las Agresiones de Género cuyos índices de reincidencia se reducen de un 22,2% a un 5,6%.

Tabla 2. Tasa de reincidencia con informe psicológico favorable **(en negrita)** por tipología delictiva

	Reincidencias	**Tipología**
Agresión sexual (37)	3/37 **(1/37)** 8,1% **(2,7%)**	Robo con violencia, robo y violencia de género.
Abuso sexual a menor (16)	2/16 **(0)** 12,5%	Abuso sexual a menor.
Asesinato (23)	1/23 **(0)** 4,3%	Homicidio.
Homicidio (31)	4/31 **(0)** 12,9%	4 Robos con intimidación.
Violencia de género (36)	8/36 **(2/36)** 22,2% **(5.6%)**	2 CSP; 1 estafa, 5 violencia de género.
Detención ilegal (7)	0/7 0%	

Puede entenderse el informe psicológico forense, al igual que cualquier prueba diagnóstica, como un proceso de detección de señales, en el que el objetivo es detectar la peligrosidad (reincidencia). Empleando la terminología de la teoría de detección de señales, pueden darse cuatro resultados posibles:

- El informe detecta peligrosidad por tanto es desfavorable y efectivamente, el penado ha reincidido: acierto tipo I o verdadero positivo.
- El informe no detecta peligrosidad, por tanto es favorable y efectivamente, el penado no ha reincidido: acierto tipo II o verdadero negativo.
- El informe detecta peligrosidad, por tanto es desfavorable, sin embargo el penado no reincide: falsa alarma o falso positivo.
- El informe no detecta peligrosidad, el informe es favorable, pero el penado ha reincidido: omisión o falso negativo.

El porcentaje de falsas alarmas y de omisiones para una misma prueba diagnóstica depende del criterio de detección que se establezca. Cuanto más riguroso sea, menos omisiones pero más falsas alarmas. Llevado al extremo, si todos los informes fueran desfavorables, las omisiones serían 0, pero las falsas alarmas serían el 100%. Por eso es necesario equilibrar estas dos situaciones, aunque priorizando es este caso el minimizar las omisiones, por los motivos que se han expuesto anteriormente.

Siguiendo la representación tradicional de la teoría de detección de señales, se presentan a continuación dos cuadros con los resultados por un lado del informe psicológico forense en los juzgados de vigilancia penitenciaria, y por otro, los de los informes de instituciones penitenciarias.

Cuadro 1: Resultados de la detección de la peligrosidad de los informes psicológicos forenses en juzgados de vigilancia penitenciaria

	Reincide	**No reincide**	**Total**
Peligrosidad. Informe desfavorable	Aciertos tipo I: 15	Falsa alarma: 77	92
No peligrosidad. Informe favorable	Omisión: 3	Acierto tipo II: 55	58
	18	132	150

Cuadro 2: Resultados de la detección de la peligrosidad de los informes centros penitenciarios

	Reincide	**No reincide**	**Total**
Peligrosidad. Informe desfavorable	Aciertos tipo I: 7	Falsa alarma: 51	58
No peligrosidad. Informe favorable	Omisión: 11	Acierto tipo II: 81	92
	18	132	150

Si como hemos dicho, el informe psicológico forense puede entenderse como una prueba diagnóstica de la peligrosidad del penado, es posible analizar su capacidad diagnóstica mediante los índices de sensibilidad y de especificidad.

La sensibilidad del informe (o fracción de verdaderos positivos) es la probabilidad de clasificar correctamente a un preso como peligroso (y posible reincidente). La sensibilidad es, por lo tanto, la capacidad del informe para detectar la peligrosidad. La especificidad (o fracción de verdaderos negativos) es un criterio complementario a la sensibilidad, es la probabilidad de clasificar correctamente a un preso como no peligroso, es decir, la probabilidad de que para un sujeto no peligroso se obtenga mediante el informe, un resultado del informe favorable. En otras palabras, se puede definir la especificidad como la capacidad para detectar a los no peligrosos. Como hemos dicho, ambos índices son complementarios, en general cuanto más rigurosos son los criterios para informar favorablemente, mayor sensibilidad, pero menor especificidad; y cuanto menos rigurosos, mayor especificidad pero menor sensibilidad. Por tanto, es preciso conjugar ambos. No obstante, como se ha dicho en los casos de personas presas por delitos graves, consideramos conveniente priorizar la sensibilidad, minimizando las omisiones, sobre la especificidad.

Sensibilidad

Entre las 18 reincidencias de los 150 expedientes estudiados, 15 contaban con informes desfavorables del psicólogo forense de vigilancia penitenciaria, de no salida, y 3 favorables. De estos, un caso reincidió en un robo con violencia, era un penado por agresión sexual, otro reincidió en una estafa era un agresor de género y otro reincidió en un delito de tráfico de drogas, era otro agresor de género. Ninguno dañó a una víctima directa y solo el de la reincidencia de robo con violencia puso en peligro a una persona, aunque no ocasionó daños.

Según estos datos, la sensibilidad de los informes psicológicos forenses para la detección de probables reincidencias es del 83%. Es decir, detectan el 83% de las reincidencias.

Es decir, de 18 casos que han reincidido, en 15 se dijo en los informes forenses que existía un riesgo alto de reincidencia. De los tres casos en los que se hicieron informes favorables, en uno de ellos la reincidencia obedeció a un delito de estafa y en otro a un delito CSP. Sólo en un caso la reincidencia supuso un delito contra las personas (un robo con intimidación). Si diferenciamos entre la reincidencia en delitos graves y en delitos no graves, la sensibilidad del informe psicológico forense en vigilancia penitenciaria para detectar reincidencia en delitos graves se eleva hasta el 94% (17/18).

Si realizamos los mismos análisis calculando los mismos índices con los informes emitidos por los centros penitenciarios en los mismos expedientes, los datos arrojan que se concedieron 92 informes favorables de salida y 58 desfavorables, y de los 18 internos que han reincidido, desde el centro se había emitido informe favorable para 11 y desfavorable para 7. Con estas cifras, el índice de sensibilidad es de un 39%. Es decir, omiten el 62% de los casos peligrosos (que reinciden).

De los 11 informes favorables del Centro que reincidieron, 7 cometieron delitos graves contra las personas, como agresiones de género y robos con intimidación, por lo que su índice de sensibilidad para delitos graves es de un 61%.

Especificidad

Como hemos mencionado anteriormente, la especificidad mediría en qué medida los informes psicológicos detectan correctamente los casos que no van a reincidir. En general, a más sensibilidad menos especificidad y viceversa.

La especificidad de los informes psicológicos forenses de los juzgados es del 41,7%, y la de los informes del centro penitenciario del 61%. No obstante, hay que aclarar que por el procedimiento aplicado se está sobreestimando la especificidad, porque se trata de penados que no reinciden tras cumplir su condena, pero alguno de ellos podría haber reincidido si se le hubiera concedido el informe favorable en el momento en que solicitaron el beneficio penitenciario.

Sensibilidad y especificidad en delitos de violencia de género

Debido a la considerable tasa de reincidencias en los casos de violencia de género (22,2% ver tabla 1), hemos considerado oportuno realizar los mismos análisis específicamente con los 36 expedientes de este tipo delictivo.

Cuadro 3: resultados de la detección de la peligrosidad de los informes psicológicos forenses en juzgados de vigilancia penitenciaria en casos de violencia de género

	Reincide	No reincide	Total
Peligrosidad. Informe desfavorable	Aciertos tipo I: 6	Falsa alarma: 17	23
No peligrosidad. Informe favorable	Omisión: 2	Acierto tipo II: 11	13
	8	28	36

Cuadro 4: resultados de la detección de la peligrosidad de los informes en centros penitenciarios en casos de violencia de género

	Reincide	No reincide	Total
Peligrosidad. Informe desfavorable	Aciertos tipo I: 1	Falsa alarma: 18	19
No peligrosidad. Informe favorable	Omisión: 7	Acierto tipo II: 10	17
	8	28	36

Según estos datos, la sensibilidad de los informes psicológicos forenses para la detección de probables reincidencias en violencia de género es del 75%, detectan el 75% de las reincidencias. Es decir, de 8 casos que han reincidido, en 6 se dijo en los informes forenses que existía un riesgo alto de reincidencia. De los dos casos en los que se hicieron informes favorables, en uno de ellos la reincidencia obedeció a un delito de estafa y en otro a un delito CSP. En ningún caso la reincidencia obedeció a un delito contra las personas y, por tanto, no hubo ninguna reincidencia de estos casos en delitos de violencia de género. Si, como anteriormente, diferenciamos entre la reincidencia en delitos graves y en delitos no graves, la sensibilidad del informe psicológico forense en vigilancia penitenciaria para detectar reincidencia en delitos de violencia de género sería del 100%; aún a costa de reducir la especificidad general al 39%, y la específica para delitos graves al 46%.

Sin embargo, los datos de sensibilidad general de los informes penitenciarios para delitos de violencia de género sería del 12,5% (37,5% para delitos graves), pero, y esto es preocupante, con niveles muy moderados de especificidad (35,7% y 42,8%, respectivamente).

6. CONCLUSIONES

1º Los datos de reincidencia son bajos, el 88% de los condenados por delitos graves no reinciden tras, al menos, seis años de seguimiento. Dato que cobra más significado teniendo en cuenta que se refieren a tipologías delictivas tan graves que hacen pensar que la rehabilitación y el tratamiento funcionan a la hora de modificar comportamientos delictivos, además de ejercer también su influencia el propio castigo de la privación de libertad como carácter punitivo de la pena.

2º Los primeros datos reflejan la eficacia que los informes psicológicos forenses a la hora de discriminar la posible reincidencia de delincuentes condenados por delitos graves y muy graves. La menor sensibilidad de los informes penitenciarios podría explicarse por el conflicto del rol de agente de tratamiento con el de evaluador, que puede influir en la objetividad. Los informes psicológicos forenses pueden contribuir a reducir un 44% de las reincidencias.

3º La especificidad para delitos graves, en general, es menor en los informes psicológicos forenses debido al criterio más estricto que debe seguirse en este tipo de delitos, por las gravísimas consecuencias que puede acarrear una reincidencia, y máxime cuando se trata de conceder beneficios penitenciarios a condenados.

4º Comparando los porcentajes de sensibilidad entre los informes psicológicos forenses y los informes de los centros penitenciarios, se aprecia la mayor sensibilidad discriminativa de la peligrosidad de los presos en los informes psicológicos forenses, demostrando que resulta mucho más adecuada la misión de periciales psicológicas por profesionales psicólogos que no tengan relación con el penado, de forma que no afecte a su objetividad.

5º En los casos de violencia de género, la sensibilidad de los informes psicológicos forenses para la detección de reincidencia en delitos contra las personas, y específicamente en delitos de violencia de género, fue del 100%, es decir, todos los reincidentes en este tipo de delitos fueron detectados como peligrosos en los informes psicológicos forenses.

6º La especificidad de los informes psicológicos forenses en delitos de violencia de género es inferior, levemente, a la obtenida para delitos graves en general, lo que implica un criterio todavía más estricto para informar favorablemente en esta tipología delictiva. Sorprende que, aunque su sensibilidad sea menor que la de los informes Forenses, en el caso de los informes de los centros penitenciarios, la especificidad también lo es.

7. II INFORME SOBRE LA EFICACIA DE LA PREDICCIÓN DE PELIGROSIDAD DE LOS INFORMES PSICOLÓGICOS FORENSES EN LOS JUZGADOS DE VIGILANCIA PENITENCIARIA DE MADRID

Una vez comprobada la eficacia predictiva de los informes psicológicos forenses a través del I Informe, pensamos que era importante averiguar cuáles de las variables utilizadas en la evaluación psicológica eran las más determinantes, las de mayor peso en la evaluación. Así podríamos determinar qué variables nos estaban sirviendo de ayuda para realizar un diagnóstico de peligrosidad eficaz.

Se incluyeron en el análisis discriminante todas las variables empleadas en el diagnóstico de peligrosidad:

- Asunción de autoría (se codificó SI/NO).
- Asunción de responsabilidad (se codificó SI/Media, SI/Alta y NO).
- Tipología delictiva del 1 al 6 (1: Asesinato, 2: Homicidio, 3: Agresión sexual, 4: Abuso sexual a menores, 5: Violencia de género, 6: Detención ilegal).
- Tipo de beneficio penitenciario (1: Permiso ordinario de salida, 2: Grado de tratamiento penitenciario, 3: Libertad Condicional).
- Reincidencia (SI/NO).
- Consumo de Tóxicos (SI/NO).
- Trastorno Mental (SI/NO).
- Tratamiento Psicológico (SI/NO).
- Propuesta (Favorable/desfavorable).

El peso de las variables en la función discriminante fue:

Matriz de estructuras

	Función 1
Responsabilidad	.983
Autoría	.208
Beneficio	.128
Trastorno	.086
Tratamiento	.051
Consumo	.040
Reincidencia	.035
Tipo de delito	-.030

La interpretación de los resultados demuestra que la variable «asunción de responsabilidad» es la que tiene un peso determinante en el diagnóstico. Realizamos una validación cruzada con el fin de comprobar si estaban correctamente clasificados y el resultado fue que el 96% de los casos agrupados originales y validados sí lo estaban.

Resultados de clasificación[a,c]

			Pertenencia a grupos pronosticada		
		PROPUESTA	DESFAVORABLE	FAVORABLE	Total
Original	Recuento	DESFAVORABLE	89	5	94
		FAVORABLE	1	55	56
	%	DESFAVORABLE	94,7	5,3	100,0
		FAVORABLE	1,8	98,2	100,0
Validación cruzada[b]	Recuento	DESFAVORABLE	89	5	94
		FAVORABLE	1	55	56
	%	DESFAVORABLE	94,7	5,3	100,0
		FAVORABLE	1,8	98,2	100,0

a. 96,0% de casos agrupados originales clasificados correctamente.

b. La validación cruzada se ha realizado sólo para aquellos casos del análisis. En la validación cruzada, cada caso se clasifica mediante las funciones derivadas de todos los casos distintos a dicho caso.

c. 96,0% de casos agrupados validados de forma cruzada clasificados correctamente.

Si estudiamos el peso de las variables sin responsabilidad encontramos

Matriz de estructura

	Función 1
Autoría	.733
Beneficio	.453
Trastorno	.304
Tratamiento	.179
Consumo	.142
Reincidencia	.125
Tipo de delitos	-.108

Análisis discriminante SOLO con responsabilidad

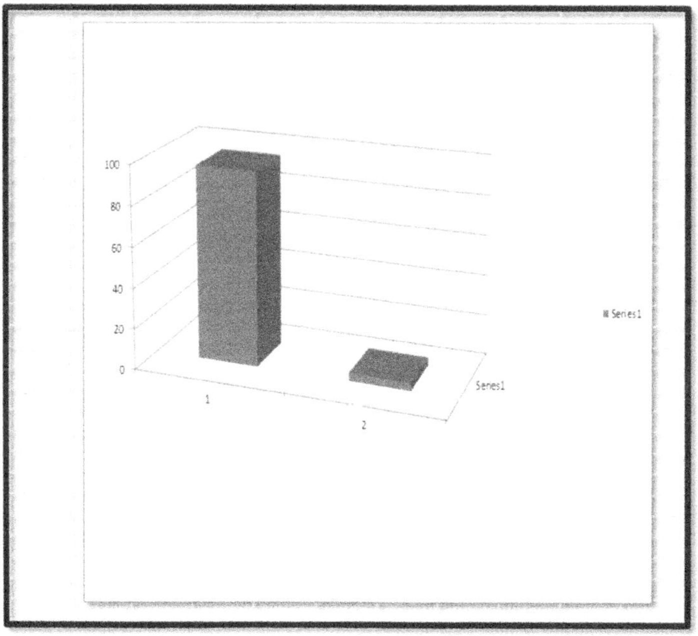

Análisis discriminante sin responsabilidad

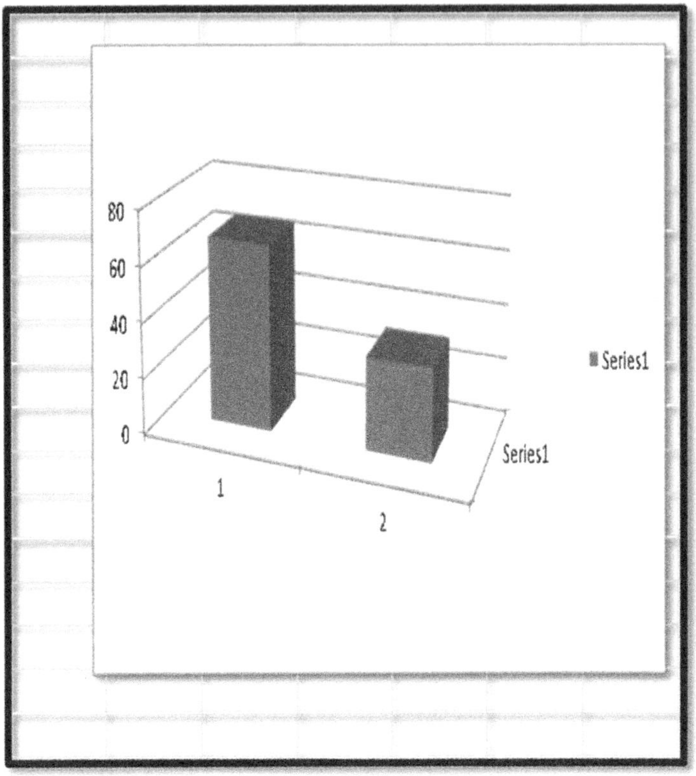

Análisis discriminante SOLO con responsabilidad

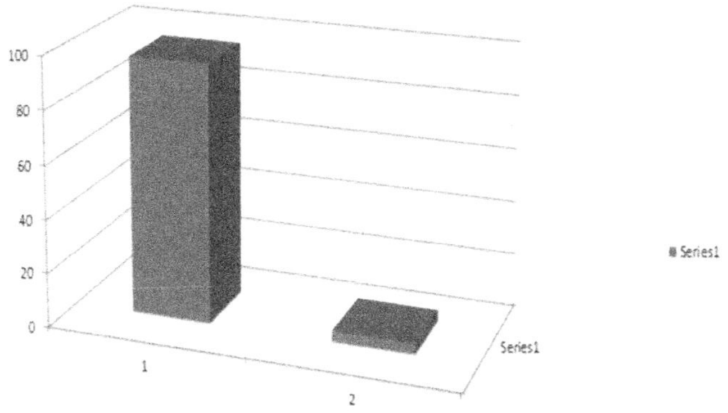

Análisis discriminante sin responsabilidad

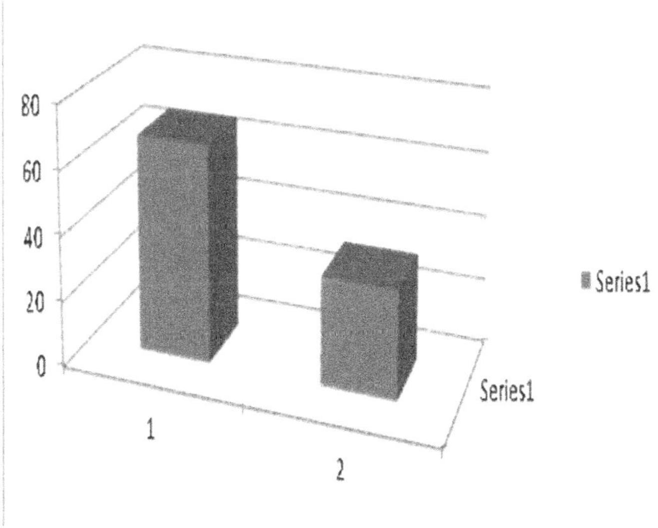

8. CONCLUSIONES

- La variable «asunción de responsabilidad» es la que más correlaciona con la toma de decisión en la propuesta favorable o desfavorable de los informes psicológicos forenses en los juzgados de vigilancia penitenciaria de Madrid.
- La variable «asunción de responsabilidad» tiene tal peso que se convierte en variable «techo», que sirve para prever el resultado en el 96% de los casos.
- Qué valoramos en la asunción de responsabilidad:
  5. Análisis de las causas de la conducta delictiva.
  6. Sentimientos hacia la víctima/víctimas.
  7. Impacto del delito, a nivel cognitivo, emocional y conductual. Capacidad de introspección del sujeto.
  8. Elaboración de estrategias para prevenir la reincidencia.

9. VALORACIÓN DE LA PELIGROSIDAD: TEORÍA DE LAS 5 AES

Mi trabajo como psicóloga forense en la Administración de Justicia, órganos judiciales, desde 1987, me ha llevado a realizar, desde esa fecha, evaluaciones psicológicas forenses primero en el ámbito civil, juzgados de familia, luego en la clínica médico-forense y la jurisdicción de menores y, por último, en los juzgados de vigilancia penitenciaria de Madrid, llevando en los mismos desde 1995. En 2012 presenté un informe sobre la eficacia de las predicciones de la peligrosidad por parte de los psicólogos forenses en un estudio que realicé desde 2005 hasta 2012. (I Informe).

El eje central de mi trabajo diario es la valoración de la peligrosidad de delincuentes penados (cumpliendo condena en prisión) por delitos contra las personas, asesinato, homicidio, lesiones, agresiones sexuales, violencia de género, abusos sexuales, etc. Con el fin de pronosticar su grado de peligrosidad y la conveniencia o no de que disfruten de periodos de libertad, ya sea mediante permisos ordinarios de salida, progresiones de grado de tratamiento penitenciario o libertad condicional.

Cuando realizamos un informe psicológico forense sobre la peligrosidad de una persona condenada por la comisión de delitos, es importante recoger información en la evaluación y determinación del grado de peligrosidad del sujeto, a través de la entrevista, del estudio del expediente judicial, de las entrevistas con otras personas (avales, familiares, técnicos, etc.), víctimas directas o indirectas, de la aplicación de pruebas psicológicas de personalidad, etc., de 5 elementos que conforman el eje principal de la valoración de la peligrosidad:

1. Asunción de autoría y responsabilidad.
2. Agresividad.
3. Autoestima.
4. Afectividad.
5. Adicciones.

Vamos a desarrollar brevemente el contenido de cada una de ellas.

9.1. Asunción de autoría y responsabilidad

La asunción de autoría por parte de la persona sobre la que se está realizando la evaluación de peligrosidad consiste en comprobar, a través de la evaluación pericial psicológica (entrevista, estudio del expediente, observación del sujeto durante la entrevista confirmando la coherencia entre su relato y su comunicación no verbal), si el sujeto asume el delito cometido en su gran extensión, coincidiendo por tanto con la condena impuesta y tipología delictiva recogida en la sentencia, y asume así los hechos recogidos en la sentencia como hechos reales y propios.

La asunción de la responsabilidad es dar un paso más allá, el sujeto explorado, ya puede ser imputado en una causa penal o condenado ya por ella, no solo asume que lo ha hecho sino que, además, ha realizado una serie de trabajos cognitivos y emocionales sobre el delito cometido. En realidad, yo hablo de 4 pasos:

1. Análisis de las causas que le han llevado a cometerlo.
2. Sentimientos generados hacia las víctimas tanto directas como indirectas.
3. Capacidad de introspección sobre su comportamiento delictivo.
4. Elaboración de estrategias que le permitan no reiterar este comportamiento delictivo en el futuro.

Una vez estudiados los 4 pasos, se determina si ha asumido la responsabilidad de su actividad delictiva o no.

9.2. Agresividad

La agresividad es un rasgo de la personalidad que puede ser adaptativo o no. La agresividad puede llevar a mantener un índice de iniciativas y luchas propias de un «héroe» o bien convertirse en un rasgo que termina en actos violentos y dañinos para las personas. Esta diferencia es la que hay que evaluar de cara a la peligrosidad, no si es agresivo, sino si esa agresividad le lleva a ser violento.

9.3. Autoestima

La autoestima es el núcleo central de nuestra forma de comportarnos, ya que es un elemento clave en nuestro autoconcepto. Una autoestima baja lleva a una falta de interés sobre uno mismo y lo que hace, luego no existe motivación para producir cambios en nuestro comportamiento. Cuanto mayor sea la autoestima, más motivación para el cambio.

9.4. Afectividad

La afectividad, entendida como capacidad para querer y ser querido, para relacionarse a nivel interpersonal con compromiso y responsabilidad, no de forma dependiente o infantil, no con protecciones que aíslen. La estabilidad afectiva genera en una persona la base desde la que puede arriesgarse, crecer, luchar, y además, ese afecto responsabilizador permite que el sujeto adquiera compromisos de futuro.

9.5. Adicciones

Las adicciones, teniendo en cuenta la diversidad de efectos que producen y las diferencias esenciales entre ellas, provocan en los individuos un grado de inestabilidad tan elevado que, cuando la droga es causa de la conducta delictiva, si no atajamos esta adicción no podremos conseguir la reinserción del sujeto y su grado de peligrosidad seguirá siendo elevado. Si por el contrario la droga no es causa de la actividad delictiva, la adicción pasa a un segundo plano, no siendo relevante en sí misma para valorar la peligrosidad.

Los datos obtenidos en el II Informe de eficacia de valoración de peligrosidad presentados en este trabajo apoyan la teoría de las 5 aes, ya que es la valoración de la responsabilidad la variable de mayor peso en la toma de decisiones para la propuesta favorable o desfavorable. Al valorar la asunción de responsabilidad, incluimos la agresividad, la autoestima y la afectividad en la propia valoración, a veces como variable histórica «agresividad en el análisis de la conducta delictiva», a veces como variable «futura agresividad-violencia», controlada en la adquisición de estrategias. Igual con la autoestima y la afectividad. En la teoría de las 5 aes, agresividad, afectividad y autoestima se separan para realizar una codificación con variables del presente, porque estos componentes deben volver a ser valorados y otorgan un nuevo peso específico en la valoración.

El componente «adicciones» tiene un tratamiento diferencial al resto de aes. La adicción resulta una buena variable predictiva si la adicción era causa de la conducta delictiva; si no es así, no es una buena variable predictiva.

La confluencia de las 5 aes en la valoración de la peligrosidad sería con pesos diferenciales y específicos de cada una de ellas, pudiendo incluso llegar a establecer cuantificaciones y reglas de aplicación. Por ejemplo podremos hablar de:

Baja peligrosidad si:

1º En la asunción de autoría y responsabilidad cumple completo la AA y al menos 3 de la AR.

2º Agresividad, si no violento o no agresividad.

3º Nivel de autoestima alto.

4º Estabilidad afectiva alta.

5º No adicciones o si hay adicciones, estas no son la causa de la conducta delictiva.

Gradualmente, peligrosidad media si:

1º AA y de AR se cumplen 2.

2º Agresividad media con aisladas conductas violentas (1 a 3).

3º Nivel de autoestima medio.

4º Estabilidad afectiva media.

5º Mantiene adicciones que no son causa de la conducta delictiva.

Peligrosidad elevada si:

1º No AA y No AR.

2º Agresividad alta con conductas violentas.

3º Nivel de autoestima bajo.

4º Estabilidad afectiva baja.

5º Mantiene adicciones que son causa de la conducta delictiva.

Esta teoría se va a desarrollar en profundidad para que pueda ser utilizada en la valoración de la peligrosidad de sujetos inmersos en un proceso penal, ya sea en fase de juicio o en ejecución de condena, cuando cumpla la pena de prisión, por los psicólogos forenses. Esto es un inicio de desarrollo de la misma.

El sistema de medidas de seguridad en España a la luz del proceso de reforma penal (2012-2015)[1*]

ASIER URRUELA MORA

1. Panorama general. Las medidas de seguridad en España tras las LO 5/2010 y 1/2015. 2. Tendencias político-criminales en materia de medidas de seguridad evidenciadas en el marco del proceso de reforma (2012-2015). 3. Particular consideración de la libertad vigilada como medida de seguridad aplicable a sujetos imputables en el proceso de reforma del Código Penal español a partir de 2012. 4. Perspectiva crítica en relación con la introducción de la medida de seguridad de libertad vigilada aplicable a sujetos imputables. Bibliografía

RESUMEN

El proceso de reforma penal que ha desembocado en la aprobación de las LO 1/2015 y 2/2015 ha vuelto a poner de manifiesto la centralidad que el sistema de medidas de seguridad puede llegar a adquirir en el marco de la consolidación de un derecho penal de la seguridad o de la peligrosidad. El presente trabajo pretende desarrollar una perspectiva crítica en relación con el proceso anterior, así como ilustrar acerca de determinados cambios normativos previstos en materia de medidas de seguridad en los recientes textos prelegislativos (anteproyectos de reforma del Código Penal 2012 y 2013 y proyecto de reforma de 2013) si bien la mayor parte de los mismos –salvo la ampliación del radio de acción de la medida de libertad vigilada aplicable a imputables– no han cristalizado en la LO 1/2015 que ha mantenido inalterado el título IV libro I Código Penal («De las medidas de seguridad»).

Palabras clave: Medidas de seguridad, libertad vigilada, reforma penal en España, derecho penal de la peligrosidad, derecho penal de la seguridad.

---

* El presente trabajo ha sido elaborado en el marco del proyecto de investigación «El estatuto de la víctima. Propuestas para la incorporación de la normativa de la Unión Europea» (DER2012-31549), financiado por el Ministerio de Economía y Competitividad y dirigido por la Prof.ª Dra. Montserrat de Hoyos Sancho, integrándose asimismo en la esfera de las investigaciones del Grupo de Estudios Penales de la Universidad de Zaragoza (IP: Prof. Dr. Miguel Ángel Boldova Pasamar), financiado por el Departamento de Ciencia, Tecnología y Universidad del Gobierno de Aragón y por el Fondo Social Europeo.

ABSTRACT

The process of penal reform which has led to the approval of Organic Laws 1/2015 and 2/2015 has once more highlighted the central role that the system of security measures may acquire as part of the consolidation of a Criminal Law of the safety or based on the level of risk. This paper aims to develop a critical perspective in relation to the above mentioned process and illustrates on the specific regulatory changes expected in the field of security measures in recent Spanish pre-legislative texts (Draft Bills of 2012 and 2013 and Reform Project of 2013) even when most of them –except the extension of the range of the probation applicable to non-mentally ill offenders– have not crystallised in Organic Law 1/2015 which has not changed title IV book I of the Spanish Penal Code («On security measures»).
Keywords: Security measures, probation, penal reform in Spain, Criminal Law based on the level of risk, Criminal Law of the security.

1. PANORAMA GENERAL. LAS MEDIDAS DE SEGURIDAD EN ESPAÑA TRAS LAS LEYES ORGÁNICAS 5/2010 Y 1/2015

Las reformas introducidas en materia penal en los últimos seis años (en particular, las LO 5/2010 y 1/2015) han supuesto un cambio de orientación importante en materia de regulación del régimen de medidas de seguridad en nuestro país. En particular, la LO 5/2010, de 22 de junio introdujo modificaciones relevantes en dicha esfera que han obligado a un cierto replanteamiento dogmático de la institución de las medidas de seguridad en España. Por otro lado, el proceso de reforma penal conducente a la aprobación de la LO 1/2015 ha puesto de manifiesto la existencia de tendencias político-criminales (respaldadas por determinados grupos políticos con fuerte implantación parlamentaria) favorables a una revisión en profundidad del sistema de medidas de seguridad, no sólo en lo atinente a su aplicación a sujetos imputables (esfera en la que incidía la LO 5/2010) sino en su propia configuración con respecto a los inimputables y semiimputables. Aunque dichas tendencias no han cristalizado en la LO 1/2015, procede una toma en consideración de los principales aspectos abordados en los textos prelegislativos orientados a la reforma penal desde el año 2012, por cuanto tienen de ilustrativos de cara a futuros planteamientos de reforma en materia de medidas de seguridad.

Si comenzamos por analizar la incidencia de la LO 5/2010 en este punto, cabe afirmar que, a grandes rasgos, y a salvo de las precisiones que se formularán oportunamente, el sistema de medidas no variaba sustancialmente (al menos en el plano material) en relación con los sujetos inimputables y semiimputables peligrosos. Bajo la versión primigenia del Código Penal (CP) de 1995, aquellos eran los destinatarios exclusivos de las medidas de seguridad previstas en el mismo. En principio, y a pesar de los cambios introducidos, el sistema de medidas tras las reformas de 2010 y 2015 sigue orientado preferentemente hacia dichos sujetos inimputables o semiimputables, en los que se aprecia una eximente completa o incompleta de anomalía o alteración psíquica (art. 20.1 CP), de intoxicación plena por el consumo de bebidas alcohólicas, drogas tóxicas, estupefacientes, sustancias psicotrópicas u otras que produzcan efectos análogos o actuación bajo la influencia de un síndrome de abstinencia (art. 20.2 CP) o de alteraciones en la percepción desde el nacimiento o desde la infancia (art. 20.3 CP). Cuando alguno de los anteriores cometa un delito y se deduzca del juicio de peligrosidad llevado a cabo en el proceso la probabilidad de que cometa nuevos hechos delictivos en el futuro, serán de aplicación las medidas de seguridad previstas en el Código Penal (tanto privativas de libertad, cuando la pena prevista para el delito de que se trate ostente dicha naturaleza, como no privativas de libertad).

En relación con los sujetos imputables, la redacción originaria del Código Penal español de 1995 asumía el criterio de no permitir la posibilidad de aplicación de medidas a sujetos imputables peligrosos de criminalidad media o grave[2]. Este último punto, no obstante, había recibido importantes críticas doctrinales favorecidas por la aplicación de medidas de seguridad cumulativas y de cumplimiento posterior a la pena (normalmente) privativa de libertad impuesta a sujetos imputables peligrosos en otros países de nuestro entorno (Alemania, Italia, etc.). En concreto, y en el marco del proceso de reforma penal español, esta cuestión se ha planteado fundamentalmente en relación con los sujetos autores de hechos delictivos contra la libertad e indemnidad sexual[3] o de terrorismo respecto de los cuales, y ante la eventualidad de que

---

[2] Ello no quiere decir en modo alguno, como acertadamente pone de manifiesto Quintero Olivares (2013), que la condición de peligroso criminal en relación con los sujetos imputables autores de hechos delictivos no tuviera consecuencias al amparo de la redacción primigenia (criterio predicable igualmente de la actualmente vigente) del Código Penal de 1995. Como el referido autor evidencia, dicha condición puede dar lugar a la aplicación de normas, ya se trate del fundamento doctrinal como jurisprudencial de una circunstancia agravante, o la expresa orden legal de valorar la peligrosidad como ocurre, por ejemplo, al objeto de condicionar la concesión de la suspensión de la ejecución de la pena (art. 80.1 CP), el paso al régimen ordinario de cumplimiento en caso de acumulación de penas para llegar a la libertad condicional (art. 78 CP), o para conceder la sustitución de la pena (art. 88 CP –precepto derogado por la LO 1/2015–), encontrándose también como fundamento de la agravación por multirreincidencia (art. 66.5º CP) y estando ampliamente presente en la legislación penitenciaria (Quintero Olivares 2013, p. 658).

[3] No obstante, sería conveniente con la finalidad de diseñar fórmulas concretas de intervención penal, huir de generalizaciones sin base empírica alguna y aportar, con base en datos fiables, el nivel de peligrosidad real de las distintas categorías de delincuentes imputables a los que se pretende acumular penas y medidas de seguridad de cumplimiento sucesivo, con base en su elevada peligrosidad. En este sentido, Salat Paisal (2012, p. 2 y s. nota 4) establece que «el mayor mito creado por los medios de comunicación frente a los delincuentes sexuales es su alto riesgo

continúen siendo peligrosos criminalmente a la finalización del periodo de cumplimiento de la pena privativa de libertad impuesta, el legislador español ha considerado oportuno a partir de la reforma del Código Penal introducida por LO 5/2010, establecer periodos posteriores de control bajo la modalidad conocida como libertad vigilada[4]. En otros países, estas fórmulas de intervención penal de cumplimiento posterior a la pena privativa de libertad en relación con sectores de criminalidad media o grave pueden consistir incluso en privaciones de libertad ulteriores al cumplimiento íntegro de la pena y de duración potencialmente indeterminada (mientras persista la peligrosidad criminal del autor). Este es el caso de la custodia de seguridad alemana (*Sicherungsverwahrung*)[5], una medida de seguridad prevista en el § 66 StGB cuyo

---

de reincidencia» y aporta un estudio del Centre d'Estudis Juridics i Formació Especialitzada (2008) de Cataluña que concluye que sólo el 5,8% del total de condenados por delitos sexuales reincide en la comisión de nuevos delitos sexuales. Con base en lo anterior, el citado autor establece que si la reincidencia por la comisión de delitos sexuales no resulta, en principio, elevada y en aquellos lugares donde se lleva a cabo un tratamiento específico a delincuentes sexuales parece que funciona, hay que considerar que, como mínimo, en los centros penitenciarios en los que se ha realizado el estudio los delincuentes sexuales no son sujetos reincidentes, sino que, por el contario, presentan unas tasas de reincidencia realmente bajas. En una línea argumental similar se sitúa el Grupo de Estudios de Política Criminal (2012, p. 31) al destacar que pese a la alarma social y mediática que desata la reincidencia en la delincuencia sexual, las investigaciones sobre el tema demuestran que es sensiblemente menor a la media de la reincidencia en el total de delitos e incluso que el porcentaje disminuye ostensiblemente con la aplicación de un tratamiento integral orientado a la etiología del delito que eventualmente incluya tratamiento farmacológico con inhibidores hormonales. En sentido similar, véase Otero González (2015, p. 31 y s.), quien añade un dato ciertamente relevante como es el de que «la distribución de la reincidencia en el ámbito de los delitos sexuales es muy heterogénea y oscila entre un número importante de casos de un solo delito conocido (y, por tanto, no reincidentes) y, en el extremo opuesto, unos pocos delincuentes sexuales seriales, como los citados en el texto, que cometen decenas de delitos a lo largo de sus carreras criminales», grupo en el que la mencionada autora sitúa acertadamente a los psicópatas sexuales violentos.

[4] En relación con los diferentes antecedentes históricos de la actual libertad vigilada, tanto en el Código Penal de 1848 (sujeción a la vigilancia de la autoridad), en la Ley de Vagos y Maleantes de 1933 (sumisión a vigilancia de la autoridad) y en la Ley de Peligrosidad y Rehabilitación Social de 1970 (sumisión a vigilancia de la autoridad), véase García Rivas (2013, p. 604). A ello hay que añadir, como destaca al referido autor, su preexistencia en nuestro derecho penal de menores, primero en virtud de la Ley de Tribunales Tutelares de Menores de 1948, que la incluía como una medida más, y posteriormente en virtud de la LO 5/2000, de 12 de enero, reguladora de la responsabilidad penal de los menores (art. 7.1.h).

[5] La introducción de una medida de seguridad de naturaleza análoga a la custodia de seguridad alemana (es decir, de cumplimiento posterior a la pena, privativa de libertad y destinada fundamentalmente a imputables peligrosos de criminalidad media y grave) no resulta en absoluto descartable a futuro a la luz de su inclusión en los anteproyectos de reforma del Código Penal de 2012 (16 de julio y 11 de octubre 2012) y en el anteproyecto de 2013 (3 de abril 2013), sin que el proyecto de reforma de 2013 haya dado el paso de incluirla. Ello se debe, a buen seguro, a las importantes críticas que había suscitado su existencia en los Informes emitidos por el Consejo General del Poder Judicial (2013) (no obstante, dos de los votos particulares emitidos en relación con el referido informe, por un lado, por la vocal del CGPJ

régimen de aplicación y cumplimiento se ha visto considerablemente flexibilizado (y, por lo tanto, endurecido) en virtud de sucesivas reformas producidas a partir del año 1998[6], si bien diferentes sentencias tanto del Tribunal Europeo de Derechos Humanos (TEDH) (Muñoz de Morales Romero 2010, p. 1 y ss.) como del propio Tribunal Constitucional Federal alemán han evidenciado la necesidad de reformas legislativas en la referida institución[7].

Gemma Gallego y por otro, por los vocales Antonio Dorado Picón y Concepción Espejel Jorquera –al que se adhieren en este punto los vocales Fernando de Rosa y Claro José Fernández-Carnicero– acogen una visión positiva de la custodia de seguridad como institución y de su posible introducción en la realidad legislativa española) y el Consejo Fiscal (2013, p. 94 y ss) (este último organismo más que realizar una enmienda a la totalidad a la inclusión legislativa de esta institución lo que procede a realizar es una fuerte crítica al régimen regulativo previsto para la misma en el Anteproyecto de Reforma del CP de 2012). Por otro lado, en línea crítica con el mantenimiento de ciertas previsiones legislativas vinculadas con la custodia de seguridad en el Anteproyecto de Reforma del CP de 2013 (3 de abril de 2013) cuando el prelegislador había explicitado su voluntad de prescindir de la misma se pronuncia el Dictamen del Consejo de Estado (2013) de 27 de junio de 2013 relativo al anteproyecto de ley orgánica por la que se modifica la LO 10/1995, de 23 de noviembre, del Código Penal (Referencia 358/2013).

En la doctrina penal española, un sector cualificado de la misma avala la introducción de una medida de seguridad de las características de la custodia de seguridad alemana; cabe mencionar, entre otros autores, Zugaldía Espinar (2009, p. 209 y ss.), Sánchez Lázaro (2006, p. 155 y ss.), Cerezo Mir (2008, p. 17 y ss.), Armaza Armaza (2013, p. 269). En esta línea argumental, Silva Sánchez (2010, p. 1789), refiriéndose a la no previsión por parte del legislador español de 2010 de una medida de seguridad análoga a la custodia de seguridad alemana (privativa de libertad) frente a imputables peligrosos, considera que «la renuncia general al internamiento como medida de contención de sujetos especialmente peligrosos para bienes jurídicos de relevante entidad constituye una opción innecesariamente arriesgada».

Por el contrario, desarrolla una línea argumentativa crítica frente a dicha institución Gracia Martín (2008, p. 996 y ss.).

[6] Para una ampliación sobre los cambios normativos producidos en dicha figura entre los años 1998 y la primera década del siglo XXI, véase Cerezo Mir (2008, p. 17 y ss.), Urruela Mora (2009, p. 251 y ss.), Cano Paños (2007, p. 208 y ss.), Milde (2006).

[7] Afortunadamente, en los últimos años se ha producido una reacción ante la custodia de seguridad alemana auspiciada inicialmente por organismos internacionales (el Comité Europeo para la prevención de la tortura y tratos o castigos inhumanos o degradantes (CPT) en el año 2005; el Comisionado para los derechos humanos del Consejo de Europa en el año 2006 y el Grupo de trabajo sobre detenciones arbitrarias de Naciones Unidas en el segundo semestre del 2011) y asumida ulteriormente, aunque con importantes reticencias, por el BVerG y por el propio legislador penal alemán.

En este sentido, la sentencia del Tribunal Europeo de Derechos Humanos (STEDH) de 17 de diciembre de 2009 (M. c. Alemania) pone en entredicho la regulación de la custodia de seguridad. Con posterioridad a esta sentencia, el TEDH ha ratificado el criterio anterior en tres sentencias más de 13 de enero de 2011 (Kallweit c. Alemania, Mautes c. Alemania y Schummer c. Alemania) y su doctrina ha sido asumida por el Tribunal Constitucional alemán, que con anterioridad se había pronunciado en sentido favorable a la constitucionalidad de la regulación entonces vigente de la custodia de seguridad (particular importancia ostenta en este punto la sentencia del BVerfG de 5 de febrero de 2004), y en sentencia de 4 de mayo de 2011 declaró la inconstitucionalidad de la normativa sobre la custodia de seguridad, aunque ordenó su

España no constituye una excepción a esta oleada de exacerbación de la respuesta penal ante determinados delincuentes imputables peligrosos, y diferentes anteproyectos de reforma del Código Penal (2012 y 2013) preveían la inclusión de la custodia de seguridad siguiendo el modelo de la *Sicherungsverwahrung* alemana en nuestro derecho positivo, si bien dicho cambio normativo no ha cristalizado finalmente en el texto aprobado en virtud de la LO 1/2015.

El eje de nuestro estudio en este punto se centrará, en consecuencia, en dos ámbitos: por un lado, en el análisis de determinadas tendencias político-criminales en materia de medidas de seguridad (tanto en lo relativo a su aplicación a inimputables como a imputables peligrosos) que, si bien no han cristalizado en el texto definitivo de la LO 1/2015 (y, por lo tanto, no han entrado en vigor en nuestro país), quedaron plasmadas en los diferentes anteproyectos de reforma del Código Penal de los años 2012 y 2013 e incluso en el proyecto de reforma de 2013, y sirven para marcar ciertas orientaciones futuras susceptibles de ser finalmente implementadas en materia de medidas de seguridad en próximas reformas penales. Por otro lado, el presente trabajo pretende evidenciar (y analizar críticamente) las novedades efectivamente incorporadas en materia de medidas de seguridad en la LO 1/2015, que se restringen a mínimas ampliaciones del catálogo de delitos susceptibles de dar lugar a la aplicación de la medida de libertad vigilada en el caso de imputables peligrosos, finalizando con una visión crítica de la institución de la libertad vigilada aplicable a imputables, tal como dicha medida de seguridad se ha configurado en la praxis legislativa española a partir de la LO 5/2010.

2. TENDENCIAS POLÍTICO-CRIMINALES EN MATERIA DE MEDIDAS DE SEGURIDAD EVIDENCIADAS EN EL MARCO DEL PROCESO DE REFORMA (2012-2015)

El proceso de reforma penal español que ha desembocado finalmente en la LO 1/2015 se ha materializado en los oportunos anteproyectos y proyectos de reforma: en concreto, nos referimos a los anteproyectos de reforma del Código Penal de 2012 (16 de julio y 11 de octubre 2012), al Anteproyecto de Reforma del Código Penal de 3 de abril de 2013 y al Proyecto de Reforma del

---

aplicación hasta que entrara en vigor la nueva legislación, hecho que ocurrió el 1 de junio de 2013 en virtud de la *Gesetz zur bundesrechtlichen Umsetzung des Abstandsgebotes im Recht der Sicherungsverwahrung* de 5 de diciembre de 2012 (que introduce, entre otras modificaciones relevantes en relación con la custodia de seguridad, el § 66c StGB). Acerca de la evolución de la custodia de seguridad en los últimos años, analizando el impacto que la jurisprudencia del TEDH ha ostentado en la configuración de la referida institución (incluyendo el estudio de la propia sentencia BVerG de 4 de mayo de 2011) (Gazeas 2013, p. 629 y ss., Borja Jiménez 2012, p. 24 y ss.).

Código Penal de 2013[8] que ha dado lugar a la aprobación de la LO 1/2015, de 30 de marzo, por la que se modifica la LO 10/1995, de 23 de noviembre, del Código Penal[9]. En dichos textos prelegislativos se evidenciaban importantes tendencias político-criminales en materia de medidas de seguridad que, a pesar de no haber cristalizado en la reforma finalmente adoptada, merecen oportuna reflexión por lo que pueden tener de antecedente de futuras intervenciones legislativas. No obstante, dada la pretensión del presente trabajo, limitaremos nuestro comentario en este punto a realizar unos breves apuntes, sin ánimo de exhaustividad, en relación con los principales cambios en materia de medidas de seguridad que eran objeto de introducción en los textos prelegislativos citados *supra*, y que finalmente no han cristalizado en la LO 1/2015 al haber decaído los mismos en el curso de la tramitación parlamentaria.

1) En primer lugar, los diferentes textos prelegislativos citados (anteproyectos de 2012, anteproyecto de 2013 y proyecto de 2013) preveían una reforma que cabe calificar de profunda en relación con el régimen de las medidas de seguridad, pues se establecía la vinculación de las mismas exclusivamente con la peligrosidad criminal del autor (que, en definitiva, constituye el fundamento de dicha institución), desvinculándolas de la pena correspondiente al delito cometido, como ocurre actualmente. En este sentido, partiendo de la obligación legamente fijada de optar por la medida de seguridad menos grave de entre las que puedan resultar adecuadas para prevenir la peligrosidad criminal del autor (consagración legislativa del principio de necesidad), los textos prelegislativos mencionados establecían plazos de duración máxima para cada una de las modalidades de internamiento (5 años en el caso de internamiento en centro psiquiátrico o en centro de educación especial y 2 años con carácter general en el caso de internamiento en centro de deshabituación –si bien este último podría

---

[8] Véase Boletín Oficial de las Cortes Generales. Congreso de los Diputados, *121/000065 Proyecto de Ley Orgánica por la que se modifica la LO 10/1995, de 23 de noviembre, del Código Penal*, 4 de octubre de 2013, Núm. 66-1. Disponible en: http://www.congreso.es/public_oficiales/L10/CONG/BOCG/A/BOCG-10-A-66-1.PDF [Acceso 22 junio 2016].

[9] En el marco del proceso de reforma penal española cabe citar igualmente, por su relevancia en materia de aplicación de la libertad vigilada a sujetos imputables, la aprobación de la LO 2/2015, de 30 de marzo, por la que se modifica la LO 10/1995, de 23 de noviembre, del Código Penal, en materia de delitos de terrorismo que mantiene (ahora en el art. 579 bis 2 CP) la aplicación obligatoria a los condenados a pena grave privativa de libertad por uno o más delitos comprendidos en el capítulo VII (De las organizaciones y grupos terroristas y de los delitos de terrorismo), título XXII, libro II del Código Penal de la medida de libertad vigilada de cinco a diez años, siendo dicha medida de duración entre uno y cinco años si la pena privativa de libertad fuera menos grave. La imposición de la medida postpenitenciaria de libertad vigilada únicamente resultará facultativa para el tribunal en el marco de estos delitos en el caso de que se trate de un solo delito que no sea grave y su autor hubiera delinquido por primera vez, en cuyo caso el criterio para su adopción será el de la peligrosidad del sujeto (pudiéndose prescindir de la misma en supuestos de menor peligrosidad).

prolongarse hasta el límite constituido por la duración de la pena impuesta o un máximo de cinco años si no se hubiera impuesto pena alguna–). No obstante, tanto en el caso de internamiento en centro psiquiátrico como en centro educativo especial, se admitía la posibilidad de prorrogar dichos plazos sucesivamente cuando ello fuere necesario para compensar una peligrosidad criminal grave por parte del sujeto lo que, eventualmente, podría dar lugar a internamientos de duración no sólo indeterminada sino incluso perpetua[10].

Resulta procedente poner de manifiesto que la referida modificación proyectada en materia de medidas de seguridad generó un encendido rechazo por parte de los distintos colectivos implicados en el cuidado y atención de los sujetos afectados por enfermedad mental, así como por parte de los propios enfermos. En este sentido, resulta ilustrativa la posición mantenida por parte de la FEAFES (Confederación Española de Agrupaciones de Familiares y Personas con Enfermedad Mental), que consideraba que el texto propuesto en este punto suponía una estigmatización y un «ataque frontal a los derechos de las personas con enfermedad mental» y sumiría a este colectivo en una situación de inseguridad jurídica «al vincular la enfermedad mental con el concepto subjetivo de peligrosidad y tipificar la "probabilidad" de cometer delitos en el futuro para privar de libertad a una persona»[11].

El propio Grupo de «Ética y Legislación» de la Asociación Española de Neuropsiquiatría (AEN) emitió en noviembre de 2013 un Comentario sobre el proyecto de modificación del Código Penal en relación con las medidas de

[10] Personalmente, me he pronunciado en trabajos anteriores a favor de un cambio en el sistema de medidas de seguridad superando su contradictoria (por no atenerse a sus fundamentos dogmáticos) vinculación con la naturaleza y, particularmente, con el tiempo de duración de la pena correspondiente al hecho cometido. En mi opinión, ello deriva de una desconfianza en el funcionamiento del sistema judicial positivizada legalmente, lo cual resulta intolerable en una democracia consolidada como la española. Por ello, abogaba en trabajos anteriores por una fórmula de vinculación estricta de la duración y tipología de la medida a la peligrosidad criminal revelada por el sujeto, estableciendo un tiempo de duración estándar de cada medida de internamiento en función de su tipología respectiva y previendo la posibilidad de prórrogas sucesivas (que requerirían del oportuno procedimiento contradictorio) excepcionales (únicamente vinculadas con la probabilidad de comisión de delitos contra las personas de carácter muy grave que, por razones de seguridad jurídica, deberían ser tasados normativamente) de carácter semestral. Como puede comprobarse fácilmente, la propuesta que formulé en su día presenta ciertas analogías con la plasmada en los textos prelegislativos (anteproyectos de 2012, anteproyecto de 2013 y proyecto de 2013), pero también importantes diferencias con los mismos en este punto (duración de las prórrogas respectivas, garantías en el decretamiento de las mismas, vinculación de las referidas prórrogas a la peligrosidad asociada a la probabilidad de determinados hechos delictivos concretos, etc.), que, en mi opinión, dotaban a la propuesta que formulé de *lege ferenda* de garantías suficientes que se encuentran totalmente ausentes en los referidos textos prelegislativos (Urruela Mora 2009, p. 51 y ss.). En la misma línea argumental se situaban igualmente las propuestas de *lege ferenda* de autores como Cerezo Mir (1996, p. 1474), Gracia Martín (1993, p. 568), Romeo Casabona (1992, p. 12 y ss.) o Sánchez Lázaro (2006, p. 142 y ss.).

[11] Para una ampliación sobre el particular, véase Infocop Online-Revista De Psicología (2015).

seguridad enormemente crítico con el texto del referido proyecto de reforma del Código Penal de 2013 en este punto. En el apartado de conclusiones de dicho documento se establecía que «la AEN quiere hacer llegar su gran preocupación por los efectos hostiles y, nuevamente estigmatizantes, que el anteproyecto de modificación del Código Penal puede suponer para las personas que sufren un trastorno mental». Se consideraba que la aprobación del referido texto significaría un retroceso, en garantías y derechos conseguidos a partir de la Constitución y sucesivas modificaciones legislativas (Código Penal, Código Civil, Ley de Enjuiciamiento Civil), en las que la AEN participó de modo muy activo (Conclusión 9ª). Por otro lado, el Grupo de «Ética y Legislación» de la AEN planteaba en el documento citado una sección de enmiendas al texto del proyecto de reforma del Código Penal, disponiéndose en la Enmienda 2ª la «supresión del art. 98-3 del proyecto que permite prorrogar la medida de seguridad de internamiento por periodos sucesivos de cinco años». Alternativamente, el citado Grupo de «Ética y Legislación» de la AEN proponía que se mantuviera la equiparación en cuanto a su duración de penas y medidas en los términos previstos en el art. 6-2 del CP entonces vigente.

Como consecuencia de la presión social ejercida, la Comisión de Justicia aprobó por unanimidad en junio de 2014 una proposición no de ley presentada por el Grupo Parlamentario Socialista que expresaba el apoyo total del Congreso de los Diputados al colectivo de personas con trastorno mental, materializado en su compromiso de velar por que en la reforma del Código Penal reciban un tratamiento justo, adecuado y sin discriminación de ningún tipo[12]. Ello ha dado lugar a un replanteamiento en profundidad de la reforma penal en materia de medidas de seguridad, lo que explica que el texto finalmente aprobado (y que cristalizó en la LO 1/2015) no contuviera

[12] La referida proposición no de ley consignaba expresamente que, con el fin de lograr los objetivos propuestos en la misma, en la tramitación del proyecto de ley orgánica por la que se modifica el Código Penal se deberían garantizar las siguientes cuestiones:

- Prescindir de la utilización del término «peligrosidad» asociado al trastorno mental, evitando la automática equiparación de ambos conceptos.
- Que el internamiento, como medida de seguridad, nunca pueda ser permanentemente prorrogable.
- Que las personas con trastorno mental grave puedan acceder a la libertad condicional en plenas condiciones de igualdad.
- Que las personas con trastorno mental grave puedan acceder a la libertad vigilada en plenas condiciones de igualdad.

Véase Boletín Oficial de las Cortes Generales-Congreso de los Diputados, *161/002148 Proposición no de Ley presentada por el Grupo Parlamentario Socialista, sobre tratamiento justo, adecuado y sin discriminación a las personas con trastorno mental en la legislación penal*, Serie D-Núm. 364, 26 de noviembre de 2013, pp. 9 y s. Disponible en: http://www.congreso.es/public_oficiales/L10/CONG/BOCG/D/BOCG-10-D-364.PDF [Acceso: 22 junio 2016].

prácticamente ninguna modificación relevante del régimen de medidas de seguridad[13] con respecto al existente con anterioridad, más allá de los supuestos de ampliación de la aplicación de la libertad vigilada para imputables que serán objeto de comentario específico *infra*.

2) Una segunda cuestión problemática en el marco del proceso de reforma del Código Penal 1995 que ha desembocado en la LO 1/2015 es el relativo a la inclusión, en diferentes textos prelegislativos, de la institución de la custodia de seguridad (concretamente prevista en los anteproyectos de 2012, en el anteproyecto de 2013 si bien finalmente descartada en el proyecto de 2013 y, por lo tanto, no recogida en la LO 1/2015). Se trata de una institución jurídica que toma como modelo la *Sicherungsverwahrung* alemana y que merece, en mi opinión, la más encendida crítica. No obstante, por habernos ya detenido suficientemente en la referencia a la custodia de seguridad a lo largo de este trabajo (véase *supra* apartado 1), no insistiré en mayor medida en la referencia a la misma.

3) Los textos prelegislativos citados ahondaban asimismo en una ampliación radical del número de supuestos en los que cabía imponer la medida de seguridad de libertad vigilada a imputables, siguiendo el modelo adoptado en la reforma del Código Penal de 2010. No obstante, el texto finalmente aprobado en virtud de la LO 1/2015 ha supuesto que, si bien se incrementan los casos de posible imposición de la libertad vigilada postpenitenciaria a imputables, el radio de acción de dicha institución no aumenta de manera tan desaforada como la establecida en los anteproyectos de reforma de 2012, el anteproyecto de 2013 y el propio proyecto de 2013.

4) A pesar de que el presente trabajo no ostenta un ánimo de exhaustividad en el análisis del articulado de los diferentes textos prelegislativos de reforma del Código Penal en materia de medidas de seguridad, sí procede destacar algunas incorrecciones técnicas e inconsistencias dogmáticas repetidas en los mismos y que, afortunadamente, no se han incorporado al texto vigente del Código Penal.

[13] En este sentido, el diputado del Grupo Parlamentario Popular José Miguel Castillo Calvín afirmaba en la Comisión de Justicia del Congreso de los Diputados, en relación con el particular, que el Grupo Parlamentario Popular había decidido «que uno de esos importantes puntos de desencuentro, un punto polémico para ustedes como las medidas de seguridad, volviera a su redacción original, renunciando a nuestra propuesta de reforma. Lo cierto es que, de la lectura exhaustiva de dichos preceptos, a pesar del trabajo para intentar alcanzar un texto de consenso que lo evitara, podían seguir surgiendo dudas sobre la asociación del término peligrosidad anudado al trastorno mental. Así lo hemos entendido y por ello no hemos tenido inconveniente en renunciar a este respecto a tan destacado punto de la reforma». Véase Diario de sesiones del Congreso de los Diputados-Comisiones, Núm. 736, 15 de enero de 2015, p. 22. Disponible en: http://www.congreso.es/public_oficiales/L10/CONG/DS/CO/DSCD-10-CO-736.PDF [Acceso 22 junio 2016].

En este sentido, y por destacar algunos de los aspectos más flagrantes, cabe recordar que el art. 95.1.3 Proyecto de Reforma del Código Penal 2013 preveía expresamente que «las medidas de seguridad se aplicarán por el juez o tribunal, previos los informes que estime convenientes, cuando concurran las siguientes circunstancias: «(...) 3) que la imposición de una medida de seguridad resulte necesaria para *compensar, al menos parcialmente*, la peligrosidad del sujeto». En este contexto, y desde un punto de vista terminológico, la referencia a la medida de seguridad como mecanismo de *compensación* de la peligrosidad criminal resulta hartamente criticable, pues parece expresar un sentido retribucionista ajeno completamente al fundamento de las medidas (en todo caso, éstas constituyen el mecanismo para, a través de una actuación fundamentalmente rehabilitadora y resocializadora, intervenir sobre la propia peligrosidad). No obstante, más criticable resulta aún si cabe, la mención a la medida como mecanismo de compensación *al menos parcial* de la peligrosidad, pues la medida de seguridad debe necesariamente responder total y no parcialmente a la peligrosidad criminal (lo que lógicamente, impone a la institución de las medidas, importantes servidumbres en su régimen aplicativo, duración, etc.) que constituye su fundamento único y exclusivo[14].

En la misma línea argumental crítica, cabe citar el art. 98.2 Proyecto de Reforma del Código Penal 2013 (previsión procedente de los anteriores anteproyectos y mantenida en todos ellos) que preveía en relación con la medida de internamiento en centro psiquiátrico[15] que «el internamiento se ejecutará en régimen cerrado cuando exista un peligro relevante de quebrantamiento de la medida o de comisión de nuevos delitos». Lo realmente curioso de dicha disposición es que en ningún lugar del Código se configuraba alternativamente un internamiento en centro psiquiátrico en régimen abierto, con lo que quedaba la interrogante de cuál era la voluntad del legislador cuando establecía dicha disposición en relación con la supuesta existencia de un *internamiento en régimen cerrado*[16].

[14] En la línea apuntada en el texto se pronuncia Barrios Flores (2013, p. 1296).

[15] Por no contraernos a los aspectos negativos cabe destacar la positiva, en mi opinión, previsión introducida por el art. 98.1 Proyecto de Reforma del CP 2013 en materia de internamiento en centro psiquiátrico (aplicable igualmente a los internamientos en centro educativo especial por disposición expresa del art. 99.1 y 2 Proyecto de Reforma del CP 2013) en virtud de la cual el citado internamiento únicamente resultaría aplicable si –además de otras condiciones– es «posible prever la comisión por parte del sujeto de delitos de gravedad relevante, entendiéndose por tales aquellos para los que esté prevista la imposición de una pena máxima igual o superior a tres años de prisión». Dicha previsión ostentaba efectos enormemente positivos desde la perspectiva de la seguridad jurídica a la hora de decretar la imposición de las referidas medidas de internamiento, pues obligaba a asociar su imposición a la peligrosidad criminal respecto de hechos delictivos de entidad relevante.

[16] Barrios Flores (2013, p. 1297) plantea que, alternativamente a considerar que al amparo del texto del art. 98.2 cabe entender que deberían existir internamientos penales en régimen abierto como alternativa a los de régimen cerrado que establece la citada norma, se puede considerar

Como queda patente, la valoración global de los cambios pretendidos en el reciente proceso de reforma penal en materia de medidas de seguridad resulta altamente negativa, cabiendo felicitarse por el hecho de que en el marco del mencionado proceso de reforma no se haya alterado en absoluto el título IV, libro I del Código Penal.

3. PARTICULAR CONSIDERACIÓN DE LA LIBERTAD VIGILADA COMO MEDIDA DE SEGURIDAD APLICABLE A SUJETOS IMPUTABLES EN EL PROCESO DE REFORMA DEL CÓDIGO PENAL ESPAÑOL A PARTIR DE 2012

Como ha quedado oportunamente puesto de manifiesto, el proceso de reforma penal español ha continuado tras la LO 5/2010 mediante la elaboración de los oportunos textos prelegislativos citados *supra* (anteproyectos de 2012, anteproyecto de 2013 y proyecto de 2013). En el marco de dicho proceso de reforma procede poner de manifiesto que la construcción de un verdadero «derecho penal de la peligrosidad»[17] ha constituido uno de los ejes principales y de los *leitmotiv* de la actuación del prelegislador. No obstante, cabe destacar en este punto, que el texto finalmente adoptado en virtud de la LO 1/2015 no supone la cristalización del diseño estructurado en materia de libertad vigilada aplicable a sujetos imputables por el prelegislador, pues si bien se amplía el radio de acción de dicha institución en relación con el vigente hasta la fecha, no alcanza los niveles de generalización previstos en los distintos anteproyectos ni en el proyecto de 2013. En este sentido, se puede afirmar que el proyecto de 2013 contenía una revisión integral de la regulación de la libertad vigilada aplicable a imputables, mientras que la LO 1/2015 (y, en lo que resulta de aplicación, la LO 2/2015, pues la libertad vigilada continúa siendo de aplicación en los delitos de terrorismo tras la reforma) se limita a ampliar los supuestos en los que dicha institución resulta susceptible de imposición.

---

que lo que la norma pretende consagrar es que los mencionados internamientos en régimen cerrado deberían tener lugar en establecimientos psiquiátricos penitenciarios, lo cual plantea evidentes distorsiones en la esfera de los tratamientos a nivel del sistema de salidas y de los permisos terapéuticos de paciente ingresados en tales establecimientos.

[17] En relación con el Anteproyecto de Reforma del CP de 2012 (cuya línea político criminal es seguida plenamente por los textos posteriores orientados a la reforma penal en España), el Informe del Consejo General del Poder Judicial (2013) ahondaba en la conclusión arriba sostenida, al establecer textualmente que «El anteproyecto lleva a cabo una total reforma de las medidas de seguridad, implantando de manera decidida los postulados del llamado *derecho penal de la peligrosidad*, en la línea iniciada por la LO 5/2010, de reforma del Código Penal. Desde los axiomas de este derecho de la peligrosidad, la seguridad se convierte en una categoría prioritaria en la política criminal, trasladando al ámbito del derecho penal la inquietud social ante determinados tipos de delincuentes».

El mayor exponente del referido derecho penal de la peligrosidad[18] viene constituido por el mantenimiento e incluso profundización (en el marco del reciente proceso de reforma penal español) del sistema instaurado en virtud de la LO 5/2010 que preveía –rompiendo una tendencia consolidada en la codificación penal española– la aplicación de medidas de seguridad para sujetos imputables[19]. De esta manera, los diferentes anteproyectos de reforma del Código Penal español desde el año 2012 (incluyendo el propio proyecto de reforma de 2013, antecedente directo –si bien en esta materia con importantes matizaciones a la luz de las relevantes modificaciones introducidas en el proceso de tramitación parlamentaria– del texto finalmente adoptado) ahondan en la aplicación de la medida de seguridad de libertad vigilada a sujetos imputables una vez cumplida la pena fijada para aquellos. En este sentido, la LO 5/2010 limitaba la aplicación de la referida libertad vigilada en el caso de sujetos imputables a los casos de delincuentes sexuales y terroristas; por el contrario, el diseño que se realizaba de la institución de la libertad vigilada en el marco del proceso de reforma español que ha cristalizado en la LO 1/2015 producía el efecto de que la misma pasaba de tener un carácter marginal frente a imputables peligrosos (precisamente por limitarse a dos categorías de delincuentes) a constituir uno de los ejes de la intervención penal, pues en el Proyecto de Reforma del Código Penal de 2013 se preveía su posible aplicación en relación con un catálogo amplísimo de delitos (delitos contra la vida, lesiones, *stalking*, violencia habitual en el ámbito familiar, detenciones ilegales y secuestros, trata de seres humanos, delitos contra la libertad e indemnidad sexuales, hurto, robo, extorsión, sustracción o

[18] De manera muy gráfica Jorge Barreiro (2010, p. 640) habla de una «crisis del derecho de medidas de seguridad que estará condicionado, sobre todo, por el cambio fundamental del modelo penal "garantista" al nuevo modelo penal de la "seguridad"t.160 (ciudadana)».

[19] A pesar del desarrollo normativo de un sistema penal encuadrable en la esfera del derecho de la peligrosidad, un sector muy significado de la doctrina critica fuertemente el referido concepto, incluso desde la perspectiva de su construcción teórica. En este sentido, Andrés-Pueyo (2013, p. 483 y s.) pone de manifiesto que desde finales de los años 90 del siglo pasado se viene proponiendo en distintos ámbitos de trabajo profesional con delincuentes y enfermos mentales violentos, la sustitución de la peligrosidad por un nuevo concepto (el «riesgo de violencia») tanto como elemento básico de la predicción de la reincidencia como de la intervención penitenciaria y rehabilitadora. Ello se fundaría en las numerosas debilidades que comporta la concepción actual de la peligrosidad, cabiendo citar entre ellas, las siguientes: a) cierta confusión sobre su naturaleza; b) su difícil operacionalización; c) una baja capacidad predictiva; d) los efectos negativos de la estigmatización derivada de la aplicación de la etiqueta de «peligroso» a los delincuentes y a los enfermos mentales. El citado autor pone de manifiesto que los avances en el conocimiento forense y criminológico han convertido al concepto de peligrosidad en un constructo sobresignificado del cual se puede prescindir, habiéndose convertido en una reificación de la maldad que lo convierte en un concepto inoperante en el contexto jurídico y médico-forense.

utilización ilegítima de vehículos a motor o ciclomotores, estafa[20], receptación y blanqueo de capitales, delitos contra los derechos de los ciudadanos extranjeros, delitos contra la seguridad colectiva y delitos contra el orden público). En relación con la imposición de la libertad vigilada a sujetos imputables, el art. 104 Proyecto de Reforma del Código Penal 2013 exigía la concurrencia de tres requisitos: por un lado, dicha medida debía estar prevista en la ley penal para el delito de que se trate; asimismo, debía haberse impuesto una pena de más de un año de prisión y, finalmente, debían concurrir los requisitos del art. 95.1 aps. 2 y 3 Proyecto de Reforma del Código Penal 2013 (que, básicamente, se cifraban en la peligrosidad criminal del sujeto). A la luz de los criterios anteriores podían realizarse una serie de consideraciones de cierto calado desde una perspectiva político-criminal: en primer lugar, la generalización que la libertad vigilada como medida de seguridad experimentaba en el Proyecto de Reforma del Código Penal 2013, en una supuesta lucha en pro de la seguridad que omitía en gran medida garantías[21] y derechos individuales del penado. En este sentido, procede poner de manifiesto que, en el marco del proyecto de 2013, se trataba de una medida de seguridad que, en los supuestos de aplicación a imputables, se ejecutaría una vez extinguida la pena de prisión correspondiente, produciendo una extensión de la intervención penal de entre tres y cinco años[22]. Desde el punto de vista aplicativo, parece que generalizar el recurso a la libertad vigilada para un

[20] En este sentido, había que entender que la referencia que realizaba el apartado centésimo quincuagésimo primero del Proyecto de Reforma del CP 2013, cuando disponía que «el artículo 251 bis actual pasa a enumerarse como artículo 251 ter y se introduce un nuevo artículo 252 bis (...)» en el que se preveía la posible imposición de libertad vigilada para la comisión de uno o varios delitos comprendidos en dicha sección, era errónea con total seguridad y que la mención al art. 252 bis hubiera sido oportunamente corregida pasando a referirse al art. 251 bis, de haberse mantenido el criterio (decaído en el curso de la tramitación parlamentaria y que, en consecuencia, no cristalizó en la LO 1/2015) de permitir la imposición de la libertad vigilada en relación con los delitos de estafa.

[21] La conclusión de Quintero Olivares (2013, p. 667) en este punto resulta difícilmente rebatible cuando afirma que «nos encontramos en un momento difícil para el respeto a las garantías: las presiones en pro del defensismo crecen al mismo ritmo que el uso obsceno de la inseguridad ciudadana como argumento para conquistar parcelas del electorado».

[22] Esta era la duración de la libertad vigilada de acuerdo con el art. 104 ter ap. 1º Proyecto de Reforma del CP 2013, si bien el ap. 2º del referido precepto establecía expresamente que «el plazo máximo de duración podrá ser prorrogado por plazos sucesivos de una duración máxima de cinco años cada uno de ellos, cuando se hubieran producido anteriormente incumplimientos relevantes de las obligaciones y condiciones impuestas conforme al art. 104 bis de los que puedan derivarse indicios que evidencien un riesgo relevante de comisión futura de nuevos delitos, y además: a) la medida de libertad vigilada hubiera sido impuesta en los supuestos del art. 192.1, o, b) de conformidad con lo dispuesto en la letra c) del art. 102.1». En definitiva, en el caso de los imputables autores de delitos contra la libertad e indemnidad sexual, la libertad vigilada al amparo del proyecto de reforma, podría ser de duración indefinida mediante un sistema de prórrogas sucesivas, siempre que se hubieran producido incumplimientos relevantes de las obligaciones y condiciones impuestas en virtud del art. 104 bis CP.

número tan importante de delitos como los incluidos en su catálogo, al amparo del Proyecto de Reforma del Código Penal de 2013 en relación con una pena impuesta de prisión de más de un año (en sí mismo, límite totalmente exiguo) suponía, ni más ni menos, extender la intervención penal de manera absolutamente indiscriminada[23]. Por otro lado, la exigencia de que el sujeto revelase peligrosidad criminal para imponer la libertad vigilada (criterio absolutamente lógico desde el punto de vista conceptual, dado que se trata de una medida de seguridad y no de una pena) devendría, sin lugar a dudas, con base en lo precario de los mecanismos de diagnóstico y pronóstico de la peligrosidad criminal en la práctica judicial española[24], un mero requisito formal[25] con escaso contenido aplicativo[26]. En definitiva, se podía llegar por esta vía a la generalización absoluta en la aplicación de la medida de libertad vigilada a todos los sujetos que hubiesen cometido un delito en relación con el cual se encontrase legislativamente prevista la referida medida.

Afortunadamente, el texto finalmente aprobado en virtud de la LO 1/2015 no ha acogido el conjunto de criterios anteriores en materia de libertad vigilada, pues en el marco del proceso de tramitación parlamentaria, la incidencia de dicha medida postpenitenciaria como eje de intervención

---

[23] En línea similar, aportando la perspectiva del análisis económico del derecho para criticar una extensión tan generalizada de la libertad vigilada como la prevista en el Proyecto de Reforma del CP 2013, véase Otero González (2015, p. 145).

[24] En este sentido, véase Jorge Barreiro (2010, p. 641).
No parece que la situación resulte sustancialmente distinta en países como Estados Unidos, en los que, sin embargo, se asume desde hace décadas de manera generalizada el recurso a la peligrosidad criminal como uno de los ejes fundamentales sobre los que se asienta la intervención penal frente a imputables (Morris 1978, p. 107 y ss.).

[25] Dicha afirmación se basa en las fuertes críticas que la constatación de la peligrosidad criminal en el ámbito de los inimputables y semiimputables plantea en España, a la vista de los escasos instrumentos para el diagnóstico y pronóstico de la misma de la que disponen los aplicadores del derecho penal en nuestro país. En numerosas ocasiones, la constatación de la peligrosidad criminal se basa en una predicción meramente intuitiva por parte del juzgador, asociada exclusivamente al delito previamente cometido disparando la cifra de falsos positivos, en nombre de la seguridad y del riesgo cero. Coincido con la posición sostenida en la doctrina alemana por Hinz (1986, p. 122 y ss.), quien, partiendo de sus antecedentes históricos, analiza la función del concepto de peligrosidad criminal en el ámbito del derecho de medidas y vincula el desarrollo del mismo con posiciones cercanas a la defensa social. En este sentido, en EEUU los casos Baxstrom y Dixon, supuestos en los que por circunstancias ligadas a la falta de fundamento legal y constitucional de determinadas modalidades de internamientos quedaron en libertad de manera indiscriminada sujetos considerados como peligrosos o especialmente peligrosos, a pesar de lo cual la tasa de reincidencia entre éstos fue del 3% en el primer caso y del 14% en el segundo, demuestran que los ratios de falsos positivos son importantísimos (Urruela Mora 2009, p. 68 y s.). Específicamente acerca del caso Baxstrom, véase Morris (1978, p. 112 y ss.).

[26] Coincido sustancialmente con Quintero Olivares (2013, p. 656) cuando afirma que «el juicio de peligrosidad, aun reducido al carácter "postdelictual" y criminal, continúa ofreciendo una alta dosis de irracionalidad».

político-criminal ha sufrido un importante recorte aplicativo en relación con la intención expresada por el prelegislador en el proyecto de 2013. A pesar de ello, aumentan los supuestos en los que cabe su aplicación a sujetos imputables una vez cumplida la pena de prisión impuesta; además de los casos ya previstos de delincuentes sexuales y terroristas, se amplía el radio de acción de la libertad vigilada a todos los delitos contra la vida, a los delitos de lesiones (comprendidos en el título III, libro II del Código Penal) cuando la víctima fuera alguna de las personas que son sujetos pasivos del delito del art. 173.2 CP, siendo igualmente susceptible de ser aplicada la libertad vigilada a los condenados por este último delito (art. 173.2 CP).

Una cuestión relevante en el marco de la reforma operada por la LO 1/2015 en este punto, pues evidencia la total falta de sistemática por parte de nuestro legislador penal, es que la imposición de la libertad vigilada postpenitenciaria aplicable a sujetos imputables en el nuevo marco penal, sigue siendo obligatoria (salvo en el caso del delincuente primario autor de un solo hecho menos grave) en los supuestos de delincuentes sexuales y terroristas –en relación con estos últimos lo anterior deriva de la LO 2/2015, en virtud del nuevo art. 579 bis 2 CP– (como, de hecho, ya ocurría tras la reforma introducida por LO 5/2010) pero se erige en meramente facultativa en los nuevos delitos para los que se prevé (arts. 140 bis, 156 ter y 173.2 *in fine*). Ello deriva del hecho de que el régimen final aprobado constituye una extraña mezcla entre el que preveía el proyecto de 2013 (que generalizaba el carácter facultativo en la imposición de la libertad vigilada como medida postpenitenciaria para imputables peligrosos) y el vigente con carácter anterior a la reforma de 2015 (imposición obligatoria en los supuestos ya incluidos en la LO 5/2010 –delincuentes sexuales y terroristas– salvo el caso del delincuente primario autor de un solo hecho delictivo menos grave), sin que se alcance a atisbar el criterio de dicho tratamiento diferencial[27].

[27] Incluso ello produce importantes distorsiones interpretativas a la luz del texto finalmente aprobado, pues al mantenerse sin modificación alguna los preceptos de la parte general del Código Penal reguladores de la libertad vigilada (fundamentalmente, el art. 106 CP), ello genera distorsiones con los artículos introducidos en virtud de la LO 1/2015. Así, por ejemplo, los nuevos artículos 140 bis CP, 156 ter o 173.2 *in fine* establecen la imposición meramente facultativa de la libertad vigilada («...*se les podrá imponer*...») para el catálogo de delitos a los que dichos preceptos se refieren, sin añadir precisión ulterior alguna. Lo anterior resultaba coherente con el texto del Proyecto de Reforma del CP 2013, donde al incluir en la parte general del Código Penal un nuevo régimen en materia de medidas (y, en particular, en la esfera de la libertad vigilada), dicha imposición facultativa se condicionaba a una serie de requisitos mencionados en el art. 104 Proyecto de Reforma del CP 2013 (en lo fundamental, su expresa previsión para el delito de que se trate, la existencia de peligrosidad criminal en el sujeto y la imposición de una pena de prisión de más de un año). La supresión de este último límite temporal, al desaparecer dicha referencia en el curso de la tramitación parlamentaria conducente a la LO 1/2015, priva de un criterio relevante para asegurar la lógica conexión entre la pena privativa de libertad de referencia y la imposición de la libertad vigilada a un imputable.

Por otro lado, el hecho de que tanto los anteproyectos de reforma del Código Penal de 2012 como el de 3 de abril de 2013 previesen la inclusión de la medida de custodia de seguridad[28], siguiendo el modelo alemán de la *Sicherungsverwahrung* (previsión legislativa eliminada en el proyecto de 2013 ante las importantes críticas que despertó en los informes tanto del Consejo General del Poder Judicial (2013), como del Consejo Fiscal (2013) y del Consejo de Estado (2013)), demuestra que, mediante la inclusión progresiva de este conjunto de instituciones penales (libertad vigilada y custodia de seguridad), el derecho penal español puede acabar adentrándose de manera definitiva por la tan criticable senda del derecho penal del enemigo.

4. PERSPECTIVA CRÍTICA EN RELACIÓN CON LA INTRODUCCIÓN DE LA MEDIDA DE SEGURIDAD DE LIBERTAD VIGILADA APLICABLE A SUJETOS IMPUTABLES

Una vez planteada la realidad legislativa española en materia de libertad vigilada en virtud de las reformas de 2010 y 2015, y en particular a la vista de la configuración de la referida libertad vigilada en nuestro país, considero que procede establecer una crítica radical[29] a la estructuración de una medida de seguridad susceptible de aplicación a sujetos imputables y de ejecución una vez finalizada la pena privativa de libertad correspondiente[30] (medida de carácter postpenitenciario cumulativa a la pena)[31].

En primer lugar, resulta procedente en este punto realizar una reflexión previa; y es que indudablemente, en el caso español, la inclusión de medidas

[28] En relación con los problemas de constitucionalidad que plantea la custodia de seguridad, en particular, en el marco normativo español (incluyendo referencia expresa a la configuración de dicha medida en la legislación alemana), véase Caruso Fontán (2014, p. 20 y ss.).

[29] En este sentido, coincido esencialmente con la posición mantenida al efecto por el Grupo de Estudios de Política Criminal (2012, p. 15) que destaca cómo un modelo de legislación penal-penitenciaria que viene diseñando desde 2003 la pena privativa de libertad, prescindiendo de (cuando no obstaculizando) la reinserción social del penado (y por ende, presumiendo que la peligrosidad criminal del condenado no desaparece a pesar de los años pasados privados de libertad), carece de legitimación para intentar buscarla *a posteriori* por otras vías.

[30] Como pone de manifiesto Quintero Olivares (2013, p. 662), los delincuentes profesionales y habituales habrían de ser tratados de acuerdo con las particularidades de su personalidad, pero esa personalidad no ha de traducirse en drásticos aumentos de castigo que sólo se justifican en función del defensismo a ultranza que quiere compatibilizarse con una retribución culpabilista de sentido «tradicional».

[31] Coincido sustancialmente con la argumentación sostenida en este punto por García Rivas (2013, p. 611), quien mantiene que el amplio debate abierto en torno al «nuevo» «derecho penal de la seguridad» ha puesto de relieve la apertura de una brecha en las garantías inherentes al derecho penal del Estado democrático, bajo la coartada de combatir al enemigo con todas las armas, incluyendo aquellas que hasta hace poco se consideraban generalmente ilegítimas, siendo en esta línea en la que se inscriben la libertad vigilada española y la custodia de seguridad alemana.

de seguridad para imputables peligrosos de cumplimiento posterior a la pena privativa de libertad se enmarca en el proceso de crisis del derecho penal[32], en el que las diferentes categorías dogmáticas, fines y funciones político-criminales del derecho penal se encuentran absolutamente en entredicho y sometidos a una fuerte presión legislativa, como consecuencia de diferentes factores: alarma social generada por ciertos crímenes (en gran medida vinculada al impacto mediático de los mismos), la incidencia de los medios de comunicación como agentes configuradores de la realidad, la utilización de la legislación penal como mecanismo para suministrar seguridad subjetiva a la población por parte de la clase política, etc.[33].

En este sentido, considero que la previsión de medidas de seguridad complementarias a la pena para imputables peligrosos persigue fundamentalmente permitir el mantenimiento de un derecho de la pena dogmáticamente coherente con las previsiones constitucionales (principio de resocialización, principio de humanidad de las penas, etc.), a la vez que introduce por la puerta de atrás soluciones excepcionales en nombre de una pretendida seguridad pública en constante peligro[34] (al menos, en el discurso oficial y mediático). En este contexto, la materialización de la medida de seguridad de libertad vigilada aplicable a imputables bajo la fórmula consagrada en la reforma del Código Penal de 2010 (modelo sobre el que incide la reforma del Código Penal de 2015) constituye una manifestación del derecho penal de la seguridad[35], cuyas plasmaciones en la legislación penal española reciente vienen constituidas por la aprobación de la prisión permanente revisable, la ampliación de la libertad vigilada postpenitenciaria a nuevas categorías de delitos, así como por la previsible futura introducción en el sistema de consecuencias jurídicas del delito de la custodia de seguridad, siguiendo el modelo alemán de la *Sicherungsverwahrung*[36] (ya prevista, por otro

---

[32] De acuerdo con Quintero Olivares (2013, p. 653), el derecho penal vive hoy el momento más crítico de su historia, pudiendo hablarse de una crisis de validez que afecta a sus conceptos más fundamentales, su misión, su función política y político-criminal como medio de control social.

[33] En relación con estas cuestiones, véase Silva Sánchez (2001, p. 28 y ss.).

[34] Línea argumental mantenida por García Rivas (2013, p. 611).

[35] En el mismo sentido, García Rivas (2013, p. 624 y s.), quien destaca que la evaluación final de esta novedad legislativa es claramente negativa, pues se apoya en los postulados del derecho penal de la seguridad, campo abonado a las extralimitaciones punitivas. En este sentido, como destaca el referido autor, el legislador no procede a un tratamiento normalizado de la libertad vigilada, confinándola a su función positiva de sustituto penal o de medida asociada al último periodo de cumplimiento de la pena de prisión (libertad condicional), habiendo optado por un tratamiento excepcional, que carece de justificación real.

[36] Respecto de las medidas de seguridad complementarias a la pena, Silva Sánchez (2010, p. 2 y s.) acepta que existen algunas paradojas a la hora de calificarlas como medidas de seguridad, siendo la principal, la de cómo compatibilizar con respecto a un mismo sujeto la afirmación de su racionalidad (que se manifiesta en la imposición de la pena) y su simultánea negación (que se manifiesta en la imposición de la medida). Dicho autor pone de manifiesto que «si resultara que

lado, en los anteproyectos de reforma de 2012 y en el de 3 de abril de 2013 (Subijana Zunzunegui (2014, p. 174 y ss.)).

En el plano de *lege ferenda*, considero que si bien la introducción de la libertad vigilada puede ostentar efectos enormemente beneficiosos de cara a la consecución de objetivos resocializadores y rehabilitadores[37], ello pasa inexorablemente por una articulación de dicha consecuencia jurídica conforme a un esquema totalmente distinto del previsto por el legislador español en las reformas de 2010 y 2015.

1. En primer lugar, en cuanto a la articulación de la libertad vigilada, el legislador español de 2010 optó por su configuración como medida de seguridad aplicable tanto a inimputables y semiimputables como a imputables peligrosos (al menos presuntamente peligrosos, pues se impone en sentencia, normalmente muchos años antes de su ejecución efectiva), una vez cumplida la pena correspondiente (carácter postpenitenciario). En el caso de su imposición a imputables, se generan numerosos interrogantes: su posible naturaleza de medida predelictual (con base en el hecho de que el sujeto al que se impone –imputable– ya ha cumplido la pena correspondiente al delito cometido), la presunción de peligrosidad futura en que se funda (presunción en todo caso, *iuris tantum*, pues cabe decisión en contra de su ejecución efectiva por parte del juez o tribunal sentenciador previa propuesta del juez de vigilancia penitenciaria con carácter anterior al comienzo de la propia ejecución de la medida) o su vinculación a un «derecho penal de la seguridad»[38], que permite todo tipo de excesos punitivos en nombre de las necesidades de incolumidad del cuerpo social.
2. Con base en los argumentos anteriores, considero que la estructuración de la libertad vigilada aplicable a sujetos imputables debería llevarse a cabo con arreglo a la categoría jurídica de pena[39] y

---

las medidas de seguridad complementarias a la pena (como la custodia de seguridad para imputables) tienen como fundamento alguna forma de autodegradación del sujeto como agente libre, entonces no dejaría de subyacer a ellas una cierta teoría de la culpabilidad, más o menos próxima a la doctrina de la culpabilidad por la conducción de vida».

[37] Otero González (2015, p. 148) destaca acertadamente que es imprescindible incidir en los aspectos rehabilitadores de la mencionada medida, ámbito en el que resulta fundamental, a juicio de dicha autora –en posición que comparto plenamente–, la función de los agentes de ejecución así como la labor a desarrollar por parte de un equipo de expertos que se ocupen de vigilar la ejecución de la libertad vigilada, debiendo tratarse de un cuerpo de funcionarios dedicado exclusivamente a la citada tarea.

[38] Acerca de los perfiles de este derecho penal de la seguridad en nuestras modernas sociedades avanzadas y su conexión con las medidas de seguridad de carácter postpenitenciario aplicables a imputables peligrosos, véase Subijana Zunzunegui (2014, p. 155 y ss.).

[39] En este sentido se pronuncia el Grupo de Estudios de Política Criminal, que considera preferible su articulación como pena, definiéndola como obligación de someterse a supervisión

no como medida de seguridad[40], pues si se opta (como ha hecho el legislador español en 2010) por esta segunda vía, se corre el riesgo de institucionalizar un derecho penal de la peligrosidad[41] frente a imputables como opción complementaria al derecho penal de la culpabilidad en relación con los referidos sujetos. Desde el punto de vista dogmático, la opción adoptada por el legislador español de 2010 (y refrendada en la reforma de 2015) persigue mantener, en la medida de lo posible, un sistema de penas inmaculado y coherente con los

---

y ayuda por un agente de ejecución de penas, de acuerdo a las necesidades de reeducación y reinserción del sujeto, de duración no superior a dos años. El referido Grupo de Estudios de Política Criminal (2005, p. 29 y 43) la configura como pena perteneciente al elenco de las «penas de cumplimiento en comunidad» (arraigadas en el ámbito anglosajón en el marco de las *community orders*), considerando que la referida libertad vigilada facilita la adaptación flexible de la pena al caso concreto cuando por la menor gravedad del delito y las circunstancias del caso aparezca como una restricción suficiente para apoyar la reinserción del individuo. Como acertadamente sostiene García Rivas (2013, p. 606) en relación con la propuesta del Grupo de Estudios de Política Criminal, la articulación de la libertad vigilada como pena implica que la restricción de la libertad que la misma supone no se encuentra ligada a la peligrosidad del sujeto sino a la culpabilidad por el hecho cometido, como sustitutivo o paliativo de la pena de prisión, modelo que comparto plenamente.

[40] No obstante, procede aceptar que, materialmente, nos encontramos ante una consecuencia jurídico-penal de naturaleza más próxima a la de las medidas de seguridad (dada su casi exclusiva orientación a fines preventivo-especiales, los cuales, sin embargo, no resultan por completo ajenos a las penas) (Centre d'Estudis Juridics i Formació Especialitzada 2008, p. 9). Sin embargo, ello no determina necesariamente su caracterización como medida, pues en el Código Penal español actualmente vigente disponemos de suficientes ejemplos de penas que materialmente ostentan la orientación anterior (así, las denominadas penas de alejamiento del art. 48 CP).

[41] No obstante, y aunque considero que debemos ser profundamente críticos con los intentos de construcción de un «derecho penal de la peligrosidad» que remplace total o parcialmente al «derecho penal de la culpabilidad» (crítica predicable esencialmente a la extensión del empleo de la peligrosidad criminal para la determinación de la respuesta penal aplicable a imputables), estimo que la peligrosidad criminal tiene una esfera propia en el derecho penal moderno, fundamentalmente vinculada con el ámbito de las medidas de seguridad aplicables a inimputables y semiimputables. En este sentido, los intentos operacionales provenientes de la doctrina anglosajona y consistentes en sustituir el concepto de peligrosidad por un supuestamente más objetivo «riesgo de reincidencia» (variable que en países como Estados Unidos o Inglaterra, entre otros, sirve para determinar la consecuencia jurídico-penal aplicable a sujetos imputables) me parecen fuertemente criticables y ello con base en los siguientes argumentos: 1) La pretendida objetivización que implican no es tal, sino una mera asignación de un sujeto a un grupo de riesgo en virtud de variables genéricas (con la consiguiente posterior aplicación de criterios de riesgo con base en parámetros estadísticos), que sólo de manera remota permiten la individualización de la sanción en función de las peculiaridades del sujeto; 2) dichos intentos teóricos, precisamente debido a su pretendido carácter objetivo, acaban gestionando la peligrosidad criminal (y, básicamente, el riesgo de reincidencia) bajo técnicas actuariales cercanas al aseguramiento de riesgos (y, por lo tanto, acercan la intervención penal a criterios aplicables a fallos sistémicos o meramente mecánicos) con lo que ello tiene de despersonalización del derecho penal y de instrumentalización del sujeto en pro de la seguridad colectiva.

mandatos constitucionales de resocialización (art. 25.2 CE) o con los principios correlativos de humanidad de las penas y de pleno respeto de la dignidad del penado –y, en el caso español, ni siquiera esto, máxime tras la introducción de la prisión permanente revisable–, mientras que por la puerta de atrás se introduce un derecho penal de la seguridad desprovisto de las mínimas garantías, tanto en lo relativo a la limitación temporal de las consecuencias jurídico-penales a imponer como a la forma de ejecución de las mismas. Y todo ello en nombre de una pretendida seguridad ciudadana, siempre puesta en entredicho por la peligrosidad criminal de la población reclusa (cuya cuantificación real resulta con los instrumentos existentes muy difícilmente determinable (Subijana Zunzunegui 2014, p. 178 y s.) como evidencia la doctrina mayoritaria[42]).

3. Al objeto de lograr la verdadera eficacia rehabilitadora de la libertad vigilada para imputables bajo el modelo de pena aquí propuesto, considero que la misma debería articularse principalmente como pena principal y sustitutiva[43], lo que permitiría fundamentalmente que la misma evite la imposición de penas de prisión de corta duración así como que sirva para sustituir penas de prisión impuestas bajo determinados parámetros aplicativos a concretar en el Código Penal.
4. En todo caso, a dichos efectos coincido con la propuesta formulada por el Grupo de Estudios de Política Criminal, que defiende una configuración flexible de una hipotética pena de libertad vigilada, habilitando al juez de vigilancia penitenciaria para que (oídos el agente supervisor, el condenado y el Ministerio Fiscal) pudiera, en cualquier momento, reducir la duración de la libertad vigilada o dejarla sin efecto en función del pronóstico de reinserción del penado (es decir,

[42] Y ello a pesar de importantes esfuerzos científicos por dotar de niveles de seguridad la diagnosis y la prognosis de la peligrosidad criminal, como los formulados en la doctrina española destacadamente por Romeo Casabona (1986, p. 30 y ss.). Igualmente crítico con la fiabilidad del pronóstico de peligrosidad criminal en el marco de la derogada Ley de Peligrosidad y Rehabilitación Social se mostraba Terradillos Basoco (1981, p. 220 y ss.). A pesar del tiempo transcurrido, la mayor parte de las conclusiones alcanzadas en este punto por Terradillos no han logrado ser rebatidas ni superadas por la investigación científica (particularmente en materia de pronóstico del comportamiento criminal futuro) más de tres décadas después. En este sentido, destaca la incertidumbre del pronóstico de peligrosidad criminal Tapia Ballesteros (2014, p. 9).

[43] Así propone su configuración el Grupo de Estudios de Política Criminal (2012, p. 14) que configura la libertad vigilada como alternativa político-criminal idónea para hacer frente a la delincuencia de escasa gravedad. El referido grupo pone de manifiesto que las posibilidades que ofrece la libertad vigilada si se aplica conforme a dichos criterios son dobles: por un lado, la libertad vigilada se constituye en una verdadera alternativa a las penas cortas privativas de libertad, y, por otro lado, reduciría el número de personas privadas de libertad en las masificadas prisiones españolas.

si a la vista del mismo resultase innecesaria la continuidad de las obligaciones impuestas)[44].

5. Instrumentos penales basados en incrementos del rigor punitivo consistentes en la prolongación del tiempo de control penal, siempre que tengan naturaleza temporalmente limitada (por ejemplo, como actualmente sucede con la libertad vigilada restringida a un lapso de 10 años), únicamente contribuyen a perpetuar el debate de la seguridad cerrándolo en falso, pues la peligrosidad criminal es potencialmente de duración indeterminada. En definitiva, la controversia en torno al tratamiento del delincuente imputable peligroso acaba conllevando continuos incrementos del rigor punitivo (aprovechando para ello cada reforma del Código Penal), en tanto no se instaure definitivamente la cadena perpetua y las medidas de seguridad postpenitenciarias (incluyendo, en su caso, medidas privativas de libertad bajo el modelo de la *Sicherungsverwahrung* alemana) de duración potencialmente indefinida (mientras subsista la peligrosidad criminal del autor), ya que los defensores del modelo de derecho penal de la seguridad y del riesgo cero siempre podrán argüir la existencia de un colectivo de sujetos potencialmente peligrosos una vez finalizada la intervención penal (por muy prolongada en el tiempo que aquella resulte).

BIBLIOGRAFÍA

Andrés-Pueyo, Antonio (2013): «Peligrosidad criminal: análisis crítico de un concepto polisémico», en E. Demetrio Crespo, dir. y M. Maroto Calatayud, coord., *Neurociencias y Derecho Penal*, Madrid: Edisofer, p. 483-503.

Armaza Armaza, Emilio José (2013): *El tratamiento penal del delincuente imputable peligroso*, Granada: Comares.

Barrios Flores, Luis Fernando (2013): «El Anteproyecto de reforma del Código Penal de 2012. Incidencias sobre infractores penales con anomalías o alteraciones psíquicas», *Diario La Ley* 8054.

Borja Jiménez, Emiliano (2012): «Custodia de seguridad, peligrosidad postcondena y libertad en el Estado democrático de la era de la globalización: una cuestión de límites», *Revista General de Derecho Penal* 18, p. 1-57.

Cano Paños, Miguel Ángel (2007): «El marco jurídico y criminológico de la custodia de seguridad (*Sicherungsverwahrung*) en el Derecho Penal Alemán», *Cuadernos de Política Criminal* 91, p. 205-250.

Caruso Fontán, Viviana (2014): «La agravante de reincidencia en el Código Penal español. Consideraciones de política criminal», *Revista Penal* 33, 3-31.

[44] El Grupo de Estudios de Política Criminal (2012, p. 25 y s.) concibe a dichos efectos –posición que comparto plenamente– la configuración de la pena de libertad vigilada como pena de carácter interactivo, idónea para alcanzar los fines de reinserción social, en la que el protagonismo del penado sea superior al que desempeña en otras penas, ya que el grado de control de su libertad va a depender de su comportamiento en fase ejecutiva.

Centre d'Estudis Juridics i Formació Especialitzada (2008): *Comisión para el estudio de las medidas de prevención de la reincidencia en delitos graves* [en línea], Barcelona: Generalitat de Catalunya. Departament de Justícia. Centre d'Estudis Jurídics i Formació Especialitzada Disponible en:http://justicia.gencat.cat/web/.content/documents/arxius/comissio_mena_cas.pdf [Acceso 15 agosto 2014].

Cerezo Mir, José (1996): «Consideraciones político-criminales sobre el nuevo Código Penal de 1995», *La Ley: Revista jurídica española de doctrina, jurisprudencia y bibliografía* 3, p. 1470-1478.

Cerezo Mir, José (2008): «Reflexiones críticas sobre algunas manifestaciones de la moderna tendencia a incrementar el rigor en la exigencia de responsabilidad criminal», *Revista Penal* 22, p. 16-21.

Consejo de Estado (2013): *Anteproyecto de ley orgánica por la que se modifica la Ley Orgánica 10/1995, de 23 de noviembre, del Código Penal* [en línea]. Disponible en: https://www.boe.es/buscar/doc.php?id=CE-D-2013-358 [Acceso 14 junio 2016].

Consejo Fiscal (8 de enero de 2013): *Informe del Consejo Fiscal al Anteproyecto de Ley Orgánica por la que se modifica la Ley Orgánica 10/1995, de 23 de noviembre, del Código Penal* [en línea], Madrid: Fiscalía General del Estado. Disponible en: https://www.fiscal.es/fiscal/PA_WebApp _SGNTJ_NFIS/descarga/INFORME_ANTEPROYECTO_CP_2012_8-enero-2013.pdf?idFile=ab37a28b-9fbc-4af5-b2b3-3b14c1826623 [Acceso 14 junio 2016].

Consejo General del Poder Judicial-Comisión de Estudios e Informes (16 de enero de 2013): *Informe al Anteproyecto de Ley Orgánica por la que se modifica la Ley Orgánica 10/1995, de 23 de noviembre, del Código Penal*, [en línea]. Disponible en: http://www.poderjudicial.es/cgpj/es/Poder_Judicial/Consejo_General_del_Poder_Judicial/Actividad_del_CGPJ/Informes/Informe_al_Anteproyecto_de_Ley_Organica_por_la_que_se_modifica_la_Ley_Organica_10_1995__de_23_de_noviembre__del_Codigo_Penal [Acceso 23 abril 2014].

García Rivas, Nicolás (2013): «La libertad vigilada y el Derecho Penal de la peligrosidad», en E. Demetrio Crespo, dir. y M. Maroto Calatayud, coord., *Neurociencias y Derecho Penal*, Madrid: Edisofer, p. 601-627.

Gazeas, Nikolaos (2013): «La nueva regulación de la custodia de seguridad en Alemania», en E. Demetrio Crespo, dir. y M. Maroto Calatayud, coord., *Neurociencias y Derecho Penal*, Madrid: Edisofer, p. 629-649.

Gracia Martín, Luis (1993): «Culpabilidad y prevención en la moderna reforma penal española», *Actualidad Penal* 37, p. 547-570.

Gracia Martín, Luis (2008): «Sobre la legitimidad de las medidas de seguridad contra delincuentes imputables peligrosos en el Estado de Derecho», en C. García Valdés et al. coords, *Estudios penales en homenaje a Enrique Gimbernat* Tomo I, Madrid. Edisofer, p. 975-1004.

Grupo de Estudios de Política Criminal (2005): *Una propuesta alternativa al sistema de penas y su ejecución, y a las medidas cautelares personales*, Málaga: GEPC; Valencia: Tirant lo Blanch.

Grupo de Estudios de Política Criminal (2012): *Alternativas al sistema de sanciones penales: Nuevas penas y medidas restrictivas de derechos*, Málaga: GEPC; Valencia: Tirant lo Blanch.

Infocop Online-Revista de Psicología (2015): «Retiradas de la reforma del Código Penal las medidas de seguridad de carácter indefinido aplicables a personas con trastorno mental», *Infocop Online-Revista de Psicología* [en línea], 4-2-2015. Disponible en: http://www.infocop.es/view_article.asp?id=5483 [Acceso 20 septiembre 2015].

Jorge Barreiro, Agustín (2010): «Reflexiones sobre la problemática actual y el futuro de las medidas de seguridad criminales: su regulación en el derecho penal español y en el derecho comparado», en D.M. Luzón Peña, dir., *Derecho Penal del estado social y democrático de derecho, Libro Homenaje a Santiago Mir Puig*, Madrid: La Ley, p. 599-660.

Milde, Oliver (2006): *Die Entwicklung der Normen zur Anordnung der Sicherunsverwahrung in den Jahren von 1998 bis 2004*, Hamburg: Dr. Kovac.

Morris, Norval (1978): *El futuro de las prisiones*, México: Siglo XXI.

Muñoz de Morales Romero, Marta (2010): «La *Sicherungsverwahrung* es una pena y como tal no puede aplicarse retroactivamente: comentario a la Sentencia del TEDH de 17 de diciembre de 2009», *Revista General de Derecho Penal* 13, p. 1-5.

Otero González, Pilar (2015): *La libertad vigilada aplicada a ¿imputables?: presente y futuro*, Madrid: Dykinson.

Quintero Olivares, Gonzalo (2013): «Monismo y dualismo. Culpables y peligrosos», en E. Demetrio Crespo, dir. y M. Maroto Calatayud, coord., *Neurociencias y Derecho Penal*, Madrid: Edisofer, p. 651-667.

Romeo Casabona, Carlos María (1986): *Peligrosidad y derecho penal preventivo*, Barcelona: Bosch.

Romeo Casabona, Carlos María (1992): «El anteproyecto de CP 1992», *Presupuestos para la Reforma Penal*, Granada: Comares; Santa Cruz de Tenerife: Centro de Estudios Criminológicos- Universidad de la Laguna.

Salat Paisal, Marc (2012): «Libertad vigilada: regulación en Derecho comparado y realidad normativa en España», *Revista General de Derecho Penal* 17, p. 1-41.

Sánchez Lázaro, Fernando Guanarteme (2006): «Un problema de peligrosidad postdelictual: Reflexiones sobre las posibilidades y límites de la custodia de seguridad», *Revista Penal* [en línea] 17, p. 142-165. Disponible en: http://www.uhu.es/revistapenal/index.php/penal/article/view/271/261 [Acceso 14 junio 2016].

Silva Sánchez, Jesús-María (2001): *La expansión del Derecho penal: aspectos de la política-criminal en las sociedades postindustriales*, 2ª ed., Madrid: Civitas.

Silva Sánchez, Jesús-María (9 de septiembre de 2010): «La reforma del Código Penal: una aproximación desde el contexto», *Diario la Ley* 7464.

Subijana Zunzunegui, Ignacio José (2014): «La expansión de la libertad vigilada y el vaivén de la custodia de seguridad en el Proyecto de 2013», *Cuadernos penales José María Lidón* 10, p. 155-180.

Tapia Ballesteros, Patricia (2014): «Las medidas de seguridad. Reformas más recientes y últimas propuestas», *Revista Jurídica de Castilla y León* [en línea], 32, p. 1-21. Disponible en: http://www.observasmjc.uff.br/psm/uploads/Las_medidas_de_seguridad_Reformas_m%C3%A1s_recientes_y_%C3%BAltimas_propuestas.pdf [Acceso 14 junio 2016].

Terradillos Basoco, Juan (1981): *Peligrosidad social y estado de derecho*, Madrid: Akal.

Urruela Mora, Asier (2009): *Las medidas de seguridad y reinserción social en la actualidad*, Granada: Comares.

Zugaldía Espinar, José Miguel (2009): «Medidas de seguridad complementarias y acumulativas para autores peligrosos tras el cumplimiento de la pena», *Revista de Derecho Penal y Criminología* 3ª época, 1, p. 199-212. Disponible en: http://e-spacio.uned.es/fez/eserv.php?pid=bibliuned:DerechoPenalyCriminologia-2009-1-30300&dsID=PDF [Acceso 14 junio 2016].

Las alternativas a la prisión en la reforma de 2015

CAROLINA VILLACAMPA ESTIARTE

1. Cuestiones introductorias. 2. La incidencia de la reforma penal de 2015 en las sanciones alternativas a la prisión. 2.1. Planteamiento. 2.2. Los trabajos en beneficio de la comunidad. 2.3. La localización permanente. 2.4. Consideración conclusiva respecto de las sanciones alternativas a la prisión en el Código Penal de 2015. 3. La reforma de 2015 frente a las consecuencias jurídico-penales sustitutivas de la prisión. 3.1 Planteamiento. 3.2. Aspectos positivos introducidos por la reforma en las consecuencias jurídico-penales sustitutivas de la prisión. 3.3. Inconvenientes: aspectos negativos y cuestiones que la reforma deja por resolver. Bibliografía

RESUMEN

El presente capítulo analiza la presencia de las alternativas a la prisión en el Código Penal español tras la reforma operada por la LO 1/2015. De un lado, en el mismo se argumenta como el legislador de 2015 no ha apostado por el recurso a las sanciones alternativas a la prisión para reprimir la criminalidad de gravedad intermedia. Es más, confirma como algunas de estas sanciones han sufrido un claro retroceso. De otro lado, en relación con las consecuencias penales sustitutivas de la prisión, se analiza como la nueva regulación de la suspensión ha introducido flexibilidad en el sistema, si bien en ocasiones al precio de limitar la aplicabilidad de estos mecanismos alternativos al encarcelamiento.

Palabras clave: Sanciones alternativas, consecuencias penales sustitutivas de la prisión, localización permanente, trabajos en beneficio de la comunidad, suspensión.

ABSTRACT

This chapter analyses the presence of alternatives to prison in the Spanish Criminal Code after its reform through the Organic Act 1/2015. On the one hand, it is argued how the Spanish legislator has not opted to resource to alternatives to prison to sanction moderately serious criminality. What is more, it confirms that some of these sanctions have suffered a clear setback with this reform. On the other hand, with reference to alternative penal consequences of prison, it is analysed how the new regulation of probation in the Spanish Criminal Code has introduced certain flexibility in the system, but at the price of limiting sometimes the application of these alternative mechanisms to imprisonment.

Keywords: Alternative sanctions, alternative penal consequences of prison, permanent location, unpaid work, probation.

1. CUESTIONES INTRODUCTORIAS

La expresión «alternativas a la prisión» o «sustitutivos penales», o más contemporáneamente «sanciones y medidas aplicables a la comunidad» (Serrano Pascual 1999) constituye una categoría definida negativamente, identificada con cualquier mecanismo que evite el ingreso en prisión. En abstracto podrían entenderse integradas en este concepto instituciones muy dispares, unidas por el común denominador de evitar ingresos en prisión; tan diversas que incluso procesos como la desincriminación de conductas delictivas –empleados como mecanismo para la descongestión del sistema de justicia penal– o el indulto podrían entenderse integrados en la referida denominación (Zaffaroni 1993). La referida amplitud en la caracterización de estos conceptos probablemente se deba a que la búsqueda de alternativas a la prisión –que paradójicamente en sus orígenes fue concebida como la alternativa ilustrada a la pena de muerte o las penas corporales– supone en definitiva el reconocimiento del fracaso de esta institución, lo que no constituye más que el reflejo de la crisis misma del derecho penal. Por esto no cabe solo incluir entre las alternativas aquéllas que buscan arbitrar una penalización diversa al ingreso en una institución total como la prisión, sino eventualmente también aquellas otras a través de las que instrumentar directamente una reducción progresiva del derecho penal que lo haga retornar a los límites marcados por el derecho penal mínimo (Asúa Batarrita 1989, Sanz Mulas 2000).

La referencia a las alternativas a la prisión sirve así para designar un conjunto heterogéneo de mecanismos que no operan de la misma manera, ni con carácter general, ni respecto de la propia pena que pretenden evitar, y que incluso tienen diferente naturaleza jurídica (De La Cuesta 1993). No obstante, se trata de medidas que tienen en común dos rasgos: su finalidad y su ámbito de aplicación. En relación con su finalidad, tales mecanismos se dirigen a evitar o reducir la aplicación de la pena de prisión. En segundo lugar, en relación con su ámbito de aplicación, acostumbra a venir circunscrito al propio de las penas cortas prisión.

Con ser el de las alternativas a la prisión un concepto indeterminado, sí cabe identificar terminológicamente, de un lado, las alternativas político-criminales a la prisión, de otro las sanciones alternativas a la prisión y, finalmente, las consecuencias jurídico-penales sustitutivas de la prisión o formas sustitutivas de la prisión. Se entienden integradas entre las alternativas político-criminales a la prisión aquellas figuras que responden a una política criminal alternativa, hasta el punto de incluir la desformalización y la despenalización; mecanismos que justamente con estrategias sociales, económicas y educacionales tenderían a contraer el campo de aplicación del derecho penal. En segundo término, las sanciones alternativas suponen el diseño de consecuencias jurídicas para el delito distintas de la prisión, esto es, la previsión legal fundamentalmente de penas no privativas de libertad. Finalmente, las consecuencias jurídico-penales sustitutivas de la prisión se puede considerar que forman parte de las sanciones alternativas, incluso reduciendo su ámbito de aplicación a los casos en que de la aplicación habitual de la ley se debería derivar la pena de prisión, cuya ejecución se evita con la aplicación de una de estas alternativas.

De las tres posibles acepciones que cabe atribuir a la expresión «alternativas a la prisión» constituye objeto de esta contribución el análisis de las modificaciones incorporadas por la LO 1/2015 de reforma del Código Penal en el ámbito de las sanciones alternativas a la prisión y en el de las formas sustitutivas de ésta, pues la posibilidad de que eventualmente mediante esta reforma penal se haya actuado una política-criminal alternativa conducente a la despenalización de conductas no constituirá una cuestión que se aborde en esta sede.

2. LA INCIDENCIA DE LA REFORMA PENAL DE 2015 EN LAS SANCIONES ALTERNATIVAS A LA PRISIÓN

2.1. Planteamiento

Entrando a analizar sucintamente el modo en que la reforma de 2015 ha incidido en la configuración de las alternativas a la prisión, puede comenzarse diciendo que el legislador de 2015 no ha perseguido con las modificaciones introducidas en este particular el diseño de un sistema de sanciones en que se planteen reales alternativas a la pena de prisión de corta duración.

Ciertamente, el sistema de sanciones imperante en derecho penal español está lejos de sistemas sancionatorios como el inglés. En éste las *community sentences* –antes designadas *community orders*– pueden imponerse como sentencia de tipo único, con requerimientos a concretar por parte del juez, que constituyen las *community penalties*, según el art. 148 *Criminal Justice Act*, en los casos en que se considera que la ofensa cometida es suficientemente seria como para merecer tal sanción, sin necesidad de imponer pena de prisión, ofreciendo cierta libertad al aplicador acerca de los concretos requerimientos que impone al penado, de entre los doce que la ley prevé. Jamás nuestro sistema de sanciones ha llegado a tener tal confianza en la previsión de sanciones ejecutadas en la comunidad como para aplicar éstas en primera instancia, reservando la imposición de las penas de prisión para los supuestos que se consideren demasiado graves para imponerles una pena de cumplimiento en la comunidad. Sin haber llegado jamás tan lejos, constriñendo siempre mucho más el arbitrio judicial a la hora de determinar la sanción imponible, que tiende inexorablemente hacia la previsión en primer término de penas de prisión, lo cierto es que ha habido reformas penales en que las sanciones alternativas a la prisión han salido más bien paradas que en la última de las modificaciones del Código Penal.

Entre las que han constituido las más firmes apuestas en nuestro sistema penal actual de sanciones para erigirse en las fundamentales alternativas a las penas cortas de prisión, más allá de la pena de multa, cabe mencionar los trabajos en beneficio de la comunidad y la localización permanente, cuanto menos por el impulso que a ésta se dio en la reforma de 2010. Sin embargo, ni una ni otra sanción han salido reforzadas de la reforma de 2015; incluso cabría añadir que en el caso de la localización permanente nos hallamos tras la misma ante un panorama de franco retroceso aplicativo de la sanción (Torres Rosell 2015, Brandariz García 2015).

2.2. Los trabajos en beneficio de la comunidad

En lo que a los trabajos en beneficio de la comunidad se refiere, la reforma de 2015 ha mantenido a la pena prácticamente en los mismos términos en los que se hallaba contemplada hasta ese momento (Brandariz García 2015). En este sentido, la LO 1/2015 se ha limitado a incluir la pena de trabajos en beneficio de la comunidad entre las posibles sanciones imponibles a las faltas contra las personas que han pasado con la reforma a ser delitos leves. Si bien en estos casos se acostumbra a acudir, dice la exposición de motivos de la LO 1/2015, sobre todo a la pena de multa, en el caso de las faltas relacionadas con la violencia doméstica y de género se ha impuesto la pena de trabajos en beneficio de la comunidad alternativa con la pena de localización permanente para evitar los efectos perjudiciales que puede tener para la víctima la imposición de una pena de multa.

Junto a ello, la reforma de 2015 ha mantenido la pena de trabajos en beneficio de la comunidad como pena menos grave o como pena leve en función de la duración, esto aunque inicialmente la pena de trabajos en beneficio de la comunidad desapareció del catálogo de penas leves, en el anteproyecto de reforma de 2012, siendo reintroducida en el proyecto tras la llamada de atención al respecto efectuada por el dictamen del Consejo de Estado (2013) sobre el particular. Manteniéndola como pena menos grave, se ha modificado el máximo de duración de ésta que contemplaba el art. 33.3 CP, que ha pasado de 180 días a 1 año, debido al incumplimiento de dicho máximo que se producía de aplicar las reglas de conversión del art. 88 CP en caso de sustitución y a la necesidad de hacer coincidir la duración máxima de la pena consignada en el art. 33 con la que ya contemplaba el art. 40.4 CP. Tal aumento del máximo de duración de 180 días a 1 año, con resolver la incoherencia existente entre los arts. 33 y 40 CP, plantea el problema de haber igualado la duración prevista entre ambos preceptos al alza, lo que se ha vaticinado ya que va a suponer un incremento de problemas en la ejecución de la pena (Torres Rosell 2015). Con todo, el límite que marca el art. 40 CP puede considerarse máximo absoluto, con lo que la pena en ningún caso, ni siquiera como pena sustitutiva, podrá superar las 365 jornadas (Brandariz García 2015).

No hay más modificaciones remarcables en lo que a esta pena se refiere, de manera que, no habiéndose acentuado su aplicación en exceso mediante esta reforma, puede indicarse que esta pena continúa siendo una sanción que, habiendo sido introducida con un carácter muy tímido en el Código Penal de 1995, se ha visto fortalecida con las diversas reformas legales que desde entonces se han venido sucediendo, en particular la LO 15/2003, 1/2004 y 15/2007, culminando con la reforma operada por LO 5/2010. En dicho momento, para subvertir las dificultades constatadas en el ofrecimiento de actividades de utilidad pública, que podían consistir, en relación con delitos de similar naturaleza al cometido por el penado, en labores de reparación de los daños causados o de apoyo o asistencia a las víctimas, se incluyó la posibilidad de que el penado participase en talleres o programas formativos o de reeducación, laborales, culturales, de educación vial, sexuales y otros similares, generalizando a todos los supuestos en que se impusiese la pena de trabajos en beneficio de la comunidad la posibilidad que se hallaba ya prevista como algo limitado a los delitos relacionados con la seguridad vial en el RD 1489/2009, de 4 de diciembre, y estableciendo tal posibilidad en norma con rango de Ley (Torres Rosell 2010).

Como consecuencia, la pena de trabajos en beneficio de la comunidad continúa desempeñando en la actualidad el mismo triple papel aplicativo que viene teniendo asignado desde 2003 (Torres Rosell 2006, Brandariz García 2009):

- En primer lugar, sigue estando prevista como pena principal para determinadas infracciones de gravedad media o baja; posibilidad que se incluyó en la reforma de 2003 y que había conducido a su previsión originaria, con carácter alternativo, en una pluralidad de infracciones penales, las relacionadas con la violencia de género y la seguridad vial, habiéndose reforzado su papel en la reforma de 2015 en relación con las primeras. En tal sentido, actualmente se mantiene como pena originaria alternativa a una pena de multa en los tipos de robo y hurto de uso de vehículo (art. 244 CP), en el subtipo atenuado de delito contra la propiedad intelectual (art. 270.2 CP) y en el subtipo atenuado de delito contra la propiedad industrial (art. 274.3 CP), como alternativa a una pena de prisión en los delitos de maltrato singular en el ámbito familiar (art. 153.1 CP) y en el delito contra la seguridad vial contemplado en el art. 379 CP. Asimismo, una vez desaparecido el Libro III, elevándose algunas antiguas faltas contra las personas a la condición de delitos leves, la pena de trabajos en beneficio de la comunidad aparece como alternativa a la pena de multa y la de localización permanente en las amenazas leves (art. 171.7 CP), coacciones leves (art. 172.3 CP) e injurias y vejaciones de carácter leve (art. 173.4 CP) a los sujetos pasivos del art. 173.2 CP. Finalmente, se incluye como pena principal alternativa a la pena de prisión en el nuevo delito de *stalking* cuando el sujeto pasivo sea uno de los contemplados en el art. 173.2 CP (art. 172 ter.2 CP).

– Puede aplicarse como forma de cumplimiento de la responsabilidad personal subsidiaria derivada del impago de multa en el caso de delitos leves –faltas hasta la reforma de 2015– a razón de una jornada de trabajo por cada dos cuotas de multa no satisfechas (art. 53 CP). Tal posibilidad, que se había suprimido en el proyecto de LO 1/2015, afortunadamente se reintrodujo durante la tramitación parlamentaria del mismo (Torres Rosell 2015), pues de otro modo, la única forma de ejecución alternativa a dicha responsabilidad como pena privativa de libertad hubiese sido justamente su cumplimiento como otra forma de privación de libertad, la localización permanente.

– Finalmente, se mantiene su papel de pena sustitutiva, aun cuando el cambio sustancial padecido en la institución de la suspensión de las penas privativas de libertad ha tenido su efecto en trascendentales modificaciones en esta función de la pena. En tal sentido, en el marco estricto de lo que continúa denominándose sustitución, se continúa contemplando como pena alternativa en la preceptiva sustitución de las penas de prisión inferiores a 3 meses del art. 71.2 CP. En tal supuesto, se mantiene la regla de conversión tradicional, sin la remisión al desaparecido sistema general de sustitución que contenía la versión del artículo anterior a 2015, en que cada día de prisión equivale a una jornada de trabajo. Junto ello, la pena de trabajos en beneficio de la comunidad se incluye entre las prestaciones o medidas incorporadas en el nuevo régimen de suspensión de las penas privativas de libertad de hasta 2 años en el art. 84 CP, en lo que podría designarse como el régimen ordinario de la suspensión, el de la suspensión con sustitución potestativa, si bien aquí se incorpora el criterio de la flexibilidad en la conversión. En tal sentido, dispone el referido precepto que esta prestación o medida puede imponerse cuando resulte adecuado como forma de reparación simbólica a la vista de las circunstancias del hecho y del autor, determinándose la duración en atención a las circunstancias del caso, pero estableciéndose un máximo, pues no puede exceder de la que resulte de computar 1 día de trabajos por cada día de prisión con el límite de dos tercios de la duración de la prisión. El problema en este supuesto es la determinación de la naturaleza de esta medida, que, si no es pena, no debe considerarse necesariamente que se halle configurada conforme a lo dispuesto en el art. 49 CP (Torres Rosell 2015). Finalmente, en el marco de la suspensión extraordinaria, el de la suspensión con sustitución preceptiva, la medida de trabajos en beneficio de la comunidad se contempla como de imposición preceptiva, alternativamente con la multa, conforme a lo dispuesto en el art. 80.3 CP, en los casos de suspensión de penas de prisión de hasta 2 años de delincuentes no primarios pero que no sean habituales o en el caso de suspensión de penas de prisión que individualmente no excedan de los 2 años, sin establecerse tampoco en este caso una regla fija de conversión, pero sí un mínimo y un máximo, en el sentido de que el criterio de conversión de la jornada de trabajo por el día de prisión debe aplicarse como mínimo sobre un quinto de la pena impuesta sin que pueda exceder de los dos tercios de su duración.

En cuanto a la ejecución de esta pena, sin embargo, la ausencia de cobertura normativa de la misma más allá de lo dispuesto en el RD 840/2011 en relación con algunos supuestos de trabajos en beneficio de la comunidad se mantiene. En ese sentido, el referido decreto produjo lo que se designó como una «administrativización» de la ejecución de determinadas sanciones alternativas a la prisión, cuyo plan de ejecución era elaborado por los servicios de gestión de penas y medidas alternativas dependientes de la Administración penitenciaria sin necesaria aprobación judicial, siendo ejecutable inmediatamente. Al margen de la regulación sucinta de la ejecución de las penas de trabajos en beneficio de la comunidad consistentes en la realización de actividades, apenas abordó esta norma la ejecución de la pena en los casos en que ésta consistiese en la realización de una actividad formativa, lo que constituyó la gran novedad incorporada a esta pena en 2010 (Villacampa Estiarte, Torres Rosell 2012). La situación de vacío regulativo en este aspecto se mantiene, pues, tras la reforma de 2015.

2.3. La localización permanente

Peor suerte que la pena de trabajos en beneficio de la comunidad, que sin verse particularmente beneficiada, no se ha visto tampoco perjudicada por las previsiones de la LO 1/2015, ha corrido la pena de localización permanente, que a punto ha estado de desaparecer del catálogo de penas leves en nuestro derecho y que ha dejado de contemplarse entre las penas sustitutivas de la pena de prisión en la nueva institución de la suspensión-sustitución potestativa o preceptiva respectivamente previstas en los arts. 84 y 80.3 CP. Como es sabido, la pena de localización permanente fue introducida también de forma tímida en la reforma operada al Código Penal por LO 15/2003. Ya en el momento de inclusión de esta sanción a nuestro ordenamiento jurídico, la reacción generada entre los especialistas fue tibia. Junto a quienes directamente la tildaron de reacción penal que no podía considerarse que cumpliera con ninguna de las finalidades preventivas inherentes a la pena –ni preventivo general– debido a su escasa capacidad para producir inhibición en relación con la realización de conductas criminales, ni preventivo especial porque en su configuración legal no se preveía intervención alguna con el penado tendente a la consecución de tal objetivo (Boldova Pasamar 2004, Manzanares Samaniego 2006, en contra Abel Souto 2008, Roca Agapito 2011), se consideró generalizadamente que no era una sanción tan novedosa. Junto a la multa y las penas cortas de prisión, se ha entendido que vino a llenar el vacío dejado por la supresión mediante la referida norma penal del malogrado arresto de fin de semana y que además recordaba al tradicional arresto domiciliario como forma de cumplir la extinta pena de arresto menor (Mota Bello 2005, Manzanares Samaniego 2006, García Albero 2004, Abel Souto 2008, Roca Agapito 2011). La pena de localización permanente pasaba así a constituir una forma más de arresto domiciliario, junto a las demás ya contempladas en nuestro ordenamiento jurídico[1].

La reforma operada por la LO 5/2010, de 22 de junio, implicó una apuesta decidida del legislador por este tipo de sanción, que pasó de ser una pena con una duración máxima de 12 días –sin que se estableciera mínimo– a ser una pena que podía llegar a tener una duración de 6 meses y, que, por tanto, en función de su duración podía ser leve –duración de 1 día a 3 meses– o menos grave –duración de 3 meses y 1 día a 6 meses-. Pasó de ser, pues, una pena únicamente imponible a las faltas, a ser una pena que podía imponerse también a los delitos menos graves. Si bien como pena principal únicamente continuaba contemplándose entre las faltas y casi siempre como alternativa a la pena de multa o de trabajos en beneficio de la comunidad. Junto al régimen de cumplimiento ordinario de la pena de localización permanente[2], la reforma

[1] Entre ellas, la posibilidad de cumplir la prisión provisional en el domicilio del imputado que contempla el art. 508 Lecrim, la llamada «prisión atenuada» del derecho penal militar –prevista en los arts. 225 y ss. de la LO procesal miliar–, «la vigilancia a domicilio» que prevé para el procedimiento de extradición pasiva el art. 8.3 Ley 4/1985, el arresto del declarado en concurso que prevé la Ley Concursal, o la libertad vigilada y la convivencia con otra persona previstas en la LO de responsabilidad penal del menor.

[2] Que, según dispone el art. 37.1 CP, obliga al penado a permanecer en su domicilio o en lugar determinado fijado por el juez en sentencia o en auto motivado posterior, que generalmente se

de 2010 introdujo un régimen excepcional de cumplimento de esta sanción en centros penitenciarios los fines de semana –art. 37.2 CP– siempre que esta sanción se previese como pena principal y tal posibilidad se expresase específicamente en el precepto, lo que únicamente sucedía en el caso de la falta reiterada de hurto del art. 623.1 CP. Pese a que la inclusión de esta nueva forma de cumplimiento fue muy criticada por la doctrina (Torres Rosell 2012, Mapelli Caffarena 2011, Magro Servet 2010), curiosamente ha sido la única forma de cumplimiento cuya ejecución ha sido regulada por el RD 840/2011 (Villacampa Estiarte, Torres Rosell 2012), que ha mantenido en un vacío prácticamente absoluto la ejecución de la pena en los supuestos de cumplimiento ordinarios, reclamando la doctrina, bien la necesidad de desarrollar reglamentariamente el art. 37 CP (Torres Rosell 2012), bien incluso su desarrollo directamente legislativo (Mapelli Caffarena 2011).

Con todo, tras la reforma operada por la LO 5/2010, la pena de localización permanente podía cumplir tres diversas misiones, de forma semejante a lo indicado para la pena de trabajos en beneficio de la comunidad. En primer lugar, podía constituir pena principal, lo que hasta la reforma de 2015 se preveía únicamente en el supuesto de algunas faltas contra las personas, aun cuando el Código Penal declaraba que su duración podía llegar a los 6 meses. En segundo lugar, podía ser impuesta como sustitutiva de las penas de prisión que no excediesen de 6 meses, supuesto en que la pena podía llegar a las ejecuciones más dilatadas, próximas a su máximo legal, sin que su ejecución estuviese bien definida. Finalmente, podía imponerse como forma de cumplimiento de la responsabilidad personal subsidiaria en caso de impago de la pena de multa siempre que se tratase de las faltas.

La ausencia de confianza del legislador español en la pena de localización permanente tras el impulso que recibiera en la reforma del Código Penal de 2010 se constata en que más allá de la regulación de su ejecución excepcional en centro penitenciario, en estos años ni siquiera se ha desarrollado normativamente su ejecución ordinaria en una norma que complete las disposiciones del RD 840/2011. Pero dicha ausencia de confianza se ha visto confirmada con la reforma de 2015, en que la previsión de esta sanción ha sufrido un claro retroceso (Torres Rosell 2015, Brandariz García 2015). Ya el prelegislador de 2012 intentó suprimir la pena de localización permanente del catálogo de penas leves, viéndose obligado a reintroducirla cuando tanto en los informes al anteproyecto del Consejo General del Poder Judicial (CGPJ) y del Consejo Fiscal (2013), o en el dictamen del Consejo de Estado (2013), como desde las filas de la academia (Acale Sánchez, Martín Aragón 2013) así

cumplirá de manera ininterrumpida, pero que puede cumplirse de manera discontinua –art.37.3 CP– en sábados, domingos, aun siendo posible el cumplimiento en otros días, en aquellos casos en que el reo lo solicite y las circunstancias lo aconsejen, siempre que sea oído el Ministerio Fiscal y que así lo acuerde el juez o tribunal.

se le reclamó. Como resultado, pues, la pena de localización permanente se mantiene como pena leve con una duración de entre 1 día y 3 meses en el art. 33.4.g) CP, pero ha desaparecido del catálogo de las penas menos graves, ello pese a que el art. 37 CP recuerda que puede tener una duración de hasta 6 meses, lo que actualmente resulta distorsionador.

En relación con los distintos usos que puede tener la pena de localización permanente. Se mantiene la posibilidad de su previsión como pena principal así como que constituya una forma de cumplimiento de la responsabilidad personal subsidiaria en caso de impago de la pena de multa impuesta, ahora sí, por la comisión de delitos leves –art. 53.1 CP– en razón de 1 día de localización permanente por cada 2 cuotas de multa impagadas. En punto a su previsión como pena principal, únicamente se contempla, como alternativa a las penas de trabajos en beneficio de la comunidad o de multa, en las faltas que han ascendido a delito en la reforma de 2015 relacionadas con la violencia doméstica y de género –delito de amenaza leve a sujetos pasivos del art. 173.2 en el art. 171.7 CP, delito de coacción leve a sujetos pasivos del art. 173.2 CP en el art. 172.3 CP, delito de injuria o vejación injusta de carácter leve del art. 173.4 CP a sujetos pasivos del art. 173.2 CP–. Sin embargo, se ha suprimido la posibilidad de que la localización permanente sea pena sustitutiva de las penas de prisión inferiores a 6 meses, como sucedía en el anterior art. 88 CP, pues en el actual art. 84 CP, que establece la suspensión con sustitución potestativa, únicamente se prevén como sustitutivos, además del cumplimiento del acuerdo alcanzado por las partes en virtud de mediación, la multa y los trabajos en beneficio de la comunidad (en contra, Peñaranda Ramos 2014). Ello pese a que el art. 71.2 CP contempla todavía la pena de localización permanente como posible sustitutivo en los supuestos de sustitución preceptiva de las penas de prisión inferiores a 3 meses –en que la multa y los trabajos a la comunidad son también posibles sustitutivos– en razón de 1 día de localización permanente por cada día de prisión.

Se observa, pues, como la localización permanente ha perdido su principal efecto aplicativo en nuestro sistema, al haber desaparecido del catálogo de penas sustitutivas en general y no haber ganado terreno como pena principal. Junto a ello, pese que ya no se prevé en ningún caso su posible cumplimiento en centro penitenciario, la única forma de ejecución de dicha sanción regulada en el RD 840/2011 continúa siendo este supuesto de cumplimiento excepcional. Huelga decir, pues, que urge la aprobación de normativa de ejecución de las alternativas a la prisión, no sólo por lo que ya se ha indicado en relación con los trabajos en beneficio de la comunidad, sino también en lo que a la localización permanente se refiere.

2.4. Consideración conclusiva respecto de las sanciones alternativas a la prisión en el Código Penal de 2015

Para concluir con esta reflexión general acerca del papel otorgado por la reforma de 2015 a las sanciones alternativas a la prisión, permítaseme indicar que, al margen de las ya comentadas y de la precisión de qué sucede en los supuestos en que se impone la pena de alejamiento del art. 48.1 CP concurriendo discapacidad intelectual o discapacidad con origen en un trastorno mental, de la posibilidad de imponer penas de alejamiento del art. 57 al delito de trata de seres humanos, de la inclusión de la inhabilitación especial para el ejercicio de la profesión, oficio o comercio relacionado con los animales o la tenencia de animales[3] o de la inclusión de la pena de inhabilitación especial para cualquier profesión u oficio, sea o no retribuido, que conlleve contacto regular y directo con menores de edad en caso de comisión de delitos contra la indemnidad sexual de menores –art. 192.3 CP–, la reforma de 2015 no prevé más modificaciones en relación con las penas privativas de derechos. Esto es, las inhabilitaciones –las sanciones interdictoras del ejercicio de determinadas funciones– continúan constituyendo en nuestro ordenamiento sanciones que acompañan a las penas privativas de libertad o penas pecuniarias, bien específicamente previstas como penas principales cumulativas, bien en su condición de accesorias, pero no se prevén como auténticas sanciones alternativas a la pena de prisión en delitos de escasa gravedad cometidos en el ejercicio profesional. La constatación del inmovilismo del legislador español en punto a prever un papel más destacado como reales alternativas a estas sanciones, añadido al retroceso sufrido por la pena de localización permanente y la ausencia de incremento sustancial en la aplicación de la sanción de trabajos en beneficio de la comunidad, permite concluir afirmando la ausencia de confianza en las sanciones alternativas a la prisión por parte del legislador español.

3. LA REFORMA DE 2015 FRENTE A LAS CONSECUENCIAS JURÍDICO-PENALES SUSTITUTIVAS DE LA PRISIÓN

3.1. Planteamiento

La reforma de la LO 1/2015 ha operado una sustancial modificación de las consecuencias jurídico-penales sustitutivas de la prisión, que se identifican con aquellas figuras jurídicas que conducen a la evitación de la ejecución de una pena de prisión que se deriva de la aplicación habitual de la ley. En nuestro

[3] Contemplada únicamente como pena en los delitos de maltrato de animales del art. 337 CP y de abandono de animales del art. 337 bis CP, cumulativa, respectivamente con la pena de prisión y la pena de multa.

derecho interno han venido integrando estas consecuencias jurídico-penales sustitutivas de la prisión la suspensión de la ejecución de las penas privativas de libertad iguales o inferiores a 2 años, regulada en los arts. 80 y ss. CP, y la sustitución de la pena de prisión de hasta 1 año de prisión y excepcionalmente de hasta 2 años por multa o trabajos en beneficio de la comunidad –por localización permanente en el caso de penas de prisión de hasta 6 meses– establecida en el art. 88 CP. No podía considerarse integrada en este concepto, pese a hallarse regulada justo tras estas instituciones, la libertad condicional, puesto que se la considera como la última de las fases de cumplimiento de las penas de prisión cumplidas conforme al sistema progresivo primero y de individualización científica después, que acerca al recluso a la vida en libertad y que, en consecuencia, no constituye un mecanismo que evite la ejecución de la pena de prisión, sino que hasta el momento ha formado parte de la misma (Rodríguez Yagüe et al. 2013, Guisasola Lerma 2015, Salat Paisal 2015).

Pese a la diversa naturaleza de suspensión y sustitución por un lado, y libertad condicional por otro, la reforma de 2015 ha venido a reunir a las tres instituciones en una única figura jurídica, ahora designada como suspensión, contemplada en los arts. 80 y ss. CP, que engloba tanto la suspensión ordinaria –arts 80 y ss. CP–, que sigue contemplando singularidades en el caso de toxicómanos y por motivos humanitarios, como la que se ha dado ya en denominar suspensión-sustitución por otro, –con aplicación potestativa o preceptiva, según los casos, de las prestaciones o medidas del art. 84 CP– y, finalmente, la suspensión de la ejecución del resto de la pena –arts. 90 a 92 CP–, que es el nuevo nombre con que se conoce a la antigua figura de la libertad condicional. Junto a tales instituciones, el art. 89 CP, el único ahora incluido en la sección 2ª de este capítulo III –de las formas sustitutivas de la ejecución de las penas privativas de libertad y de la libertad condicional– contempla la sustitución de la pena de prisión por la expulsión ahora de cualquier extranjero, ya sea legal, ilegal o incluso comunitario.

Dada la heterogénea figura de la sustitución de la pena de prisión por la expulsión, que pese a su ubicación junto a las ahora referidas no puede considerarse una verdadera consecuencia jurídico-penal sustitutiva de la pena de prisión basada en razones de prevención especial, sino una figura introducida sobre todo como instrumental al control de los flujos migratorios (Terradillos Basoco, Boza Martínez 2013, Iglesias Río 2015, Cano Cuenca 2015), no se abordará su nueva y ampliada configuración en esta sede. Baste aquí decir al respecto que la nueva regulación de esta específica sustitución parece aproximarla definitivamente a un supuesto de dejación de funciones referidas al ejercicio de la potestad punitiva a cambio de la expulsión probablemente fundado en razones de tipo económico relacionadas con el coste del mantenimiento de una elevada población penitenciaria[4].

Centrándonos, pues, en las verdaderas consecuencias jurídico-penales sustitutivas de la prisión, los argumentos esgrimidos en la exposición de motivos de la LO 1/2015 para explicar esta refundición de instituciones de contenido tan diverso se centran en la supuesta simplificación del sistema, dotándolo de mayor flexibilidad, facilitando con ello, se dice, una tramitación más rápida en la fase inicial de la ejecución de las penas de prisión y poniendo fin a la actual situación en la que la existencia de una triple regulación de la suspensión (suspensión ordinaria, suspensión para el caso de drogodependientes y sustitución de pena) da lugar en muchas ocasiones a tres decisiones sucesivas que son objeto de reiterados recursos. Pese a la supuesta vocación simplificadora de la reunificación de la sustitución y la suspensión en

[4] El art. 89 permite la sustitución por la expulsión de penas de prisión de más de 1 año impuestas a cualquier extranjero, no de menos duración, se dice para mantener la coherencia con lo dispuesto en el art. 57.2 LOEX para la expulsión gubernativa, que puede ser total o solo parcial, sin que la parte de pena ejecutada en España pueda superar los dos tercios de la extensión de la pena y debiendo expulsárselo en todo caso cuando acceda al tercer grado. En el caso de las penas de prisión de más de 5 años o de varias penas que excedan de esa duración, en todo caso se cumple parte de la pena en España, pudiendo sustituirse la ejecución del resto de la pena por la expulsión del territorio nacional cuando haya cumplido el tiempo determinado de cumplimento en España, acceda al tercer grado o se le conceda la libertad condicional. Como principales novedades, además de las indicadas, cabe destacar que el art. 89.4 CP contempla la ausencia de acuerdo de la expulsión por razones de arraigo en España, otorgando rango legal a la jurisprudencia restrictiva de los automatismos en el acuerdo de expulsiones que se impuso en 2003 sancionada por el TS en sentencias como las de 8 julio 2004, 11 octubre 2005, 24 julio 2006, 17 diciembre 2008 o 29 julio 2012, que había hecho una interpretación restrictiva de la preceptividad de las expulsiones tratando de compatibilizarla con el reconocimiento de derechos como la protección a la familia que consagra el CEDH, indicando que debía respetarse el criterio de proporcionalidad. Junto a ello, el mismo art. 89.4 CP disciplina las condiciones en las que puede acordarse la sustitución de la pena por expulsión en el caso de ciudadanos de la Unión –cuando representen una amenaza grave para el orden público o la seguridad pública en atención a la naturaleza, circunstancias y gravedad del delito cometido, sus antecedentes y circunstancias personales , a las que añade ulteriores requisitos cuando se trata de ciudadanos comunitarios que hayan residido en España durante más de 10 años. Y es que no debe olvidarse que la sustitución de la pena de prisión por expulsión se ha visto sustancialmente ampliada con la reforma de 2015, pues si hasta el momento resultaba solamente aplicable a extranjeros que residían ilegalmente en nuestro país, actualmente cabe que se acuerde en relación con cualquier extranjero, sea residente ilegal o legal, y en este caso, aun cuando sea comunitario. El Anteproyecto de Reforma del Código Penal de 2012 no había previsto exigencia suplementaria alguna para limitar la expulsión de los ciudadanos comunitarios. Fue a consecuencia de la clamorosa llamada de atención sobre la posible contradicción de dicho precepto con la Directiva 2004/38/CE, relativa al derecho de los ciudadanos de la Unión y de los miembros de sus familias a circular y residir libremente en el territorio de los Estados miembros, que impone restricciones a la expulsión de comunitarios, puesta de manifiesto en el dictamen del Consejo de Estado (2013) cuando se incluyeron las referidas exigencias en el proyecto de LO 1/2015.

una única institución, se han alzado voces críticas, ya en los mismos informes emitidos al anteproyecto de 2012 como en la propia doctrina (Peñaranda Ramos 2014). En este sentido, ha sido muy crítico el informe de Consejo Fiscal (2013), que se ha referido a la cierta artificiosidad de la argumentación aducida por la exposición de motivos, atendiendo a que en la regulación de la suspensión y la sustitución vigente hasta 2015 nada impedía al penado invocar en unidad de acto la aplicación de ambos sistemas, hallándose obligado el órgano jurisdiccional a dar respuesta a ambas pretensiones, como se argumentaba en la STC 176/2007, de 23 de julio. Ello conduce al propio Consejo Fiscal a afirmar que la voluntad de la reforma es mucho más rupturista de lo que aparenta la exposición, llegando a abolir la autonomía del instituto de la sustitución de penas.

Incluso cabría ir más allá, puesto que la reforma no solo se limita a unificar en una misma institución, la suspensión, lo que antes eran la suspensión condicional y la sustitución de la pena de prisión, que al cabo pueden resultar instituciones cuyo fundamento puede aproximarse, pues suponen la renuncia a la imposición de una pena privativa de libertad por razones fundamentalmente preventivo-especiales, sin renunciar a la reacción penal alternativa requerida por la observancia de demandas preventivo-generales. Va más allá al reunir en este macro instituto de la suspensión a la tradicional libertad condicional, que ahora se designa como suspensión de la ejecución del resto de la pena, que nada tiene que ver con las demás instituciones (Rodríguez Yagüe et al. 2013, Guisasola Lerma 2015, Salat Paisal 2015). La transformación de la libertad condicional en suspensión de ejecución del resto de la pena tiene como principal efecto que no se considera una forma de cumplimento de la pena de prisión, como hasta el momento. Esto implica que, en caso de delinquir durante el período de suspensión el sometido a esta medida, e incluso, sin llegar a delinquir, cuando se ponga de manifiesto un cambio de circunstancias que hubieran dado lugar a la suspensión que no permita ya mantener el pronóstico de falta de peligrosidad en que se fundó la decisión de suspender –art. 90.5 CP–, no se computa como tiempo de cumplimiento el tiempo que el reo haya pasado en libertad, sino que deberá procederse a la ejecución de la parte de la pena pendiente de cumplimiento –art. 90.6 CP–. Con ello, tal como pusiera de manifiesto el Consejo Fiscal (2013) en su informe al anteproyecto de 2012, el legislador de 2015 ha acabado generalizando la previsión excepcional, establecida para los condenados por delitos de terrorismo en el art. 93.3 CP, en la redacción vigente a partir de la LO 7/2003 hasta la entrada en vigor de la LO 1/2015, a cualquier interno que cumpla pena de prisión de conformidad con el sistema progresivo de cumplimiento (vid. también Peñaranda Ramos 2014, Guisasola Lerma 2015, Salat Paisal 2015).

No se abordará en esta sede la transformación experimentada por la antigua libertad condicional, puesto que ya se ha indicado como no puede efectivamente considerársela una auténtica consecuencia jurídico-penal alternativa a la prisión, pese a las tentativas del legislador. Tan sólo baste apuntar en esta sede como junto al inconveniente trascendental que representa el cambio de naturaleza jurídica de esta consecuencia, fundamentalmente en los supuestos de incumplimiento de las condiciones impuestas para gozar de esta libertad anticipada, la modificación operada en 2015 contiene algún aspecto positivo. Así, el hecho de no exigir la continuidad en la realización de actividades laborales, culturales u ocupacionales para gozar del supuesto anticipado de concesión de la libertad condicional una vez se han extinguido dos terceras partes de la condena en el art. 90.2 CP, siempre que se hayan realizado con aprovechamiento del que se haya derivado una modificación relevante y favorable de aquéllas de sus circunstancias personales relacionadas con su actividad delictiva previa. Junto a esta ampliación de la concesión anticipada de la libertad condicional en tales supuestos, resulta también positivamente valorable la inclusión, en el art. 90.3 CP, de un supuesto anticipado de libertad condicional una vez se ha extinguido la mitad de la condena a quienes, salvo que hayan sido condenados por un delito contra la libertad e indemnidad sexuales, se encuentren cumpliendo su primera condena de prisión –y que, por tanto, no necesariamente deben ser delincuentes primarios, aunque sí reclusos primarios–, que no puede exceder de los 3 años, que estén clasificados en tercer grado y que hayan observado buena conducta (Guisasola Lerma 2015, Salat Paisal 2015).

3.2. Aspectos positivos introducidos por la reforma en las consecuencias jurídico-penales sustitutivas de la prisión

Retornando, pues, a la nueva configuración de las verdaderas consecuencias jurídico-penales sustitutivas de la prisión, pese a la radicalidad de algunas de las transformaciones que ha ocasionado la reforma de 2015, no todo son inconvenientes en el nuevo sistema. Con no ser absolutamente cierto que la previsión de dos instituciones sustitutivas de la prisión diversas, cual la suspensión y la sustitución, diese siempre necesariamente lugar a diversas resoluciones sucesivas, sí puede indicarse que el nuevo régimen de suspensión introduce, ciertamente, flexibilidad en el sistema, aunque en ocasiones, como se ha visto con ocasión del nuevo régimen de suspensión de la ejecución del resto de la pena, esto haya sido a un precio muy alto.

Como manifestaciones de la mayor flexibilidad que el nuevo sistema de suspensión de la pena imprime pueden referirse, en primer término, la misma unificación en un solo régimen de suspensión de lo que antes eran la suspensión y la sustitución, lo que se manifiesta en los diversos regímenes de suspensión contemplados conjuntamente en los arts. 80 a 87 CP. Dentro de la institución global de la suspensión de la ejecución de las penas privativas de libertad contenida en los arts. 80 a 87 CP pueden identificarse en la actualidad cuatro diversos regímenes. En primer lugar, el régimen de la suspensión ordinaria, que puede acordarse de cumplirse las condiciones previstas en el art. 80.2 CP, pudiendo someter a la persona a las prohibiciones y medidas contempladas en el art. 83 CP, así como a las prestaciones o medidas –o debería decir penas– que contempla el art. 84 CP, configurando un régimen de suspensión pura –cuando a lo sumo se imponen las medidas del art. 83 CP– o de suspensión con sustitución potestativa –cuando se imponen las del art. 84 CP– . En segundo lugar, el régimen excepcional de suspensión que contempla el art. 80.3 CP para delincuentes no primarios siempre que no se trate de reos habituales así como con penas de prisión que superen los 2 años siempre que individualmente no excedan de dicho período de tiempo, que constituye un régimen de suspensión con sustitución preceptiva, puesto que necesariamente deben imponerse siempre las medidas de trabajos en beneficio de la comunidad o la de multa que contempla el art. 84 CP. Este régimen excepcional de suspensión requiere siempre la reparación efectiva del daño, ya mediante la indemnización del perjuicio causado conforme a las posibilidades físicas y económicas del sujeto, ya mediante el cumplimiento alcanzado por las partes en la mediación (Roig Torres 2015), lo que resulta plausible. Finalmente, en tercero y cuarto lugar, los arts. 80.4 y 80.5 CP contemplan, respectivamente, la suspensión por motivos humanitarios y la suspensión de penas privativas de libertad no superiores a los 5 años de los penados que hayan cometido el delito por causa de su dependencia de las sustancias señaladas en el art. 20.2º CP. Ninguno de estos dos últimos regímenes de suspensión presenta grandes diferencias en relación con su regulación actual, más allá de permitirse la adopción en cualquiera de ellos de las prohibiciones y medidas previstas en los arts. 83 y 84 CP, por lo que no serán objeto de mayor consideración en esta breve contribución[5].

En segundo lugar, otra manifestación de la referida mayor flexibilidad la constituye el concepto de primariedad delictiva que prevé el art. 80.2 CP. Se trata de un concepto amplio que permite el acuerdo de la suspensión pese a que el sujeto tenga antecedentes penales, siempre que éstos carezcan de relevancia para valorar la probabilidad de comisión de delitos futuros (García Albero 2015).

---

[5] Si acaso, debe resaltarse que a diferencia del anterior art. 87 CP –regulador de la suspensión en supuestos de toxicomanía antes de la reforma de 2015– el actual art. 80.5 CP prevé que la recaída puntual del drogodependiente no se considera abandono del tratamiento y deja de requerirse una especial valoración de la reincidencia a efectos de conceder la suspensión en tales casos, sin que se precise informe del médico forense para determinar sobre aspectos como la deshabituación o el sometimiento al tratamiento. En relación con la suspensión por motivos humanitarios, debe indicarse que la reforma no ha siquiera clarificado si cabe la suspensión de cualquier tipo de pena o solo de las penas privativas de libertad; cuestión ya controvertida con la regulación anteriormente vigente.

Esto es, partiendo de que el fundamento de la suspensión se basa exclusivamente en consideraciones preventivo-especiales, en la razonable expectativa de que la ejecución de la pena no resulta necesaria para evitar la futura comisión de nuevos delitos por parte del penado (García Albero 2015), toda vez que había desaparecido del texto del proyecto ya la referencia contenida en el art. 80.4 anteproyecto a la posibilidad de que no suspendiera la ejecución de las penas privativas de libertad superiores al año cuando la ejecución resultase necesaria para asegurar la confianza general en la vigencia de la norma infringida por el delito, el art. 80.1 CP establece una serie de circunstancias a que debe atenderse para fundamentar tal expectativa. Entre éstas, se mencionan las circunstancias del delito cometido, las personales del penado, sus antecedentes, su conducta posterior al hecho, en particular su esfuerzo para reparar el daño causado, sus circunstancias familiares y sociales y los efectos que quepa esperar de la propia suspensión de la ejecución y del cumplimiento de las medidas que fuesen impuestas. La razonable expectativa de que la ejecución de la pena privativa de libertad no será necesaria para evitar la comisión futura de delitos se complementa, como condición para proceder a la suspensión ordinaria, con la primariedad delictiva del sometido a la medida –sin que se tengan en cuenta las condenas por delitos imprudentes o por delitos leves, así como los antecedentes penales cancelados o que hubiesen debido serlo–. Pero, aun sin ser la primera vez que el reo comete un delito, se lo considera primario a efectos de acordar la suspensión en los casos en que los antecedentes penales sean por delitos que, por su naturaleza o circunstancias, carezcan de relevancia para valorar la probabilidad de comisión de nuevos delitos. La flexibilización en los requisitos para conceder la suspensión tiene su expresión en el concepto amplio de primariedad delictiva manejado, pero incluso más, en admitir incluso la suspensión excepcional (la suspensión con sustitución preceptiva) contemplada en el art. 80.3 CP cuando la persona tenga incluso antecedentes penales relevantes a los efectos dichos pero no se trate de reos habituales.

Un tercer aspecto, nuevamente relacionado con las condiciones para acordar la suspensión, que constituye muestra de la flexibilización del sistema, tiene que ver con la determinación de la duración máxima de la pena impuesta a efectos de poder acordar la suspensión. En tal sentido, dispone el art. 80.2 CP como ya se hacía con carácter anterior a la reforma de 2015, que la pena o la suma de las impuestas no puede superar los 2 años, sin incluir en este cómputo la derivada del impago de multa. Ahora bien, junto a dicho régimen general de suspensión, que la admite en todas las penas que no superen los 2 años de prisión, se prevé excepcionalmente la posibilidad de conceder la suspensión en el art. 80.3 CP, siempre sometida a las medidas de conducta que contempla el art. 84 CP, cuando la misma se refiera a penas de prisión que no excedan individualmente de los 2 años, siempre que no se trate, como se ha dicho, de reos habituales, cuando las circunstancias personales del reo, la naturaleza del hecho, su conducta y, en particular, el esfuerzo para reparar el daño causado así lo aconsejen.

Finalmente, en lo que a las condiciones para conceder la suspensión se refiere, y en este caso sí que no se observan diferencias entre la suspensión ordinaria y la extraordinaria o suspensión con sustitución preceptiva, la flexibilidad introducida en el sistema se traduce en la ausencia de exigencia de tener la responsabilidad civil satisfecha en el momento de acordarse la suspensión. Si hasta el momento esa comprobación debía efectuarse *ex ante*, exigiendo el anterior art. 81.3 CP que se hubiesen satisfecho todas las responsabilidades civiles que se hubiesen originado, salvo que después de oídos los interesados y el Ministerio Fiscal se declarase la imposibilidad total o parcial de que el condenado hiciese frente a las mismas, en la actualidad, para evitar que la ausencia de cumplimiento de la responsabilidad civil pueda frustrar el acuerdo de una suspensión en ausencia de declaración de insolvencia, se prevé, tanto a efectos de la exigencia del cumplimiento de la responsabilidad civil como tercer requisito para la concesión ordinaria de la suspensión como para su concesión en modalidad extraordinaria, que se entiende cumplido dicho requisito cuando el penado asuma el compromiso de satisfacer las responsabilidades civiles de acuerdo a su capacidad económica y sea razonable esperar que el mismo será cumplido. Esto es, se sustituye la exigencia de cumplimiento efectivo *ex ante* por expectativa razonable de cumplimiento mediante asunción del correspondiente compromiso acorde con las propias capacidades por parte del obligado a comprobar *ex post*. Junto a la exigencia flexibilizada de cumplimento de la responsabilidad civil para acordar la suspensión, se añade en la reforma de 2015 la necesidad de que se haya hecho efectivo el comiso acordado en sentencia, aunque de nuevo en este caso se entiende cumplido el requisito cuando el penado asuma el compromiso de facilitar el comiso y sea razonable esperar el cumplimiento del acuerdo. En ambos casos, conforme indica la exposición de motivos de la reforma, se sustituye el régimen poco ágil de la comprobación antes de acordar la suspensión y que generalmente dificulta su adopción en sentencia, por un sistema inverso, en que manteniendo el necesario cumplimiento de la responsabilidad civil como presupuesto de la suspensión, el no cumplimiento de la misma o el no facilitar el decomiso acordado puede dar lugar a la revocación. Ahora bien, con el objeto de no mantener abierto el plazo en el cual puede procederse al cumplimiento del acuerdo, en la tramitación parlamentaria del proyecto se incluyó que el acuerdo debe cumplirse en el plazo prudencial determinado por juez o tribunal, a quien además se confiere la facultad de solicitar las garantías que considere convenientes para asegurar su cumplimiento.

Efectivamente, en observancia de este sistema de comprobación inverso establecido, el art. 86.1.d) CP prevé la revocación de la suspensión y la correspondiente ejecución de la pena cuando el penado facilite información inexacta o insuficiente sobre el paradero de bienes u objetos cuyo decomiso hubiera sido acordado; no dé cumplimiento a compromiso de pago de las responsabilidades civiles a que hubiera sido condenado, salvo que careciera de capacidad económica para ello; o facilite información inexacta o insuficiente sobre su patrimonio, incumpliendo la obligación impuesta en el artículo 589 LEC.

En quinto lugar, la flexibilidad imprimida en el régimen de suspensión se traslada también a la regla de conversión de los días de prisión en multa o trabajos en beneficio de la comunidad tanto en los supuestos de suspensión con sustitución potestativa del art. 84 CP, esto es, cualquier supuesto de suspensión en el que se acuerde la imposición de las prestaciones o medidas del art. 84, como en los supuestos de suspensión con sustitución preceptiva del art. 80.3 CP. En tales supuestos, pueden o deben imponerse, según los casos, las medidas de multa o trabajos en beneficio de la comunidad. Sin embargo, a diferencia de la anterior versión de la sustitución, en que cada día de prisión equivalía a 1 jornada de trabajo o 2 cuotas de multa hasta el montante de la pena sustituida, en la actualidad, manteniéndose la regla de conversión como orientativa, se impone al juez o tribunal un límite máximo –sin límite mínimo– en los casos de suspensión con sustitución facultativa del art. 84 CP (el de los dos tercios de la duración de la pena de prisión impuesta) así como un límite mínimo y máximo en los supuestos de suspensión con sustitución preceptiva del art. 80.3 CP (el mínimo del quinto de la pena impuesta y el referido máximo de los dos tercios).

En sexto lugar, la posible imposición de las prohibiciones y deberes imponibles de conformidad con los arts. 83 y 84 CP y su cumplimiento se flexibiliza. Así, en cuanto a su imposición, ya no se exige, contrariamente a lo que sucedía con las antiguas reglas de conducta del art. 83, que ésta se limite a los supuestos de suspensión de la ejecución de la pena de prisión. Cabe, pues, la imposición de las prohibiciones y deberes o medidas del art. 83 CP cualquiera que sea la pena privativa de libertad suspendida (prisión, localización permanente o responsabilidad personal subsidiaria en caso de impago de la pena de multa), siempre que la imposición de tales prohibiciones y deberes sea instrumental a evitar la comisión de nuevos delitos, sujetando su acuerdo a la regla de la proporcionalidad. La única concesión a la rigidez se observa en los supuestos en que la víctima sea mujer y el delito haya sido cometido por quien sea o haya sido su cónyuge, o por quien esté o haya estado ligado a ella por una relación similar de afectividad, aun sin convivencia, en que resulta obligado imponer la prohibición de aproximarse a la víctima o a aquellos de sus familiares u otras personas que se determine por el juez o tribunal, la prohibición de residir en lugar determinado o acudir al mismo y el deber de participar en programas formativos, laborales, culturales, de educación vial, sexual, de defensa del medio ambiente, de protección de los animales, de igualdad de trato y no discriminación y otros similares. Ni siquiera para la imposición de las prestaciones o medidas que contempla el art. 84 CP, algunas de las cuales se identifican con las tradicionales penas sustitutivas de la pena de prisión, se requiere específicamente que nos hallemos ante una pena de prisión. Esto es así claramente en relación con la prestación consistente en el cumplimiento del acuerdo alcanzado por las partes en virtud de mediación, que cabría imponer como condición de la suspensión de cualquier pena privativa de libertad. En lo que a los supuestos de condición de la suspensión al cumplimiento de la medida de multa o de trabajos en beneficio de la comunidad se refiere, aunque no lo exija específicamente el precepto, sí puede deducirse del empleo del término «prisión» en la regla de conversión que las únicas penas cuya suspensión puede condicionarse al cumplimento de una multa o de trabajos en beneficio de la comunidad deben ser de prisión. Además, las penas –designadas como prestaciones o medidas– aplicables como sustitutivas no se constriñen en los supuestos de violencia de género y doméstica, como sucedía hasta la reforma de 2015, dando libertad al juez para que acuerde condicionar la suspensión también al pago de la multa siempre que conste acreditado que entre ofensor y víctima no existen relaciones económicas derivadas de una relación conyugal, de convivencia o filiación, o de la existencia de una descendencia común que podrían verse perjudicadas al establecer la imposición de una sanción pecuniaria.

La flexibilización de la ejecución de estas medidas se observa en las disposiciones del art. 85 CP (García Albero 2015), que prevé que el juez pueda modificar las medidas impuestas de conformidad con los artículos 83 y 84 CP durante el plazo de suspensión de modificarse las circunstancias que se valoraron para su imposición. A estos efectos, puede acordar el alzamiento de esas prohibiciones, deberes o prestaciones, modificarlas o sustituirlas por otras que resulten menos gravosas. No cabe, pues, que en observancia de la referida flexibilización pueda producirse una *reformatio in peius* de tales medidas, como parecía admitirse en el anteproyecto de 2012 y había denunciado el informe del CGPJ al anteproyecto, lo mismo que la doctrina (Peñaranda Ramos 2014).

Para concluir con las muestras de flexibilización como aspecto a valorar positivamente incluido por la reforma, la regulación de la revocación de la suspensión de la ejecución de la pena privativa de libertad también se flexibiliza. En este sentido, cuando la revocación procede por la comisión de un nuevo delito durante el período de suspensión, frente al sistema anterior, que conducía a la revocación de la suspensión en todo caso, el art. 86.1.a) CP prevé únicamente la revocación de la suspensión cuando la comisión del delito durante el período de suspensión ponga de manifiesto que la expectativa en la que se fundaba la decisión de suspensión adoptada ya no puede ser mantenida (Roig Torres 2015, Cano Cuenca 2015). Por lo demás, cuando se trata del incumplimiento de las prohibiciones, deberes o condiciones de los arts. 83 y 84 CP, éste sólo conduce a la revocación en caso de tener carácter grave o reiterado. En caso contrario, el juez puede imponer al penado nuevas prohibiciones, deberes o condiciones, modificar las ya impuestas, o prorrogar el plazo de suspensión, que no puede exceder de la mitad de la duración del que hubiera sido inicialmente fijado. Se suprime asimismo el régimen de revocación más exigente de los supuestos de violencia de género, en que hasta ahora bastaba cualquier incumplimiento de las condiciones establecidas en el art. 83 CP para revocar la suspensión. Finalmente, se incluyen como causas de revocación la sustracción al control de los servicios de gestión de penas o medidas alternativas de la Administración penitenciaria y facilitar información inexacta o insuficiente sobre el paradero de bienes u objetos cuyo decomiso hubiera sido acordado, no dar cumplimiento al compromiso de pago de responsabilidades civiles a que hubiera sido condenado –salvo que careciera de capacidad económica para ello– o, finalmente, facilitar información inexacta o insuficiente sobre su patrimonio, incumpliendo la obligación impuesta por el art. 589 LEC. Incluir como posible causa de revocación el incumplimiento del acuerdo para hacer frente al pago de la responsabilidad civil gana sentido, toda vez que con el régimen anterior de comprobación previa, caso en que se hubiese admitido el compromiso de pagarla de modo fraccionado, si finalmente éste no se cumplía, no estaba prevista la correspondiente causa de revocación.

3.3. Inconvenientes: aspectos negativos y cuestiones que la reforma deja por resolver

Con haber mejorado algunas cuestiones relacionadas con el régimen de suspensión de penas privativas de libertad, centradas en la efectiva flexibilización del sistema, la reforma de 2015 ha introducido finalmente o había pretendido introducir aspectos más oscuros, que hacen que con carácter general el balance acerca de la nueva configuración de la suspensión no pueda ser enteramente positivo.

En este sentido, entre las críticas de que se ha hecho objeto el nuevo sistema, cabe destacar las que podríamos identificar como enmiendas a la totalidad, que muestran su rechazo a la confusión intencionada de alternativas diversas a la prisión, como la suspensión y la sustitución, a que conduce el macro concepto de suspensión. Muy crítico con el diseño de esta nueva institución se mostró ya el Consejo Fiscal (2013) en su informe al anteproyecto, pero también en la academia se ha mantenido ese nivel de criticismo (Peñaranda Ramos 2014, Quintero Olivares 2015), como se ha ya indicado. Junto a la confusión en las consecuencias jurídico-penales alternativas a la prisión que introduce, ha habido quien ha cuestionado que la reforma no hubiera ido más allá en la ampliación del ámbito aplicativo de la suspensión, así ampliando dicha posibilidad a penas privativas de derechos y a la propia multa, e incluso admitiéndola con penas que tengan hasta 5 años de duración (Abel Souto 2015). Junto a ello, se ha lamentado que no se haya aprovechado la trascendental reforma de la suspensión para reintroducir la sección especial del Registro de Penados y Rebeldes en la que inscribir las condenas objeto de suspensión que podrían conducir a la cancelación del asiento, una vez cumplido satisfactoriamente el plazo de prueba, sin que quedase rastro de antecedente penal alguno (Acale Sánchez 2013, Peñaranda Ramos 2014).

Más allá de las consideraciones críticas enderezadas a cuestionar la validez del entero sistema de suspensión implementado –de las propias bases del sistema–, descendiendo a la concreta regulación prevista tras la reforma de 2015, se han vertido manifestaciones que muestran aspectos en los que la regulación debía mejorar, algunos de los cuales han sido afortunadamente subsanados durante la tramitación parlamentaria del proyecto.

Así, entre los más relevantes, en relación tanto con el fundamento como con las condiciones para acordar la suspensión, se ha indicado que limitar el presupuesto de la suspensión a los casos en que sea razonable esperar que la ejecución de la pena no sea necesaria para evitar la futura comisión de delitos por parte del penado limita demasiado la aplicabilidad de la institución a sujetos de nula o casi nula peligrosidad (Peñaranda Ramos 2014), debiendo situarse su fundamento en la necesidad de evitar el cumplimiento de penas cortas privativas de libertad a quienes presenten un pronóstico favorable de comportamiento futuro. Al margen de las críticas de que se habían hecho merecedoras las condiciones señaladas en el art. 80 CP para efectuar la correspondiente valoración, que en el anteproyecto del 2012 incluían la «personalidad del penado», lo que condujo a afirmar que nos hallábamos ante una manifestación del derecho penal de autor que debía desaparecer (Acale Sánchez 2013), como se hizo ya en el proyecto, se ha señalado que debería objetivarse el juicio de peligrosidad a través de la exigencia de un informe psicosocial de pronóstico criminal (Peñaranda Ramos 2014, Abel Souto 2015).

En relación con la concurrencia de los requisitos para acordar la suspensión, específicamente en referencia al momento en que debe valorarse la concurrencia del requisito de la primariedad delictiva, cabe indicar que se ha desaprovechado la oportunidad de aclarar tal cuestión. Más allá del caso no controvertido en que ha recaído sentencia condenatoria firme antes de la comisión del hecho cuya pena se plantea suspender, en que no procede la suspensión, existen casos dudosos. Así aquellos en que el reo no ha sido previamente condenado en firme en la fecha de comisión del hecho cuya pena se plantea suspender, o bien cuando habiendo sido condenado en firme, el antecedente está cancelado o debería estarlo en el momento de cometer el hecho (García Albero 2015). Hubiera sido útil a estos efectos que se hubiese determinado el momento en que debe valorarse la primariedad, si aquél en que se comete el hecho que motiva la suspensión o aquél en que se decide sobre la concesión de la suspensión.

Respecto de las penas que pueden ser objeto de suspensión, no hay duda de que el régimen general de suspensión con sustitución potestativa se refiere a todas las penas privativas de libertad, esto es, la de prisión, la de localización permanente o la responsabilidad personal subsidiaria en caso de impago de la pena de multa. Sin embargo, no deja claro el art. 84 CP que la imposición de las condiciones que impone se refieren solo a la pena de prisión, cuando la antigua sustitución preveía la imposición de pena sustitutiva únicamente a la de prisión. Y sobre todo, parece que la suspensión de pena con sustitución preceptiva del art. 80.3 CP se refiere únicamente a las penas de prisión, cerrando la puerta, pues, a sustituir otras penas privativas de libertad en el caso de los delincuentes que no sean primarios o de los que, siéndolo, tengan impuestas varias penas privativas de libertad sin que individualmente ninguna de ellas supere los 2 años –supuesto este último complejo tratándose de penas como la localización permanente o la responsabilidad personal subsidiaria en caso de impago de la pena de multa–.

En relación con el procedimiento para otorgar la suspensión, se expone ya en la propia exposición de motivos de la LO 1/2015 como una de las claras aportaciones del nuevo régimen para ganar en agilidad y rapidez consiste en que la suspensión debe acordarse en sentencia, siempre que ello sea posible, frente al anterior sistema establecido en el art. 82 CP, que preveía el pronunciamiento sobre la suspensión una vez declarada la firmeza de la sentencia. El nuevo art. 82 CP contempla que el acuerdo debe adoptarse en sentencia, pero anticipándose a su imposibilidad, prevé que el juez se pronuncie a la mayor urgencia sobre el particular, una vez declarada la firmeza de la sentencia y previa audiencia de las partes. Se ha tildado la determinación de este momento para acordar la suspensión de sumamente voluntarista (Peñaranda Ramos 2014), puesto que hacer posible el acuerdo de la suspensión en dicho momento pasaría por la necesaria reforma procesal que no se ha articulado. Siguiendo con el procedimiento, se determina en el mismo art. 82 CP que el plazo de suspensión se computará desde la fecha de la resolución que la acuerda, y que, en caso de que haya sido concedida en sentencia, desde el momento en que ésta gana firmeza. Tampoco el *dies a quo* para el cómputo del plazo se ha hallado exento de críticas, puesto que, como indicara el Consejo Fiscal (2013) en su informe al anteproyecto, el plazo debería computarse desde el momento en que se notifique al penado la resolución acordando la suspensión con apercibimiento de las consecuencias que tendría que volviese a delinquir o que incumpliese las demás condiciones impuestas, conforme al criterio establecido por el TC (STC 251/2005, de 10 de octubre). Con la finalidad de asegurar que en los casos de rebeldía el *dies a quo* de la suspensión fuese aquél en que el rebelde es hallado y le es notificada la resolución, se ha introducido en este precepto un último párrafo en virtud del cual «no se computará como plazo de suspensión aquél en que el penado se hubiera mantenido en situación de rebeldía», si bien hubiese resultado más adecuado que el legislador hubiese clarificado que en tales supuestos el plazo comienza a computar a partir del momento de la notificación.

También en cuanto al procedimiento para otorgar la suspensión, si bien tal cuestión ha sido subsanada durante la tramitación parlamentaria del proyecto, se había omitido toda referencia a la necesidad de oír a las partes a efectos de conceder o no la suspensión de la ejecución de la pena, en franca contradicción con lo establecido por la jurisprudencia del TC, que exige la audiencia de las partes en caso de denegación del beneficio, a efectos de evitar la indefensión (SsTC 248/2004, de 22 enero, 222/2007, de 8 octubre). Pese a que el informe del CGPJ al anteproyecto había insistido mucho en la necesidad de garantizar dicha audiencia, pronunciándose en el mismo sentido tanto el informe del Consejo Fiscal (2013) cuanto el dictamen del Consejo de Estado (2013), inexplicablemente el proyecto de la LO 1/2015 no había incluido dicha necesidad en el articulado. La audiencia a las partes se ha introducido finalmente durante la tramitación parlamentaria del proyecto en el Congreso. Junto a la necesaria audiencia a las partes a efectos de determinar la concesión del beneficio, también con el objeto de evitar la indefensión, se introdujo durante la tramitación en el Congreso la audiencia tanto al Fiscal como a las partes, bien para revocar la suspensión y ordenar la ejecución de la pena suspendida bien para imponer nuevas prohibiciones o medidas, modificar las impuestas o prorrogar el plazo de suspensión en caso de incumplimiento no grave de las prohibiciones, deberes o condiciones, de conformidad con el art. 86.4 CP, acordando incluso el juez la celebración de una vista oral cuando lo considere necesario para resolver. Sin embargo, puede prescindirse de la referida audiencia cuando la revocación y el ingreso inmediato en prisión resulten necesarios para evitar el riesgo de reiteración delictiva o de huida del penado o para asegurar la protección de la víctima.

En relación con la forma en que se determinan las prohibiciones y deberes del art. 83 CP y las prestaciones o medidas del art. 84 CP, se ha criticado que se prevea entre las prohibiciones del art. 83 la consistente en prohibir establecer contacto con personas determinadas o con miembros de un grupo determinado cuando existan indicios que permitan suponer fundadamente que tales sujetos pueden facilitarle la ocasión para cometer nuevos delitos o incitarle a hacerlo. Ciertamente, la redacción de esta prohibición en fase de anteproyecto era mucho más discutible que en la actualidad, puesto que bastaba la mera sospecha recayente sobre tales individuos para imponer la prohibición de contacto con ellos, de ahí que el informe del Consejo Fiscal (2013) al anteproyecto propugnase la mejora de su redacción o su supresión. También en relación con el art. 83 CP, se ha afirmado que deberían sistematizarse mejor las prohibiciones y deberes, en función de que impliquen la interdicción de conductas o bien obligación de actuar en determinado sentido (Peñaranda Ramos 2014).

Respecto de las prestaciones o medidas incluidas en el art. 84 CP, que, pese a la denominación, es donde se halla «agazapada», se ha dicho, la antigua sustitución de la pena (García Albero 2015), y que incluyen el cumplimiento del acuerdo alcanzado por las partes en virtud de mediación, el pago de la multa y la realización de trabajos en beneficio de la comunidad, se ha indicado que el cumplimiento del acuerdo alcanzado en mediación debería alojarse como auténtica prestación positiva en el art. 83 CP. Ello permitiría mantener la designación del resto de las contempladas en el art. 84 CP como penas, en lugar de emplear el eufemismo de prestaciones o medidas, que además de poder interpretarse como un fraude de etiquetas conduce a dudar de que tanto la determinación normativa cuanto la ejecución de estas «prestaciones o medidas» de multa o trabajos en beneficio de la comunidad sean las contempladas tanto en el Código Penal como en el RD 840/2011 para las penas de multa y trabajos en beneficio de la comunidad. Junto a ello, condicionar la suspensión de la pena al cumplimiento de un acuerdo alcanzado por las partes en virtud de proceso de mediación pasa por que de una vez por todas se emprenda la correspondiente reforma procesal que reglamente el empleo de mecanismos de justicia restaurativa en la justicia penal de adultos en España. Este desarrollo no se ha emprendido, al hallarse bloqueada la aprobación de una nueva ley reguladora del proceso penal; ni siquiera la tímida referencia contenida en el art. 15 de la recientemente aprobada Ley 4/2015 del Estatuto de la víctima del delito a los servicios de justicia restaurativa es suficiente para colmar este vacío.

Para finalizar, otro aspecto negativo que se ha destacado en relación ya con la revocación de la suspensión de la pena tiene que ver con la inconcreción del requisito de que se haya cometido un delito en el plazo de suspensión. Al respecto, se limita a indicar el art. 86.1 CP que la revocación de la suspensión requiere que se sea condenado por un delito cometido durante el período de suspensión. Ciertamente, es de celebrar que durante la tramitación parlamentaria del proyecto se haya suprimido la posibilidad de revocar la suspensión por delitos cometidos con anterioridad al período de suspensión pero por los que se ha sido condenado durante el mismo, o cuando la condena acontece ya tras finalizar el plazo de suspensión por un delito cometido durante el período de suspensión o incluso con anterioridad al mismo. Pese a las críticas manifestadas al respecto sobre todo en el informe del CGPJ y en el dictamen del Consejo de Estado (2013) al anteproyecto, así como en la propia academia (Peñaranda Ramos 2014) al considerarse directamente inconstitucional la revocación por un delito cometido antes del acuerdo de la suspensión y contraria a la seguridad jurídica la revocación por una condena recaída tras finalizar el período de suspensión, no ha sido hasta la tramitación parlamentaria del proyecto cuando ambas referencias han desaparecido. Con todo, el texto finalmente aprobado establece la revocación cuando el penado es condenado durante el período de suspensión, lo que impide revocar la suspensión cuando los hechos son previos al acuerdo de la suspensión y la firmeza de la sentencia condenatoria se produce durante el plazo de suspensión, pero deja abierta la cuestión de si debe entenderse incumplida la condición cuando los hechos se cometen durante el plazo de suspensión ganando firmeza la sentencia condenatoria una vez concluido éste. Tal cuestión ha sido ya interpretada en el sentido de que tanto la comisión de los hechos cuanto el dictado de sentencia firme debe acaecer durante el plazo de suspensión para considerar que cabe revocar por incumplimiento de la condición de no delinquir (García Albero 2015), sin admitir supuesto alguno de reversibilidad de la suspensión.

Concluyendo ya, tan solo indicar que pese a la sustancial transformación en las consecuencias jurídico-penales sustitutivas de la prisión, con sus aciertos y desaciertos, consistentes estos últimos en un endurecimiento de las condiciones para su aplicación parcialmente taimados durante la tramitación parlamentaria de la LO 1/2015, la implementación de dichas alternativas se encuentra en este momento en una situación de indeterminación. Y es que las disposiciones sobre ejecución de suspensión y sustitución contenidas en el RD 840/2011, con ser muy parciales, limitándose solamente a la antigua suspensión de la ejecución con imposición de determinadas reglas de conducta (las del art. 83.1 5ª y 6ª CP) y a la sustitución de prisión por trabajos en beneficio de la comunidad cuando el penado debía además seguir un programa específico de reeducación y tratamiento psicológico, no resultan aplicables a la nueva figura de la suspensión. Con ello, el desarrollo normativo necesario para arbitrar la ejecución de la institución global denominada suspensión en la reforma penal de 2015 resta todavía pendiente de realización.

BIBLIOGRAFÍA

Abel Souto, M. (2008): *La pena de localización permanente*, Granada: Comares.

Abel Souto, M. (2013): «Suspensión de la pena: Arts. 80, 81 y 84 CP», en F.J. Álvarez García, dir., *Estudio crítico sobre el Anteproyecto de reforma penal de 2012*, Valencia: Tirant lo Blanch, p. 291-310.

Acale Sánchez, M. (2013): «Suspensión y sustitución», en F.J. Álvarez García, dir., *Estudio crítico sobre el Anteproyecto de reforma penal de 2012*, Valencia: Tirant lo Blanch, p. 311-380.

Acale Sánchez, M., Martín Aragón, M.M., (2013): «Localización permanente: Art. 33.4», en F.J. Álvarez García, dir., *Estudio crítico sobre el Anteproyecto de reforma penal de 2012*, Valencia: Tirant lo Blanch, p. 225-228.

Asúa Batarrita, A. (1989): «Alternativas a las penas privativas de libertad y proceso penal», *Cuadernos de Política Criminal* 39, p. 605-626.

Boldova Pasamar, M.A. (2004): en L. Gracia Martín, coord., *Lecciones de consecuencias jurídicas del delito*, 3ª ed., Valencia: Tirant lo Blanch.

Brandariz García, J.A. (2009): *La sanción penal de trabajos en beneficio de la comunidad*, Valencia: Tirant lo Blanch.

Brandariz García, J.A. (2015): «Las penas de trabajos en beneficio de la comunidad y localización permanente (arts. 40, 48 y 35)», en J.L. González Cussac, dir., *Comentarios a la Reforma del Código Penal de 2015*, Valencia: Tirant lo Blanch.

Cano Cuenca, A. (2015): «Suspensión de ejecución de la pena condicionada al cumplimiento de prohibiciones y deberes. Especial consideración de la expulsión de los extranjeros. La sustitución de la pena de prisión por la expulsión (arts. 83, 84, 85, 86, 87, 308 bis y 89)», en J.L. González Cussac, dir., *Comentarios a la Reforma del Código Penal de 2015*, Valencia: Tirant lo Blanch.

Consejo de Estado (2013): *Anteproyecto de ley orgánica por la que se modifica la Ley Orgánica 10/1995, de 23 de noviembre, del Código Penal* [en línea]. Disponible en: https://www.boe.es/buscar/doc.php?id=CE-D-2013-358 [Acceso 14 junio 2016].

Consejo Fiscal (8 de enero de 2013): *Informe del Consejo Fiscal al Anteproyecto de Ley Orgánica por la que se modifica la Ley Orgánica 10/1995, de 23 de noviembre, del Código Penal* [en línea], Madrid: Fiscalía General del Estado. Disponible en: https://www.fiscal.es/fiscal/PA_WebApp_SGNTJ_NFIS/descarga/INFORME_ANTEPROYECTO_CP_2012_8-enero-2013.pdf?idFile=ab37a28b-9fbc-4af5-b2b3-3b14c1826623 [Acceso 14 junio 2016].

Consejo General del Poder Judicial-Comisión de Estudios e Informes (16 de enero de 2013): *Informe al Anteproyecto de Ley Orgánica por la que se modifica la Ley Orgánica 10/1995, de 23 de noviembre, del Código Penal*, [en línea]. Disponible en: http://www.poderjudicial.es/cgpj/es/Poder_Judicial/Consejo_General_del_Poder_Judicial/Actividad_del_CGPJ/Informes/Informe_al_Anteproyecto_de_Ley_Organica_por_la_que_se_modifica_la_Ley_Organica_10_1995__de_23_de_noviembre__del_Codigo_Penal [Acceso 23 abril 2014].

De la Cuesta Arzamendi, J.L. (1993): Alternativas a las penas cortas privativas de libertad en el Proyecto de 1992», en *Política-criminal y Reforma penal: homenaje a la memoria del prof. Dr. D. Juan del Rosal Juan del Rosal*, Madrid: Edersa, p. 319-345.

García Albero, R. (2004): en G. Quintero Olivares, dir., *Comentarios al nuevo Código Penal*, 3ª ed., Cizur Menor: Aranzadi.

García Albero, R. (2015): «La suspensión de la ejecución de las penas», en G. Quintero Olivares, dir., *Comentario a la reforma penal de 2015*, Cizur Menor: Thomson Reuters-Aranzadi.

Guisasola Lerma, C. (2015): «Libertad condicional (arts. 90, 91 y 92)», en J.L. González Cussac, dir., *Comentarios a la Reforma del Código Penal de 2015*, Valencia: Tirant lo Blanch.

Iglesias Río, M.A. (2015): «La expulsión de extranjeros», en G. Quintero Olivares, dir., *Comentario a la reforma penal de 2015*, Cizur Menor: Thomson Reuters-Aranzadi.

Magro Servet, V. (2010): «El nuevo régimen de la pena de localización permanente en la Ley Orgánica 5/2010, de reforma del Código penal», *La Ley Penal: revista de derecho penal, procesal y penitenciario*, 76.

Manzanares Samaniego, J.L. (2006): «La pena de localización permanente», *La Ley Penal: revista de derecho penal, procesal y penitenciario*, 25.

Mapelli Caffarena, B. (2011): *Las consecuencias jurídicas del delito*, 5ª ed., Madrid: Civitas.

Mota Bello, F. (2005): «Las penas de localización permanente y de prohibición de residencia, de aproximación y de comunicación con la víctima y otras personas», *Cuadernos de Derecho Judicial* 4, p. 43-76.

Peñaranda Ramos, E. (2014): «Informe crítico sobre la reforma del régimen jurídico de la suspensión y la sustitución de la pena y de la libertad condicional», en F.J. Álvarez García, dir., *Informe de la Sección de Derechos Humanos del Ilustre Colegio de Abogados de Madrid sobre los Proyectos de Reforma del Código Penal, Ley de Seguridad Privada y LO del Poder Judicial (Jurisdicción Universal):* Valencia: Tirant lo Blanch.

Quintero Olivares, G. (2015): «Estudio Preliminar», en G. Quintero Olivares, dir., *Comentario a la reforma penal de 2015*, Cizur Menor: Thomson Reuters-Aranzadi.

Roca Agapito, L. (2011): *El sistema de sanciones en el derecho penal español*, Libro electrónico, vLex.

Rodríguez Yagüe, C., et al. (2013): «Libertad condicional: Artículos 90, 91, 92 y 93», en F.J. Álvarez García, dir., *Estudio crítico sobre el Anteproyecto de reforma penal de 2012*, Valencia: Tirant lo Blanch, p. 375-394.

Roig Torres, M. (2015): «Suspensión de la ejecución de las penas privativas de libertad (arts. 80, 81 y 82)», en J.L. González Cussac, dir., *Comentarios a la Reforma del Código Penal de 2015*, Valencia: Tirant lo Blanch.

Salat Paisal, M. (2015): «Libertad condicional», en G. Quintero Olivares, dir., *Comentario a la reforma penal de 2015*, Cizur Menor: Thomson Reuters-Aranzadi.

Sanz Mulas, N. (2000): *Alternativas a la pena privativa de libertad (análisis crítico y perspectivas de futuro en las realidades española y centroamericana)*, Madrid: Colex.

Serrano Pascual, M. (1999): *Las formas sustitutivas a la prisión en derecho penal español*, Madrid: Trivium.

Terradillos Basoco, J.M, Boza Martínez, D. (2013): «La expulsión del extranjero: Art. 88 CP», en F.J. Álvarez García, dir., *Estudio crítico sobre el Anteproyecto de reforma penal de 2012*, Valencia: Tirant lo Blanch, p. 361-374.

Torres Rosell, N. (2006): *La pena de trabajos en beneficio de la comunidad. Reformas legales y problemas de aplicación*, Valencia: Tirant lo Blanch, Valencia.

Torres Rosell, N. (2010): «La pena de localización permanente y la pena de trabajos en beneficio de la comunidad» en G. Quintero Olivares, dir., *La reforma penal de 2010: análisis y comentarios*, Cizur Menor: Thomson Reuters-Aranzadi.

Torres Rosell, N. (2012): «Contenido y fines de la pena de localización permanente», en *Indret* [en línea] 1. Disponible en: http://www.raco.cat/index.php/InDret/article/view/260790/347972 [Acceso 17 junio 2016].

Torres Rosell, N. (2015): «Trabajos en beneficio de la comunidad y localización permanente», en G. Quintero Olivares, dir., *Comentario a la reforma penal de 2015*, Cizur Menor: Thomson Reuters-Aranzadi, p. PP-PP.

Villacampa Estiarte, C., Torres Rosell, N. (2012): «El nuevo régimen de ejecución de las sanciones alternativas a la prisión», *Revista de Derecho y Proceso Penal* 27, p. 227-278.

Zaffaroni, E.R. (1993): «¿Qué hacer con la pena?. Las alternativas a la prisión, en *Biblioteca jurídica virtual. Cuadernos del Núcleo Interdisciplinario.* Disponible en: http://biblio.juridicas.unam.mx/libros/1/85/3.htm [Acceso 7 mayo 2015].

La suspensión de la pena tras la LO 1/2015[1]

JUAN MATEO AYALA GARCÍA
JUAN IGNACIO ECHANO BASALDUA

1. Introducción. 2. Suspensión ordinaria. 2.1. Criterio decisorio: pronóstico de que la ejecución no es necesaria para evitar la comisión de nuevos delitos por el condenado. 2.2. Requisitos. 2.2.1. Haber delinquido por primera vez. Dilución de esta exigencia. 2.2.2. La pena o la suma de las penas impuestas no debe superar los dos años. 2.2.3. Satisfacción de las responsabilidades civiles y efectuación del decomiso. 2.3. Modalidades. 2.3.1. Suspensión sin prohibiciones o deberes ni prestaciones. 2.3.2. Suspensión con prohibiciones o deberes (art. 83). 2.3.3. Suspensión con prestaciones (art. 84). 2.3.4. Suspensión con prohibiciones o deberes y con prestaciones. 2.4. Plazo de suspensión: duración, cómputo, incidencias. 2.5. Revocación y remisión. 3. Suspensión extraordinaria. 3.1. Supuestos excepcionales. 3.2. Supuestos de enfermedad muy grave. 3.3. Supuestos de drogodependencia. Bibliografía

RESUMEN

La LO 1/2015 ha reformado la suspensión y la sustitución de las penas cortas privativas de libertad por medio de su unificación bajo un mismo régimen jurídico. El presente estudio ofrece una visión de conjunto que permite trazar el sentido y alcance de las disposiciones legales de carácter material, así como los criterios que, en ocasiones de forma insuficiente, se establecen para el uso de esa discrecionalidad reglada que permea toda la regulación.

Palabras clave: Alternativas a la prisión, suspensión de la ejecución de la pena, sustitución de la pena.

ABSTRACT

Suspension and substitution of short prison sentences has been reformed by LO 1/2015 and unified under a single legal system. As a result, the first one has been absorbed into the second. This paper provides an overview that determines both the meaning and scope of substantive legal provisions and the criteria set out, sometimes insufficiently, for the use of the regulated discretion that permeates all the applicable legislation.

---

[1] Este trabajo se enmarca en el equipo de investigación *Poder público y empresa en un contexto multinivel y transnacional* (UD-R- 2010), reconocido por el Gobierno Vasco para el periodo 2013-2015 (IT 607-13), cuyo investigador principal es Luis I. Gordillo Pérez.

Keywords: Alternatives to imprisonment, suspension of enforcement of penalty, substitution of penalty.

1. INTRODUCCIÓN

La LO 1/2015 ha reformado los dos institutos que permitían eludir la ejecución de las penas privativas de libertad, la suspensión y la sustitución, por medio de su unificación bajo un mismo régimen jurídico[2], que supone la absorción de la sustitución en la suspensión (Consejo Fiscal 2013, p. 26)[3]. Se trata de una profunda transformación (Goyena Huerta 2015, p. 182), de trascendencia indudable (García Albero 2015, p. 143), «más rupturista de lo parece dar a entender la parte expositiva» (Consejo Fiscal 2013, p. 28). En el Código Penal de 1995 la suspensión incorporó distintos elementos de la *probation*, de modo que su regulación respondía a un sistema mixto o híbrido[4]. Tras la LO 1/2015 se añaden a esta mixtura –presente a pesar de las reformas– elementos de la sustitución de la pena, como son las prestaciones a imponer de forma potestativa o necesaria[5].

La exposición de motivos indica como motivo para tan «profundas modificaciones» (Consejo de Estado 2013, Décima, A), que así la decisión sobre la ejecución o no de la pena podrá tomarse en un único pronunciamiento –y no hasta en tres sucesivos (suspensión, sustitución y suspensión para drogodependientes) con sus correspondientes recursos– y se

---

[2] La sustitución de la pena a ciudadanos extranjeros es asimismo objeto de reforma (art. 89 CP), pero su régimen no se integra y unifica con el de la suspensión, lo que viene a confirmar –a pesar de las diferencias respecto de las regulaciones precedentes– la opinión de quienes consideraban que responde, al menos en parte, a un fundamento distinto (Gracia Martín y Alastuey 2006, p. 331 s., Mapelli Caffarena 2011, p. 148); en este sentido, Iglesias Río (2015, p. 177 s.) Asimismo se mantiene, si bien con las necesarias modificaciones, la sustitución prevista para las penas de prisión que por aplicación de las reglas del art. 70.2 CP resultaren inferiores a tres meses (art. 71.2 CP). Ambas modalidades de sustitución quedan fuera del objeto de este estudio que se limita al nuevo modelo de suspensión aplicable con carácter general (arts. 80-87 CP).
La reforma también afecta a la libertad condicional (arts. 90-93 CP), que la exposición de motivos califica de «modalidad de la suspensión de la ejecución del resto de la pena» y cuya regulación es reconducida en parte a ella. No obstante, no es una forma de suspensión dirigida «a evitar la entrada en prisión» (Cid Moliné 2009, p. 21 s.) y plantea una problemática específica y distinta a la suspensión propiamente dicha, por lo que queda fuera del objeto de este estudio. Sobre las divergencias en cuanto a la naturaleza de la libertad condicional, véase recientemente Daunis Rodríguez (2014, p. 2 ss.), con amplias referencias. Críticamente respecto a su regulación como una modalidad de la suspensión, Daunis Rodríguez (2014, p. 6 ss.), Manzanares Samaniego (2012, p. 14), Rodríguez Yagüe et al. (2013, p. 386).

[3] Esta absorción ha sido objeto de opiniones encontradas, por ejemplo, se manifiesta en contra Trapero Barreales (2013, p. 347), y a favor parece inclinarse Sánchez Robert (2015, p. 262), que cita a Morillas Cueva (2013, p. 490) y Barquín Sanz y Cano Cuenca (2013, p. 197).

[4] Véanse resumidamente Díez Ripollés (2009, p. 682 s.), Roig Torres (2014, p. 172 ss.).

[5] En este sentido, Sierra López (2014, p. 155 s.).

logrará una mayor celeridad y eficacia en la ejecución de las penas[6]. La otra «finalidad esencial» de la «revisión de la regulación» es dotar a la suspensión de «una mayor flexibilidad», lo que supone otorgar mayor alcance a la discrecionalidad de los órganos jurisdiccionales.

Se logre o no esa mayor celeridad y eficacia[7], la reforma tiene como consecuencia, en primer lugar, el incremento de las modalidades de suspensión, ya que se añaden a las de la suspensión las que provienen de la sustitución. La que podemos denominar suspensión ordinaria admite cuatro modalidades: i) sin prohibiciones ni prestaciones; ii) con prohibiciones; iii) con prestaciones; iv) con prohibiciones y prestaciones; y la suspensión extraordinaria –no requiere la presencia de las «condiciones necesarias» del art. 80.2– tres: i) supuestos excepcionales; ii) supuestos de enfermedad; iii) supuestos de drogodependencia[8].

En segundo lugar, la reforma aumenta de forma muy importante la discrecionalidad de los órganos jurisdiccionales. Casi todas las decisiones relevantes relativas a la suspensión se sustentan en valoraciones de distintos elementos que permitan prever el comportamiento futuro del condenado, habiendo desaparecido prácticamente todos los elementos objetivos que limitaban la concesión de la suspensión (antecedentes penales) o daban lugar a su revocación (comisión de un delito), con el fin de que se ajusten en mayor medida a las necesidades de prevención especial del caso concreto.

La más decidida apertura de posibilidades merece una valoración positiva[9] en la medida en que permite que no se ejecuten innecesariamente penas cortas

---

[6] Consideran que esta motivación «adolece de cierta artificiosidad el Consejo Fiscal (2013, p. 27, y citándole, el Consejo de Estado (2013, Décima, A).

[7] Expresan dudas el Consejo General del Poder Judicial (CGPJ) (2013, p. 69 s.), a cuyo juicio debiera reflejarse en el articulado que se trata de un sistema de opción excluyente entre las diversas modalidades y además recurrirse a un tratamiento procesal específico. Consideraciones a las que habrían de añadirse la de falta de información suficiente para resolver sobre la suspensión en la sentencia como dispone el art. 82 (Goyena Huerta 2015, p. 192), y la mayor litigiosidad que pueda derivarse del importante incremento de la discrecionalidad judicial que introduce la nueva regulación (Urbano Castrillo 2014, p. 250 s., y Goyena Huerta 2015, p. 180). Barquín Sanz y Cano Cuenca (2013, p. 197, entienden que la unificación puede permitir «una simplificación de los trámites».

[8] La LO 1/2015 incluye el art. 308 bis que establece normas específicas complementarias para la suspensión condicional relativa a los delitos contra la Hacienda Pública y la Seguridad Social. Además permanecen otros supuestos de suspensión: la relativa a la tramitación del indulto (art. 4.4), la que tiene causa en una situación de trastorno mental sobrevenido durante el cumplimiento de la pena (art. 60); la sucesiva al cumplimiento de una medida de seguridad que tiene por objeto no poner en peligro los efectos logrados con esta (art. 99); y la prevista como medida cautelar en el proceso de amparo ante el Tribunal Constitucional (art. 56.1 LOTC). Todas ellas quedan fuera del objeto de este trabajo, que como se ha indicado se limita a la suspensión aplicable con carácter general (arts. 80-87).

[9] En este sentido, Barquín Sanz y Cano Cuenca (2013, p. 197), García Albero (2015, p. 144), Sánchez Robert (2015, p. 267).

privativas de libertad y, en este sentido, una más acertada conciliación de las necesidades de prevención general –positiva y negativa– y de prevención especial. Pero un tal sistema tiene como contrapartida una mayor inseguridad en la aplicación de la suspensión, como se ha subrayado[10], y no puede pasarse por alto que esta nueva regulación posibilita que de hecho se produzca, en comparación con la situación anterior, un endurecimiento de la respuesta penal en determinados delitos o una atemperación en otros[11].

En el presente estudio se pretende ofrecer una visión de conjunto que permita trazar el sentido y alcance de las disposiciones legales de carácter material, no procesal, así como los criterios que se establecen, en ocasiones de forma insuficiente, para el uso de esa discrecionalidad reglada que permea toda la regulación.

2. SUSPENSIÓN ORDINARIA

2.1. Criterio decisorio: pronóstico de que la ejecución no es necesaria para evitar la comisión de nuevos delitos por el condenado

El art. 80.1.I otorga a jueces y tribunales la potestad de dejar en suspenso la ejecución de las penas privativas de libertad no superiores a dos años[12], «cuando sea razonable esperar que la ejecución de la pena no sea necesaria para evitar la comisión futura por el penado de nuevos delitos». El art. 80.1.II establece: «Para adoptar esta resolución el juez o tribunal valorará las circunstancias del delito cometido, las circunstancias personales del autor, sus antecedentes, su conducta posterior al hecho, en particular su esfuerzo por reparar el daño causado, sus circunstancias familiares y sociales, y los efectos

---

[10] Son frecuentes las referencias a la inseguridad respecto de unos u otros aspectos relacionados con la discrecionalidad que otorga el texto legal. Véanse García San Martín (2014, p. 2 s. y 6), Goyena Huerta (2015, p. 183), Sánchez Robert (2015, p. 241, 244, 246 y 258), Sierra López (2014, p. 152), Urbano Castrillo (2014, p. 253).

[11] En algunos casos, pueden sumarse condiciones que eran propias de la suspensión y de la sustitución en sus regulaciones precedentes (no delinquir durante un plazo y prestaciones), de forma que la nueva suspensión resulte más dura que la anterior suspensión o sustitución; en otros casos, en cambio, puede que el uso de la discrecionalidad judicial sea favorable. En el Seminario que dio lugar a este estudio, varios de los intervinientes mostraron recelos que asimismo pueden verse desde perspectivas distintas en García Albero (2015, p. 161) y Muñoz Company (2015, p. 5 ss).

[12] La letra del texto legal sigue refiriéndose a la suspensión de las penas privativas de libertad. Por ello las divergencias sobre si solamente la prisión es susceptible de suspensión o también la localización permanente y la responsabilidad personal subsidiaria por impago de la multa, se van a plantear previsiblemente en los mismos términos que con anterioridad a la reforma; y también las divergencias sobre la posibilidad de suspender las penas accesorias (Díez Ripollés 2009, p. 584 s., Gracia Martín y Alastuey 2006, p. 302 ss., Mapelli Caffarena 2011, p. 123 s.). En favor de ampliarla a otras penas, Abel Souto (2011, p. 98, con referencias).

que quepa esperar de la propia suspensión de la ejecución y de las medidas que fueren impuestas».

La primera exigencia para la suspensión es, por tanto, un pronóstico sobre el comportamiento del penado: ¿la ejecución de la pena es necesaria para evitar que vuelva a delinquir? Solamente la respuesta positiva a esta cuestión permite la suspensión[13]. El texto derogado indicaba: «En dicha resolución se atenderá fundamentalmente a la peligrosidad criminal, así como a la existencia de otros procedimientos penales contra este». La pretensión del nuevo texto legal ha sido sustituir la referencia a la peligrosidad criminal por el último inciso del párrafo primero: «cuando sea razonable esperar…», en el que se asume el contenido que un sector de la doctrina otorgaba a la peligrosidad criminal en el contexto de la suspensión y que resulta más adecuado por ser más preciso (Cervelló Donderis 2014, p. 2 ss. y 17 s., Abel Souto 2011, p. 100, 2013, p. 295 ss.)[14]. Asimismo se indican los elementos de juicio a que debe atenderse para realizar el pronóstico y, por tanto, para la resolución motivada de la suspensión[15].

Este elenco acoge, en último término, a todos los elementos que pueden resultar necesarios para la valoración que fundamente el pronóstico a realizar (Cervelló Donderis 2014, p. 11 ss.)[16]. En qué consiste cada una de estas circunstancias no parece que vaya a ser cuestión del todo pacífica. Se ha propuesto entender «las circunstancias del delito cometido» no solo desde la perspectiva de la prevención especial, sino también de la general[17], a pesar de que se trata de ayudar por medio de ellas a pronosticar el comportamiento del penado. La sustitución de «la personalidad del penado» que figuraba en el Anteproyecto por «las circunstancias personales del penado» resulta acertada

---

[13] Por ello, García Albero (2015, p. 145) denomina a este juicio «presupuesto material habilitante de la suspensión».

[14] En cambio, el Consejo Fiscal (2013, p. 31) y Acale Sánchez (2013, p. 314 s.) se inclinan a favor de la referencia a la peligrosidad criminal. También crítica, siguiendo al Consejo Fiscal, Sierra López (2014, p. 151), por entender que se limita la suspensión a quienes carezcan o tengan una escasa peligrosidad.

[15] Como indica García Albero (2015, p. 145), la parquedad del texto legal precedente a la hora de referirse a los elementos a tener en cuenta en este pronóstico daba lugar a que en la práctica se siguieran utilizando los reseñados en el CP 1973 y la Ley de Condena Condicional: la edad, los antecedentes, la naturaleza jurídica de la infracción cometida y circunstancias de todas clases. Sobre los criterios utilizados por los órganos jurisdiccionales, véanse también Cid Moliné (2009, p. 66 s.) y Sierra López (2014, p. 151).

La referencia a la existencia de procedimientos penales contra el procesado había sido criticada, sobre todo, porque podía no ser respetuosa con la presunción de inocencia, véanse Abel Souto (2011, p. 100 s.; CGPJ (2013, p. 79); Roig Torres (2014, p. 185 s.).

[16] Sin embargo, crítico García San Martín (2014, p. 5), por entender que se incluyen algunos de «difícil concreción y determinación».

[17] En este sentido, respecto del proyecto y relacionándolo con su art. 80. 4, Roig Torres (2014, p. 198); asimismo, respecto del anteproyecto, Consejo de Estado (2013, Décima C), que considera innecesario el art. 80.4 una vez que se hace referencia a las circunstancias del delito.

por incluir otros aspectos personales más allá de la personalidad que en una consideración aislada podrían apuntar a un derecho penal de autor[18]. El término «antecedentes» no es claro si debe ceñirse a los penales o puede alcanzar a otros como los policiales y a otras circunstancias de la vida del condenado, como parece más plausible a la vista del pronóstico a realizar (García Albero 2015, p. 146 s.)[19]. El comportamiento posterior al hecho resulta significativo, sobre todo, cuando ha pasado un dilatado periodo desde su comisión, ya que constituye «un dato cierto y privilegiado para conformar el juicio de peligrosidad» (García Albero 2015, p. 147) y, en especial, el esfuerzo por reparar el daño, donde tienen destacada cabida los acuerdos de reparación, fruto de procesos de mediación[20]. Por último, es acertado que se recuerden entre las circunstancias a valorar los efectos que quepa esperar de la propia suspensión y del cumplimiento de las «medidas que fueren impuestas» y debe notarse que por ello la decisión de suspender la ejecución conlleva ya la de imponer o no tales medidas y, en su caso, cuáles van a ser estas, es decir, conlleva la decisión sobre la modalidad de suspensión e, incluso, de la duración de la misma como apunta el art. 81[21].

Resulta chocante y muy criticable que no se establezca la obligatoriedad de un informe psico-social que haga llegar al proceso el conjunto de elementos de juicio a que alude el texto legal[22], ya que su conocimiento por el órgano jurisdiccional resulta insoslayable para poder realizar la tarea que se le impone[23]. Una de las finalidades de la reforma, como indica la exposición de motivos, es otorgar a la suspensión una mayor flexibilidad y por ello la regulación requiere, en mayor medida aún que la anterior, contar con los elementos de juicio necesarios para hacer uso de la discrecionalidad reglada y dictar la resolución motivada –realmente motivada– que exige el texto legal en protección del derecho fundamental a la tutela judicial efectiva. El acceso al

---

[18] Ya en este sentido el CGPJ (2013, p. 79 s.), que propone la expresión del texto legal.

[19] En cambio, Roig Torres (2013, p. 198 s.) considera desacertado que se atienda a los registros policiales. En todo caso debe tenerse en cuenta que la Disp. Ad. 3ª LORRPM establece que los datos del Registro de sentencias firmes dictadas en aplicación de esta ley, tan sólo pueden ser utilizados por los jueces de menores y el Ministerio Fiscal a los efectos de sus arts. 6, 30 y 47.

[20] En este sentido, CGPJ (2013, p. 80), para el que quizá fuera conveniente hacer referencia expresa a ellos (Cervelló Donderis 2014, p. 14).

[21] En este sentido, Trapero Barreales (2013, p. 341).

[22] Sobre la necesidad de este tipo de informes, su contenido, los análisis individualizados a que van dirigidos y la metodología a seguir, véanse Larrauri Pijoan (2012, p. 1 ss., y Cervelló Donderis (2014, p. 8 ss.).

[23] En este sentido se viene pronunciando la doctrina, véanse por todos Abel Souto (2011, p. 99 s., con amplias referencias, y CGPJ (2013, p. 80 s.). El Consejo de Estado (2013, Décima C, 1), entiende que su ausencia puede dar lugar a un juicio de peligrosidad con alto grado de subjetividad y que por ello tal vez sería más prudente limitar la discrecionalidad judicial con criterios objetivos. Por su parte, Roig Torres (2014, p. 184) apunta que la inclusión del informe tal vez diera lugar a que disminuyera el número de concesiones de suspensión.

órgano jurisdiccional de la información necesaria no debería haber quedado en sus manos ni en las de las partes[24]. El hecho de que no se prevea la obligatoria elaboración y presentación del correspondiente informe con anterioridad a la sentencia, en primer lugar, incrementa el riesgo de que la suspensión se aplique de forma prácticamente automática, cuando concurren sus requisitos objetivos –como se critica no pocas veces[25]–, lo que alejaría irremediablemente su aplicación de las exigencias legales y por ello puede entenderse que la ausencia si no de un informe, sí de información adecuada sobre todos estos elementos de juicio permitirá interponer el correspondiente recurso contra la resolución; y, en segundo lugar, esta falta de previsión puede dar lugar a que se considere que, dada la ausencia de información, no resulta posible resolver sobre la suspensión en la sentencia con el consiguiente retraso que pretende evitar el art. 82[26].

Las diferencias que pueden apreciarse respecto de la regulación anterior, no van a decidir la disputa sobre si la resolución de suspender o ejecutar la pena debe atender tan solo a razones de prevención especial como defiende un sector relevante de la doctrina, o si se debe atender también a las de prevención general conforme a la opinión de la jurisprudencia y otra dirección doctrinal (Roig Torres 2013, p. 174 ss.). Es cierto que el texto legal no excluye expresamente la atención a consideraciones diferentes a las preventivo-especiales, pero las reformas revelan que la nueva regulación prioriza la prevención especial más claramente que la derogada, siendo especialmente significativas a este respecto la redacción del art. 80.1.I del que además se suprime el término «fundamentalmente»[27], la eliminación del art. 80.4 del Proyecto que prohibía la suspensión de las penas superiores a un año «cuando aquella resulte necesaria para asegurar la confianza general en la vigencia de la norma infringida por el delito»[28], y la corrección del texto del anteproyecto propuesta por el informe del Consejo Fiscal (2013, p. 32 s.), con el fin de evitar equívocos al respecto.

---

[24] A juicio de Roig Torres (2014, p. 199), estas circunstancias deben acceder al proceso como prueba.

[25] Véase Abel Souto (2011, p. 100, con referencias). Cid Moliné (2009, p. 65 s.) pone de relieve que la judicatura española no acostumbra a utilizar los métodos de riesgo y de factores criminógenos que se exponen en la literatura criminológica. Sería de interés a este respecto conocer las causas de la «creciente desconfianza de jueces y tribunales ante estas instituciones», que aprecian Barquín Sanz y Cano Cuenca (2013, p. 168 ss.), tras comprobar que en el periodo 2008-2011 ha descendido la aplicación de la suspensión y la sustitución.

[26] En este sentido, García Albero (2015, p. 157), Goyena Huerta (2015, p. 194 s).

[27] A través de él se entendía que tenían cabida las consideraciones de prevención general, como indica Roig Torres (2014, p. 181).

[28] En este sentido, García Albero (2015, p. 146), poniendo de relieve que la ejecución o no de la pena habría dependido de las convicciones del juez acerca de la gravedad del hecho sobre la base de consideraciones vinculadas al estatus del reo, la clase de delito, el impacto mediático y la alarma social producida.

Conviene señalar además que la denominación de «beneficio» no se adecua a la suspensión a pesar de su arraigo. Conforme al Código Penal, el supuesto normal no es, ni tiene por qué ser, la ejecución de la pena conforme a una concepción puramente retributiva o preventivo general. A este respecto es importante tener presente que los principios constitucionales reguladores del derecho penal pueden indicar la suspensión como la solución jurídicamente más correcta del caso concreto, cuando no es necesaria la ejecución para evitar la reiteración delictiva (Gracia Martín y Alastuey 2006, p. 328 s.). También debe tenerse presente que la suspensión cumple funciones preventivo-generales propias de la pena: la situación de pendencia de la suspensión durante un determinado periodo, más las limitaciones de derechos que entrañan las obligaciones (art. 83) y las prestaciones (art. 84), en caso de que se impongan –y por mucho que la razón de su imposición sea la prevención especial–, producen sin duda un efecto preventivo general, positivo y negativo, nada desdeñable. Además la suspensión supone en no pocas ocasiones reforzar la reparación a la víctima.

2.2. Requisitos

El art. 80.2 recoge tres requisitos para dejar en suspenso la ejecución de la pena, que figuraban en el art. 81 derogado, pero que han sufrido modificaciones relevantes. A pesar de que para el texto legal son «condiciones necesarias», la introducción de criterios de valoración en la primera y en la tercera hace que se vea limitado su carácter de necesarias.

2.2.1. Haber delinquido por primera vez. Dilución de esta exigencia

La primera de estas condiciones es que «el condenado haya delinquido por primera vez»[29], aunque en realidad esta exigencia queda muy diluida con las matizaciones que seguidamente se establecen. El art. 81 derogado ya establecía que a estos efectos no se tendrían en cuenta las anteriores condenas por delitos imprudentes[30], ni los antecedentes penales que hubieran sido cancelados o debieran serlo. A estos supuestos la reforma añade otros dos.

El art. 81.2.1ª establece, en primer lugar, que tampoco se computarán las condenas por delitos leves. La LO 1/2015 elimina las faltas, divide los delitos en graves, menos graves y leves y define estos últimos, al igual que antes se definían las faltas, como las infracciones que la ley castiga con pena leve (art.

[29] A pesar de la recomendación del CGPJ (2013, p. 73), la reforma nada dice sobre el momento relevante para afirmar que el condenado –en sentencia firme por exigencia de la presunción de inocencia– ha delinquido por primera vez. Por ello las divergencias interpretativas al respecto (momento de comisión del delito o de la suspensión) reproducirán previsiblemente las existentes hasta la fecha. Véanse Roig Torres (2014, p. 188 ss.), y García San Martín (2014, p. 6).

[30] No obstante, cuando la conducta imprudente llevada a cabo esté tipificada como delito contra la seguridad vial, tendrá la consideración de delito doloso a estos efectos.

13). La exclusión de las condenas por delitos leves, radica en que buen número de faltas pasan a ser delitos leves y que con anterioridad a la reforma conforme a la doctrina muy mayoritaria las condenas por faltas no se computaban a efectos de antecedentes penales (Abel Souto 2011, p. 104 s., con referencias), con lo que quedan resueltas las posibles dudas al respecto (García Albero 2015, p. 148, Sierra López 2014, p. 153).

En segundo lugar, el mismo precepto afirma: «Tampoco se tendrán en cuenta los antecedentes penales correspondientes a delitos que por su naturaleza o circunstancias carezcan de relevancia para valorar la probabilidad de la comisión de futuros delitos». El origen de esta exclusión –que conforme a su letra hace referencia a antecedentes que pueden provenir de varios delitos– se encuentra, conforme a la exposición de motivos, en la posible falta de conexión entre los distintos delitos a efectos del pronóstico de peligrosidad a realizar (Abel Souto 2011, p. 106), pero no parece justificada la referencia que asimismo hace la exposición de motivos a la trasposición de la DM 2008/675/JAI, porque el art. 14.1.a LO 7/2014 requiere la doble incriminación para la equivalencia de las sentencias extranjeras a efectos de antecedentes, de forma que la conexión o no de los delitos plantearía las mismas cuestiones respecto del juicio de peligrosidad (García Albero 2015, p. 149). Podría verse también una razón para esta posible exclusión de determinados antecedentes en que la sustitución no requería que el condenado lo fuera por primera vez –bastaba con que no fuera delincuente habitual (art. 88 derogado)–. Todo ello hace que quede abierta la posibilidad de aplicar la suspensión también a quienes tienen antecedentes penales por delitos que carezcan de relevancia para valorar la probabilidad de comisión de delitos futuros[31].

Con estas exclusiones resulta que lo relevante ya no es el dato objetivo de haber delinquido por primera vez, sino el pronóstico de comportamiento a la vista de la naturaleza y circunstancias de los delitos en que tienen origen los antecedentes. Por tanto, la apreciación de este requisito se solapa en buena medida con el pronóstico de falta de necesidad de la ejecución de la pena para evitar la comisión de nuevos delitos por el condenado, a que se hace referencia en el art. 80.1.I, ya que ha de resolverse atendiendo también a los elementos de juicio indicados en él[32].

Conviene poner de relieve que la aplicación de esta exclusión no queda reducida a los casos que conforme a la regulación anterior corresponderían a la sustitución. Alcanza a todos los supuestos de la actual suspensión y se debe

---

[31] Crítico al respecto se muestra Urbano Castrillo (2014, p. 253), por considerar que pierde valor «la clave de bóveda del sistema, que era –y sigue siendo– el evitar el contagio de los delincuentes primarios».

[32] En este sentido, García Albero (2015, p. 149).

evitar que a la vista de las dificultades que puede entrañar este pronóstico[33], se reproduzcan los criterios de la regulación derogada dejando de lado las pautas establecidas por el texto legal[34].

2.2.2. La pena o la suma de las penas impuestas no debe superar los dos años

La segunda de las condiciones necesarias mantiene el mismo límite temporal de las penas que pueden ser suspendidas: «Que la pena o la suma de las impuestas no sea superior a dos años, sin incluir en el cómputo la derivada del impago de la multa»[35].

Este límite referido a la duración de la concreta pena impuesta[36], se atribuye a las necesidades de prevención general que, a juicio del texto legal, imponen la ejecución de las penas superiores a dos años, salvo en los casos excepcionales de la suspensión extraordinaria. Límite que es objeto de acertadas críticas por considerarse restrictivo en exceso[37].

El art. 81 CP 1995 establecía «que la pena impuesta, o la suma de las impuestas en una misma sentencia, no sea superior a dos años». Fue la LO 15/2003 la que suprimió la exigencia de que las penas a sumar hubieran sido impuestas en una misma sentencia. La reforma mantiene la supresión de dicha exigencia y por ello el debate sobre si es posible la suma de penas impuestas en procesos distintos seguirá en los mismos términos[38].

2.2.3. Satisfacción de las responsabilidades civiles y efectuación del decomiso

La satisfacción de la responsabilidad civil fue introducida como requisito por el Código Penal 1995 con un claro fin de protección de los intereses de la víctima. La reforma añade otra exigencia: «que se haya hecho efectivo el

[33] Urbano Castrillo (2014, p. 253) califica de «enigmática» la referencia del texto legal a que se trate de delitos que por su naturaleza o circunstancias carezcan de relevancia para valorar la probabilidad de comisión de delitos futuros y tras poner de relieve el peligro de resoluciones dispares, concluye, «se nos ocurre expresar: ¡Qué pena que los llamados operadores jurídicos en esta materia, no tengan conocimientos de criminología!».

[34] No obstante, Goyena Huerta (2015, p. 183 s.) aconseja ese camino.

[35] La LO 15/2003 excluyó del cómputo de los dos años la pena derivada de la responsabilidad personal subsidiaria por impago de la multa resolviendo así las demandas de doctrina y jurisprudencia (Abel Souto 2011, p. 108). Como indica Díez Ripollés (2009, p. 586), con ello «se pretende que la condición patrimonial más desventajosa no vuelva a perjudicar al reo».

[36] Conforme al ATS 29. 5. 2001 no puede deducirse de la pena impuesta a estos efectos el tiempo de prisión preventiva, ni el de efectivo cumplimiento antes de solicitar la suspensión, pero en caso de indulto se deducirá el tiempo indultado.

[37] Solicita la ampliación a 5 años Abel Souto (2013, p. 297), citando la propuesta del Grupo de Estudios de Política Criminal; también Trapero Barreales (2013, p. 337), diferenciando según se trate de delitos graves, menos graves o leves. Por su parte García San Martín (2014, p. 7) critica que no se prevea la posibilidad de superar los dos años cuando se sume a una pena de prisión la de localización permanente.

[38] Véanse al respecto Abel Souto (2011, p. 107 s.), Díez Ripollés (2009, p. 586), Roig Torres (2014, p. 188).

decomiso acordado en sentencia conforme al art. 127». Conforme a ello la tercera de las condiciones necesarias es que se hayan satisfecho las responsabilidades civiles y, en su caso, efectuado el decomiso. No obstante, tan taxativa afirmación es también matizada seguidamente al disponerse que «este requisito se entenderá cumplido», cuando el penado se comprometa a satisfacer las responsabilidades civiles de acuerdo con su capacidad económica[39] y a facilitar el decomiso y sea razonable esperar que el mismo será cumplido en el plazo determinado por el juez o tribunal. Debiéndose notar que de nuevo se recurre a la discrecionalidad judicial para apreciar la concurrencia o no de este requisito.

Respecto de la responsabilidad civil, por tanto, adquiere carácter general el sistema establecido para las sentencias dictadas de conformidad en los procedimientos de juicio rápido (art.; 801.3 LECrim)[40], de forma que se facilita que se resuelva sobre la suspensión en la sentencia[41]. Se pasa, por tanto, «del taxativo régimen actual: pago o insolvencia del condenado, a un régimen que valora la implicación del condenado a procurar dicho pago» (Urbano Castrillo 2014, p. 253)[42] y, en consonancia con ello, como se verá, el art. 86.1.d incluye como causa de revocación el incumplimiento de dichos compromisos[43]. Además se prevé que se fijen garantías «en atención al alcance de la responsabilidad civil y al impacto social del delito». La referencia «al impacto social del delito» no parece que tenga una justificación satisfactoria por ser ajena al fundamento de este requisito (Roig Torres 2015, p. 329).

La satisfacción de la responsabilidad civil conforme a la capacidad económica puede ser un comportamiento postdelictivo positivo que debe tomarse en consideración entre las circunstancias a valorar en la decisión sobre la suspensión (art. 80.1.II) y por ello se ha considerado en parte redundante como requisito (Abel Souto 2013, p. 301), si bien la expresa

[39] Sánchez Robert (2015, p. 246) y Roig Torres (2014, p. 201) critican que, a diferencia del art. 81.3º derogado, no se recoja la obligatoriedad de oír a los interesados.

[40] Con anterioridad a la reforma, a pesar de que el art. 82 derogado disponía: «Declarada la firmeza de la sentencia y…», la LECrim preveía que en las sentencias dictadas de conformidad en el procedimiento abreviado (art. 786.6) y en el procedimiento de juicios rápidos (art. 801.2) y dictadas oralmente por el juez de lo penal (art. 789.2) se resolviera en el acto del juicio oral sobre la suspensión, cuando las partes expresasen su decisión de no recurrir.

[41] Roig Torres (2015, p. 321) entiende que así se evitan maniobras dilatorias.

[42] Goyena Huerta (2015, p. 186 s.) entiende que de esta forma se pondrá fin a la inveterada costumbre de suspender la ejecución con la sola declaración de insolvencia. Por el contrario, García San Martín (2014, p. 8) entiende que se podría haber mantenido la redacción vigente.

[43] Este sistema que supone un cambio sustancial (Trapero Barreales 2012, p. 12), para García Albero (2015, p. 152), tiene la ventaja de que si no es firme la sentencia, no procede satisfacer la responsabilidad civil, ya que podría ser revocada y que el Juez puede solicitar garantías. A su juicio, si en el compromiso de pago se establecen plazos, no podrán superar el establecido para la suspensión, pero esta limitación resulta dudosa, porque puede ser perjudicial para la víctima y no es razón para que decaiga la obligación civil que se haya extinguido la responsabilidad penal.

referencia a ella revela que es en elemento imprescindible para la suspensión y subraya la necesidad de proteger los intereses de la víctima[44].

La reforma añade como «condición necesaria» la efectuación del decomiso o el compromiso de facilitarlo, siendo causa de revocación su incumplimiento (art. 86.1.d). García Albero (2015, p. 152) afirma que su inclusión «sintoniza con la apuesta del legislador (a impulsos de la UE) de configurar el comiso como medida de naturaleza [...] análoga a la restitución del enriquecimiento injusto del beneficiado por la comisión de un delito». También la renuncia a los bienes objeto del decomiso puede ser un comportamiento postdelictivo positivo –aunque pueda verse en su inclusión un afán recaudatorio (Acale Sánchez 2013, p. 317)–, cuya presencia se hace ineludible, aunque sea como compromiso, para la concesión de la suspensión[45].

2.3. Modalidades

2.3.1. Suspensión sin prohibiciones o deberes ni prestaciones

La suspensión hasta el Código Penal 1995 estaba condicionada únicamente a que el penado no volviera a delinquir durante el periodo de suspensión. Esta era la única condición y su incumplimiento daba lugar a la revocación. El texto legal no preveía la imposición de prohibiciones y/o deberes ni de prestaciones o medidas. Esta modalidad permaneció en el Código Penal 1995, continuó tras la LO 15/2003 y asimismo es mantenida por la LO 1/2015, ya que la imposición de obligaciones o deberes así como de prestaciones es potestativa (arts. 83 y 84).

Este modelo se adecua a condenados con un pronóstico favorable, que no precisan una intervención adicional para evitar la comisión de nuevos delitos[46]. No obstante, el texto legal la excluye para los condenados por violencia de género (art. 83.2). El hecho de que no se limiten las posibilidades de aplicación salvo al caso indicado, parece una solución más adecuada que la de reservarla únicamente para condenados que carecen de antecedentes, ya que tal criterio objetivo puede ser un obstáculo para resolver adecuadamente las peculiaridades del caso concreto.

2.3.2. Suspensión con prohibiciones o deberes (art. 83)

El art. 83.1 faculta a los jueces y tribunales para condicionar la suspensión –no sólo de las penas de prisión– al cumplimiento de determinadas obligaciones y deberes, «cuando ello resulte necesario para evitar el peligro de

[44] Trapero Barreales (2012, p. 12) entiende que se les otorga una relevancia excesiva en perjuicio de la prevención especial.

[45] No obstante, debe tenerse en cuenta, como recuerda Trapero Barreales (2012, p. 12), que los bienes pueden encontrarse en manos de terceros.

[46] En este sentido, Trapero Barreales (2012, p. 11).

comisión de nuevos delitos». Esta modalidad tiene su fundamento en la necesidad de estas reglas de conducta para neutralizar o limitar el peligro de comisión de nuevos delitos. Por tanto, se adecua a los penados que presentan un pronóstico desfavorable que puede revertirse (Trapero Barreales 2012, p. 13).

El texto legal que admite la imposición conjunta de varias de ellas, establece como límite que no «resulten excesivas o desproporcionadas». García Albero (2015, p. 158) indica que son tres las valoraciones que aseguran el cumplimiento de esta «cláusula de proporcionalidad»: su necesidad para neutralizar o limitar el peligro de reiteración delictiva; su idoneidad para tal fin; y su proporcionalidad en concreto, atendida fundamentalmente la duración de la pena suspendida y el plazo de suspensión. La imposición de estas reglas de conducta debe estar motivada en la resolución (Cano Cuenca 2015, p. 345).

El art. 83.1 amplía a ocho las prohibiciones y deberes y cierra el listado con una cláusula abierta: «los demás deberes que el juez o tribunal estime convenientes para la rehabilitación social del penado, previa conformidad de este, siempre que no atenten contra su dignidad»[47]. Se pueden clasificar en dos grupos (Díez Ripollés 2009, p. 589)[48]. Reglas de conducta dirigidas a eliminar la ocasión de delinquir –y algunas, al mismo tiempo, proteger a la víctima[49]–, como son aproximarse a la víctima o sus familiares o a los lugares que frecuentan, y de comunicarse con ellos (1ª)[50]; establecer contacto con determinadas personas (2ª)[51]; mantener el lugar de residencia o de ausentarse del mismo sin autorización (3ª); residir en un lugar determinado o de acudir a él (4ª)[52]; conducir vehículos carentes de dispositivos que impidan la

[47] Las prohibiciones y deberes expresamente previstos, las ocho primeras, pueden imponerse sin el consentimiento del condenado, mientras que la novena, como no está tipificada requiere su consentimiento y recuerda la obligación de respeto a la dignidad.

[48] En sentido semejante, Cid Moliné (2009, p. 79) se refiere a obligaciones de carácter incapacitador y de contenido rehabilitador. Por su parte Cano Cuenca (2015, p. 344 ss.) las clasifica en prohibiciones (de aproximación o comunicación y relativas al lugar de residencia) y deberes (comparecencias personales del condenado en un lugar determinado y participación en programas formativos).

[49] En este sentido, Sierra López (2014, p. 157 s.).

[50] Estas prohibiciones se solapan con las penas privativas de derechos del art. 48.2 y 3, que se imponen frecuentemente como accesorias; solapamiento no exento de problemas (Sánchez Robert 2015, p. 249 s., Mapelli Caffarena 2011, p. 139).

[51] A pesar de que se ha limitado el alcance de esta prohibición respecto del anteproyecto de 2012, debe preverse que en ocasiones puede resultar de difícil cumplimiento por ser prácticamente ineludible el contacto con determinadas personas o grupos en ciertos ámbitos como el laboral,... e, incluso, familiar. Defiende su supresión Roig Torres (2014, p. 203), mientras que Trapero Barreales (2012, p. 5) la considera en principio razonable.

[52] Esta prohibición y la precedente se solapan, parcialmente con las penas descritas en el art. 48.1, que en ocasiones se imponen como accesorias.

conducción cuando el sujeto no esté en condiciones de hacerlo (8ª)[53]. Junto a ellas se encuentran deberes de contenido resocializador como comparecer ante los órganos policiales o de la administración para dar cuenta de las actividades (5ª), participar en programas formativos (laborales, culturales, de educación sexual o vial, de igualdad de trato,...) o de deshabituación sea a sustancias o comportamientos (6ª, 7ª)[54].

En los delitos de la violencia de género es preceptiva la imposición de las reglas de conducta 1ª, 4ª y 6ª del art. 83.1 (art. 83.2), lo que en alguna medida choca con su fundamento por presumirse que son necesarias (Sánchez Robert 2015, p. 249 s., Trapero Barreales 2013, p. 343). Además, como se ha indicado, la 1ª y 4ª coinciden con las penas que ordinariamente se imponen en estos delitos.

El art. 83.3 atribuye a las Fuerzas y Cuerpos de Seguridad velar por el cumplimiento de las prohibiciones y deberes 1ª, 2ª, 3ª y 4ª y comunicar al Ministerio Fiscal y al juez o tribunal de ejecución las incidencias que se produzcan; y el art. 83.4 a los servicios de la Administración penitenciaria la 6ª, 7ª y 8ª, sobre cuyo cumplimiento e incidencias deberá rendir informe periódico.

La imposición de las obligaciones y deberes ha venido siendo poco frecuente –salvo en los delitos para los que son obligatorios– y limitada en lo fundamental a determinados delitos (Cid Moliné 2009, p. 69 ss.). Probablemente ha pesado en ello la regulación tradicional de la suspensión conforme al modelo de *sursis*[55] y una escasez de medios, sobre todo, personales, que no ha sido remediada y que afecta tanto a la realización del pronóstico base de la suspensión –que incluye también la necesidad o no de las prohibiciones y deberes–, como al apoyo y control para su eficaz cumplimiento[56]. Por ello se ha apuntado que previsiblemente los órganos jurisdiccionales no se arriesgarán a suspender la ejecución cuando el delito revista cierta gravedad (Roig Torres 2014, p. 193), lo que sería un fracaso del modelo de la reforma. Este, desde el Código Penal 1995 y más claramente tras la reforma de la LO 1/2015, no es otro que el de la suspensión pero con un incremento de elementos de la *probation*, por lo que se abre también a quienes

---

[53] Esta prohibición está directamente relacionada en la descripción legal con la condena por un delito contra la seguridad vial.

[54] Como indica Roig Torres (2014, p. 24), la participación en programas de formación puede imponerse sin el consentimiento del condenado, pero la ausencia de consentimiento en ocasiones pondrá en duda su eficacia. En el mismo sentido, Sierra López (2014, p. 158).

[55] Roig Torres (2013, p. 192), que apunta a la escasa peligrosidad criminal de las personas a las que se les concedía la suspensión conforme a dicho sistema.

[56] Debe recordarse la inexistencia de agentes de la *probation* (Cid Moliné 2009, p. 25 ss., Roig Torres 2014, p. 204). Tan sólo se encomienda el control del cumplimiento de los deberes del art. 83.1.6º, 7º y 8º a los servicios de gestión de penas y medidas alternativas de la Administración penitenciaria.

no son delincuentes primarios y también para los que previsiblemente no es necesaria la ejecución de la pena, si se acompaña de una intervención dirigida a evitar la recaída en el delito.

2.3.3. Suspensión con prestaciones (art. 84)

El art. 84 permite condicionar la suspensión «al cumplimiento de alguna o algunas de las siguientes prestaciones o medidas»: cumplimiento del acuerdo alcanzado por las partes en virtud de mediación, así como el pago de una multa y la realización de trabajos en beneficio de la comunidad en caso de que la pena sea de prisión; condiciones que se pueden imponer alternativa o acumulativamente.

Conforme a la exposición de motivos, «el tradicional régimen de sustitución de la pena pasa a ser regulado como una modalidad de suspensión en la que el juez o tribunal puede acordar la imposición (como sustitutivo) de una pena de…». De ahí la denominación de suspensión sustitutiva que se emplea frecuentemente para referirse a esta modalidad de suspensión del art. 84[57], aunque no se ajuste al cumplimiento del acuerdo alcanzado en la mediación –no es una pena– y se planteen serias dudas sobre si la naturaleza de las otras dos medidas –no su contenido aflictivo– es la propia de las penas: la regulación conjunta con el acuerdo derivado de mediación (art. 84.1.1ª), la denominación legal (arts. 84 y 85), la ausencia de estricta correlación con la pena sustituida (art. 84.1.2ª y 3ª) y la posibilidad de alzarlas, modificarlas o sustituirlas por otras menos gravosas (art. 86), parecen indicar que no son penas[58].

A diferencia del art. 83 este precepto no indica los criterios que deben orientar la decisión de jueces y tribunales para imponer las «condiciones» (prestaciones o medidas) del art. 84. En el Código Penal 1995 la sustitución permitía evitar la ejecución de penas de prisión no superiores a un año impuestas a condenados con antecedentes penales que no fueren reos habituales y podía entenderse que en estos casos cumplía una función similar a la de la suspensión, si bien el condenado cumplía una pena sustitutoria. Ahora estos supuestos de «suspensión sustitutiva» no tienen este sentido, porque también las otras modalidades de suspensión pueden aplicarse a condenados con antecedentes penales que lo sean a prisión que no superen los dos años. A pesar de las fricciones derivadas de la unificación de la suspensión y la

---

57 Así, por ejemplo, Abel Souto (2013, p. 301 y 306). Sánchez Robert (2015, p. 263) indica que «estamos, realmente, ante la regulación, como modalidad de suspensión, de auténticos supuestos de sustitución»; similar, Goyena Huerta (2015, p. 192).

58 García Albero (2015, p. 161) entiende que el legislador ha pretendido desdibujar al máximo su naturaleza de penas; García San Martín (2014, p. 16) pone de relieve la confusión respecto a si son penas o no; y Acale Sánchez (2013, p. 325) opina que debieran excluirse como prestaciones por entender que se trata de un mero cambio de etiqueta de las penas de multa y trabajos en beneficio de la comunidad.

sustitución que se hacen patentes, parece que lo acertado es considerar las prestaciones del art. 84 como un complemento de las condiciones del art. 83. Conforme al art. 80.1.II deben considerarse sus efectos en orden a evitar la comisión de delitos futuros por el condenado y el art. 85 se refiere a «la posible modificación de las circunstancias valoradas» como causa para alzar, modificar o sustituir también las condiciones del art. 84 por otras más favorables durante el plazo de suspensión. Esto indica que conforme a esta nueva regulación el sentido de estas medidas es evitar que el condenado cometa nuevos delitos[59] y no reforzar el efecto retributivo o preventivo general positivo de la suspensión[60]. Que en caso de revocación se abonen a la pena los pagos de la multa y la realización de trabajos (art. 86.3), no significa sin más que se trate de penas y que no responden a la finalidad indicada[61]. Lo que plantea el abono de estos pagos y prestaciones es que también debieran abonarse a la pena en caso de revocación las obligaciones y deberes con un contenido de privación o limitación de derechos semejante al de las penas[62].

La primera de las condiciones asegura el cumplimiento del acuerdo de las partes surgido de la mediación[63], que constituye una obligación de contenido

[59] De otra opinión parece ser García Albero (2015, p. 161 s.), al afirmar que «no se vinculan ni con la neutralización de ciertos factores criminógenos ni con la protección de la víctima o su entorno».

[60] No obstante, García Albero (2015, p. 161) aventura que quizá en determinados casos los jueces y tribunales atenderán a dichas consideraciones en los casos en que esté satisfecha la responsabilidad civil.

[61] También se abona la prisión provisional y las privaciones de derechos acordadas cautelarmente (art. 58).

[62] Así lo entendieron varios de los asistentes al seminario en que tiene origen este trabajo, en cuyas intervenciones se pronunciaron a favor del abono. Ciertamente debiera aceptarse esta opinión, ya que las reglas de conducta suponen una limitación o privación de derechos, en algunos casos similar a penas accesorias. A este respecto, no puede pasarse por alto que el acuerdo no jurisdiccional del Pleno de la Sala Segunda del TS de 19. 12. 2013 acepta la compensación de la obligación de comparecencia periódica ante el órgano jurisdiccional consecuencia de la medida cautelar de libertad provisional, atendiendo al grado de aflictividad que su efectivo y acreditado cumplimiento haya comportado. En este sentido se pronuncia García Albero (2015, p. 169), para quien no existe la base del art. 59 CP, pero podría recurrirse a la analogía.

[63] La mediación penal para adultos no está regulada en el ordenamiento jurídico español, a pesar de que ya la DM 2001/220/ JAI, de 15 de marzo, relativa al estatuto de la víctima en el proceso penal (arts. 10 y 17), establecía la obligación de regularla antes del 22 de marzo de 2006, y en la misma forma se pronuncia la Directiva 2012/29/UE, de 25 de octubre, por la que se establecen normas mínimas sobre los derechos, el apoyo y la protección a las víctimas de delitos (arts. 12.2 y 27), poniendo como límite el 6 de noviembre de 2015. Esto no significa, sin embargo, que no se hayan llevado a cabo numerosas experiencias de mediación, véase al respecto Sáez Valcárcel (2011, p. 127 ss.). Abel Souto (2013, p. 306) considera que la ausencia de regulación aconseja eliminarla como prestación.

gravoso y carácter reparador[64] y como el proceso de mediación y, en su caso, el acuerdo a que se llegue, deben ser asumidos voluntariamente, tiene un significado de comportamiento postdelictivo positivo relevante desde la perspectiva de la prevención especial. El texto legal contempla los supuestos en que la mediación se ha producido antes de que se haya resuelto la suspensión (García Albero 2015, p. 163)[65].

La multa podrá aplicarse solamente a los condenados a prisión y su extensión se fijará en atención a las circunstancias del caso. Según lo expuesto, tendrá presente sus efectos preventivo-especiales como llamada de atención sobre la gravedad del hecho realizado y efecto de escarmiento, dirigidos al condenado y que pueden ser convenientes para evitar que vuelva a delinquir. El principio de proporcionalidad y el mantenimiento del efecto disuasorio de la suspensión han dado lugar a que se atempere su límite superior[66]: el criterio de conversión será el de dos cuotas diarias de multa por cada día de prisión, como establece el art. 53, pero sin que se puedan superar los dos tercios de su duración. Acertadamente el texto legal excluye la pena de multa para los casos de violencia de género o intrafamiliar en que los efectos de esta puedan recaer perjudicialmente sobre la víctima (art. 84.2).

La realización de trabajos, que tampoco puede aplicarse a penas distintas a la prisión, es contemplada en el art. 84.1.3ª especialmente para los casos en que «resulte adecuado como forma reparación simbólica a la vista de las circunstancias del hecho y del autor»[67]. Por las mismas razones que en el caso de la multa se limita su máximo, de forma que su duración no «pueda exceder la que resulte de computar un día de trabajos por cada día de prisión sobre un límite máximo de dos tercios de su duración». La duración debe establecerse «en atención a las circunstancias del caso» y, según se ha indicado, en consonancia con su orientación a evitar la reiteración delictiva, siendo dudoso que pueda sobrepasarse el límite de un año que establece el art. 40.4 para la pena de trabajos en beneficio de la comunidad[68].

---

64 Debe tenerse en cuenta que su contenido puede solaparse con el compromiso de satisfacer la responsabilidad civil derivada del delito, que constituye un requisito de la concesión de la suspensión y su incumplimiento una causa de revocación, como se ha indicado.

65 A su juicio, la realización de una mediación podría ser incluida como deber del art. 83.1.9º, que requeriría la conformidad del condenado.

66 Abel Souto (2013, p. 307, citando los informes del CGPJ y del Consejo Fiscal), García Albero (2015, p. 162).

67 Brandáriz García (2015, p. 245) recuerda que el texto legal no permite que los trabajos se realicen en beneficio de la víctima.

68 Brandáriz García (2015, p. 249 s.) pone de relieve que conforme al baremo legal de conversión como en la suspensión ordinaria la prisión no puede superar los dos años (art. 82.2ª) las jornadas de trabajo podrían llegar hasta las 486. Jornadas que superan el límite máximo de un año que establece el art. 40.4 para la pena de trabajos en beneficio de la comunidad. A su juicio como la norma establece un sistema discrecional de determinación de la duración, en el

El hecho de que la sustitución se conforme como una modalidad de suspensión, transforma su régimen. Su aplicación está sometida a los mismos requisitos y condicionada a no delinquir durante el plazo de la suspensión, de forma que la actual regulación puede incrementar el control y resultar más gravosa para el condenado que la precedente, a pesar de que los módulos de conversión de las penas sean más favorables (art. 86.2. 2ª y 3ª). Ello pone de relieve que no sería correcto mantener las pautas de la regulación anterior a la hora de aplicar esta modalidad de suspensión, que ha adquirido otro alcance y por ello solamente se justifica cuando no puedan conseguirse los mismos efectos con otras medidas menos gravosas.

2.3.4. Suspensión con prohibiciones o deberes y con prestaciones

Esta modalidad de suspensión no está expresamente prevista, pero no es incompatible condicionar la suspensión al cumplimiento de unas y otras condiciones conforme a los arts. 83 y 84. No lo era en la regulación derogada (art. 88) y la admite implícitamente el art. 84.4 reformado al excluir la imposición de la multa en determinados casos de violencia de género para los que son obligatorias determinadas prohibiciones y deberes. Además pueden imponerse varias prohibiciones y deberes junto con varias prestaciones o medidas.

En todo caso es necesario llevar a cabo un juicio de proporcionalidad con el fin de que no resulte excesivamente gravosa la suma de las obligaciones y deberes, de las prestaciones o medidas y de la situación de pendencia propia de la suspensión[69].

2.4. Plazo de suspensión: duración, cómputo, incidencias

El plazo de suspensión será de dos a cinco años para las penas privativas de libertad no superiores a dos años, y de tres meses a un año para las penas leves y se fijará en atención a los criterios del art. 80.1. II (art. 81)[70].

Si la suspensión se ha acordado en la sentencia el plazo se computará desde que sea firme (art. 82.2); en los demás casos, una vez que la sentencia sea firme, se resolverá con la mayor urgencia sobre la suspensión, previa audiencia de las partes (art. 82.1), y el plazo de la suspensión se computará a partir de la fecha de la resolución (art. 82.2). El art. 82.2 añade que no se computará el

que no se está obligado a llegar a tan desmedida extensión, entiende que a estos efectos deben tenerse en cuenta consideraciones de prevención especial positiva y de proporcionalidad.

[69] En este sentido, Trapero Barreales (2012, p. 14).

[70] La referencia a estos criterios resulta acertada, como indica Trapero Barreales (2012, p. 4), [NB El año estaba incompleto, pero lo he deducido por el número de página] porque la duración del periodo debe guardar relación con los factores de los que depende la expectativa de que sea o no necesaria la ejecución de la pena para evitar la reiteración delictiva.

tiempo en que el penado estuviere en situación de rebeldía[71], lo que parece indicar, en primer lugar, que la situación de rebeldía no supone por sí misma la revocación y, en segundo lugar, que en estos casos el plazo se computará a partir del momento en que el penado esté localizable y se le pueda notificar la resolución (Roig Torres 2015, p. 337 s., García Albero 2015, p. 157 s)[72].

La posibilidad de alzar, modificar o sustituir todas o algunas de las condiciones de los arts. 83 y 84 en los casos en que varíen las circunstancias valoradas por el juez o tribunal para su imposición, está prevista en el art. 85 que requiere que las modificaciones o sustituciones resulten menos gravosas[73]. Curiosamente no se prevé la posibilidad de reducir el plazo de suspensión[74].

Conforme al art. 86 en caso de incumplimiento de las condiciones, siempre que este no sea grave o reiterado, el juez o tribunal podrá imponer nuevas condiciones o modificar las ya impuestas, y debe notarse que esta modificación ya no tiene el límite de que no sea más gravosa y pueden imponerse nuevas condiciones. Además puede ser prorrogado el plazo de suspensión, con el límite de que no supere la mitad de la duración del previamente fijado, de forma que se podrá superar el plazo de cinco años hasta los siete años y seis meses en el supuesto máximo, lo que parece excesivo (García Albero 2015, p. 167 s.).

Aunque no lo indica el texto legal, el criterio que regule estas decisiones será el mismo que el que orientó la decisión de suspender la ejecución con la imposición de las prohibiciones, deberes o prestaciones. Resulta acertada la flexibilidad de la regulación con el fin de poder ajustar a las necesidades de prevención especial las prohibiciones, deberes y prestaciones conforme a las incidencias, sean positivas o negativas, que se vayan produciendo a lo largo del plazo de suspensión[75].

Las Fuerzas y Cuerpos de Seguridad y los servicios de la Administración penitenciaria son los encargados de informar a jueces y tribunales sobre el cumplimento de las prohibiciones y deberes o de cualquier otra «circunstancia relevante para valorar la peligrosidad del penado y la posibilidad de comisión futura de delitos» (art. 83.3 y 4). El texto legal no contiene una disposición semejante respecto a las prestaciones del art. 84, lo que supone una omisión que puede resultar relevante respecto de la 1ª y la 3ª de las prestaciones[76], aunque las incidencias relativas a ellas podrían tener cabida en la referencia a otras «circunstancias relevantes…» del art. 83.3 y 4.II.

---

[71] García San Martín (2014, p. 11) entiende que se trata de la declaración judicial de rebeldía.

[72] Manzanares Samaniego (2012, p. 5, s.) proponía que el texto legal fijara expresamente a estos efectos el momento de la notificación.

[73] Detenidamente, Sierra López (2014, p. 159), que llama la atención sobre que no se haya previsto oír al penado.

[74] En este sentido, García Albero (2015, p. 164).

[75] En este sentido, García Albero (2015, p. 164).

[76] Llama la atención sobre ello Sierra López (2014, p. 158 s.).

2.5. Remisión y revocación

La remisión de la pena será consecuencia del trascurso del plazo de suspensión sin haber cometido delito alguno y habiendo cumplido el penado las prohibiciones, deberes y prestaciones a que estuviera sujeto (art. 87.1).

La revocación[77] es preceptiva en cuatro supuestos conforme al art. 86.1. En primer lugar, cuando el penado «sea condenado por un delito cometido durante el periodo de suspensión y ello ponga de manifiesto que la expectativa en la que se fundaba la decisión de suspender adoptada ya no puede ser mantenida» [78]. En este punto la reforma introduce una modificación muy relevante, ya que hace patente de nuevo que el criterio que decide –de corte estrictamente preventivo-especial– es la expectativa de que no es necesaria la ejecución para evitar la comisión de delitos futuros y no la simple reiteración delictiva[79]. Conforme a la letra de la ley si se ha cometido un delito antes de la suspensión y la sentencia adquiere firmeza durante esta, no procede la revocación. Resultan más debatidos los supuestos en que se comete el delito durante el plazo de suspensión y la sentencia adquiere firmeza una vez finalizado el plazo. La jurisprudencia venía admitiendo la revocación, aun cuando se hubiera producido la remisión de la pena[80]. Pero es dudoso que pueda seguirse manteniendo la misma interpretación. En la tramitación parlamentaria se suprimió el art. 87.3 del proyecto que admitía la revocación solamente si no había transcurrido más de un año desde la finalización de la suspensión y la revocación se producía en los seis meses siguientes a la firmeza de la sentencia. Y esta supresión tuvo por objeto limitar la revocación a los supuestos en que el delito se cometa dentro del periodo de suspensión y la sentencia condenatoria adquiera firmeza dentro de él[81].

En segundo lugar, cuando el penado incumpla de forma grave o reiterada las prohibiciones o deberes del art. 83 o se sustraiga al control de los servicios de la Administración penitenciaria. Se recogen aquí dos causas de revocación. La primera requiere que el incumplimiento sea grave o reiterado, es decir, incumplimientos que por su importancia o repetición manifiesten que no se

[77] Sobre las cuestiones que plantea el cómputo de la prescripción en el caso de la suspensión y de la suspensión revocada véanse Magro Servet (2015, p. 34 ss.) y Sánchez Robert (2015, p. 265, con referencias).

[78] Goyena Huerta (2015, p. 197) entiende que si son varios los delitos cometidos no es posible la suspensión.

[79] Sánchez Robert (2015, p. 244) considera que esta reforma supone un cierto avance, pero introduce una mayor dosis de inseguridad.

[80] Véanse Goyena Huerta (2015, p. 199) y Sánchez Robert (2015, p. 241).

[81] Detenidamente sobre ello García Albero (2015, p. 166 s.), que se inclina por excluir la revocación en estos casos. En cambio, Sánchez Robert (2015, p. 242) entiende que el límite será la prescripción.

van a alcanzar los fines para el que fueron impuestas[82]; y en el mismo sentido ha de entenderse la segunda.

En tercer lugar, cuando el condenado incumpla de forma grave o reiterada las prestaciones del art. 84, es decir, incumplimientos que, al igual que el supuesto anterior, impidan el pronóstico positivo que dio lugar a la decisión de suspender la ejecución, ya que se contaba con el efecto de ellos. La peculiaridad de estos supuestos radica en que los gastos para la reparación del daño conforme al art. 84.1.1ª no serán restituidos, pero sí se abonará a la pena impuesta los pagos de la multa y la realización de trabajos llevados a cabo conforme al art. 84.1.2ª y 3ª.

Y, por último, cuando facilite información inexacta o insuficiente sobre los bienes u objetos a decomisar o sobre su patrimonio infringiendo la obligación del art. 589 LEC o no cumpla el compromiso relativo a la responsabilidad civil. La toma en consideración de estas conductas como causa de revocación guarda relación con la forma en que el art. 80.2.3ª entiende cumplido el requisito de satisfacción de las responsabilidades civiles y efectuación del decomiso[83]. Ambos no solo responden a la voluntad legal de proteger los intereses de la víctima y tal vez intereses recaudatorios, pero no puede olvidarse que tienen asimismo un claro significado desde la perspectiva del pronóstico positivo del que es fruto la decisión de suspender la ejecución, que ha de estar presente a la hora de llevar a cabo valoraciones sobre el incumplimiento del mismo[84].

Además, el juez o tribunal podrá revocar la suspensión y ordenar el ingreso en prisión del condenado, incluso, sin oír a las partes, cuando resulte imprescindible para evitar el riesgo de reiteración delictiva, de huida del penado o para asegurar la protección de la víctima (art. 87.4)[85]; riesgos que entendemos que habrán de estar fundados en indicios que revelen inminencia.

3. SUSPENSIÓN EXTRAORDINARIA

3.1. Supuestos excepcionales

El art. 80.3, cuyo origen parece encontrarse en el art. 88.II derogado, establece una suspensión para supuestos excepcionales: penados que no sean

---

[82] Sánchez Robert (2015, p. 259) indicando que es acertada la inclusión en la nueva regulación de los incumplimientos graves, aunque no sean reiterados.

[83] Sobre distintos problemas a que puede dar lugar esta causa de revocación, García Albero (2015, p. 169 ss.). En todo caso debe ponderarse cuándo se produce un incumplimiento del compromiso en los casos que tienen mayor complejidad (responsabilidad solidaria o subsidiaria entre los responsables del delito, responsabilidad civil directa o subsidiaria de un tercero).

[84] Acentúa en mayor medida los aspectos de prevención general Sánchez Robert (2015, p. 246 ss.).

[85] Crítico por la ausencia de matizaciones, Sánchez Robert (2015, p. 268).

reos habituales[86], condenados con penas de prisión que individualmente no excedan de dos años[87], y cuyas circunstancias personales, la naturaleza del hecho y, en particular, el esfuerzo reparador la aconsejen[88]. Y ello aunque no concurran las condiciones necesarias del art. 80.2.1ª y 2ª.

Su concesión se condiciona en todo caso a elementos que toman en consideración a la víctima: la reparación del daño conforme a las posibilidades físicas y económicas o al cumplimiento del acuerdo del 84.1; y además conllevan necesariamente una multa o a la realización de trabajos en beneficio de la comunidad, con una extensión que no podrá ser inferior a la que resulte de aplicar los criterios de conversión sobre un quinto de la pena impuesta[89].

Tal vez por razones de prevención general exige la imposición de una multa o trabajos en beneficio de la comunidad, pero se hacen patentes de nuevo las fricciones de la unificación del régimen de la suspensión y de la sustitución. A pesar de que desde una perspectiva material son penas, en su regulación son medidas como revela la ausencia de estricta correspondencia de los módulos de conversión con la pena suspendida, atemperándose su gravedad, lo que permite además que la suspensión siga teniendo un efecto motivador respecto de la no reiteración delictiva (García Albero 2015, pp. 154 y 161 s.). Como la imposición de alguna de estas medidas es preceptiva, resulta chocante que en virtud del art. 85 el juez o tribunal pueda modificar la decisión y acordar su alzamiento.

No queda excluida la posibilidad de que la suspensión quede condicionada al cumplimiento de prohibiciones o deberes del art. 83, aunque a la vista de los supuestos que se toman en consideración no parece que vayan a ser necesarias.

---

[86] La habitualidad se determina conforme a lo dispuesto en el art. 94.

[87] Conforme a lo dispuesto en el art. 76.1 –y salvo lo establecido en el art.76.2– el máximo podrá alcanzar hasta los 6 años.

[88] Goyena Huerta (2015, p. 188 s.) se refiere a ella como suspensión extraordinaria «por satisfacción efectiva de la responsabilidad civil», denominación que no se ajusta del todo a la regulación, porque el art. 80.3 parece exigir más que el art. 80.2.3ª, pero no llega a afirmar que la satisfacción de la responsabilidad civil haya de ser en todo caso efectiva –discriminaría a los insolventes totales o parciales– y establece como alternativa el cumplimiento del acuerdo derivado de una mediación. Roig Torres (2015, p. 331) considera que las exigencias respecto de la responsabilidad civil son mayores que en la suspensión ordinaria, como revela que no se admita expresamente el compromiso de pago.

[89] Tras la LO 1/2015 los arts. 33.3 y 40.4 establecen el máximo de la pena de trabajos en un año. Al aplicar los trabajos como prestaciones del art. 84, aunque sea a penas que individualmente no superen los dos años, por aplicación de la regla del 76.1 no podría ser superior a 6 años. Si se aplica 1/5 a esta pena con el baremo de un día de prisión por jornada de trabajos, daría lugar a 438 jornadas, que superan las 365 establecidas en los arts. 33.3 y 40.4. Por ello Brandáriz García (2015, p. 250 s.) interpreta que la remisión del art. 80.3 a «los criterios de conversión fijados en el mismo» es decir, en el art. 84, debe entenderse como 1/5 de los 2/3 de la pena de prisión, con el fin de respetar el máximo legalmente establecido en los art. 33.3 y 40.4, de forma que a una pena de 6 años de prisión corresponderían 292 jornadas de trabajos.

3.2. Supuestos de enfermedad muy grave

El art. 80.4 mantiene esta modalidad de suspensión en los mismos términos que con anterioridad a la reforma. Resulta acertado que pueda concederse por motivos humanitarios la suspensión «de cualquier pena impuesta»[90] a enfermos muy graves con padecimientos incurables (Sierra López 2014, p. 162) «sin sujeción a requisito alguno», «salvo que en el momento de la comisión del delito tuviera ya otra pena suspendida por el mismo motivo»[91].

No queda excluida la posibilidad de que la suspensión quede condicionada al cumplimiento de prohibiciones o deberes de los arts. 83 y 84[92].

3.3. Suspensión de drogodependencia

El art. 80.5 mantiene la previsión de suspensión de penas privativas de libertad que no superen los cinco años para los casos de comisión del delito a causa de la adicción a las sustancias previstas en el art. 20.2, aunque no concurran las condiciones necesarias del art. 80.2.1ª y 2ª, admitiéndose incluso su aplicación a delincuentes habituales y reincidentes (Sierra López 2014, p. 166 y 169). Básicamente los condicionamientos de la regulación son los mismos que los de la anterior –certificado de deshabituación o de estar en tratamiento en el momento de decidir sobre la suspensión– aunque elimina el informe forense preceptivo sobre estos aspectos; informe que se seguirá solicitando en numerosos supuestos, sobre todo cuando se plantee en términos positivos la opción suspensiva, y ello al amparo del siguiente párrafo, que otorga al tribunal la facultad de realizar las averiguaciones que considere precisas.

Si existe tratamiento de deshabituación, se condiciona la suspensión a que no lo abandone hasta su finalización. Acertadamente el texto legal indica –y esta es una novedad– que no se consideran abandono las recaídas si no evidencian un abandono definitivo del tratamiento.

Para la remisión de la pena en estos casos deberá acreditarse la deshabituación o la continuidad del tratamiento. De lo contrario, el juez o tribunal ordenará la ejecución, salvo que, oídos los informes correspondientes, considere necesaria la continuación del tratamiento, en cuyo caso podrá

---

90 La duda sobre si esta suspensión alcanza a otras penas distintas a las privativas de libertad se plantea en los mismos términos que con anterioridad, como indica García Albero (2015, p. 155).

91 Sobre la problemática de la interpretación de esta limitación, véase Sierra López (2014, p. 162.

92 Este puede ser el camino para neutralizar la probabilidad de comisión de delitos futuros que, a juicio de Goyena Huerta (2015, p. 190), debe valorarse en caso de que exista.

conceder razonadamente una prórroga del plazo de suspensión no superior a dos años (art. 87.2).

Esta regulación mejora la precedente, ya que permite que se ajuste en mayor medida a las necesidades de rehabilitación del condenado. A este respecto, debe tenerse presente que no queda excluida la posibilidad de que la suspensión quede condicionada al cumplimiento de prohibiciones o deberes de los arts. 83 y 84 (García Albero 2015, p. 156).

BIBLIOGRAFÍA[93]

Abel Souto, Miguel (2011): «¿Un nuevo sistema de penas?: La *probation* y la suspensión de la ejecución de la pena», *Revista Penal* 27, p. 93-110.

Abel Souto, Miguel (2013): «7.1. Suspensión de la pena: Arts. 80, 81 y 84 CP», en F.J. Álvarez García et al. dir., *Estudio crítico sobre el anteproyecto de la reforma penal de 2012*, Valencia: Tirant lo Blanch, p. 291-309.

Acale Sánchez, María (2013): «7.2. Suspensión y sustitución», en F.J. Álvarez García et al. dir., *Estudio crítico sobre el anteproyecto de la reforma penal de 2012*, Valencia: Tirant lo Blanch, p. 311-328.

Barquín Sanz, Jesús y Cano Cuenca, Adoración (2013): «Suspensión y sustitución de las penas privativas de libertad: aspectos sustantivos», en L. Morillas y J. Barquín dirs., *La aplicación a de las alternativas a la pena de prisión en España*, Madrid: Defensor del Pueblo; Granada: Universidad de Granada, p. 133-197.

Brandáriz García, José Ángel (2015): «Las penas de trabajos en beneficio de la comunidad y localización permanente (arts. 40, 48 y 35)», en J. L. González Cussac dir., *Comentarios a la Reforma del Código penal de 2015*, Valencia: Tirant lo Blanch, p. 243-257.

Cano Cuenca, Adoración (2015): «Suspensión de ejecución de la pena condicionada al cumplimiento de prohibiciones y deberes. Especial consideración de la expulsión de los extranjeros. La sustitución de la pena de prisión por la expulsión (arts. 83, 84, 85, 86, 87, 308 bis y 89)», en J.L. González dir., *Comentarios a la Reforma del Código penal de 2015*, Valencia: Tirant lo Blanch, p. 341-374.

Cervelló Donderis, Vicenta (2014): «Peligrosidad criminal y pronóstico de comportamiento futuro en la suspensión de la ejecución de la pena», *La Ley penal* 106, p. 1-26.

Cid Moliné, José (2009): *La elección del castigo*, Barcelona: Bosch.

Consejo de Estado (2013): *Dictamen sobre el Anteproyecto de ley orgánica por la que se modifica la Ley Orgánica 10/1995, de 23 de noviembre, del Código Penal* [en línea]. Disponible en: https://www.boe.es/buscar/doc.php?id=CE-D-2013-358 [Acceso 28 junio 2016].

Consejo Fiscal (2013): *Informe del Consejo Fiscal al Anteproyecto de Ley Orgánica por la que se modifica la Ley Orgánica 10/1995, de 24 de noviembre de 1995, del Código Penal* [en línea]. Disponible en: https://www.fiscal.es/fiscal/PA_WebApp_SGNTJ_NFIS/descarga/INFORME_ANTEPROYECTO_CP_2012_8-enero-2013.pdf?idFile=ab37a28b-9fbc-4af5-b2b3-3b14c1826623 [Acceso 28 junio 2016].

Consejo General del Poder Judicial (2013): *Informe al Anteproyecto de Ley Orgánica por la que se modifica la Ley Orgánica 10/1995, de 23 de noviembre, del Código penal (16 de enero de 2013)* [en línea]. Disponible en: http://www.poderjudicial.es/cgpj/es/Poder-Judicial/Consejo-General-del-Poder-Judicial/Actividad-del-CGPJ/Informes/Informe-al-Anteproyecto-de-Ley-Organica-por-la-que-se-modifica-la-Ley-Organica-10-1995--de-23-de-noviembre--del-Codigo-Penal [Acceso 28 junio 2016].

---

[93] La bibliografía se ciñe prácticamente a la publicada sobre la reforma.

Daunis Rodríguez, Alberto (2014): «La libertad condicional como forma de suspensión de la ejecución de las penas», *Revista General de Derecho Penal* 21, p. 1-44.

Díez Ripollés, José Luis (2009): *Derecho penal español. Parte General. En esquemas*, 2ªed., Valencia: Tirant lo Blanch.

García Albero, Ramón (2015): «La suspensión de la ejecución de las penas», en G. Quintero dir., *Comentario a la reforma penal de 2015*, Cizur Menor: Thomson Reuter-Aranzadi, p. 143-171.

García San Martín, Jerónimo (2014): «La suspensión ordinaria de la suspensión de las penas en el Proyecto de reforma del Código penal», *Revista General de Derecho Penal* 21, p. 1-18.

Goyena Huerta, Jaime (2015): «La suspensión de la ejecución de las penas privativas de libertad tras la reforma del Código penal de 2015», *Derecho penal y proceso* 38, p. 179-200.

Gracia Martín, Luis y Alastuey, Carmen (2006): «Suspensión de la ejecución y sustitución de las penas privativas de libertad», en L. Gracia coord., *Tratado de las consecuencias jurídicas del delito*, Valencia: Tirant lo Blanch, p. 287-348.

Iglesias Río, Miguel Ángel (2015): «La expulsión de extranjeros», en G. Quintero dir., *Comentario a la reforma penal de 2015*, Cizur Menor: Thomson Reuter-Aranzadi, p. 173-188.

Larrauri Pijoan, Elena (2012): «La necesidad de un informe social para la decisión y ejecución de las penas comunitarias», *Boletín Criminológico* 139, p. 1-5.

Magro Servet, Vicente (2015): «La interrupción de la prescripción de la pena con la suspensión de la ejecución», *Revista Jurídica de la Comunidad Valenciana* 53, p. 33-46.

Manzanares Samaniego, José Luis (2012): «Comentarios a la reforma de la parte general del Código penal conforme al nuevo anteproyecto de Ley Orgánica (II)», *Diario La Ley* 7991, p. 1-19.

Mapelli Caffarena, Borja (2011): *Las consecuencias jurídicas del delito*, 5ª ed., Cizur Menor: Thomson Reuters.

Morillas Cueva, L. (2013): «Pena de prisión versus alternativas: una difícil convergencia», *Libertas. Revista de la Fundación Internacional de Ciencias Penales* 1, 450-498.

Muñoz Company, María Jesús (2015): «Delitos de corrupción política: ejecución de las penas, posibilidades de suspensión y sustitución de estas. Modificación por la Ley Orgánica 1/2015. Análisis jurisprudencial», *Diario La Ley* 8589, p. 1-11.

Rodríguez Yagüe, Cristina et al. (2013): «7.6 La libertad condicional: Artículos 90, 91, 92 y 93 CP», en F.J. Álvarez García et al., dir., *Estudio crítico sobre el anteproyecto de la reforma penal de 2012*, Valencia: Tirant lo Blanch, p. 375-394.

Roig Torres, Margarita (2014): «La suspensión de la pena en el proyecto de reforma del Código Penal. Un giro hacia el Derecho penal de autor», *Revista Penal* 33, p. 170 207.

Roig Torres, Margarita (2015): «Suspensión de la ejecución de las penas privativas de libertad (art. 80, 81 y 82)», en J.L. González dir., *Comentarios a la Reforma del Código penal de 2015*. Valencia: Tirant lo Blanch, p. 323-339.

Sáez Valcárcel, Concepción (2011): «Mediación penal. Conclusiones de las experiencias en España, 1998-2011», *Cuadernos penales José María Lidón* 8, p. 127-190.

Sánchez Robert, María José (2015): «La revocación de la suspensión como efecto del incumplimiento de las condiciones», *Cuadernos de Política Criminal* 115, p. 231-270.

Sierra López, Mª del Valle (2014): «Algunas cuestiones en relación con la suspensión de la ejecución de las penas privativas de libertad en los delincuentes peligrosos, habituales y reincidentes en el Proyecto de Modificación del Código penal de 2013», *Revista penal* 34, p. 149-169.

Trapero Barreales, María A. (2012): «El nuevo modelo de suspensión de ejecución de las penas privativas de libertad», *Diario La Ley* 7941, p. 1-24.

Trapero Barreales, María A. (2013): «7.3. Formas sustitutivas de la ejecución de las penas privativas de libertad: Arts. 71 y 80 a 88 CP», en F.J. Álvarez García et al. dir., *Estudio crítico sobre el anteproyecto de la reforma penal de 2012*, Valencia: Tirant lo Blanch, p. 329-355.
Urbano Castrillo, Eduardo (2014): «La nueva regulación de la suspensión de las penas privativas de libertad», *Revista Aranzadi Doctrinal* 9, p. 249-256.

Consecuencias inesperadas de la conversión de las faltas en delitos leves[1]

PATRICIA FARALDO CABANA

1. Introducción. 2. Consecuencias inesperadas de la conversión de las faltas en delitos leves en la parte especial. 2.1. Amenazas. 2.2. Calumnia. 2.3. Receptación. 2.4. Blanqueo de bienes. 2.5. Abandono de destino y de omisión del deber de impedir delitos. 2.6. Omisión de los deberes de impedir delitos o de promover su persecución. 2.7. Encubrimiento. 2.8. Falso testimonio. 2.9. Asociación ilícita. 2.10. Organización criminal. 2.11. Extensión de la responsabilidad penal de las personas jurídicas a los delitos leves. 3. Conclusiones. Bibliografía

RESUMEN

La conversión de buena parte de las faltas en delitos leves ha tenido consecuencias inesperadas, que van más allá de un mero cambio de etiquetas. Se ha ampliado el ámbito de aplicación de varias familias delictivas que hacen referencia a un «delito» en su descripción típica (amenazas, calumnias, receptación, blanqueo, omisión del deber de impedir delitos, encubrimiento, etc.), y que, de incluir solo a las infracciones penales graves y menos graves, pasan ahora a abarcar también las infracciones leves. En este trabajo se analiza el alcance de dichos cambios, en su mayoría no buscados ni queridos por el legislador.

Palabras clave: Faltas, reforma de 2015, Código Penal español.

ABSTRACT

The fact that many misdemeanors have been transformed into minor offences has had unexpected consequences, that go beyond a mere name change. It has extended the scope of application of criminal categories that refer to an «offence» with their typical description (threats, libel, handling stolen goods, laundering, failure in the duty to prevent a crime, concealment,

---

[1] Este trabajo ha sido realizado con financiación del Freiburg Institute for Advanced Studies, Albert-Ludwigs-Universität de Friburgo, Alemania (10.13039/501100003190 REA grant agreement no. 609400). Se enmarca en las actividades para la consolidación y estructuración de unidades de investigación competitivas del Sistema Universitario de Galicia, modalidad de grupos con potencial de crecimiento (CN 2012/169), financiada por la Consellería de Educación y Ordenación Universitaria de la Xunta de Galicia, y del proyecto de investigación «El sistema penal español en el período post-crisis» (DER2014-52674-R), financiado por el Programa Estatal de Investigación, Desarrollo e Innovación orientada a los Retos de la Sociedad del Ministerio de Economía y Competitividad.

etc.), and which, as they only included serious and less serious criminal infringements, now also include minor infringements. This paper analyses the scope of these changes, which were predominantly unintended and unwanted by the legislature.

Keywords: Misdemeanors, 2015 reform, Spanish criminal code.

1. INTRODUCCIÓN

La Ley Orgánica 1/2015, de 30 de marzo, por la que se modifica la LO 10/1995, de 23 de noviembre, del Código Penal (CP), en la estela iniciada en su día por la LO 3/1989, de 21 de junio, de actualización del Código Penal[2], ha llevado a cabo una modificación de gran calado en la organización del Código Penal: la completa desaparición del libro III, en el que históricamente se han regulado las faltas. Si tenemos en cuenta que los juicios de faltas ingresados ascendieron en 2013 (último año del que se disponen de cifras) a 1.062.188, de los cuales el 10% (105.952) se tramitaron como juicios rápidos[3], está claro que la supresión de las faltas constituye una cuestión clave en la gestión del orden jurisdiccional penal. ¿Qué objetivo se pretende conseguir con su desaparición?

El preámbulo de la LO 1/2015 explica que «se suprimen las faltas que históricamente se regulaban en el libro III del Código Penal, si bien algunas de ellas se incorporan al libro II del Código reguladas como delitos leves. La reducción del número de faltas –delitos leves en la nueva regulación que se introduce– viene orientada por el principio de intervención mínima, y debe facilitar una disminución relevante del número de asuntos menores que, en gran parte, pueden encontrar respuesta a través del sistema de sanciones administrativas y civiles» (apartado I). Por tanto, la justificación conceptual de la reforma se centra en el principio de intervención mínima. Por su parte, el objetivo político-criminal perseguido es descargar el sistema penal de asuntos «menores»: tras indicar que la reforma se orienta en parte a suprimir «aquellas otras infracciones que, por su escasa gravedad, no merecen reproche penal» (apartado I), más adelante se explica que «[e]n la actualidad debe primarse la racionalización del uso del servicio público de Justicia, para reducir la elevada litigiosidad que recae sobre Juzgados y Tribunales, con medidas dirigidas a favorecer una respuesta judicial eficaz y ágil a los conflictos que puedan

---

[2] Que produjo una sustancial reducción del número de faltas. Vid. al respecto las distintas contribuciones contenidas en la *Revista del Poder Judicial* (1990), así como las observaciones de Bajo Fernández (1989), Boix Reig et al. (1989) y Muñoz Conde et al. (1989).

[3] Datos aportados en el informe del Consejo General del Poder Judicial titulado *Panorámica de la Justicia durante 2013*, disponible en la página web www.poderjudicial.es. No se incluyen en esta cifra, obviamente, las faltas juzgadas con arreglo al procedimiento aplicable al delito principal.

plantearse. Al tiempo, el derecho penal debe ser reservado para la solución de los conflictos de especial gravedad» (apartado XXXI).

Las faltas que se han suprimido eran infracciones penales leves, contrapuestas a los delitos, que eran las infracciones penales graves y menos graves. Esta clasificación, que se remitía a la de las penas, era relevante pues tenía múltiples efectos, tanto procesales como sustantivos: desde el distinto procedimiento de enjuiciamiento hasta los diversos plazos de prescripción y cancelación de antecedentes penales, pasando por los distintos criterios de determinación de la pena según se tratase de faltas o delitos, la imposibilidad de imponer penas accesorias en las faltas (con la excepción de las relacionadas con la violencia de género) o la posibilidad del castigo de la tentativa, entre otros.

En una primera aproximación a la reforma podría pensarse que el cambio no es muy relevante. Tras la reforma se mantiene la clasificación tripartita de las infracciones penales, si bien distinguiéndose ahora entre delitos leves, menos graves y graves. La clasificación sigue basándose en la división de las penas en leves, menos graves y graves. También se mantienen las consecuencias procedimentales de esta clasificación, dado que no desaparece el juicio de faltas. Éste se sigue aplicando a los delitos leves, a los que se añaden los delitos menos graves que tengan una pena que se pueda clasificar como leve o menos grave[4].

---

[4] Vid. al respecto Faraldo Cabana (2014, p. 7 ss.). Ahora bien, ha cambiado el límite máximo de la multa considerada pena leve, que si antes era de hasta dos meses, ahora pasa a ser de hasta tres meses (art. 33.4 g CP). Este hecho, combinado con la indicación de que cuando la pena, por su extensión, pueda considerarse como leve y como menos grave, el delito se considerará siempre leve (art. 13.4 CP), supone que un considerable número de infracciones, algunas de las cuales se catalogaban antes de la reforma como delitos menos graves, pasan a considerarse delitos leves, como ha puesto de relieve González Rus (2015). Se trata de los delitos que prevén como pena única una multa de tres meses en adelante: homicidio por imprudencia menos grave (art. 142.2); lesiones de los arts. 149 y 150 por imprudencia menos grave (art. 152.2); detención ilegal de una persona para presentarla a la autoridad (art. 163.4); omisión del deber de socorro (art. 195.1); injurias graves sin publicidad (art. 209); hurto de la posesión (art. 236.1); ocupación no violenta de inmuebles (art. 245.2); alteración de términos o lindes (art. 246.1); distracción de aguas (art. 247.1); apropiación indebida (art. 254.1); defraudación de energía eléctrica y análogas (art. 255.1); utilización no autorizada de terminales de telecomunicación (art. 256); daños por imprudencia grave (art. 267); daños por imprudencia grave en archivos, registros, etc. (art. 324); libramiento de certificados falsos por facultativo (art. 397); falsificación de certificados por particular (art. 399.1); fabricación y tenencia de útiles o medios idóneos para cometer dichas falsedades (art. 400); aceptación por el particular de propuesta, nombramiento o toma de posesión de un cargo público con conocimiento de su ilegalidad (art. 406); acusación y denuncia falsa de un delito leve (art. 456.1.3º); destrucción de documentos o actuaciones por particular (art. 465.2); y evasión del condenado realizada por pariente (art. 470.3 CP). Sobre las dudas que plantea la pena de multa en el límite de los tres meses, vid. Hernández García, Ramírez Ortiz (2015, p. 243), quienes entienden que una interpretación literal exige entender que las penas de multa de tres meses en adelante son penas leves.

No obstante, se han producido algunos efectos indirectos de la conversión de las faltas en delitos en la parte general del Código Penal, efectos que perjudican la posición del reo. Por ejemplo, cabe apuntar que en los delitos leves es posible sancionar la tentativa, lo que no ocurrió nunca de forma generalizada con las faltas. El art. 15.2 CP, en la versión anterior a la reforma de 2015, disponía que «[l]as faltas sólo se castigarán cuando hayan sido consumadas, excepto las intentadas contra las personas o el patrimonio», mientras que el art. 15, tras la reforma de 2015, se limita a indicar que «[s]on punibles el delito consumado y la tentativa de delito». La transformación en delitos leves supone, pues, que la tentativa se castiga siempre. Esto ya sucedía en lo que respecta a las faltas contra las personas o el patrimonio, pero no en las demás. Y a ello hay que añadir que en algunos casos, en estos delitos leves se admite la punición de los actos preparatorios, como ocurre con las lesiones y las estafas y apropiaciones indebidas (arts. 151 y 269 CP) (Boldova Pasamar 2014, p. 12). Por otro lado, también aumenta el plazo de prescripción de los nuevos delitos leves en relación con el que se preveía para las faltas. En las faltas era de seis meses, pero se extiende a un año en los delitos leves (art. 131.1 CP). Cierto es que se establece que los antecedentes por delitos leves no se tendrán en cuenta a efectos de suspensión de la pena (art. 80.2.1ª CP), ni tampoco a efectos de la imposición de la agravante de reincidencia (art. 22.8 CP), pero estos no son los únicos efectos negativos de la existencia de antecedentes penales. Piénsese que si hasta 2015 no existía un registro de faltas[5], a partir de la reforma los antecedentes por la comisión de los nuevos delitos leves quedarán reflejados en el Registro Central de Penados. De esta forma será posible aplicar la nueva circunstancia agravante del delito de hurto, recogida en el art. 235.1.7ª CP: «cuando al delinquir el culpable hubiera sido condenado ejecutoriamente al menos por tres delitos comprendidos en este título, siempre que sean de la misma naturaleza». Así se consigue eludir en los delitos de hurto la prohibición de aplicar la agravante de reincidencia por delitos leves (Fernández Hernández 2015, p. 62-63). Dada la frecuencia con que aparece en la práctica la falta de hurto, no estamos precisamente ante una cuestión menor[6]. Pero además, la existencia de antecedentes penales vivos impide el acceso a la función pública. También se tiene en cuenta a la hora de decretar la prisión provisional o la fianza para asegurar eventuales responsabilidades pecuniarias derivadas de delito. Y no solo eso. Los antecedentes penales españoles se equiparan a los correspondientes a

[5] El art. 9 del Real Decreto 95/2009, de 6 de febrero, por el que se regula el Sistema de registros administrativos de apoyo a la Administración de Justicia, solo indica que se inscribirán en el registro «el delito o delitos y el precepto penal aplicado» (letra g). No se alude a las faltas.

[6] Según el Anuario estadístico del Ministerio del Interior (2014), del total de 2.092.040 infracciones penales conocidas por la policía, 572.547 son faltas de hurto, más de la cuarta parte.

condenas impuestas por tribunales de otros Estados miembros de la Unión Europea a los efectos de resolver sobre la concurrencia de la agravante de reincidencia o la suspensión o sustitución de la ejecución de la pena en estos países, conforme a la Decisión Marco 2008/675/JAI, de 24 de julio de 2008, relativa a la consideración de las resoluciones condenatorias entre los Estados miembros de la Unión Europea con motivo de un nuevo proceso penal.

Además, no se trata tanto de que las faltas hayan desaparecido realmente del ámbito punitivo –solo lo ha hecho aproximadamente un tercio del total, que representa nada más que el 5% de las faltas conocidas (Cugat Mauri 2014, p. 171-172, 2015, p. 227, López Peregrín 2014, p. 118)– como de convertirlas en buena parte en delitos leves y menos graves, integrándose en el articulado del libro II del Código Penal (Faraldo Cabana 2014, p. 4 ss.). Teniendo esto en cuenta, ¿puede decirse en conjunto que la reforma esté orientada por el principio de intervención mínima alegado por el legislador?

Para responder a esta cuestión hemos de distinguir los dos aspectos que se integran en el principio de intervención mínima: el carácter fragmentario y el carácter subsidiario del derecho penal. De acuerdo con el primero de ellos, el derecho penal debe limitarse a preservar los bienes jurídicos más importantes frente a los ataques más intolerables; de acuerdo con el segundo, el derecho penal solo debe utilizarse allí donde el orden jurídico no pueda ser tutelado eficazmente mediante otros recursos menos enérgicos que la sanción penal. Si se analiza la reforma sobre la base de estos dos criterios, se puede comprobar que la supresión de algunas faltas encuentra su fundamento primordial en que su existencia supone una vulneración del carácter fragmentario del derecho penal, puesto que castigaban conductas que ya no se consideran merecedoras de sanción. Se produce aquí una opción valorativa que, aunque puede ser objeto de críticas merecidas, por resultar incongruente con la propia escala de valores del Código Penal (Faraldo Cabana 2014), no deja de responder a un criterio racional. Por el contrario, la eliminación de otro grupo relevante de faltas se fundamenta en el mantenimiento del carácter subsidiario del derecho penal, puesto que el legislador estima que aunque se trata de infracciones que deben ser reprimidas por el ordenamiento jurídico, el derecho penal no es el medio adecuado para su castigo. Se parte de que el recurso a otros sectores, como el civil o el administrativo y su corolario, el contencioso-administrativo, es suficiente para salvaguardar el orden jurídico, en particular porque el legislador considera que estos otros sectores están dotados de mayor eficacia y celeridad que el derecho penal. La argumentación empleada es de tipo utilitario y pragmático y, por tanto, el análisis de si el objetivo planteado de descargar el sistema penal de asuntos menores es razonable o no también se ha de hacer desde esos parámetros. En otro lugar ya he indicado que no son de esperar cambios positivos en lo que respecta a la sobrecarga que afecta al conjunto de la Administración de Justicia. Además, en relación con las siempre difíciles relaciones del derecho penal con el derecho administrativo sancionador, tampoco parece haber habido preocupación alguna por hacer una revisión general, o siquiera sectorial, de las infracciones y sanciones penales y administrativas que permita la verdadera realización del principio de intervención mínima, estableciendo una articulación que deje en el ámbito administrativo las infracciones de menor relevancia. Sigue habiendo casos tipificados simultáneamente como delito e infracción administrativa en los que la sanción penal, pese al aumento experimentado tras la reforma, es considerablemente inferior a la administrativa, lo que no introduce más que distorsiones. En esta materia, pues, como ya ocurrió en el anterior proceso despenalizador de las faltas, en 1989 (Bajo Fernández 1989, p. 17 ss., Boix Reig et al. 1989, p. 211), se puede decir que la despenalización contribuye a la inflación del derecho administrativo sancionador, con total ignorancia de la problemática que se plantea en ese sector, pero con una intención ni mucho menos inocente.

Y es que, en un contexto de represión de los movimientos sociales de protesta como el que se ha vivido tras el estallido de la crisis financiera de 2008, la multa administrativa responde mucho mejor que la penal al objetivo de ocultación de la actuación represora de la Administración, puesto que en las democracias modernas se ha ido consolidando un discurso que tiende a reducir el concepto de represión al ámbito de los subsistemas de control penal y penitenciario. Sin embargo, la proliferación de ordenanzas municipales de civismo y convivencia en los últimos años[7], que prevén largas listas de conductas prohibidas que se sancionan fundamentalmente con multas, combinada con la retirada del Código Penal de ciertos ámbitos del orden público relacionados con la protesta social, apunta a una deriva silenciosa y discreta hacia prácticas más propias de un Estado policial que de uno que se dice social y democrático de Derecho: se opta por la solución más fácil, la represión, en lugar de emprender la más ardua, pero también más fructífera a largo plazo del diálogo, la educación y el convencimiento. La nueva Ley de Seguridad Ciudadana supone la culminación de este proceso.

Pues bien, todo esto se combina con la ampliación del ámbito de aplicación de ciertos delitos, consecuencia de la (supuesta) desaparición de las faltas. La labor que se abordará a continuación se centra precisamente en señalar las consecuencias que ha producido la despenalización de las faltas en algunas familias delictivas de la parte especial. No se estudia la incorporación de las faltas a delitos leves y menos graves, ni tampoco los efectos de la conversión de las faltas en delitos leves en cuestiones relativas a la parte general, pues sobre esta cuestión ya hay suficiente bibliografía. El objeto de

[7] La discusión en torno a estas ordenanzas es intensa. Vid. entre otros, desde una perspectiva crítica, Casino Rubio (2011), Larrauri Pijoán (2007), Maroto Calatayud (2013) y Silveira Gorski (2006). Mucho más favorables, Merino Estrada (2006) o Pemán Gavín (2007).

análisis son los efectos producidos en algunos delitos a raíz de la supresión de las faltas. Como veremos, en varios casos se trata de efectos que seguramente no fueron previstos por el legislador, mientras que en otros supuestos sí se fue consciente de ellos. Tienen que ver con la ampliación del ámbito de aplicación de varios delitos, así como con la extensión de la responsabilidad penal de las personas jurídicas a los delitos leves.

2. CONSECUENCIAS DE LA CONVERSIÓN DE LAS FALTAS EN DELITOS LEVES EN LA PARTE ESPECIAL

Como se anunció, la desaparición de las faltas y su generalizada transformación en delitos leves y menos graves tiene consecuencias en algunas familias delictivas de la parte especial. El legislador era consciente de que la reforma en esta materia «exige adecuar un gran número de artículos que hacen referencia a la dualidad delito o falta, simplemente para eliminar esa mención a las faltas penales. De ahí la extensión de la reforma que se acomete, que en muchos casos consiste en una mera adecuación de la regulación a la supresión del sistema dualista, como sucede con buena parte de los artículos de la parte general del Código Penal, o con otros preceptos de la parte especial como los relativos a las asociaciones ilícitas, la prevaricación judicial o la imputación de delitos, o también el castigo de la receptación en faltas, que con la reforma queda derogado» (apartado XXXI del preámbulo).

Sin embargo, esa «adecuación» de los preceptos de la parte especial produce, en ocasiones, un cambio sustancial del ámbito de aplicación de algunos delitos. Veámoslo, siguiendo el orden de las infracciones en la parte especial.

2.1. Amenazas

En principio, podría pensarse que la única modificación que experimentan los delitos de amenazas es la introducción de una modalidad leve que acoge el contenido de la derogada falta de amenazas leves (tipificada en el art. 620 CP, y que ahora se incluye en el art. 171.7 CP). Sin embargo, se produce una ampliación del ámbito de aplicación del tipo básico de amenazas de mal constitutivo de delito. Veamos cómo.

Los delitos de amenazas se distinguen según se amenace con la causación de un mal constitutivo de delito (arts. 169 y 170 CP) o no constitutivo de delito (art. 171 CP). Dentro de la causación de un mal no constitutivo de delito se incluía tradicionalmente la comisión de faltas (Fraile Coloma en Gómez Tomillo 2011, p. 659, Jareño Leal 1997, p. 54-57, Río Fernández 1997, p. 54-55). Esta interpretación no puede seguir sosteniéndose. Amenazar con la comisión de un delito leve es amenaza constitutiva de delito, con la considerable diferencia penológica que ello supone.

2.2. Calumnia

Los delitos de calumnia, sin haber sido objeto de reforma, experimentan una ampliación de su ámbito de aplicación, pues pasan a incluir algunos supuestos que hasta ahora se consideraban injurias. En efecto, hasta la reforma de 2015 se consideraba injuria la falsa imputación de un hecho referido a la comisión de faltas, mientras que la falsa imputación de un delito se castigaba como calumnia[8]. Ello se basaba tanto en la referencia expresa que se hacía en la definición de la calumnia a la falsa imputación «de un delito» (art. 205 CP), como a la regulación de la *exceptio veritaris* en la injuria, donde se establecía que «el acusado de injuria quedará exento de responsabilidad probando la verdad de las imputaciones cuando éstas se dirijan contra funcionarios públicos sobre hechos concernientes al ejercicio de sus cargos o referidos a la comisión de faltas penales o de infracciones administrativas» (art. 210 CP).

La reforma de 2015 elimina esta referencia a las faltas penales. Por otra parte, los delitos leves encajan en la mención «de un delito» en la definición de la calumnia. Ello conduce a que la falsa imputación de un delito leve se considere delito de calumnia, y no de injurias (López Peregrín 2014, p. 112). Como señala Cugat Mauri (2014, p. 176-178, 2015, p. 230), «no tendría sentido que la imputación de los nuevos delitos leves continuara considerándose injurias, pero no pudiera beneficiarse de la *exceptio veritaris* del artículo 210 CP».

2.3. Receptación

En la reforma de 2015 se elimina el delito de receptación habitual de faltas, hasta entonces contenido en el art. 299 CP (apartado 162 de la LO 1/2015). Este delito se estructuraba en dos apartados: el primero dedicado al tipo básico, y el segundo regulador de un tipo agravado cuando se realizaba la

---

[8] Ésta era la posición mayoritaria (Carmona Salgado 2012, p. 98, Carmona Salgado en Gómez Tomillo 2011, p. 825, Fernández Pinós y Frutos Gómez 1998, p. 106-107, Laurenzo Copello 2002, p. 103, Muñoz Conde 2013, p. 287, Quintero Olivares y Morales Prats en Quintero Olivares 2011, p. 1368, Vives Antón 2010, p. 341). Se basaba en una tradición histórica de tipificación como injuria grave de la imputación de un delito de los que no dan lugar a procedimiento de oficio, iniciada con el art. 370.1 CP 1848 y mantenida hasta 1995. Sin embargo, no carecía de detractores, desde la perspectiva de que para la protección del honor no importa la exactitud de la descripción del hecho que se imputa falsamente, por lo que no debe tener una significación decisiva que el hecho punible imputado sea delito o falta. En este sentido, por ej., Bacigalupo Zapater (2000, p. 6-8).

conducta para traficar. Se distinguía de la receptación de delitos en varias cuestiones fundamentales: en primer lugar, las infracciones previamente cometidas, de las que provienen los efectos, solo podían ser faltas; en segundo lugar, debía tratarse de faltas contra el patrimonio[9]; en tercer lugar, la conducta de receptación tenía que ser habitual, entendiéndose la habitualidad como un concepto fáctico, independiente de la reincidencia y del concepto de habitualidad que entonces se contenía en el art. 94 CP, de manera que se consideraba necesario que se hubieran cometido tres o más actos de receptación en una cierta conexión temporal[10], aunque el sujeto no hubiera sido condenado anteriormente por ellos[11]; por último, la penalidad era distinta, puesto que la figura básica de la receptación habitual de faltas se castigaba con multa de 6 a 12 meses, y la agravada con multa de 8 a 16 meses, frente a la receptación de delitos, castigada en el tipo básico con prisión de seis meses a dos años y en el agravado con prisión de uno a tres años.

La desaparición del delito de receptación habitual de faltas no es «una mera adecuación de la regulación a la supresión del sistema dualista», como indica el legislador en el preámbulo de la LO 1/2015. Antes bien, significa que la conducta de receptación de bienes procedentes de la comisión de los nuevos delitos leves y menos graves procedentes de la reconversión de faltas pasa a castigarse a través del art. 298 CP. Ello supone, en primer lugar, una ampliación de las conductas típicas, pues ahora es típica la receptación no habitual, ocasional, de bienes procedentes de la comisión de un solo delito leve, mientras que antes de la reforma de 2015 se exigía habitualidad (en el mismo sentido, Cugat Mauri 2014, p. 178, 2015, p. 230). En segundo lugar, la conducta se castiga con una pena muy superior a la que se preveía antes para la receptación habitual de faltas, pues se pasa de una pena de multa a otra de prisión. En tercer lugar, se pueden aplicar las nuevas circunstancias agravantes del segundo párrafo del art. 298.1 CP, incluida la de que «se trate de cosas de primera necesidad, conducciones, cableado, equipos o componentes de infraestructuras de suministro eléctrico o de servicios de telecomunicaciones, o de otras cosas destinadas a la prestación de servicios de interés general, productos agrarios o ganaderos o de los instrumentos o medios que se utilizan para su obtención». El hurto de estos objetos estaba siendo castigado como falta de hurto. Ahora no solo se considera un hurto agravado (art. 235.1.3° y 4° CP), sino que la receptación ocasional también se agrava. Como reconoce

---

[9] El art. 299 CP hablaba de faltas «contra la propiedad». Sin embargo, la rúbrica que utilizaba el Código Penal era «Faltas contra el patrimonio». La doctrina consideró esta discrepancia un lapsus del legislador (Palma Herrera 1999, p. 649, Vidales Rodríguez 1997, p. 66, Vives Antón y González Cussac 1996, p. 1458).

[10] Así lo defendían, entre otros, Palma Herrera (1999, p. 649-650), Vidales Rodríguez (1997, p. 66), Vives Antón y González Cussac (1996, p. 1459).

[11] Vid. por todos Blanco Cordero (2011, p. 1150).

el legislador, «con ello se pretende desincentivar tanto la sustracción de dichos bienes como su venta o tráfico ilícito» (apartado XIV del preámbulo). A costa de un aumento desproporcionado de las penas, como puede comprobarse. En cuarto lugar, se sigue estableciendo que «las penas se impondrán en su mitad superior a quien reciba, adquiera u oculte los efectos del delito para traficar con ellos. Si el tráfico se realizase utilizando un establecimiento o local comercial o industrial, se impondrá, además, la pena de multa de doce a veinticuatro meses. En estos casos, los jueces o tribunales, atendiendo a la gravedad del hecho y a las circunstancias personales del delincuente, podrán imponer también a éste la pena de inhabilitación especial para el ejercicio de su profesión o industria, por tiempo de dos a cinco años y acordar la medida de clausura temporal o definitiva del establecimiento o local. Si la clausura fuese temporal, su duración no podrá exceder de cinco años».

En conclusión, la reforma da lugar a la ampliación del ámbito de aplicación del delito de receptación, pues ahora es típica la receptación ocasional de delitos leves, y, simultáneamente, a que las conductas que antes se incluían en el delito de receptación habitual de faltas ahora se castiguen con penas más elevadas.

2.4. Blanqueo de bienes

También se amplía el ámbito de aplicación de los delitos de blanqueo de bienes. Al respecto hay que señalar, en primer lugar, que, al igual que en el caso de la receptación, también el blanqueo es un delito de referencia. Tras la aprobación del Código Penal de 1995, era unánimemente aceptado que el blanqueo no era aplicable cuando tenía por objeto bienes procedentes de la comisión de faltas, y ni siquiera de delitos menos graves. Y es que, en la versión original de 1995, el art. 301.1 CP solo castigaba a quien «adquiera, convierta o transmita bienes, sabiendo que éstos tienen su origen *en un delito grave*, o realice cualquier otro acto para ocultar o encubrir su origen ilícito, o para ayudar a la persona que haya participado en la infracción o infracciones a eludir las consecuencias legales de sus actos». La LO 15/2003, de 25 de noviembre, por la que se modifica la LO 10/1995, de 23 de noviembre, del Código Penal, sustituyó la alusión al delito grave por «delito previo», lo que amplió sustancialmente el ámbito de aplicación del blanqueo pero siguió dejando fuera a las faltas. Por su parte, la reforma de 2010 sustituyó la mención del «delito previo» por la referencia a la «actividad delictiva»[12]. La

---

[12] Siguiendo la sugerencia del informe del Consejo Fiscal (2009, pp. 162-163), que lo justificaba apuntando que «se corresponde mejor con la autonomía del delito de blanqueo y con la no exigencia de una resolución judicial que se pronuncie sobre un delito antecedente concreto conforme a lo establecido también por la doctrina de la Sala Segunda del TS (STS 115/2007, de 22 de enero de 2007)».

doctrina, de manera prácticamente unánime[13], llegó a la conclusión de que, en cualquier caso, este cambio de terminología no permitía incluir a las faltas como infracción antecedente en el ámbito del blanqueo[14].

Ahora bien, la conversión de la mayor parte de las faltas en delitos leves y menos graves provoca una ampliación del ámbito de aplicación del delito de blanqueo, ya que la comisión de delitos leves puede considerarse «actividad delictiva» a los efectos del blanqueo, sin vulneración del principio de legalidad, mientras que antes de la reforma de 2015, las conductas de blanqueo sobre bienes procedentes de la comisión de faltas se consideraban atípicas (en este sentido Cugat Mauri 2014, p. 178-179, 2015, p. 230-231).

2.5. Abandono de destino y de omisión del deber de impedir delitos

Estos delitos contra la Administración Pública castigan a la autoridad o funcionario público que abandona su destino con el propósito de no impedir o no perseguir cualquiera de los delitos comprendidos en los títulos XXI, XXII, XXIII y XXIV (art. 407.1 CP), o de no ejecutar las penas correspondientes a estos delitos (art. 407.2 CP), o que deja intencionadamente de promover la persecución de los delitos de que tenga noticia o de sus responsables (art. 408 CP). Esta referencia a los delitos se entendía unánimemente en sentido estricto, no equivalente a infracción penal comprensiva de las infracciones graves, menos graves y leves, sino solo de las graves y menos graves. Así se reconocía en la doctrina[15]. Su fundamentación se relacionaba con el principio de intervención mínima en esta materia (Portilla Contreras y Pomares Cintas 2013, p. 179). Se alegaba, además, que admitir otra cosa pugnaría con el principio de legalidad penal, vulnerando la prohibición de la analogía in *malam partem*.

La reforma de 2015 obliga a incluir ahora los delitos leves (Cugat Mauri 2014, p. 179-180, 2015, p. 231).

2.6. Omisión de los deberes de impedir delitos o de promover su persecución

Lo mismo cabe señalar del delito de omisión de los deberes de impedir delitos o de promover su persecución (art. 450 CP), pues también aquí se

[13] Cfr., entre otros, Abel Souto (2011a, p. 12-14, con amplio argumentario, 2011b, p. 71-75, 2013, p. 166 y ss.), Blanco Cordero (2012, p. 273 ss.), Carpio Delgado (2011, p. 3 y ss.), Díaz-Maroto y Villarejo (2011, p. 466), Fernández Teruelo (2010, p. 324, 2011, p. 1562-1563) y Hurtado Adrián (2010, p. 253).

[14] En contra, apuntando que era posible incluir en el ámbito del delito de blanqueo también a las faltas, vid. Muñoz Conde (2013, p. 516).

[15] Vid. entre otros Gómez Tomillo (2011, p. 1549 y 1552), Morillas Cueva (2011, p. 929), Portilla Contreras y Pomares Cintas (2013, p. 179), o Rebollo Vargas (1999, p. 13 ss.).

castiga a quien «no impidiere la comisión de un delito que afecte a las personas en su vida, integridad o salud, libertad o libertad sexual», así como a quien, pudiendo hacerlo, «no acuda a la autoridad o a sus agentes para que impidan un delito de los previstos en el apartado anterior». El concepto de delito siempre se ha entendido, a efectos de este precepto, como excluyente de las faltas[16]. Para justificarlo se ha alegado tanto que el tipo penal utiliza una expresión, «delito», que se puede interpretar en sentido estricto, como excluyente de la falta, como el hecho de que se indica expresa y taxativamente una serie de delitos que suponen la vulneración de bienes jurídicos personalísimos, como la vida, la integridad o salud, la libertad o la libertad sexual, de forma que se exige al particular que intervenga para impedir ilícitos penales de cierta gravedad, dado el carácter excepcional de la obligación de intervenir.

Entre esos delitos se incluyen tras la reforma de 2015 numerosos delitos leves, algunos de ellos con gran frecuencia de comisión, como las lesiones, las coacciones y las amenazas leves. Ello supone una considerable ampliación del ámbito de aplicación de esta infracción contra la Administración de Justicia.

2.7. Encubrimiento

El art. 451 CP castiga al que, «con conocimiento de la comisión de un delito y sin haber intervenido en el mismo como autor o cómplice, interviniere con posterioridad a su ejecución», de una serie de modos. Hasta la reforma de 2015 solo era típico el encubrimiento de un delito grave o menos grave (Blanco Cordero en Gómez Tomillo 2011, p. 1665, Sánchez-Ostiz Gutiérrez 1998, p. 61). Tras la reforma pasa a serlo también el encubrimiento de un delito leve.

2.8. Falso testimonio

También se produce una inesperada ampliación del delito de falso testimonio en contra del reo en causa criminal por delito. El art. 458.1 CP tipifica el falso testimonio en causa judicial. Por su parte, el art. 458.2 CP contempla un tipo agravado «si el falso testimonio se diera en contra del reo en causa criminal por delito», en cuyo caso «las penas serán de prisión de uno a tres años y multa de seis a doce meses. Si a consecuencia del testimonio hubiera recaído sentencia condenatoria, se impondrán las penas superiores en grado». La agravación de las penas del falso testimonio en causa criminal

[16] Así, entre otros, Córdoba Roda (1978, p. 1206), Huerta Tocildo (1987, p. 218), Rubio Lara (2003, p. 123-127), Palomo del Arco (en Gómez Tomillo 2011, p. 1662). Implícitamente, también Solá Reche (1999, p. 143 ss.).

cuenta con una larga tradición[17]. También fue una constante en nuestro ordenamiento la distinción entre las causas criminales[18]. Piénsese que en la versión original del Código Penal de 1995 el falso testimonio en un juicio de faltas, fuera a favor o en contra del reo, solo se podía castigar como falso testimonio en causa judicial, esto es, por el tipo básico del art. 458.1 CP[19], pues el tipo agravado del art. 458.2 CP especificaba que sería aplicable «si el falso testimonio se diera en contra del reo en causa criminal *por delito*». Esta diferencia se explicaba habitualmente sobre la base de las diversas consecuencias que en cada caso pueden derivarse del falso testimonio[20], y en concreto, por el hecho de que solo del falso testimonio contra el reo en causa criminal por delito puede derivarse una sentencia condenatoria que suponga una privación de libertad relevante de un inocente.

Ahora bien, tras la reforma de 2015 es indiferente a estos efectos que la causa criminal se siga por delito grave, menos grave o leve, pues la expresión «en causa criminal por delito» abarca los tres tipos de infracciones. La transformación de las faltas en delitos leves y menos graves lleva el falso testimonio prestado en juicio de faltas al tipo agravado, sin excepción. Esta situación es, sin duda, una consecuencia imprevista de la despenalización de las faltas y la transformación de buena parte de ellas en delitos leves o menos graves.

2.9. Asociación ilícita

Asimismo se produce la ampliación de los delitos de asociación. A diferencia de la mayoría de las vistas hasta ahora, aquí el legislador ha

---

[17] De hecho, aunque a veces se ha dicho que se remonta al derecho romano, en el que ya se distinguía claramente entre el falso testimonio en causas criminales y en juicios civiles, lo cierto es que entonces no se imponía una pena distinta según se produjera en uno u otro orden jurisdiccional. El origen histórico de la distinción penológica se encuentra en el derecho canónico, que sí imponía penas distintas según el perjurio se produjera en un proceso criminal o en uno civil: así se puede ver en el Decreto de Graciano, redactado entre 1140 y 1142, que constituye la primera parte de la colección de seis obras jurídicas canónicas conocida como *Corpus Iuris Canonici* (Alejandre García 1976, p. 105-106).

[18] Por ejemplo, el Código Penal de 1848 distinguía en el falso testimonio en contra del reo las causas por delito grave, menos grave o por falta (arts. 234 y 235), y en el falso testimonio a favor del reo entre causa por delito y por falta (art. 236 CP 1848). Por su parte, el Código Penal de 1870 no distinguía el falso testimonio en contra del reo según la gravedad del delito, pero sí según la pena impuesta, que dependía de la gravedad del delito (arts. 332 y 333). En el falso testimonio en causa criminal a favor del reo la pena dependía de si la causa era por delito o por falta (art. 333 CP 1870). De forma más simple, también los Códigos de 1928 (arts. 391 a 394) y 1932 (arts. 333 a 335) efectuaban una distinción entre causa por delito y juicio de faltas.

[19] En este sentido, entre otros, Cancio Meliá (1997, p. 1205), Domínguez Izquierdo (2002, p. 622 y 625-626), Martínez-Buján Pérez (2001, p. 183).

[20] Cfr., entre otros, García Vitoria (2009, p. 95) y Palomo del Arco (en Gómez Tomillo 2011, p. 1698). Vid. también la STS núm. 318/2006, de 6 de marzo (RJ 2006\1829).

reformado expresamente el texto legal y, por tanto, ha sido consciente de lo que hacía. Sin embargo, no parece que haya pensado detenidamente las consecuencias a que lleva la reforma. Ello merece un comentario más detenido.

Hasta 2015, de acuerdo con la cláusula general recogida en el art. 515.1 CP, las asociaciones para delinquir eran las que tenían por objeto cometer algún delito o, después de constituidas, promovían su comisión, así como las que tenían por objeto cometer o promover la comisión de faltas de forma organizada, coordinada y reiterada. Sin embargo, esta redacción no era la original de 1995. En su versión original, el art. 515.1 CP hacía solo mención a «algún delito», lo que obligaba a considerar atípicas las asociaciones constituidas con la finalidad de cometer alguna o varias faltas o que después de constituidas promovieran su comisión[21]. Esta lectura restrictiva del concepto de «delito» se fundamentaba, por un lado, en el principio de proporcionalidad y, por otro, en la adecuación al texto constitucional, que considera ilícitas a las asociaciones que persigan fines o utilicen medios «tipificados como delito». La LO 11/2003, de 29 de septiembre, de medidas concretas en materia de seguridad ciudadana, violencia doméstica e integración social de los extranjeros, introdujo el inciso final alusivo a las faltas, sin dar explicación alguna sobre ello en la exposición de motivos. Esta reforma, llevada a cabo en el marco de otras «medidas dirigidas a mejorar la aplicación de la respuesta penal a la habitualidad de la conducta»[22], o, mejor dicho, «en el marco de una cierta obsesión securitaria por la pequeña delincuencia urbana» (Brandáriz García 2008, p. 733-734)[23], supuso una ampliación sustancial del ámbito de aplicación del precepto. Con el fin de

[21] Era opinión doctrinal prácticamente unánime. Por todos, Cobo del Rosal y Boix Reig (1982, p. 140), Córdoba Roda (1978, p. 260), Díaz y García Conlledo (2002, p. 108), Polaino Navarrete (2004, p. 45), Tamarit Sumalla en Quintero Olivares (2011, p. 1539). En contra se manifestaba, no obstante, García-Pablos de Molina (1977, p. 282-283), quien contrarrestaba el argumento gramatical aludiendo a la posible equivalencia de los términos «delito» e «infracción», así como a la «*ratio essendi*» del tipo y a la naturaleza del bien jurídico protegido. Similar Terradillos Basoco (1990, p. 404), quien alegaba razones político-criminales, así como la doble acepción, estricta y amplia, del término «delito». Jiménez Díaz (2006, p. 148) manifestaba dudas, al no haberse planteado nunca en la jurisprudencia este supuesto, por lo que «no se sabe a ciencia cierta si con anterioridad a la LO 11/2003 las asociaciones que tuvieran como finalidad cometer faltas se subsumían en el número 1º del artículo 515». Descartaban la equiparación de «delito» e «infracción», por suponer «una interpretación claramente extensiva en materia de restricción de las libertades fundamentales...», Cobo del Rosal y Boix Reig (1982, p. 140), en mi opinión con razón.

[22] Cfr. la de Motivos de la LO 11/2003, de 29 de septiembre.

[23] Donde destacaba el sinsentido político-criminal de este inciso, que puede «apreciarse pensando en un grupo que promueva la realización de grafitos no reivindicativos, más allá de la valoración que a cada uno le merezca esa práctica de recodificación de los espacios urbanos». También crítico, al entender que «normalmente, la asociación que comete faltas no ataca intolerablemente la convivencia social ni la organización democrática del Estado», Carbonell Mateu (1983, p. 1300).

respetar los principios de intervención mínima y de proporcionalidad, la asociación para cometer faltas solo se sancionaba cuando la promoción para esa comisión tuviera lugar «de forma organizada, coordinada y reiterada»[24]. La exigencia de reiteración obligaba a concluir que la asociación para cometer solo alguna falta no era punible. Pero incluso con esta restricción, se puso en duda la constitucionalidad del precepto, al considerar el Código Penal como asociación ilícita un supuesto que no encajaba en la previsión constitucional (Rebollo Vargas 2004, p. 2447). Por lo demás, cabe destacar que en este inciso referido a las asociaciones que tuvieran por objeto cometer o promover la comisión de faltas no se distinguían los dos casos a los que sí se aludía en el número dedicado a las asociaciones para delinquir, esto es: el de las que tienen por objeto cometer algún delito y el de las que, después de constituidas, promueven su comisión. Ello obligaba a preguntarse si cabían ahí asociaciones que nacen lícitas pero en un momento posterior acuerdan la comisión o promoción reiterada de faltas. La doctrina entendía que ambos supuestos eran punibles, «pues de otra forma no tendría sentido distinguir de forma expresa entre "cometer" y "promover"» (Jiménez Díaz 2006, p. 148).

Esta previsión legal topó contra el muro de la incomprensión judicial, si por tal entendemos la falta de aplicación. En efecto, siguiendo una tesis restrictiva tradicional, según la cual el injusto de los delitos de asociación ilícita se sitúa, por los fines que persigue y su elevado grado de peligrosidad, en un nivel delictivo muy superior al del mero hurto callejero organizado[25], la jurisprudencia se decantó en contra de la aplicación del delito de asociación ilícita a casos en que lo que hay es una banda organizada para la comisión de faltas reiteradas contra el patrimonio. Esta observación no debe hacernos olvidar, no obstante, que la imputación por delitos de asociación ilícita se utilizó en la práctica para permitir la investigación policial o por parte de los servicios de inteligencia de determinados grupos, incluso organizaciones políticas, si bien las condenas, si las hay, no suelen ser por asociación ilícita, sino por los delitos cometidos en ejecución del programa criminal de la agrupación, que se han conseguido probar tras obtener autorización judicial para investigar por delito de asociación ilícita.

Pues bien, la supresión de las faltas ha supuesto la eliminación de la mención de la perpetración reiterada de faltas como posible contenido del plan criminal de la asociación ilícita. Aumenta la desproporción que suponen

---

[24] En cualquier caso, la exigencia de que se tratase de una actuación realizada de forma organizada y coordinada no añadía nada que no estuviese ya incluido en el propio concepto de asociación ilícita (Jiménez Díaz 2006, p. 149, Polaino Navarrete 2004, p. 45).

[25] Vid. por ejemplo, la STS de 23-10-2006 (RJ 8105). Afirmaba que esta interpretación tan restrictiva quedaba superada tras la modificación del Código Penal por la LO 5/2010 la Circular 2/2011, de 2 de junio, de la Fiscalía General del Estado, apartado II A, p. 10. Sin embargo, la jurisprudencia siguió sin hacer aplicación del correspondiente inciso del art. 515.1 CP.

las elevadas penas previstas para el delito de asociación ilícita respecto de las previstas para los delitos leves. En no pocas ocasiones está más castigada la asociación para delinquir que la comisión, incluso reiterada, de los delitos que integran el programa criminal. Eso sí, se solventan las dudas de constitucionalidad que planteaba la tipificación de la asociación para cometer faltas reiteradas, por su falta de encaje en la definición constitucional de las asociaciones ilegales del art. 22 CE.

2.10. Organización criminal

Algo similar se produce en relación con los delitos de organización criminal. De acuerdo con lo dispuesto en el primer apartado del art. 570 *bis* CP en la versión original procedente de la reforma de 2010, se castigaba la participación en una organización que tuviera como finalidad u objeto la comisión de delitos, graves o menos graves, o la perpetración reiterada de faltas. Se preveían diferentes penas según la gravedad de las infracciones que constituyen la finalidad u objeto de la organización: si se trataba de delitos graves, prisión de cuatro a ocho años para quienes promuevan, constituyan, organicen, coordinen o dirijan la organización criminal, y de dos a cinco años para quienes participen activamente, formen parte de ella o cooperen económicamente o de cualquier otro modo con ella; si se trataba de delitos menos graves o de faltas reiteradas, prisión de tres a seis años para el primer grupo de conductas y de uno a tres años para el segundo grupo. Además, se contemplaba una agravación a la mitad superior de las penas respectivamente previstas en este art. 570 *bis* CP si los delitos fueren contra la vida o la integridad de las personas, la libertad, la libertad e indemnidad sexuales o la trata de seres humanos (apartado tercero).

Al igual que sucede en el caso de la asociación para cometer faltas, la participación en una organización dedicada a la perpetración de faltas solo se sancionaba cuando la promoción para esa comisión tuviera lugar de forma reiterada. Esta exigencia de reiteración obligaba a concluir que la organización para cometer solo alguna falta no era punible, lo que resultaba coherente con la falta de sanción de la organización para cometer algún delito, y proporcionado en relación con la elevada entidad de las penas previstas.

En la reforma de 2015 se elimina el inciso final del párrafo 2º del art. 570 *bis* CP, que incluía en la definición de la organización criminal las agrupaciones que tuvieran el fin de «llevar a cabo la perpetración reiterada de faltas», manteniéndose el fin de cometer «delitos». Resulta claro que para castigar los delitos de organización y grupo criminal no basta que el plan criminal esté integrado por un solo delito: a diferencia de la asociación para delinquir, se incluye una clara restricción en relación con el número, ya que al utilizarse el plural no puede tratarse de uno solo. Necesariamente han de ser siempre varios (Faraldo Cabana, Cuenca García 2013, Sánchez García de Paz en Gómez Tomillo 2011, p. 1926). Y tras la reforma, al no preverse nada al respecto, esos delitos pueden ser también leves. Ahora bien, convendría plantearse si es razonable castigar con penas tan severas como la prisión de tres a seis años para los dirigentes y de uno a tres para los miembros y cooperadores externos la mera conducta de organizarse para cometer delitos leves que, incluso como continuados, pueden estar castigados nada más que con penas de multa. La desproporción entre la amplitud de la descripción típica del delito de asociación ilícita y de los delitos de organización y grupo criminal, que permite abarcar agrupaciones de una entidad bagatelar (y no cabe calificar más que como bagatelar la comisión de infracciones leves), y las contundentes penas previstas obliga a una aplicación necesariamente restrictiva. El legislador debería asumirla y deshacer lo iniciado en la reforma de 2003, limitando el castigo de las organizaciones criminales a los casos en que el plan criminal está integrado por delitos graves o menos graves, excluyendo expresamente los leves. De esta forma el ordenamiento jurídico español no se excedería de forma tan evidente del mínimo común denominador que representan a nivel mundial la Convención de Naciones Unidas contra la Criminalidad Transnacional Organizada, firmada en Palermo en el año 2000, y a nivel europeo la Decisión Marco 2008/841/JAI del Consejo, de 24 de octubre de 2008, relativa a la lucha contra la delincuencia organizada, instrumentos ambos que establecen criterios de gravedad de las infracciones que pueden integrar el plan criminal: así, la Convención de Palermo menciona «el propósito de cometer uno o más delitos graves o delitos tipificados con arreglo a la presente Convención» (art. 2 a), definiendo los delitos graves como los castigados con una pena privativa de libertad máxima no inferior a cuatro años; en el mismo sentido, la Decisión Marco 2008/841/JAI habla de «cometer delitos sancionables con una pena privativa de libertad o una medida de seguridad privativa de libertad de un máximo de al menos cuatro años o con una pena aún más severa» (art. 1.1).

En el caso del grupo criminal se mantiene el inciso relativo a la perpetración reiterada de delitos leves. Siguiendo la misma estructura que para la organización criminal, el primer apartado del art. 570 *ter* CP castiga la participación en un grupo que tuviera como finalidad u objeto la comisión de delitos, graves o menos graves, o la perpetración reiterada de delitos leves. También aquí se contemplan penas distintas según la gravedad de las infracciones que constituyen la finalidad u objeto del grupo: si se trata de delitos contra la vida o la integridad de las personas, la libertad, la libertad e indemnidad sexuales o la trata de seres humanos clasificables de graves, se impone pena de dos a cuatro años de prisión a quienes constituyeren, financiaren o integraren el grupo criminal, y pena de prisión de uno a tres años de prisión si se trata de delitos menos graves (letra a); se castiga con la pena de seis meses a dos años de prisión si la finalidad del grupo es cometer cualquier otro delito grave (letra b); y con la pena de tres meses a un año de prisión cuando se tratase de cometer uno o varios delitos menos graves no incluidos en la letra a) o de la perpetración reiterada de delitos leves.

2.11. Responsabilidad penal de las personas jurídicas por delitos leves

Por último, hay que tener en cuenta que, tras la reforma de 2015, es posible exigir responsabilidad penal a las personas jurídicas por la comisión de delitos leves, cuando antes de ella se consideraba que no debían responder por la comisión de faltas. En efecto, desde la entrada en vigor de la LO 5/2010 se consolidó en la jurisprudencia menor la posición contraria a la posibilidad de exigir responsabilidad penal a las personas jurídicas por la comisión de faltas. De hecho, varias sentencias de los juzgados fueron revocadas en las audiencias, ya que condenaban por faltas cuando se argumentaba que las personas jurídicas solo pueden ser condenadas por delito[26].

Esta posición restrictiva ya no puede mantenerse (Cugat Mauri 2014, p. 189-190, 2015, p. 235). Las personas jurídicas pueden responder por cualquiera de los delitos que prevén esta forma de responsabilidad, incluyendo algunos delitos leves. Sin ánimo de exhaustividad, cabe citar los delitos de estafa (art. 251 *bis* CP), contra la propiedad intelectual e industrial (art. 288.1 CP), defraudación a la Hacienda Pública (art. 310 *bis* CP) y expendición de moneda falsa (art. 386.5 CP).

Esta posibilidad choca con el hecho de que el art. 33.7 CP disponga que «las penas aplicables a las personas jurídicas... tienen todas la consideración de graves». ¿Delitos leves castigados con penas graves? Pues sí. Esta consideración como penas graves tiene distintos efectos. Por ejemplo, en lo que respecta a los plazos de prescripción de la pena (art. 133.1 CP, que establece por defecto un plazo de prescripción de diez años para las penas graves) y de cancelación de los antecedentes penales (art. 136.2 CP, que hace necesario el trascurso de un plazo de cinco años sin delinquir para poder obtener la cancelación), sin olvidar la relevancia del criterio de la gravedad del delito supuestamente cometido a la hora de acordar medidas de investigación que supongan la afectación a derechos fundamentales, con el fin de respetar el principio de proporcionalidad (así ocurre a la hora de acordar intervenciones telefónicas, según jurisprudencia constante). Pero no es relevante para determinar la competencia. El art. 14 *bis* LECrim indica que «cuando de acuerdo con lo dispuesto en el artículo anterior el conocimiento y fallo de una causa por delito dependa de la gravedad de la pena señalada a éste por la ley se atenderá en todo caso a la pena legalmente prevista para la persona física, aun

---

[26] Vid. por ejemplo, las SSAP de Cádiz, Secc. 4ª, núm. 81/2014 de 17 marzo (JUR 2014\203447), y de Sevilla, Secc. 4ª, núm. 562/2013 de 5 noviembre (ARP 2013\1367).

cuando el procedimiento se dirija exclusivamente contra una persona jurídica», como permite el art. 31 *ter* 1 CP.

Ahora bien, en los casos en que el procedimiento se inicie directamente como juicio por delito leve, surgirán problemas para dar cumplimiento a las exigencias de traslado de la imputación y designación de representante a que alude el art. 119 LECrim, por la ausencia de fase de instrucción. Sería necesario «un distanciamiento temporal que dé forma a la necesaria designación de representante de la persona jurídica», lo que, combinado con «la necesidad de permitir a las personas jurídicas preparar sus defensas en base a las complejas causas de exención de responsabilidad desarrolladas en los apartados 2 y siguientes del nuevo art. 31 bis, harían conveniente no acudir al trámite del enjuiciamiento rápido en tales supuestos; y así permitir la personación en forma de las personas jurídicas, previo traslado de la imputación» (Rodríguez Lainz 2015, p. 1400).

3. CONCLUSIONES

Estos ejemplos sirven como prueba de que la transformación de las faltas en delitos leves tiene consecuencias no solo en la parte general, sino también en la parte especial. Se trata de consecuencias de carácter negativo, pues amplían el ámbito de lo punible. Y además se producen de rebote, sin previa reflexión ni discusión al respecto, y sin que se hubiera puesto de manifiesto una laguna de punibilidad necesitada de cobertura.

Además, hay datos para pensar que la supresión de las faltas no agilizará la sanción de las infracciones de bagatela ni conseguirá reducir la congestión del sistema judicial, esto es, se puede augurar con cierto fundamento un completo fracaso en la consecución de los objetivos político-criminales apuntados por el legislador para justificar una reforma de este calado. Lo que sí se ha conseguido ya es, por un lado, agravar las penas de buena parte de las infracciones que se quedan en el Código Penal y ampliar sin razón ni reflexión previa el ámbito de aplicación de otras, así como empeorar la posición de la persona infractora con carácter general; por otro, aumentar el poder punitivo de la Administración y la discrecionalidad de su actuación y empeorar la posición de los infractores cuando se trata de las infracciones leves que se llevan al derecho administrativo sancionador. Un resultado desolador.

BIBLIOGRAFÍA

Abel Souto, Miguel (2011a): «La expansión penal del blanqueo de dinero operada por la Ley Orgánica 5/2010, de 22 de junio», *La Ley Penal* 79, p. 5-32.

Abel Souto, Miguel (2011b): «La reforma penal, de 22 de junio de 2010, en materia de blanqueo de dinero», en M. Abel Souto y N. Sánchez Stewart coords., *II Congreso sobre prevención y represión del blanqueo de dinero*, Valencia: Tirant lo Blanch, p. 61-110.

Abel Souto, Miguel (2013): «La reforma penal española de 2010 sobre el blanqueo, las nuevas técnicas de comisión delictiva y el uso de las telecomunicaciones para el blanqueo», en M. Abel Souto y N. Sánchez Stewart coords., *III Congreso sobre prevención y represión del blanqueo de dinero*, Valencia: Tirant lo Blanch, p. 161-221.

Alejandre García, Juan Antonio (1976): «El delito de falsedad testimonial en el Derecho histórico español», *Historia. Instituciones. Documentos* 3, p. 9-140.

Bacigalupo Zapater, Enrique (2000): *Delitos contra el honor*, Madrid: Dykinson.

Bajo Fernández, Miguel (1989): *La actualización del Código penal de 1989*, Madrid: Centro de Estudios Ramón Areces.

Blanco Cordero, Isidoro (2011): «Artículo 299», en M. Gómez Tomillo dir., *Comentarios al Código Penal*, Madrid: Lex Nova, p. 1149-1151.

Blanco Cordero, Isidoro (2012) *El delito de blanqueo de capitales*, 3ª ed., Cizur Menor: Thomson Reuters Aranzadi.

Boix Reig, Javier, et al. (1989): *La reforma penal de 1989*, Valencia: Tirant lo Blanch.

Boldova Pasamar, Miguel Ángel (2014): «La desaparición de las faltas en el proyecto de reforma de Código Penal de 2013», *Revista Electrónica de Ciencia Penal y Criminología* [en línea] 16, art. 12. Disponible en: http://criminet.ugr.es/recpc/16/recpc16-12.pdf [Acceso 14 julio 2016].

Brandáriz García, José Ángel (2008): «Asociaciones y organizaciones criminales. Las disfunciones del art. 515.1º CP y la nueva reforma penal», en F.J. Álvarez García dir., *La adecuación del derecho penal español al ordenamiento de la Unión Europea*, Valencia: Tirant lo Blanch, p. 725-758.

Cancio Meliá, Manuel (1997): «Delitos contra la Administración de Justicia», en G. Rodríguez Mourullo dir., *Comentarios al Código Penal*, Madrid: Civitas, p. 1174-1232.

Carbonell Mateu, Juan Carlos (1983): «Observaciones en torno al proyecto de Ley sobre reforma del Código penal en relación a los delitos cometidos con ocasión del ejercicio de los derechos fundamentales y libertades públicas», *Documentación Jurídica* 37/40, Vol. 2, p. 1277-1306.

Carmona Salgado, Concepción (2012): *Calumnias, injurias y otros atentados al honor. Perspectiva doctrinal y jurisprudencial*, Valencia: Tirant lo Blanch.

Carpio Delgado, Juana del (2011): «La posesión y la utilización como nuevas conductas en el delito de blanqueo de capitales», *Revista General de Derecho Penal* 15, p. 1-28.

Casino Rubio, Miguel (2011): «Las nuevas y discutibles ordenanzas municipales de convivencia», *Istituzioni del Federalismo* 4, p. 743-771.

Cobo del Rosal, Manuel y Javier Boix Reig (1982): «Constitucionalización de los límites penales al derecho de asociación», en M. Cobo del Rosal dir., *Comentarios a la Legislación Penal. Tomo I. Derecho Penal y Constitución*, Madrid: Edersa, p. 127-140.

Consejo Fiscal (2009): *Informe del Consejo Fiscal sobre el anteproyecto de Ley Orgánica por la que se modifica la Ley Orgánica 10/1995, de 23 de noviembre, del Código Penal* [en línea], Madrid: Consejo Fiscal. Disponible en: https://www.fiscal.es/fiscal/PA_WebApp_SGNTJ_NFIS/descarga/Informe_reforma_codigo_penal.pdf?idFile=9e229482-d0a1-43db-8396-500234766198 [Acceso 14 julio 2016].

Córdoba Roda, Juan (1978): *Comentarios al Código Penal. Tomo III (Artículos 120-340 bis c)*, Barcelona: Ariel.

Cugat Mauri, Miriam (2014): «La discutible bondad de la supresión del Libro III», *Cuadernos de Política Criminal* 113, p. 159-200.

Cugat Mauri, Miriam (2015): «Consecuencias penales de la supresión del Libro III», en G. Quintero Olivares dir., *Comentarios a la reforma penal de 2015*, Cizur Menor: Thomson Reuters Aranzadi, p. 225-240.

Díaz y García Conlledo, Miguel (2002): «Voz asociación ilícita», en D.-M. Luzón Peña dir., *Enciclopedia Penal Básica*, Granada: Comares, p. 103-114.

Díaz-Maroto y Villarejo, Julio (2011): «El blanqueo de capitales», en J. Díaz-Maroto y Villarejo dir., *Estudios sobre las reformas del código penal operadas por las LO 5/2010, de 22 de junio, y 3/2011, de 26 de enero*, Cizur Menor: Civitas Thomson Reuters, p. 453-476.

Domínguez Izquierdo, Eva María (2002): *El falso testimonio de testigos, peritos e intérpretes*, Madrid: Edersa.

Faraldo Cabana, Patricia (2014): «La despenalización de las faltas: entre la agravación de las penas y el aumento de la represión administrativa», *InDret. Revista para el Análisis del Derecho* [en línea] 3, p. 1 31. Disponible en: http://www.indret.com/pdf/10063.pdf [Acceso 14 julio 2016].

Faraldo Cabana, Patricia y María José Cuenca García (2013): «Organizaciones criminales: art. 570 bis 1», en F.J. Álvarez García dir., *Estudio crítico sobre el Anteproyecto de Reforma Penal de 2012*, Valencia: Tirant lo Blanch, p. 947-950.

Fernández Hernández, Antonio (2015): «Supresión de las faltas y creación de delitos leves», en J. L. González Cussac dir., *Comentarios a la reforma del Código Penal de 2015*, Valencia: Tirant lo Blanch, p. 45-82.

Fernández Pinós, José Ernesto y Carmen de Frutos Gómez (1998): *Delitos contra el honor: Delitos contra las relaciones, derechos y obligaciones familiares*, Barcelona: Bosch.

Fernández Teruelo, Javier Gustavo (2010): «Blanqueo de capitales», en Í. Ortiz de Urbina Gimeno coord., *Memento experto: Reforma Penal*, Madrid: Francis Lefebvre, p. 313-334.

Fernández Teruelo, Javier Gustavo (2011) «El nuevo modelo de reacción penal frente al blanqueo de capitales (los nuevos tipos de blanqueo, la ampliación del comiso y la integración del blanqueo en el modelo de responsabilidad penal de las empresas)», *La Ley* 3, p. 1559-1567.

García Vitoria, Aurora (2009): *Actividad pericial y proceso penal. Especial consideración de la pericia caligráfica*, Valencia: Tirant lo Blanch.

García-Pablos de Molina, Antonio (1977): *Asociaciones ilícitas en el Código penal*, Barcelona: Bosch.

Gómez Tomillo, Manuel dir. (2011): *Comentarios al Código Penal*, 2ª ed., Valladolid: Lex Nova.

González Rus, Juan José (2015): «Secuelas "colaterales" no pretendidas de la LO 1/2015, de 30 de marzo, de reforma del Código Penal», *Diario La Ley* 8553, 3 de junio.

Hernández García, Javier y José Luis Ramírez Ortiz (2015): «Las consecuencias procesales de la reforma», en G. Quintero Olivares dir., *Comentario a la reforma penal de 2015*, Cizur Menor: Thomson Reuters Aranzadi, p. 241-296.

Huerta Tocildo, Susana (1987): *Problemas fundamentales de los delitos de omisión*, Madrid: Ministerio de Justicia.

Hurtado Adrián, Ángel (2010): «Blanqueo de capitales (Art. 301.1)», en Á. Juanes Peces dir., *Reforma del Código Penal. Perspectiva económica tras la entrada en vigor de la Ley Orgánica 5/2010 de 22 de junio: Situación Jurídico-Penal del Empresario*, Madrid: El Derecho, p. 243-264.

Jareño Leal, Ángeles (1997): *Las amenazas y el chantaje en el Código penal de 1995*, Valencia: Tirant lo Blanch.

Jiménez Díaz, María José (2006): *Seguridad ciudadana y Derecho penal*, Madrid: Dykinson.

Larrauri Pijoán, Elena (2007): «Ayuntamientos de izquierdas y control del delito», *InDret. Revista para el Análisis del Derecho* [en línea] 3, p. 1-23. Disponible en: http://www.raco.cat/index.php/InDret/article/viewFile/78967/103108 [Acceso 14 julio 2016].

Laurenzo Copello, Patricia (2002): *Los delitos contra el honor*, Valencia: Tirant lo Blanch.

López Peregrín, María del Carmen (2014): «La (supuesta) supresión de las faltas en el proyecto de reforma del Código penal de 2013», *Revista Penal* 34, p. 102-122.

Maroto Calatayud, Manuel (2013): «Ciudades de excepción: seguridad ciudadana y civismo como instrumentos de burorrepresión de la protesta», en P. Oliver Olmo dir., *Burorrepresión: sanción administrativa y control social*, Albacete: Bomarzo, p. 29-64.

Martínez-Buján Pérez, Carlos (2001): «Responsabilidad penal de los peritos», *Estudios Penales y Criminológicos* 23, p. 175-214.

Merino Estrada, Valentín (2006): «Las nuevas Ordenanzas municipales reguladoras de la convivencia ciudadana», *Revista de estudios de la administración local y autonómica* 300-301, p. 485-510.

Ministerio del Interior (2014): *Anuario Estadístico del Ministerio del Interior 2014* [en línea], Madrid: Ministerio del Interior. Disponible en: http://www.interior.gob.es/documents/642317/1204854/Anuario-Estadistico-2014_v201510.pdf/0c18a800-f7f7-405c-9155-7391633618c8 [Acceso 14 julio 2016].

Morillas Cueva, Lorenzo (2011): «Delitos contra la Administración Pública (II)», en L. Morillas Cueva coord., *Sistema de Derecho Penal español. Parte especial*, Madrid: Dykinson, p. 925-932.

Muñoz Conde, Francisco (2013): *Derecho Penal. Parte Especial*, 19ª ed., Valencia: Tirant lo Blanch.

Muñoz Conde, Francisco et al. (1989): *La reforma penal de 1989*, Madrid: Tecnos.

Palma Herrera, José Manuel (1999): «Artículo 299», en M. Cobo del Rosal dir., *Comentarios al Código penal. Tomo IX*, Madrid: Edersa, p. 649-654.

Pemán Gavín, Juan María (2007): «Las Ordenanzas municipales y convivencia ciudadana», *Revista de estudios de la administración local y autonómica* 305, p. 9-55.

Polaino Navarrete, Miguel (2004): *La reforma penal española de 2003*, Madrid: Tecnos.

Portilla Contreras, Guillermo y Esther Pomares Cintas (2013): «Delitos de abandono de destino y de la omisión del deber de perseguir delitos», en F.J. Álvarez García dir., *Tratado de Derecho Penal Español. Parte especial. III. Delitos contra las Administraciones Pública y de Justicia*, Valencia: Tirant lo Blanch, p. 171-195.

Quintero Olivares, Gonzalo dir. (2011): *Comentarios al Código Penal Español. Tomos I y II*, 6ª ed., Cizur Menor: Thomson Reuters-Aranzadi.

Rebollo Vargas, Rafael (1999): «La omisión de promover la persecución de delitos. El artículo 408 del Código Penal», *Revista de Derecho y Proceso Penal* 2, p. 13-44.

Rebollo Vargas, Rafael (2004): en J. Córdoba Roda y M. García Arán dirs., *Comentarios al Código penal. Parte especial. Tomo II*, Madrid, Barcelona: Marcial Pons.

Revista del Poder Judicial, 12 (1990): Número especial, Jornadas de estudio sobre la nueva reforma del Código penal.

Río Fernández, Lorenzo Jesús del (1997): *El delito de amenazas (En el nuevo Código Penal)*, Valencia: Editorial General de Derecho.

Rodríguez Lainz, José Luis (2015): «Los nuevos delitos leves: aspectos sustantivos y procesales», *La Ley* 2, p. 1393-1405.

Rubio Lara, Pedro Ángel (2003): *Omisión del deber de impedir determinados delitos o de promover su persecución*, Madrid: Edersa.

Sánchez-Ostiz Gutiérrez, Pablo (1998): *El encubrimiento como delito*, Valencia: Tirant lo Blanch.

Silveira Gorski, Héctor (2006): «Barcelona y el "fomento de la convivencia" a través de la represión del espacio público», en R. Bergalli dir., *Emergencias urbanas*, Barcelona: Anthropos, p. 239-262.

Solá Reche, Esteban (1999): *La omisión del deber de intervenir para impedir determinados delitos del art. 450 CP*, Granada: Comares.

Terradillos Basoco, Juan María (1990): en J. López Barja de Quiroga y L. Rodríguez Ramos coords., *Código Penal comentado*, Madrid: Akal.

Vidales Rodríguez, Caty (1997): *Los delitos de receptación y legitimación de capitales en el Código penal de 1995*, Valencia: Tirant lo Blanch.

Vives Antón, Tomás-Salvador (2010): en T.-S. Vives Antón et al., *Derecho Penal. Parte Especial*, 3ª ed., Valencia: Tirant lo Blanch.

Vives Antón, Tomás-Salvador y José Luis González Cussac (1996): «De la receptación y otras conductas afines», en T.-S. Vives Antón dir., *Comentarios al Código penal de 1995. Volumen II*, Valencia: Tirant lo Blanch, p. 1447-1470.

Penas para personas jurídicas: ¿ovejas con piel de lobo?

VÍCTOR GÓMEZ MARTÍN

1. Planteamiento. 2. *Societas delinquere non potest*. 2.1. Crítica a la argumentación político-criminal. 2.1.1. ¿Lagunas? ¿Qué lagunas? 2.1.2. ¿Derecho penal como instrumento promocional de la responsabilidad social corporativa? 2.1.3. La referencia a Europa: ¿una excusa de mal pagador? 2.2. Crítica a la argumentación dogmática. 2.2.1. ¿Es realmente posible una teoría del delito para personas jurídicas? 2.2.2. ¿Respeta el modelo de transferencia los principios político-criminales limitadores del *iuspuniendi* en un Estado social y democrático de derecho? 2.3. El nuevo sistema español de *Compliance* penal: breve historia de un segundo tropiezo con la misma piedra. 3. ¿*Societas puniri potest*? Bibliografía

RESUMEN

La LO 5/2010, de 22 de junio, incorporó al Código Penal español la responsabilidad penal de las personas jurídicas. No obstante, que el legislador decidiera que las sociedades pudieran ser castigadas con pena no significa, sin embargo, que las personas jurídicas puedan cometer delitos, o que el sentido en que la ley emplea el término «pena» para las personas jurídicas coincida con el sentido que la pena tiene como consecuencia jurídica del comportamiento de una persona física. La responsabilidad penal de las personas jurídicas instaurada en 2010 no tiene por qué representar, necesariamente, la derogación del principio *societas delinquere nec puniri potest*. En concreto, la hipótesis de la que aquí se parte es que de los dos sub-principios en que puede ser dividido el principio que acaba de ser mencionado, *societas delinquere non potest* y *societas puniri non potest*, la LO 5/2010 derogó, en cierto modo, el segundo, pero mantuvo en pie, en cambio, el primero. El presente trabajo tiene por objeto validar esta hipótesis, así como discernir si algo sobre este particular ha cambiado con la reciente reforma operada por la LO 1/2015, de 30 de marzo.

Palabras clave: Responsabilidad penal de las personas jurídicas, penas, medidas de seguridad, consecuencias accesorias.

ABSTRACT

The Spanish Criminal Code decided in 2010 that societies may be punished with penalty. It does not mean, however, that legal persons may commit crimes, or the sense that the law uses the term «penalty» for legal persons to match the meaning of the penalty as a legal consequence of the behavior of an individual. In other words: the criminal responsibility of legal persons established by the LO 5/2010 doesn't mean, necessarily, the repeal of the principle *societas delinquere nec puniri potest*. In particular, principle *societas delinquere non potest* remains standing. The present work try to validate this hypothesis, as well as to discern whether something on this issue has changed with the recent LO 1/2015, March 30.

Key words: Criminal liability of legal persons, penalties, security measures, accessory consequences.

1. PLANTEAMIENTO

Como es ya sobradamente conocido, la LO 5/2010, de 22 de junio, incorporó al Código Penal español la responsabilidad penal de las personas jurídicas. No obstante, que el legislador haya decidido que las sociedades puedan ser castigadas con pena no significa, sin embargo, que las personas jurídicas puedan cometer delitos, o que el sentido en que la ley emplea el término «pena» para las personas jurídicas coincida con el sentido que la pena tiene como consecuencia jurídica del comportamiento de una persona física. En otras palabras: la responsabilidad penal de las personas jurídicas instaurada por la LO 5/2010 no tiene por qué representar, necesariamente, la derogación del principio *societas delinquere nec puniri potest*. En concreto, la hipótesis de la que aquí se parte es que de los dos sub-principios en que puede ser dividido el principio que acaba de ser mencionado, *societas delinquere non potest* y *societas puniri non potest*, la LO 5/2010 derogó, en cierto modo, el segundo, pero mantuvo en pie, en cambio, el primero [1]. El presente trabajo tiene por objeto validar esta hipótesis, así como discernir si algo sobre este particular ha cambiado con la reciente reforma operada por la LO 1/2015, de 30 de marzo.

2. *SOCIETAS DELINQUERE NON POTEST*

2.1. Crítica a la argumentación político-criminal

2.1.1. ¿Lagunas? ¿Qué lagunas?

Uno de los argumentos más comúnmente defendidos por los partidarios de la responsabilidad penal de las personas jurídicas se refiere a la necesidad de colmar las lagunas de punibilidad provocadas, precisamente, por la irresponsabilidad penal de aquéllas. Por unas u otras razones, ya enunciadas,

[1] Vengo a matizar, con ello, la postura expresada en Mir Puig (2015, 8/71). Algunas de las conclusiones alcanzadas a este respecto son, de hecho, fruto de diversas conversaciones mantenidas sobre el particular con mi querido maestro, el Prof. Mir, a quien dedico el presente trabajo.

las personas físicas podrían cometer delitos impunemente bajo la cobertura (incluso legal) de la persona jurídica.

Posiblemente, antes de la LO 5/2010 algunos supuestos concretos difícilmente podían ser resueltos a través de la simple aplicación del art. 31 CP. Tal era el caso de los supuestos de «instrumento imprudente cualificado». En los delitos con modalidad imprudente legalmente prevista, el *intraneus* debería ser castigado como autor de delito imprudente, mientras que el *extraneus* lo sería como partícipe en dicho delito. Los casos de más difícil resolución son aquellos supuestos sin modalidad imprudente legalmente prevista. En estos casos, desde un punto de vista *de lege lata* la única alternativa a la sin duda insatisfactoria impunidad de *intraneus* y *extraneus* pasaría –como acertadamente señalara Ragués Vallès (2002, pp. 266 ss.)– por una interpretación extensiva de la expresión «administrador de hecho», prevista en el art. 31 CP y en ciertos delitos societarios. Desde una perspectiva *de lege ferenda*, lo más recomendable sería una tipificación expresa de estos supuestos para todos los casos en los que podría plantearse esta problemática.

Ilustremos todo ello con dos ejemplos: *a)* En un ejercicio del Impuesto de Sociedades, una sociedad defrauda a la Hacienda Pública española por importe superior a 120.000 euros, y resulta imposible determinar cuál fue la persona física que elaboró la declaración tributaria defraudatoria. *b)* Partiendo del mismo supuesto de hecho, la declaración defraudatoria habría sido realizada por un asesor fiscal externo, pero el legal representante de la sociedad la firmó sin advertir (por falta de atención o por falta de conocimientos técnicos) su carácter fraudulento. ¿Qué tenían en común estos dos supuestos de hecho antes de la LO 5/2010? Muy sencillo: que, a pesar de que en ambos supuestos se habría producido una defraudación tributaria de cuantía suficiente como para ser constitutiva de delito, aparentemente el hecho debía quedar sin pena, porque en ninguno de ellos era posible castigar a persona física alguna, y en derecho penal español *Societas delinquere non potest*. Esto es, que, aparentemente, en ambos supuestos de hecho se planteaba una laguna de punibilidad (Gómez Martín 2009a).

Sin duda, una de las razones político-criminales que habrían impulsado al legislador de 2010 a introducir en el Código Penal la responsabilidad penal de las personas jurídicas es, precisamente, la voluntad de colmar lagunas de punibilidad en supuestos de hipotética irresponsabilidad de las personas físicas que actúan por cuenta de la sociedad. Sin embargo, está lejos de ser incontrovertido que tales lagunas de punibilidad realmente existieran. Así, por ejemplo, en el caso *a)* (imposibilidad de determinar cuál fue la persona física que elaboró la declaración tributaria defraudatoria), el actual art. 31 CP permite hacer responder penalmente al «que actúe como administrador de hecho o de derecho de una persona jurídica, o en nombre o representación legal o voluntaria de otro (...) aunque no concurran en él las condiciones, cualidades o relaciones que la correspondiente figura de delito o falta requiera para poder ser sujeto activo del mismo, si tales circunstancias se dan en la entidad o persona en cuyo nombre o representación obre». La doctrina y la jurisprudencia convienen en la actualidad que un criterio válido para concretar el concepto «administrador de hecho» en estructuras organizativas complejas es el consistente en determinar quiénes son los sujetos que ostentan el control de la esfera de competencias en la que se circunscribe la realización de la conducta cuya realización irregular constituye la conducta típica. Así, por ejemplo, en el caso *a)*, se trata de determinar quién es el responsable del departamento interno (*v.gr.*, el financiero) o del servicio externo (por ejemplo, una asesoría fiscal o una gestoría) encargado de la realización de las declaraciones ante la Hacienda Pública. De acuerdo con este criterio, podrá afirmarse que el correspondiente responsable se ha comportado como administrador de hecho del obligado tributario (recuérdese, la sociedad), actuando «*en nombre o representación legal o voluntaria*» del mismo. Por lo que hace al caso *b)*, la aplicación del ya mencionado art. 31 CP permitirá hacer responder al asesor fiscal, aunque el legal representante de la sociedad actúe en error.

Es cierto que el art. 31 CP no resulta aplicable a todas las «condiciones, cualidades o relaciones que la correspondiente figura de delito o falta requiera para poder ser sujeto activo del mismo». No lo es, por ejemplo, cuando se trata de delitos especiales en los que el elemento de autoría consiste en la cualidad de autoridad o funcionario público. Sin embargo, es precisamente el ámbito de los delitos contra la Administración Pública –en el que sí podrían producirse importantes lagunas de punibilidad– uno de aquéllos en los que la LO 5/2010 decidió no prever la posibilidad de sancionar penalmente a la persona jurídica.

Ello no obstante, ciertamente, no cabe negar que la complejidad estructural de algunas empresas dificulta considerablemente la investigación criminal. Baste para ello un ejemplo. No resulta en absoluto infrecuente en la actual práctica jurisdiccional que tiene por objeto los delitos contra la seguridad en el trabajo que, a propósito de la denuncia o querella de un trabajador accidentado, o bien de la emisión de un Informe de Inspección de Trabajo en el que la autoridad laboral constate la existencia de la infracción de alguno de los deberes de seguridad previstos en los arts. 16-22 LPRL,[2] proponiendo, en consecuencia, la correspondiente sanción administrativa, que el juez de instrucción que por reparto corresponda dicte el correspondiente *auto de*

[2] En estos preceptos se encuentran recogidos, en síntesis, el deber de evaluación de los riesgos existentes para la seguridad y salud de los trabajadores (art. 16 LPRL); suministro de los equipos de trabajo y medios de protección, para garantizar la seguridad en el desarrollo de los trabajos por parte de sus empleados (art. 17 LPRL), información a los trabajadores (art. 18 LPRL), y por último, formación de los trabajadores (art. 19 LPRL).

incoación de diligencias previas (simultáneo, en su caso, a la admisión a trámite de la denuncia o querella) dirigiendo el procedimiento contra determinados sujetos hipotéticamente relacionados con el accidente, que devienen, por tanto, *imputados*. Tales sujetos suelen ser el *titular o propietario de la empresa*, el *presidente del Consejo de Administración*, o su consejero delegado, el *legal representante* de la mercantil, su *gerente*, el *legal representante del servicio (interno o externo) de prevención de riesgos laborales*, o, en el ámbito de la construcción, el *legal representante de la empresa promotora o constructora de la obra*. Esta circunstancia suele provocar en la práctica que la carga de la condición de imputado pese durante un considerable espacio de tiempo sobre los hombros de sujetos que ninguna relación guarden con los hechos objeto de investigación. Además, cuando las actuaciones no son objeto de sobreseimiento y archivo provisional o libre en la fase de instrucción, la práctica de todas las diligencias probatorias necesarias para el esclarecimiento de los hechos acaba conduciendo al dictado de un auto de acomodación procedimental, esto es, de transformación de diligencias previas a procedimiento abreviado, dirigido contra aquellos sujetos. Y lo que resulta todavía más insatisfactorio: si el procedimiento no queda archivado en la llamada fase intermedia, el juez de instrucción acaba dictando auto de apertura de juicio oral contra los mismos (irrecurrible excepto en lo que respecta a la situación personal del reo). Una vez practicada la prueba en el Juicio Oral, un considerable porcentaje de los casos en los que existe Informe de Inspección de Trabajo apreciando la concurrencia de la infracción por parte de la empresa de alguno de los deberes previstos en los mencionados arts. 16-22 LPRL acaba en sentencia condenatoria.[3]

En otros casos, el juez de instrucción, ante el desconocimiento de cuáles son los órganos empresariales encargados de la dirección y la gestión de la actividad relativa a la prevención de riesgos laborales, requiere a la representación letrada de la empresa investigada para que designe a su entera conveniencia las personas que van a acabar asumiendo, al modo de auténticos «chivos expiatorios», las responsabilidades penales por el accidente objeto de instrucción. Tampoco son infrecuentes los casos en que son los propios

[3] Esta última práctica judicial resulta, no obstante, altamente discutible. A este respecto, es preciso recordar que el Informe del Servicio de Inspección de Trabajo y Seguridad Social agota su trascendencia jurídica en la objetivación e identificación de la normativa laboral presuntamente infringida. Carece, por ello, de cualquier eficacia para predeterminar, siquiera sea indiciariamente, la posible existencia de responsabilidad criminal, correspondiendo el monopolio de dicha función a los jueces y tribunales del orden penal. Esta tesis se encuentra recogida, entre otras resoluciones, en el *AAP Barcelona, 2ª, 132/05, 15-3*. Esta importante resolución confirmó el auto de sobreseimiento dictado por el juez *a quo* en un supuesto por imputación del resultado lesivo al comportamiento imprudente de la víctima. Y ello a pesar de la existencia de un Informe del Servicio de Inspección de Trabajo y Seguridad Social en el que se hacía constar que el empresario había infringido diversos preceptos de la normativa administrativa en materia de prevención de riesgos laborales (Gómez Martín 2009b, pp. 228 s.).

«chivos expiatorios» los que se colocan en el punto de mira del procedimiento penal, asumiendo en su propia persona, de forma aparentemente espontánea y voluntaria, la responsabilidad por los hechos investigados (Gallego Soler 2004, p. 93). En una subversión difícilmente inteligible de las competencias de los distintos agentes procesales, la determinación de los sujetos responsables de los hechos objeto de averiguación, en lugar de ser llevada a cabo por el juez de instrucción, acaba corriendo a cargo, por tanto, de una de las partes en litigio, y, particularmente, de aquella que podría tener un menor interés en la correcta averiguación de los hechos (Gómez Martín 2009b, pp. 228 s.).

Todo ello es, evidentemente, insatisfactorio. Sin embargo, que la complejidad estructural de una empresa constituya un grave inconveniente para la investigación criminal no significa, sin embargo, que la solución óptima sea responsabilizar penalmente a la empresa en su conjunto. Que no resulte sencillo encontrar a los responsable individuales de la comisión de un delito en el seno de una sociedad o de un grupo de sociedades no significa, necesariamente, que ello no sea posible; que la empresa se encuentre organizada para delinquir; o, por fin, que el delito se haya cometido por una deficiente organización de la empresa. En ocasiones, lo que ocurre es, simple y llanamente, que por deficiencias (técnicas, económicas, de falta de especialización, etc.) del sistema de investigación y persecución del delito, no se aplican de forma correcta los instrumentos legalmente previstos para una eficiente persecución del delito. Es evidente que la solución a tales inconvenientes, que forman parte del anormal funcionamiento de la Administración de Justicia, no puede venir representada, en modo alguno, por la responsabilidad penal de la sociedad, sino por la mejora del propio sistema de investigación y persecución del delito.

Todo lo anterior permite extraer al menos una conclusión: Si lo que pretendió la LO 5/2010 mediante la incorporación al Código Penal de la responsabilidad penal de las personas jurídicas es dotar al ordenamiento jurídico-penal de un instrumento para colmar lagunas de punibilidad, entonces debe concluirse que dicha pretensión resultó altamente fallida. Porque las lagunas que la responsabilidad penal de las personas jurídicas trata de ser colmadas probablemente no existen, y las que sí existen no consiguen ser colmadas mediante aquel instrumento.

Por lo demás, tampoco el argumento de que la empresa es, por definición, un potencial centro de «irresponsabilidad institucionalizada» es merecedor de ser compartido. Evidentemente, ni ello sucede siempre (Silva Sánchez 2001, p. 315), ni cuando ocurre la respuesta más adecuada es la pena. Frente a la insatisfactoria –y compartible– consecuencia de que depurar responsabilidades individuales en una empresa no siempre resulta sencillo, se impone la necesidad, por una parte, de mejorar los mecanismos forenses de investigación de los hechos delictivos empresariales, y, por otra, de articular criterios de imputación de responsabilidad individual en estructuras organizativas complejas que permitan realizar correctamente aquella función de depuración. Frente a ello, la (siempre fácil) salida de hacer responder a la sociedad, además de constituir –como se mencionará *infra*– una solución claramente desproporcionada, bien podría acabar provocando una cierta relajación en la persecución de quien realmente habría cometido el delito, esto es, la persona física, al grito de «siempre nos quedará la empresa».

2.1.2. ¿Derecho penal como instrumento promocional de la responsabilidad social corporativa?

Siempre y cuando ello no responda a una estrategia de maquillaje publicitario (Nieto Martín 2007, *passim*), la idea de que las empresas sean socialmente responsables, esto es, de que incorporen a su actividad cotidiana prácticas, estrategias y sistemas de gestión empresarial tendentes a la consecución de su mejora social, económica y ambiental, es, sin duda, merecedora de una valoración positiva. Sin duda lo es, igualmente, que una empresa se encuentre impulsada por principios y valores tales como la utilidad y la Justicia social, la eficiencia en la creación de riqueza y su distribución equitativa, el respeto por los derechos humanos, la seguridad y la salud laboral o el medio ambiente, y el riguroso cumplimiento no sólo de la legalidad vigente, sino también de los legítimos contratos y compromisos adquiridos. También que los llamados códigos de buen gobierno corporativo puedan constituir, en su caso, un instrumento útil a tal efecto (Bacigalupo Zapater 2011, pp. 121 ss.). Pero que tal propósito deba conseguirse con ayuda de la rama del ordenamiento jurídico más restrictiva de derechos y libertades individuales, el derecho penal, convirtiéndolo en un instrumento promocional de una suerte de nueva cultura de los negocios, ya es algo mucho más cuestionable. Una cosa es ofrecer incentivos a la empresa para que se responsabilicen socialmente, y otra que deban ser sometidas (conjuntamente con todas las personas físicas que la integran) al yugo del derecho penal si no lo hacen. Como se mencionará a propósito de la crítica a la teoría del delito para personas jurídicas, en un Estado social y democrático de derecho, el derecho penal debe perseguir la protección de los intereses sociales más importantes con escrupuloso respeto por la libertad, la igualdad y la dignidad del individuo. Ello no sucede, en cambio, cuando –como sucede, por ejemplo, con el caso de la responsabilidad penal de personas jurídicas– se hace responder a alguien que no ha cometido el delito (principio de personalidad de las penas), o se construye la ficción de que quien realmente ha cometido el delito es la propia empresa, simplemente por no haber mostrado una actitud de fidelidad ante el cumplimiento de la legalidad por haber incumplido el deber de cumplir efectivamente con el contenido de un protocolo de prevención penal.

2.1.3. La referencia a Europa: ¿una excusa de mal pagador?

A pesar de la constante alusión en las exposiciones de motivos de las leyes penales a los compromisos internacionales asumidos por España como supuesto argumento de autoridad, el legislador penal español, lejos de suscitar una detenida discusión sobre la razonabilidad de las decisiones político-criminales adoptadas con apoyo formal en el derecho internacional, se limita a proclamar en relación con la misma que «Europa lo quiere» (Dopico Gómez-Aller 2009b, pp. 552 s.). La decisiva introducción de la responsabilidad penal de la persona jurídica en nuestro ordenamiento jurídico no constituye una excepción a este planteamiento.

A pesar de que un *significativo número de países europeos* ajenos a la tradicional responsabilidad penal de las personas jurídicas propia de los derechos de corte anglosajón han ido adoptando tal medida en los últimos tiempos (Cuadrado Ruiz 2007, p. 127), lo cierto es, sin embargo, que las recomendaciones europeas no suelen obligar a dar una respuesta *específicamente penal* a la intervención de personas jurídicas en hechos delictivos. Ello ni siquiera ocurre en algunos de los ámbitos político-criminales más preocupantes, como, por ejemplo, la corrupción en el sector privado y en las transacciones comerciales internacionales, pornografía y prostitución infantil, trata de seres humanos, blanqueo de capitales, inmigración ilegal, etc. Tal circunstancia se compadece, además, con el hecho de que incluso desde la perspectiva pragmática que por lo general parece adoptar la normativa europea, no resulta en absoluto incuestionable la necesidad de que la atribución de responsabilidad penal a las personas jurídicas sea estrictamente necesaria para la obtención de las finalidades político-criminales pretendidas por el sistema (Silva Sánchez 2001, p. 311).

En efecto, aunque el legislador europeo suele imponer a los Estados miembros la adaptación de las medidas necesarias para garantizar que una persona jurídica pueda ser hecha responsable de las conductas, los instrumentos de derecho comunitario que instan a los Estados miembros a adoptar medidas en la lucha contra la criminalidad cometida desde la persona jurídica ni imponen que tales medidas sean de naturaleza *jurídico-penal*, ni obligan, en modo alguno, a la instauración de uno u otro modelo de responsabilidad (Silva Sánchez 2002, p. 121, 2010, p. 1787). Tal circunstancia viene determinada por el carácter fundamentalmente pragmático del ordenamiento jurídico internacional. Así, no es en absoluto casual que no pocos instrumentos jurídicos incorporen tanto medidas penales como medidas *civiles o administrativas*. No en vano, en la discusión doctrinal acerca del art. 14 del *Corpus Iuris* 1997 los informantes de Italia y Grecia entendieron que la responsabilidad penal de las personas jurídicas contravendría las respectivas constituciones de estos dos países. De estas reticencias se han hecho eco también determinados sectores de la doctrina alemana y austríaca (Silva

Sánchez 2002, p. 121). Idéntica libertad permite la normativa internacional en relación con el *modelo* de responsabilidad (penal), ya que se sugieren tanto sistemas de autorresponsabilidad como de heterorresponsabilidad, dejándose entera libertad a los Estados sobre la materia.

Buena muestra de ello es, por ejemplo, el Convenio del Consejo de Europa sobre cibercriminalidad de 2001, que impone a los Estados la implementación de «*sanciones*» contra la personas jurídicas, dejando completamente abierta, por tanto, la naturaleza (administrativa, penal) que las mismas deben revestir.[4] Excepciones a este planteamiento (que vendrían a confirmar, precisamente, la regla que acaba de ser expuesta) son, por ejemplo, el art. 14 del proyecto de *Corpus Iuris Delicti* del año 1997 o el art. 5 de la Decisión Marco 2008/913/JAI 28-11-08, relativa a la lucha contra determinadas formas y manifestaciones de racismo y xenofobia mediante el derecho penal, que imponen no sólo el carácter sancionador de las medidas, sino la necesidad de que las mismas tengan naturaleza *penal*. Tampoco se impone el modelo (autorresponsabilidad o heterorresponsabilidad), aunque el más recurrente es, con mucho el segundo.

2.2. Crítica a la argumentación dogmática

2.2.1. ¿Es realmente posible una teoría del delito para personas jurídicas?

Una parte de la doctrina trata de salvar los inconvenientes dogmáticos que plantea la responsabilidad penal de las personas jurídicas defendiendo la posibilidad de construir una teoría del delito para sociedades. De acuerdo con la misma, la acción vendría representada, recuérdese, por la *capacidad de organización* de la persona jurídica; la tipicidad objetiva por el «defecto de organización»; la tipicidad subjetiva por el *conocimiento organizativo del riesgo empresarial*; y, por fin, la culpabilidad por una determinada *cultura empresarial de infidelidad al derecho* o, más concretamente, de incumplimiento de la legalidad (Gómez-Jara Díez 2011, p. 41, Bacigalupo Zapater 2011, p. 100). Tal punto de vista en modo alguno puede ser compartido, por lo que a continuación se expone.

Entendido el delito como infracción de normas de determinación, puesto que tal clase de normas sólo pueden ser dirigidas a las personas físicas, y no a las jurídicas, sólo las primeras, y no las segundas, podrán cometer delitos. Las personas jurídicas podrán ser, a lo sumo, objeto de normas de valoración, pero nunca pueden constituir destinatarios objetivamente adecuados de normas de determinación. Es ya un lugar común en la doctrina la afirmación

[4] Concretamente, el art. 13.2 del convenio dispone que «*[c]ada parte velará por que las personas jurídicas consideradas responsables en aplicación del art. 12 sean objeto de sanciones o medidas penales o no penales efectivas, proporcionadas y disuasorias, incluyendo sanciones pecuniarias*». Sobre el alcance de esta última expresión vid. Silva Sánchez (2002, pp. 122 s.).

de que esta clase de normas presuponen la concurrencia en su destinatario de una serie de presupuestos (autoconsciencia, libertad, racionalidad, etc.) que de ninguna manera podrían llegar a concurrir en una sociedad. Partiendo de esta constatación, si se sigue afirmando que las sociedades pueden cometer delitos, entonces quienes así procedan deben ser conscientes de que los mismos ya no podrán seguir siendo definidos como infracciones de normas de determinación, sino, a lo sumo, como comportamientos desvalorados o merecedores de un juicio de desvalor. No es ésta, sin embargo, la concepción del delito que aquí se considera preferible. En un Estado *social* en el que el derecho penal cumpla una función de protección de la sociedad mediante la prevención de la comisión de delitos, el Estado no puede limitarse a valorar negativamente los hechos ya cometidos lesivos o peligrosos para bienes jurídicos, sino que debe tratar de evitarlos. Para ello, habrá de dirigirse a los ciudadanos mediante *normas de determinación de la conducta*, que sólo podrán ser atendidas por sujetos con capacidad de autoconsciencia, racionalidad y libertad. Desde esta perspectiva, tales presupuestos sólo podrán concurrir en la persona física, nunca, en cambio, en la persona jurídica.

Como es obvio, en un sistema dogmático abierto a la política criminal como el que aquí se considera preferible, los presupuestos político-criminales que acaban de ser expuestos condicionarán de forma decisiva el contenido de la teoría del delito. En cuanto a la *acción*, entendida la persona jurídica como una realidad compleja formada por una pluralidad de persona físicas, es posible afirmar que el comportamiento de una sociedad es, en realidad, una ficción, ya que detrás del mismo se encuentra, necesariamente, el comportamiento humano de las personas físicas que la integran. Las personas jurídicas no son nada sin las personas físicas que las integran. Tampoco la acción de una sociedad sin los comportamientos concretos de los individuos que las componen (Robles Planas 2011, pp. 4 s.). No obstante, algunas ramas del ordenamiento jurídico parten de dicha ficción para acabar concluyendo, por ejemplo, que las sociedades pueden contratar o celebrar negocios jurídicos de toda suerte, y que si pueden hacerlo lícitamente también tendrán capacidad para hacerlo de manera fraudulenta. Que ello sea posible desde una perspectiva jurídico-civil o mercantil, o, incluso, jurídico-administrativa, no significa, sin embargo, que una sociedad tenga capacidad de acción *jurídico-penal*. Debe recordarse, a tal efecto, que dos son los modos en que la Dogmática jurídico-penal puede afrontar el análisis de la estructura del delito (Jescheck 1981, pp. 290 s.): prescindir de la construcción de un concepto general de acción e iniciar el análisis del delito directamente por la categoría de la tipicidad; o intentar dilucidar con carácter general, y antes de discutir los propios elementos del delito, qué debe entenderse por acción en derecho penal, por considerarse que es posible una definición general de acción previa a las categorías jurídicas del delito. En apoyo de la primera postura suelen esgrimirse dos razones: la imposibilidad de encontrar una definición general de acción previa a las categorías jurídicas, y la ausencia de todo valor sistemático, por su excesiva generalidad, de una tal definición, en el supuesto de que fuera posible encontrarla (Mir Puig 2015, 7/24 s.). Por contra, quienes consideran preferible la segunda opción, suelen argumentar en su favor que el concepto general de acción es un concepto útil para el derecho penal, debido al interés que para éste tienen las distintas funciones que dicho concepto desempeña.

Desde mi punto de vista, de las dos perspectivas expuestas merece ser ampliamente compartida la *primera* de ellas. Tal y como acertadamente señala Mir Puig (2015, 6/24 s.), en el análisis de los casos prácticos, los tipos penales constituyen la «puerta de entrada en el derecho penal», de modo que la exigencia de un comportamiento humano no tiene naturaleza pre-jurídica, sino que es un requisito general exigido por todo tipo penal. Para Mir, resolver satisfactoriamente la cuestión relativa a si una conducta es o no constitutiva de delito requiere una doble comprobación. Por una parte, la concerniente a si se ha producido o no alguno de los resultados (entendido este término en un sentido amplio que permita abarcar tanto resultados en sentido estricto —separados de la acción— como situaciones de mera actividad) que el derecho pretende evitar. Por otra, y en caso de verificarse respuesta afirmativa en la primera comprobación, debe analizarse si concurren o no aquellas condiciones que permiten tratar de evitar dicho resultado (*ex ante*) o imputarlo a un sujeto en caso de confirmarse su concurrencia (*ex post*). La primera de estas condiciones de posibilidad de evitación o imputación del resultado es la acción, entendida como *comportamiento humano voluntario y externo*. Mir distingue, sin embargo, entre la acción como elemento general de (no previo a) los tipos penales y la exigencia por parte de cada tipo en concreto de una acción determinada que reúna una serie de características específicas. El motivo de que la acción sea un elemento genérico de todo tipo y no una mera realidad ontológica de naturaleza pre-jurídica hay que verla en que, según el autor, la delimitación del concepto de acción en derecho penal no puede realizarse partiendo únicamente de la esencia ontológica de los hechos humanos, sino de los «*condicionamientos de la función de las normas penales*». Y ello porque «*no todos los hechos del hombre interesan al derecho penal, sino sólo aquellos que pueden ser desvalorados como penalmente antijurídicos por falta de desvalor intersubjetivo de la conducta*». Por de pronto, la exigencia de que la acción constituya un comportamiento humano voluntario y externo ya debe derivarse necesariamente de la función del derecho penal, el cual sólo puede y al cual sólo le es lícito prohibir dicha clase de conductas. Esto es, los comportamientos *humanos* voluntarios y externos.

Negada la existencia de capacidad de acción jurídico-penalmente relevante a la persona jurídica, decaen por su propio peso el resto de elementos de la definición de delito que ahora se somete a consideración. No en vano, se encuentra comúnmente aceptada en la doctrina la idea de que la acción cumple una función de enlace de las diferentes categorías del delito: tipicidad, antijuricidad, culpabilidad o imputación personal y, en su caso, la punibilidad. Según ello, la función de definición de la acción obligaría a partir de un concepto de acción con el suficiente contenido material como para que del mismo puedan predicarse las especificaciones propias de las categorías conceptuales que configuran la teoría del delito como características de la propia acción, pero sin adelantar el análisis de estas cuestiones al comportamiento humano, sino sólo enlazando o coordinando aquellas categorías.

Ello no obstante, debe apuntarse, a mayor abundamiento, que tampoco el criterio del *defecto de organización* de la persona jurídica resulta aceptable como equivalente funcional de la creación de un riesgo típicamente relevante y su realización en el resultado, que integra la *relación de riesgo entre la acción y el resultado* en la teoría del delito de las personas físicas (Gómez Tomillo 2015, pp. 69 ss.).

Por una parte, del mismo modo que sucede con la acción de la persona jurídica, que requiere necesariamente de un comportamiento humano, en el caso del defecto de organización también se precisará que sea una persona física, y no una jurídica, la que incurra en dicho defecto organizativo (Gómez Tomillo 2015, pp. 69 ss.). Así, por ejemplo, si –como entienden algunos autores– la comprobación si un delito trae o no causa de un defecto organizativo empresarial resulta necesario analizar si en la empresa se ha implementado o no un programa de cumplimiento penal, o si el programa implementado es o no eficaz en la prevención de la comisión de delitos, ocurra lo que ocurra siempre será imputable a una o varias personas físicas que actúen en nombre o representación de la compañía. Así, la decisión de no adoptar protocolo de cumplimiento alguno, la de implementar uno completamente insuficiente como operación de maquillaje publicitario, la de implantarlo formalmente y no cumplirlo materialmente, o la falta de control suficiente del órgano encargado de velar por su efectivo cumplimiento (*Compliance Officer*) siempre será imputable a alguna persona física con capacidad de decisión en la empresa. Las sociedades no se organizan o desorganizan solas: las organizan o desorganizan algunas de las personas físicas que actúan en su nombre o representación (Robles Planas 2011, p. 6). No en vano, incluso algún autor partidario de la responsabilidad penal de la persona jurídica reconoce abiertamente que en el sistema penal español, el injusto imputado a la persona jurídica equivale, en realidad, al injusto de la persona física que actúa en su nombre o representación (Robles Planas 2011, p. 6).

Pero es que incluso aunque se creyera –como si de un dogma de fe se tratase– que son las propias personas jurídicas, y no las personas físicas que las administran o que actúan en su nombre o representación, las que incurren en defectos de organización, resulta extremadamente discutible que dichos defectos puedan equivaler, por sí mismos, a la creación de riesgos típicamente relevantes para los bienes jurídicos protegidos en los delitos para los que está prevista la responsabilidad penal de las personas jurídicas. Por seguir con el ejemplo de los protocolos de cumplimiento: admitiendo la existencia de un deber técnico general de cuidado consistente en que la empresa debe tener cubiertos los riesgos penales que razonablemente puedan derivar en alguno de los delitos para los que está prevista la responsabilidad penal de las personas jurídicas, ¿es realmente aceptable que la simple inobservancia de tal supuesto deber (por ejemplo, mediante la completa omisión de todo protocolo o la implementación de un protocolo insuficiente) constituya un riesgo típicamente relevante de estafa, insolvencias punibles, daños informáticos, delitos contra la propiedad intelectual e industrial, el mercado y los consumidores, delito de blanqueo de capitales, delitos contra la Hacienda Pública y contra la Seguridad Social, delitos urbanísticos, delitos contra los derechos de los ciudadanos extranjeros o delitos contra el medio ambiente? ¿Se trata de una relación de riesgo suficiente (por ejemplo, desde la perspectiva de la teoría de la adecuación)? Y en el (negado) supuesto de que así fuera: ¿será siempre posible acreditar la existencia de una relación de causalidad entre el defecto organizativo y el resultado lesivo del bien jurídico? Desde mi punto de vista, es obvio que la respuesta a estas preguntas debe ser, necesariamente, *negativa* (Gómez Tomillo 2015, pp. 69 ss., Robles Planas 2006, pp. 7 y 15 s., 2011, p. 6).

En cuanto a la *tipicidad subjetiva*, en el caso de las personas jurídicas se afirma que la misma reside en el *conocimiento organizativo del riesgo empresarial*. Pero, ¿en qué consiste exactamente dicho conocimiento? ¿Puede una empresa conocer algo? Nuevamente aquí debe dejarse meridianamente claro que una persona jurídica ni conoce ni quiere: sólo pueden hacerlo, a lo sumo, las personas físicas que forman parte de la misma (Pastor Muñoz 2006, p. 16). De nuevo en el tipo subjetivo, el equivalente funcional del dolo adquiere un contenido radicalmente normativizado difícilmente asumible por un derecho penal respetuoso con el principio de culpabilidad.

Tampoco desde los modelos de responsabilidad por transferencia es posible fundamentar la responsabilidad subjetiva de la empresa. Ningún inconveniente especial representa, como es lógico, la responsabilidad subjetiva de la persona física que comete el delito en provecho de la sociedad. Sin embargo, tal y como afirma Silva Sánchez (2001, p. 329), «no parece fácil fundamentar una "transferencia" de los elementos subjetivos de las personas físicas a la persona jurídica, que compense los déficits subjetivos de esta última». No parece descabellado, por ello, concluir que, a falta de posible transferencia de la responsabilidad subjetiva de la persona física a la sociedad, la responsabilidad penal de esta última es *puramente objetiva* (Silva Sánchez 2001, p. 329, Robles Planas 2011, pp. 8 y 11).

Precisamente en lo que a *culpabilidad* se refiere, la tesis de que en la teoría del delito para la persona jurídica tal elemento reside en su participación en una *cultura empresarial de infidelidad al derecho* o, más concretamente, de *incumplimiento de la legalidad* es, en parte, heredera de un concepto constructivista de culpabilidad como el defendido por Günther Jakobs (2002, pp. 559 ss.). De acuerdo con el mismo, la culpabilidad se corresponde por completo con el fin de la pena como medida tendente a garantizar la fidelidad o confianza en la norma, o, mejor, la estabilización contrafáctica de las normas como expectativas normativas institucionalizadas (también Silva Sánchez 2001, p. 335). Un comportamiento es culpable para Jakobs cuando produce una perturbación definitiva de la norma (Jakobs 1996, p. 77, Peñaranda Ramos et al. 1997, pp. 48 ss. y 56 s.). Desde el punto de vista de su comprensión de la sociedad como contexto comunicativo, el comportamiento de un individuo sólo puede expresar dos cosas: o bien tiene un significado comunicativamente relevante, o bien es simple naturaleza. Esto último ocurre, por ejemplo, con los comportamientos realizados por inimputables (Jakobs 1996, pp. 60 ss.). En suma: la función de la categoría de la culpabilidad consiste para Jakobs, en la estabilización de las normas ante contradicciones de las mismas con sentido del tipo «la norma carece de validez», y tales contradicciones sólo están al alcance de aquellos sujetos que no sean inimputables, menores de edad, etc. (Jakobs 1996, pp. 63 ss.). Todo esto es coherente con el concepto de persona defendido por Jakobs desde su perspectiva sociológico-funcionalista, de acuerdo con el cual la persona no es un sistema «psico-físico» prejurídico, sino un sistema social, un constructo social (Jakobs 2000, p. 150).

Frente a todo ello, debe afirmarse, en primer lugar, que un tal concepto de culpabilidad se encuentra completamente *vacío de contenido.* Puesto que Jakobs define el delito mismo como quebrantamiento de la norma o infracción de un deber, su concepto de culpabilidad conduce, en definitiva, a una argumentación circular: es culpable el comportamiento que quebranta la norma, esto es, el comportamiento constitutivo de delito, y para que esto último ocurra es necesario que se trate de un comportamiento culpable. En segundo lugar, debe destacarse que en Jakobs, la culpabilidad pierde, como el propio autor reconoce (Jakobs 1996, p. 77), su característico sentido limitador del *iuspuniendi*, al quedar restringida al ámbito de lo que resulte *funcional* o *disfuncional* para el sistema penal. La culpabilidad debe ser contemplada, esencialmente, como un límite a la pena cuando los principios de dignidad humana y de igualdad real ante la Ley harían ilícita una pena que tuviera por destinatario, por ejemplo, un enfermo mental (Peñaranda Ramos et al. 1997, p. 48, Schünemann 2000, pp. 95 ss.). Por lo demás, la consideración de la persona como un constructo social, como el resultado de un proceso de comunicación, resulta sencillamente intolerable. Porque una cosa es admitir que el individuo también encuentra su identidad a través de procesos de interacción social, y otra radicalmente distinta, inadmisible, que la sociedad defina por completo al individuo hasta el punto de que a quien carezca de capacidad para comunicarse con sentido social (como, por ejemplo, los inimputables) deba serle negado el *status* de persona (Mir Puig 1998, pp. 454 s.).

Huelga decir, además, que una tal concepción de la culpabilidad no se compadece en absoluto con la que resulta preferible en el derecho penal de un Estado democrático: la infracción personal de una norma de determinación por un sujeto penalmente responsable (Mir Puig 2015, 20/23 ss., Silva Sánchez 2001, p. 336). Para que el comportamiento del sujeto consista en la *infracción personal de una norma de determinación* es necesario, como señala Mir Puig, que concurran dos requisitos: la capacidad personal de evitar el hecho y la capacidad de conocer la antijuricidad de la conducta. La primera queda excluida en los casos de imposibilidad absoluta de evitar materialmente el hecho. Ello ocurre, por ejemplo, en los supuestos de enfermedad mental profunda. Por lo que respecta a la capacidad de conocer la antijuricidad de la conducta, ésta deberá entenderse ausente cuando el sujeto incurra en un error de prohibición objetiva o personalmente invencible (Mir Puig 2015, 20/28 ss.). En segundo lugar, Mir entiende que en un Estado democrático no es lícito castigar con pena a aquellos sujetos que no puedan ser calificados como penalmente responsables. No lo serán quienes no tengan capacidad para ser motivados por la norma de determinación con normalidad. No se trata, por tanto, de quienes no puedan ser motivados por la norma en absoluto (ello puede suceder, por ejemplo, en el caso de oligofrénicos profundos), en cuyo caso faltaría ya la infracción personal de la norma; sino de sujetos que, pese a ser motivables, no lo son con normalidad, esto es, como las restantes personas. La *anormalidad motivacional* de un sujeto puede deberse a dos clases de causas: las relativas a la «anormalidad» del sujeto; y las relativas a la «anormalidad» de ciertas situaciones en las que no es lícito exigir al sujeto el cumplimiento de la norma de motivación. Las primeras son las *causas de inimputabilidad.* Las segundas, las *causas de «no exigibilidad»* (Mir Puig 2015, 20/36 ss.). Definida de este modo, es evidente que sólo puede ser culpable o no culpable una persona física, nunca una persona jurídica. Tal concepto de culpabilidad presupone la concurrencia en el sujeto de dos elementos que difícilmente concurrirán en una persona jurídica: autoconciencia y libertad (Silva Sánchez 2001, p. 335, Nieto Martín 2007, pp. 155 ss., Pastor Muñoz 2006, pp. 12 ss., Robles Planas 2006, p. 7, 2011, p. 4). Por lo demás, una concepción de la culpabilidad como la que acaba de ser criticada, al identificar la culpabilidad con la instalación en la empresa de una cultura de la infidelidad o el incumplimiento de la legalidad, transita de forma peligrosa por la senda de la *culpabilidad por la conducción de vida*, una de las más (justamente) denostadas formas de derecho penal de autor que ha conocido la historia de la teoría del delito (Silva Sánchez 2001, p. 338). Como apunta Silva Sánchez (2001, p. 338), «en última instancia esa culpabilidad por la conducción de la vida de un sujeto no autoconsciente constituye algo no muy distinto de otra forma de designar a la peligrosidad».

Buena parte de las esperanzas doctrinales de una teoría del delito que pueda servir de fundamento material a la responsabilidad penal de las personas jurídicas descansan en la idea de la autorresponsabilidad de la persona jurídica. No en vano, la mencionada teoría del delito para personas jurídicas suele venir acompañada de argumentos de naturaleza *constitucional*. Se afirma, en este sentido, que si el legislador penal español hubiese optado –como suele hacer el legislador comunitario– por un modelo de responsabilidad vicarial o de transferencia, esto es, de responsabilidad penal de la persona jurídica por el hecho ajeno cometido por la persona física, la conclusión sería que el mismo atentaría contra algunos de los principales principios político-criminales limitadores del *ius puniendi*, entre ellos el de personalidad de las penas como manifestación del principio de culpabilidad. Puesto que, como es obvio, no resultaría asumible una interpretación del art. 31 bis CP contraria al principio de culpabilidad y, por tanto, a la Constitución Española, sería obligado concluir, entonces, que la LO 5/2010 no consagra un modelo de heterorresponsabilidad, sino uno de *responsabilidad por el hecho propio* (Dopico Gómez-Aller 2010, 1/112). La sociedad respondería penalmente –según esta tesis– por su propio hecho delictivo, no por el hecho cometido por la persona física que actúa en su nombre o representación.

En este sentido, algunos autores quisieron ver en el sistema español de responsabilidad penal de la persona jurídica incorporado al Código Penal por la LO 5/2010 un modelo de responsabilidad penal *autónoma* de la empresa. Tal conclusión se fundamentaría, por una parte, en la referencia al «no haber ejercido el debido control» prevista en el art. 31 bis 1, párr. II CP antes de la reforma operada por la LO 1/2015, que parecería aludir a la infracción por parte de la propia persona jurídica del deber de cuidado consistente en organizarse de forma correcta. Y, por otra, en lo dispuesto en los apartados 1 y 2 del art. 31 ter CP. Ciertamente, el *art. 31 ter, ap. 1 CP* desvincula la responsabilidad penal de la persona jurídica de la propia de la persona física que comete el delito. Siempre que concurran los presupuestos previstos en el art. 31 bis CP, la sociedad responderá aunque la concreta persona física responsable no haya sido individualizada o no haya sido posible dirigir el procedimiento contra ella. En cuanto al *art. 31 ter, ap. 2 CP*, el precepto parece abundar en la idea de que la responsabilidad penal de la sociedad no es accesoria de la responsabilidad de la persona física autora del delito. El precepto declara que las circunstancias que afecten a la culpabilidad del acusado o agraven su responsabilidad no resultan comunicables a la persona jurídica. Se refiere tanto a las circunstancias objetivas como a las personales (Dopico Gómez-Aller, 2010, 1/112, Gómez Tomillo 2015, pp. 31 ss.).

Sin embargo, también existen razones de peso para pensar que *nada es lo que parece*. En el (nada improbable) caso de que el Tribunal Constitucional se viera obligado a pronunciarse sobre la conformidad del art. 31 bis CP con la Constitución Española, los argumentos a favor de la autonomía de la responsabilidad penal de la persona jurídica harían sin duda sus delicias, en orden a la aplicación de las ya conocidas reglas constitucionales de la conservación de los preceptos y la deferencia hacia el legislador penal (Dopico Gómez-Aller 2009a). No obstante, considero altamente dudoso que tal interpretación del precepto resulte viable. Desde mi punto de vista, a pesar de que la LO 5/2010 parece derogar para el derecho español el principio *societas delinquere nec puniri potest*, lo cierto es, sin embargo, lo siguiente: de los dos subprincipios que cabe derivar del principio *societas delinquere non potest* y *societas puniri non potest*, la reforma únicamente dejaría sin efecto, en cierto sentido, el segundo, dejando en pie, en cambio, el primero (de otra opinión Gómez Tomillo 2015, p. 19). Puede afirmarse, por tanto, que se trata de una *falsa alarma*. También tras la LO 5/2010, en derecho español *la persona jurídica sigue sin poder cometer delitos*.[5] Nada cambia, a este respecto, con la LO 1/2015.[6]

El *art. 31 bis, 1, a) CP* establece que «las personas jurídicas serán penalmente responsables de los delitos cometidos en nombre o por cuenta de las mismas, y en su beneficio, directo o indirecto, por sus representantes legales o por los que, actuando individualmente o como integrantes de un

---

[5] Ello explica, en parte, que la clausula de actuar por otro (art. 31 CP) permanezca inalterada. Además, el problema de la responsabilidad por actuación en nombre o representación de otro no se plantea solamente en los casos de personas jurídicas, sino en todos aquéllos en que alguien actúa en representación de otro, realizando una conducta cuya tipicidad requiere que el sujeto posea alguna condición (delito especial) que no concurre en él sino en su representante. Piénsese, p. ej., en el supuesto del representante de un incapaz que se alza con los bienes de éste en perjuicio de los acreedores del mismo. Sólo el incapaz posee la condición de deudor que exige el delito de alzamiento de bienes (art. 257 CP), pero no es él quien actúa, sino su representante. Ninguno de ambos entra en la letra del art. 257 CP. Ahora bien, si el incapaz no lo hace no es porque sea inimputable, sino porque *no actúa*, pues de haberlo hecho habría realizado el tipo, ya que la tipicidad no exige la culpabilidad.

[6] Por una parte, el legislador reformista mantiene el sistema de responsabilidad vicarial de la sociedad por hechos delictivos cometidos por una persona física confirmándose, entonces, que quien debe cometer el delito para que responda la persona jurídica no es ésta última (¿cómo podría hacerlo?), sino la persona física. Tampoco el nuevo sistema, por tanto, deroga el principio *societas delinquere non potest*, que sigue, de este modo, plenamente en vigor. Igualmente, se mantienen las dos vías de imputación a la persona jurídica de hechos delictivos cometidos por la persona física ya previstas por la LO 5/2010: la responsabilidad por actuaciones de determinadas personas particularmente representativas de la empresa; y la responsabilidad de la sociedad por delitos cometidos por subordinados como consecuencia de no haberse implementado las medidas de control necesarias para evitarlo.

órgano de la persona jurídica, están autorizados para tomar decisiones en nombre de la persona jurídica u ostentan facultades de organización o control dentro de la misma». Parece poco discutible que el precepto exige que el delito sea cometido no por la persona jurídica, sino *por la física que la representa.* De este modo, el precepto viene a declarar, en realidad, que sólo la persona física y no la persona jurídica, puede cometer el delito. Aunque político-criminalmente ello resulta sin duda cuestionable, el precepto declara que la persona jurídica puede responder con una pena (*societas puniri potest*), pero lo hará por un *hecho ajeno*, el cometido por la persona física que la representa: *societas delinquere non potest.*[7]

Lo mismo sucede en el caso del *art. 31 bis, 1, b) CP.* Dispone este precepto que «en los mismos supuestos, las personas jurídicas serán también penalmente responsables de los delitos cometidos, en el ejercicio de actividades sociales y por cuenta y en provecho de las mismas, por quienes, estando sometidos a la autoridad de las personas físicas mencionadas en el párrafo anterior, han podido realizar los hechos por haberse incumplido gravemente por aquéllos los deberes de supervisión, vigilancia y control de sus actividades, atendidas las concretas circunstancias del caso». También aquí, el legislador deja meridianamente claro que la persona jurídica podrá responder con pena (*societas puniri potest*), pero que, nuevamente, lo hará por un hecho ajeno, cometido *por quienes, estando sometidos a la autoridad de las personas físicas mencionadas en el párrafo anterior, han podido realizar los hechos por haberse incumplido gravemente por aquéllos los deberes de supervisión, vigilancia y control de su actividades, atendidas las concretas circunstancias del caso»: societas delinquere non potest.*[8]

---

[7] Con la LO 1/2015, el círculo de posibles sujetos responsables de la primera de estas dos vías se amplía. La reforma de 2015 prevé la responsabilidad de la sociedad por hechos delictivos cometidos, por una parte, por personas con capacidad de decisión y representación de la sociedad, y, por otra, por personas encargadas de las funciones de organización y control de la misma. De este modo, la persona jurídica podrá responder por hechos cometidos no sólo por administradores o legales representantes, sino también por directores generales o encargados de departamentos con competencias en materia de gestión y administración o, incluso, por meros apoderados.

[8] También la segunda vía de imputación, la que determina la responsabilidad penal de la persona jurídica por la no evitación de hechos delictivos cometidos por subordinados, resulta afectada por la reforma de 2015. En concreto, donde ahora se exige que el delito se hubiese cometido por un subordinado por no haberse ejercido sobre el mismo el debido control, la LO 1/2015 pretende que ello suceda «por haberse incumplido por aquéllos los deberes de supervisión, vigilancia y control de su actividad, atendidas las concretas circunstancias del caso». Tal y como expresamente reconoce la exposición de motivos de la LO 1/2015, ésta parece ser la interpretación auténtica de la enigmática expresión «por no haberse ejercido sobre ellos (scil. los empleados) el debido control», incorporada por el legislador español de la LO 5/2010 y que tanta literatura penal ha generado desde entonces. Así las cosas, el incumplimiento por parte de personas con capacidad de decisión y representación de la sociedad, y, por otra, por personas encargadas de las funciones de organización y control de la misma, de los correspondientes deberes de supervisión, vigilancia y control de la actividad de sus subordinados deviene, con la

Por lo demás, si la cláusula del *art. 31 bis, 1, a) CP* ya representa una evidente muestra de responsabilidad objetiva y responsabilidad colectiva, la fórmula prevista en el art. 31 bis, 1, b) CP constituye un exponente todavía más obvio de tal exceso. Ciertamente, desde la perspectiva de las *teorías de la identificación* o del *alter ego* podría tener una cierta lógica interna –lo cual no significa que deba ser compartido– argumentar que cuando quien comete el delito es el administrador o legal representante de una sociedad es como si el delito lo cometiera la sociedad misma. La persona jurídica se *identifica* de tal modo con la persona física que actúa en nombre o representación de la sociedad (es su *alter ego*) que la comisión por parte de aquélla podría considerarse funcionalmente equivalente a la comisión del delito por parte de la sociedad. Sin embargo, resulta evidente que la teoría de la identificación no consigue explicar cómo es posible que la comisión de un delito por parte de un subalterno (por ejemplo, de un empleado) puede llegar a representar la responsabilidad penal de la empresa misma, máxime cuando cabe que el delito se haya cometido precisamente como consecuencia de la sustracción del subalterno a las directrices determinadas por la empresa o sus órganos directivos (Silva Sánchez 2002, p. 128, Gómez Tomillo 2015, pp. 63 ss.).

Tampoco el *art. 31 ter CP* apunta hacia otra dirección. Es cierto que el precepto señala que «la responsabilidad penal de las personas jurídicas será exigible siempre que se constate la comisión de un delito que haya tenido que cometerse por quien ostente los cargos o funciones aludidas en el apartado anterior, aun cuando la concreta persona física responsable no haya sido individualizada o no haya sido posible dirigir el procedimiento contra ella» (letra a, inc. 1°). Pero de esto último no puede deducirse, en modo alguno, que la responsabilidad penal de la persona jurídica sea *autónoma* de la de la persona física que ha cometido el delito. Al contrario: también este primer inciso del precepto deja claro que la expresión «por haberse incumplido gravemente por aquéllos los deberes de supervisión, vigilancia y control de su actividades, atendidas las concretas circunstancias del caso» no hace referencia a la persona jurídica, sino a los «representantes legales o los que, actuando individualmente o como integrantes de un órgano de la persona jurídica, están autorizados para tomar decisiones en nombre de la persona jurídica u ostentan facultades de organización o control dentro de la misma». El delito por el que responderá la persona jurídica (*societas puniri potest*) debe ser cometido, por tanto, por una

---

reforma, la piedra angular de la responsabilidad penal de la persona jurídica. Ello regirá, desde luego, para la segunda vía de imputación, para la que el legislador reformista así lo exige de forma expresa. Es previsible que, al menos para un sector de la doctrina, resulte inevitable que también lo haga para la primera vía de imputación, so pena de posible inconstitucionalidad del criterio por vulneración del principio de personalidad de las penas, derivado del principio de culpabilidad del derecho penal.

persona física como consecuencia de la inobservancia del control debido por parte de otra persona física: *societas delinquere non potest*.

Que ello pueda suceder «aun cuando la concreta persona física responsable no haya sido individualizada o no haya sido posible dirigir el procedimiento contra ella» no cambia en nada el hecho de que el supuesto de la norma secundaria cuya consecuencia jurídica viene representada por la pena a imponer a la persona jurídica no es otro que el delito cometido por la persona física. Que la LO 5/2010 haya dispuesto que la sociedad puede responder aunque no se consiga saber quién ha cometido el delito (algo relativamente habitual en la práctica forense cuando de complejos entramados societarios se trata) o no sea posible dirigir el procedimiento contra el mismo (por ejemplo, por haber fallecido, o por haberse sustraído a la acción de la Justicia con la esperanza de que el delito prescriba), no prejuzga en nada la cuestión de si para que ello ocurra es o no necesaria la comisión de un delito por parte de una persona física. Del mismo modo que puede suceder entre un autor y un partícipe, es perfectamente posible que quede acreditada en las actuaciones la comisión de un hecho constitutivo de delito y no resulte posible, en cambio, acreditar su autoría. O que, individualizada ésta, la misma se encuentre extinguida (por ejemplo, por fallecimiento del autor del delito). Pues bien: a pesar de que nadie discute que la responsabilidad del partícipe es accesoria con respecto a la del autor, ¿negará alguien que la responsabilidad del partícipe sigue en pie en alguno de los supuestos planteados? Evidentemente, no: la punición del partícipe depende de la comisión de un hecho típico y antijurídico por parte del autor (accesoriedad limitada), pero no, en cambio, de si el autor es o no culpable (accesoriedad máxima) o de si concurre o no en su persona una causa de extinción de la responsabilidad criminal de naturaleza personal. En el caso de la persona jurídica, para que ésta pueda responder penalmente debe quedar acreditada la comisión de un delito por parte de una persona física que presente la vinculación típica con la sociedad, aunque no se sepa exactamente de quién se trata o, sabiéndose, su responsabilidad criminal se encuentre extinguida. Así las cosas, sólo erróneamente puede afirmarse que la responsabilidad de la sociedad es autónoma, o derivarse de todo ello que la persona jurídica responde, en realidad, por la comisión de un hecho delictivo propio.

No en vano, el art. 31 ter, a), inc. 2º CP, vincula claramente la responsabilidad de la persona jurídica con la de la física, al establecer una regla de *compensación* de la responsabilidad de la sociedad con la del autor del delito. La regla, que únicamente resultará aplicable cuando la pena impuesta sea de *multa*, persigue evitar situaciones de *bis in idem* en casos de pequeñas empresas en las que el capital de la persona jurídica y el de la persona física del administrador coincidan sustancialmente. Obviamente, si la responsabilidad de la persona jurídica fuera autónoma, esto es, si la sociedad respondiera por su hecho y la persona física por el suyo, la regla carecería de todo sentido: faltaría la *identidad de hecho* que provoca el *bis in idem* que, mediante la fórmula de la compensación, trata de solucionar el legislador.

Idéntica impresión se extrae del *art. 31 ter, ap. 2 CP*. El precepto establece, recuérdese, que «la concurrencia, en las personas que materialmente hayan realizado los hechos o en las que los hubiesen hecho posibles por no haber ejercido el debido control, de circunstancias que afecten a la culpabilidad del acusado o agraven su responsabilidad, o el hecho de que dichas personas hayan fallecido o se hubieren sustraído a la acción de la justicia, no excluirá ni modificará la responsabilidad penal de las personas jurídicas, sin perjuicio de lo que se dispone en el apartado siguiente». A pesar de la responsabilidad penal de la persona jurídica (*societas puniri potest*), el legislador vuelve a declarar sin ambages que debe ser una persona física la encargada de realizarlos «materialmente» (art. 31 bis, 1, a) CP) o de «haberlos hecho posibles» por no haber cumplido con los deberes de control, supervisión y vigilancia (art. 31 bis, 1, b) CP): *societas delinquere non potest*. La referencia a las «circunstancias que afecten a la *culpabilidad* del acusado» del art. 31 ter CP no resulta –tampoco aquí– en absoluto inequívoca. En sentido estricto, únicamente las circunstancias previstas en los arts. 20, 1° y 2° CP afectan a la normalidad motivacional del reo. De acuerdo con esta comprensión del concepto, todas aquellas atenuantes que no incidan en la imputación personal (como, p. ej., las previstas en los arts. 20, 3° a 20, 6° CP, incluida la nueva atenuante de dilaciones indebidas) serían comunicables a la persona jurídica. Además, una interpretación *contrario sensu* del art. 31 ter CP conduciría a entender que en un supuesto hipotéticamente imaginable de comportamiento justificado de la persona física representante de la empresa ésta no respondería con pena. De tal circunstancia podría desprenderse la conclusión de que la LO 5/2010 podría haber optado –del mismo modo que sucede con los intervinientes personas físicas que se encuentran en una relación de autoría-participación– por un *modelo de accesoriedad limitada* de la persona jurídica con respecto a la persona física que actúe en su nombre o representación. En este sentido, algunos autores han llegado a ver en la cláusula prevista en el art. 31 ter CP un posible paralelismo para la responsabilidad penal de las personas jurídicas de la cláusula establecida en el *art. 65.1 CP* para las personas físicas (Gómez Tomillo 2015, p. 192).[9]

No obstante, no puede descartarse en absoluto que en el art. 31 ter, ap. 2 CP el legislador haya empleado el término «culpabilidad» en un sentido más amplio, tal y como sucede, por ejemplo, en el art. 65.3 CP. No en vano, el *art. 31 quáter CP* establece que *sólo* podrán considerarse circunstancias atenuantes

[9] De conformidad con el art. 65.1 CP, «[l]as circunstancias agravantes o atenuantes que consistan en cualquier causa de naturaleza personal agravarán o atenuarán la responsabilidad sólo de aquéllos en quienes concurran».

de la responsabilidad penal de las personas jurídicas haber realizado, con posterioridad a la comisión del delito y a través de sus representantes legales, alguna de las actividades previstas en dicho precepto.[10] Tal eventualidad es considerada por el art. 31 ter CP, mediante la cláusula «sin perjuicio de lo que se dispone en el apartado siguiente». Además, el art. 31 ter, ap. 2 CP establece que la responsabilidad de la sociedad no se excluye por el *fallecimiento del autor* del delito, o por el hecho de *haberse sustraído de la acción de la Justicia*. La referencia a la causa de exclusión de la responsabilidad criminal prevista en el

[10] Recientemente, Goena Vives sostiene que el fundamento de las atenuantes previstas en el art. 31 quáter CP no coincidiría con el de la atenuante de reparación del art. 21 CP (colaboración con la Administración de Justicia). El fundamento del art. 31 quáter CP debería verse, antes bien, en la menor necesidad preventiva (en un sentido positivo-integrador) de pena por la realización de una acción contratípica por medio de la cual la persona jurídica restablecería el orden social perturbado y expresaría comunicativamente un menor desvalor del hecho (Goena Vives 2014, *passim*). Las atenuantes previstas en el art. 31 quáter CP llevarían, según Goena, a la eliminación del riesgo representado por el estado de cosas antijurídico en que se ha convertido la persona jurídica como consecuencia de la comisión del hecho antijurídico. Para Goena, en estos casos no es que se produzca una extinción de la responsabilidad criminal de la persona jurídica, sino una auténtica exclusión del tipo (*Mangel am Tatbestand*) (Goena Vives 2014, p. 324). Frente a este sugerente planteamiento cabe advertir, por una parte, que una supuesta exclusión del tipo, por ejemplo, por la institucionalización y puesta en marcha de un programa de prevención del delito efectivo, chocaría con la realidad, difícilmente refutable, del delito ya cometido. En un sistema en el que es obligado reconocer a la pena una función no sólo preventivo-especial, sino también de prevención general, no se alcanza a entender por qué ello debería regir únicamente para personas físicas y no para las jurídicas. No en vano, ni la propia Goena, que reconoce expresamente una función también preventivo-general a las penas para personas jurídicas, comparte esta conclusión. Pues bien, si (como parece inevitable) se admite esta última conclusión, entonces no se entiende que el hecho delictivo ya cometido pueda quedar sin pena con la simple regeneración de la empresa. Si en una empresa se comete un delito del que se derivaría responsabilidad para la persona jurídica, pero después de su comisión ésta se ha organizado de tal modo que podría concluirse que en el futuro dicha infracción no volvería a tener lugar, dejar el hecho sin pena supondría trasladar a la colectividad un mensaje claramente criminógeno. Además, Goena predice tal posibilidad (exclusión del tipo) a propósito de cualquiera de las cuatro atenuantes previstas en el art. 31 bis 4 CP, cuando ello sólo tendría sentido en relación con la atenuante prevista en la letra d) de dicho precepto. Para Goena, las cuatro atenuantes previstas en el art. 31 quáter CP equivaldrían a las penas recogidas en el art. 33.7 CP. Se trata de factores de modulación de correctivos funcionalmente equivalentes a represión punitiva. Al enmendar el estado de cosas antijurídico, la persona jurídica dejaría de merecer pena. Sigue llamando la atención que ello sólo rija para personas jurídicas y no, en cambio, para personas físicas, cuando tal regeneración resulta perfectamente imaginable también de éstas. Por lo demás, ninguna de las cuatro atenuantes del art. 31 bis 4 CP permite garantizar, en modo alguno, la regeneración futura de la persona jurídica. Goena considera que, de entre los casos previstos tras la reforma de 2015 en el nuevo art. 31 quáter CP, los recogidos en los núm. 2 y 4 podrían representar la llamada atenuante de *Compliance* parcial (Goena Vives 2014, *passim*). De ello llama la atención, por una parte, que la delimitación entre ambas vías (las cuasi-penas y las atenuantes) no queda en absoluto clara. Además, la mera noción de la mencionada cuasi-pena choca con la letra de la Ley (también después de la reforma), que sólo alude a este abanico de posibles consecuencias jurídicas que ahora nos ocupan como atenuantes.

art. 130, 1º CP permite deducir, *contrario sensu*, que la concurrencia en el autor de otras causas (indulto, prescripción del delito o de la pena) sí excluirá la responsabilidad penal de las personas jurídicas. La alusión a la *sustracción a la acción de la justicia* del autor del delito es redundante, ya que cuando tal sustracción se produzca no será posible dirigir el procedimiento contra el reo, tal y como dispone el art. 31 ter, ap. 1, inc. 2º CP. Por lo demás, si –como entiende, por ejemplo, Gómez Tomillo (2015, p. 135)– la culpabilidad de la persona jurídica se fundamenta en el elemento del defecto organizativo de la empresa, es altamente dudoso que dicho elemento sea una de las «causas de naturaleza personal» a las que alude el art. 65.1 CP. Se trataría, antes bien, de uno de los elementos consistentes «en la ejecución material del hecho o en los medios empleados para realizarla», recogidos en el art. 65.2 CP.

Además, la no comunicabilidad a la persona jurídica de causas que excluyan o disminuyan la culpabilidad del autor del delito, lejos de demostrar que la persona jurídica responde de forma autónoma por la comisión de un hecho propio, viene a confirmar, en realidad, lo contrario. En efecto, si la persona física respondiera por su hecho y la jurídica por el suyo, de forma independiente ¿qué necesidad tendría el legislador de recordar que las circunstancias que afecten a la culpabilidad de la persona física no resultan comunicables a la persona jurídica? La responsabilidad de la persona jurídica es accesoria de la de la persona física, simple y llanamente porque *no hay dos hechos delictivos, sino sólo uno: el cometido por la persona física.* Tal y como apunta Silva Sánchez, no resulta en absoluto sencillo identificar los elementos del hecho propio de la persona jurídica. En puridad de conceptos, ni la *actitud criminal del grupo* ni el defecto de organización pueden entenderse en sentido estricto como «hechos» (Silva Sánchez 2001, p. 327, Robles Planas 2011, pp. 7 s.) sino más bien como «estado de cosas» que nada tiene que ver con un injusto personal, o con la antijuricidad objetiva de un hecho concreto (Silva Sánchez 2001, p. 340, Robles Planas 2011, pp. 7 s.). Entendido como vulneración de deberes de organización general de la actividad empresarial, es evidente que tal vulneración debe producirse a través del comportamiento de personas físicas (por ejemplo, de aquéllas que se encargan de vigilar o coordinar el desarrollo de actividades de la empresa). Para localizar el hecho de la persona física parece ineludible, por tanto, la referencia a un hecho de la persona jurídica, con lo que desaparece, de hecho, la línea que separa a los sistemas de transferencia de los de responsabilidad por el hecho propio (Silva Sánchez 2001, p. 328, Robles Planas 2011, pp. 7 s.).

Por lo demás, entendida como normalidad motivacional, es evidente que las personas jurídicas carecen de toda culpabilidad por lo que difícilmente puede comunicarse una circunstancia excluyente o modificativa de la culpabilidad a quien carece de ella. De nuevo: aunque *societas puniri potest, societas delinquere non potest.*

En cuanto a la no comunicabilidad de las circunstancias agravantes de la responsabilidad de la persona física, como es sabido todas ellas afectan al injusto, y no a la culpabilidad. Tampoco aquí la no comunicabilidad de tales circunstancias a la persona jurídica tampoco es reveladora de que la persona física cometa un hecho delictivo y la jurídica cometa otro distinto, sino, antes al contrario, un nuevo motivo para concluir que el legislador está declarando tácitamente la incapacidad de la persona jurídica para cometer delitos. En efecto, en el caso de las circunstancias que agravan la responsabilidad de la persona física, la ley es consciente de que los elementos típicos (objetivos y subjetivos) de tales circunstancias (alevosía, abuso de superioridad, precio, motivación discriminatoria, etc.) nunca podrán ser realizados por una persona jurídica, por lo que carecería de todo sentido su comunicabilidad a las mismas.

Por fin, la incomunicabilidad a la sociedad del «hecho de que dichas personas hayan fallecido o se hubieren sustraído a la acción de la justicia» no es sino una consecuencia reiterativa de lo dispuesto en el art. 31 ter, ap., inc. 2° CP, cuando se prevé que «la responsabilidad penal de las personas jurídicas será exigible siempre que se constate la comisión de un delito que haya tenido que cometerse por quien ostente los cargos o funciones aludidas en el apartado anterior, aun cuando (...) no haya sido posible dirigir el procedimiento contra ella». Ya que es evidente que algunas de las causas por las que puede no ser «posible dirigir el procedimiento contra ella» es, precisamente, que el autor del delito «haya fallecido o se hubiera sustraído a la acción de la justicia».

2.2.2. ¿Respeta el modelo de transferencia los principios político-criminales limitadores del iuspuniendi en un Estado social y democrático de derecho?

a) Modelo de transferencia y principio de personalidad de las penas

Ciertamente, los enormes problemas dogmáticos que plantea la defensa de un concepto de delito distinto para la persona jurídica construido con apoyo en equivalentes funcionales parecen desaparecer cuando lo que se sostiene es que las personas jurídicas no responden por lo que ellas mismas hacen, sino por lo que hacen las personas físicas que actúan en su nombre o representación. Desde esta perspectiva, el hecho delictivo cometido por el representante o administrador no es ni más ni menos que una acción típica, antijurídica y culpable, tal y como tradicionalmente ha venido sosteniéndose desde la teoría del delito de la responsabilidad individual. El objeto de discusión se encuentra, entonces, en si el elemento que conecta el hecho de la persona física y el de la persona jurídica (poder de administración o representación de la persona jurídica, actuación en su provecho, etc.) puede constituir base suficiente para entender que el principio de personalidad de las penas (responsabilidad por el hecho propio) queda intacto. En mi opinión, esta pregunta debe ser contestada *negativamente*.

En defensa de la compatibilidad del modelo de la transferencia con el principio de personalidad de las penas Gómez Tomillo afirma que la responsabilidad de las personas jurídicas puede fundamentarse en la conjunción de la actuación de la persona física con las especiales posibilidades estructurales y medios efectivamente utilizados de la persona jurídica, mereciendo entonces cada una de ellas una valoración jurídico-penal autónoma (Gómez Tomillo 2015, p. 81). Esta idea encuentra su fundamento natural en la llamada *teoría de la identificación* o del *alter ego*. De conformidad con este punto de vista, la crítica de que la persona jurídica respondería por el hecho cometido por la persona física podría ser rebatida afirmándose que, en realidad, tanto por la posición que la persona física ocupa en la empresa como por cometerse el delito en provecho de esta última, la persona jurídica puede identificarse íntegramente con el autor de delito, como si lo hubiese cometido la primera. No obstante, es evidente que todo ello no siempre se cumple. No cabe invocar identificación entre persona física y persona jurídica, por ejemplo, cuando la persona física que comete el delito es alguien que ocupa en la estructura de la empresa una posición subordinada, de modo que resulte difícil afirmar que represente la voluntad de la sociedad (Silva Sánchez 2001, p. 324). Tampoco cuando la persona física que comete el delito no pueda ser identificada o no se encuentre exenta de responsabilidad criminal por exclusión de la culpabilidad (Silva Sánchez 2001, p. 324).

A favor de la compatibilidad del sistema de transferencia con el principio de responsabilidad por el hecho propio se asegura, además, que «también en el derecho penal de las personas físicas se atribuyen hechos de unos sujetos a otros que no los han cometido directo-corporalmente, como ocurre con la coautoría y la participación mediata» (Gómez Tomillo 2015, p. 79). En un sentido próximo a esta última idea, se afirma que, en ocasiones, también en el derecho penal del individuo la imposición de algunas penas puede vulnerar el principio de personalidad de las penas, sin que ello parezca representar un problema. En palabras de Dopico Gómez-Aller (2009a): «En efecto, según algunos críticos la imposición de una multa a la persona jurídica (o una sanción interdictiva, o un cierre de locales, o cualquier otra sanción que afecte directa o indirectamente al patrimonio social) a fin de cuentas no afecta negativamente al autor de la conducta ilícita (el administrador), sino sólo a un grupo de sujetos –los socios o cualesquiera otros *stakeholders* de la sociedad, trabajadores incluidos–. Sin duda, una pena a una persona jurídica afecta negativamente a los socios, a los trabajadores, etc. Sin embargo, eso ocurre con todas las penas y sobre todo con la pena de prisión, sin que ello plantee para la mayoría problemas de legitimidad. Cada vez que se condena a una persona a prisión, quienes dependen económicamente de ella (sus hijos, su pareja, sus empleados si es un empresario individual, sus socios si es un pequeño empresario, sus acreedores) se ven afectados de modo sumamente negativo. Sin embargo, ello no refrena la actividad punitiva del Estado. Es más: desde este punto de vista, para la sociedad los socios no son más que unos acreedores especiales, que se ven especialmente dañados por la pena a la persona jurídica. Y también los acreedores del condenado a pena de prisión pueden verse afectados por la pena: el preso ya no puede ganar dinero como cuando estaba en libertad; si es un empresario no puede continuar con su negocio, no puede pagar sus deudas, etc. Piénsese que si un pequeño empresario individual es condenado a una pena de prisión, también sus socios y sus trabajadores pueden sufrir las consecuencias negativas. En fin: que no hay tanta diferencia en este punto entre las penas a personas físicas y a personas jurídicas».

Ninguno de estos dos argumentos puede ser compartido. Ciertamente, a excepción de lo que ocurre en los llamados delitos de propia mano, en el derecho penal de las personas físicas también pueden ser autores del delito, ciertamente, sujetos que no han realizado de forma directo-corporal la conducta típica. Sin embargo, nadie en la doctrina ha afirmado que el castigo como autor de quien utiliza a otro para cometer el delito o quien, puesto de acuerdo con otro, realiza una parte esencial del plan durante la fase ejecutiva del *iter criminis*, atente contra el principio de personalidad de las penas. Tanto uno como otro realizan el hecho delictivo («conjuntamente o por medio de otro del que se sirven como instrumento», dispone el art. 28 CP), y desde ningún punto de vista puede defenderse que tal hecho no sea hecho propio del autor.

En lo que al argumento de Dopico se refiere, no cabe duda de que la afectación a terceros de imposición de una pena al responsable de una conducta delictiva constituye una insatisfactoria consecuencia que bien puede ser incorporada a la discusión político-criminal sobre la conveniencia o inconveniencia de una pena. En este sentido, no cabe duda de que el argumento de que la pena de prisión priva a los allegados al condenado de su compañía y (por qué negarlo) de sus ingresos, o aquél según el cual dicha pena también perjudicaría a sus acreedores no juegan precisamente a favor de la misma. Tampoco, desde luego, que en un sentido ciertamente opuesto, en el caso de la pena de multa dicha consecuencia jurídica pueda ser satisfecha por una tercera persona distinta al condenado, ya que cuando ello ocurra podría estar privada de toda eventual carga aflictiva para el condenado.

No obstante, nada de todo ello significa que la pena de prisión sea, por principio, impersonal. Por una parte, debe advertirse que el argumento de que la pena de prisión es impersonal porque tiene consecuencias para terceros podría aplicarse sin problemas, en realidad a toda clase de penas. Así, por ejemplo, no cabe duda de que el promotor inhabilitado especialmente para la promoción inmobiliaria profesional de viviendas por la comisión de un delito urbanístico (art. 319 CP) perderá con la pena capacidad económica para satisfacer las deudas contraídas con sus acreedores. ¿Significa ello que la pena de inhabilitación es ilegítima, por impersonal? En caso de respuesta afirmativa, lo que estaría en juego, entonces, no sería la legitimidad de la pena de prisión, sino, antes bien, la del sistema de penas en su conjunto.

Resulta que, además, que la restricción de la libertad y los derechos anejos a la misma que representa por principio la pena de prisión sólo recae de forma directa y exclusiva en el responsable del delito. Por muy relevante que pueda llegar a ser la afectación a terceros (allegados, acreedores, etc.) como consecuencia de la privación de libertad del condenado, la realidad es que tales terceros permanecen en libertad mientras el condenado se encuentra recluido. Los efectos directos de la pena los sufre el responsable del delito, no sus allegados o acreedores. Tales daños colaterales, por muy significativos que sean, no constituyen la consecuencia jurídica del delito prevista legalmente, sino efectos indirectos derivados de la misma e igual de inevitables que la propia naturaleza de las cosas. En cambio, en el caso de las penas a personas jurídicas, no es que los socios o trabajadores de una sociedad condenada sufran las consecuencias *indirectas* de la pena impuesta a la empresa, sino que, en tanto que parte integrante de la misma, el peso de la multa o pena interdictiva impuesta a la misma recae de forma *directa* sobre ellos.

Por lo demás, es obligado indicar, desde una perspectiva más pragmática, que en el negado supuesto de que la pena de prisión fuera difícilmente compatible con el principio de personalidad de las penas, en supuestos de delitos graves hoy por hoy no existe alternativa razonable a la pena de prisión. Así, por ejemplo, si se aceptase que también la familia del asesino (o sus acreedores), al padecer las consecuencias de la ausencia del condenado, también estaría «cumpliendo la pena» a pesar de no haber cometido delito alguno, y que, por ello, la prisión es en tal caso ilegítima, ¿cuál sería, entonces, la pena alternativa? Es evidente que cualquier otra consecuencia jurídica alternativa –a riesgo, además, de ser igualmente «impersonal» en el sentido apuntado– pondría en serio peligro la eficacia preventivo-general y especial de la pena. Distinto es el caso, en cambio, de la responsabilidad penal de la persona jurídica, en la que siempre cabrá la posibilidad de evitar la falta de personalidad de la pena impuesta a la sociedad castigando, en lugar de a la misma, a la persona física que cometió el delito.

En cierto modo, estos argumentos acaban siendo reconocidos por los propios partidarios de la tesis de que las penas a personas jurídicas no son más impersonales que las previstas para personas físicas. Afirma Dopico, a este respecto, que «es cierto que en muchos casos la pena a la persona jurídica puede ser irrazonable precisamente por el daño que produce a los socios y demás *stakeholders*. Así, (…) teóricamente un juez podría imponer a un gran banco su disolución si se descubriera que siguiendo instrucciones de su Administrador se blanqueaba dinero en él (arts. 31 bis, 33.7 y 302 en la redacción del AP 2009). Parece obvio que esa disolución sería inaceptable, pues afectaría irrazonablemente a sus trabajadores, accionistas, etc.» (Dopico Gómez-Aller 2009a). Aunque seguidamente matiza Dopico que «[s]in embargo, parece más bien que aquí el problema no residiría en la responsabilidad penal de las personas jurídicas, sino en la desproporción de la pena. La eliminación de una gran persona jurídica puede producir una gran cantidad de daño innecesario; el mismo efecto sancionador se podría producir mediante otros expedientes que no dañasen a los trabajadores, como por ejemplo la intervención judicial (art. 33.7.g CP). Ello sugiere que se trata de una cuestión de proporcionalidad... aunque quizá en este punto haya mucho más que debatir» (Dopico Gómez-Aller 2009a), resulta dudoso que impersonalidad de las penas y falta de proporcionalidad de las mismas sean, en este contexto, conceptos tan diametralmente distinguibles. El argumento incurre, por tanto, en un aparente fraude de etiquetas.

Para que una medida restrictiva de libertades individuales sea respetuosa con el principio de proporcionalidad en sentido amplio, el Tribunal Constitucional exige la concurrencia de tres elementos: la idoneidad, la necesidad y la proporcionalidad en sentido estricto de la medida. Una medida es idónea cuando resulta útil para la consecución del objetivo que persigue. Es necesaria cuando el objetivo no puede conseguirse por medio de otra medida menos gravosa para el sujeto. Y, por último, el requisito de la proporcionalidad en sentido estricto obliga a realizar una ponderación entre los intereses en juego, con el objeto de comprobar cuál de ellos goza de mayor entidad. A tal efecto, el Tribunal Constitucional viene señalando que tal ponderación debe realizarse teniendo en consideración elementos tales como la gravedad del delito para el que está prevista la medida, el nivel de restricción de la libertad individual que la medida representa, o la probabilidad de éxito de la medida.[11] Así las cosas, tal y como viene entendiéndolo el Tribunal Constitucional español, el principio de proporcionalidad en la adopción por el Estado de medidas restrictivas de la libertad individual tiene un contenido lo suficientemente amplio como para comprender (tanto en el elemento de la idoneidad, como en el de la necesidad, como, por fin, en el marco de la proporcionalidad en sentido estricto) el elemento de la impersonalidad de las penas. Con otras palabras: la imposición de una pena a persona distinta de quien ha cometido el delito es, por principio, desproporcionada en sentido amplio: por inidónea, por innecesaria y, por último, por desproporcionada en sentido estricto.

[11] Vid., por todas, STC 207/96, 16-12.

b) Modelo de transferencia y principio non bis in idem

El modelo de responsabilidad penal de las personas jurídicas consagrado por la LO 5/2010 incurre, además, en un segundo exceso. Al permitir, por una parte, el castigo de la persona física, y, por otra, y de forma cumulativa, el de la persona jurídica (art. 31 ter, ap. 1, inc. 2º CP), el nuevo sistema incurre en un evidente *bis in idem*, al castigar dos veces por el mismo hecho. En contra de lo afirmado por una parte de la doctrina, no cabe afirmar que en el caso que nos ocupa falte la *triple identidad* de sujeto, hecho y fundamento necesarias para que pueda hablarse de *bis in idem*. Por lo que hace a la identidad de *hecho*, en un sistema de responsabilidad vicarial de la persona jurídica como el español, es difícilmente discutible que el hecho delictivo por el que responde la sociedad es, por definición, el mismo hecho cometido por la persona física que presenta el punto de conexión legalmente previsto con la persona jurídica (Silva Sánchez 2001, pp. 323 s., 2002, p. 127). En cuanto al *fundamento* del castigo, persona física y jurídica responden por la misma razón: la lesión o puesta en peligro del bien jurídico protegido mediante la tipificación del delito. Por fin, en lo que se refiere al elemento sin duda más discutido en este contexto, el relativo a la *identidad de sujeto*, algunos autores aseguran que dicha supuesta identidad brillaría por su ausencia desde el momento en que persona física y persona jurídica no son la misma persona (Díez Ripollés 2012, p. 6, nota 13). Frente a tal argumento, debe afirmarse, por una parte, que en la práctica jurisprudencial sobre *bis in idem*, el elemento de la identidad de sujeto está empezando a ser relativizado, hasta el punto de que en alguna ocasión el Tribunal Constitucional ha llegado a prescindir por completo del mismo.[12] Por otra, cuando una persona física se constituye en empresa, de tal modo que entre persona física y jurídica acaba existiendo una identidad absoluta (la empresa no cuenta con más administradores, socios, trabajadores, etc.) es difícil negar que persona física y jurídica sean, de hecho, lo mismo.

Que el legislador ha advertido que la responsabilidad penal vicarial de la persona jurídica puede conducir a situaciones de *bis in idem* se desprende con claridad de la regla prevista en el art. 31 ter, ap. 1, inc. 2º CP. De acuerdo con la misma, «[c]uando como consecuencia de los mismos hechos se impusiere a ambas (scil. la persona jurídica y la persona física responsable) la pena de multa, los jueces o tribunales modularán las respectivas cuantías, de modo que la suma resultante no sea desproporcionada en relación con la gravedad de aquéllos». En efecto: ¿tendría algún sentido esta regla si no fuera como instrumento para resolver las insatisfactorias consecuencias derivadas de un eventual *bis in idem*? La respuesta debe ser evidentemente *negativa*. En realidad, mediante la mencionada regla el legislador aplica a los casos de personas jurídicas la ya conocida (y discutida) solución del descuento, consistente en la

[12] Concretamente en el ATC 197/2009: vid. Carpio Briz (2011, 4/3125).

compensación parcial de la pena de multa con la sanción pecuniaria impuesta en vía administrativa.[13]

2.2.3. ¿Respeta la responsabilidad penal de las personas jurídicas el principio de presunción de inocencia?

De la idea de que el modelo de responsabilidad penal de la persona jurídica consagrado por la LO 5/2010 es un modelo de responsabilidad por defecto de organización de la sociedad un sector doctrinal extrae la siguiente conclusión: acreditada por parte de la empresa la ausencia de todo defecto de organización por parte de la empresa, la responsabilidad penal de la misma desaparecería por principio. De esta segunda tesis se deduce, seguidamente, que en los casos de responsabilidad penal de la sociedad tendrá lugar una *inversión de la carga de la prueba:* cuando se verifica uno de los delitos para los que está prevista responsabilidad penal de la sociedad *se presume su culpabilidad*, correspondiendo a la empresa demostrar su diligencia.

Esta postura es defendida en la doctrina por Gómez Tomillo y en la práctica forense por la Fiscalía General del Estado. Afirma el primero que «la carga de la prueba de la concurrencia de circunstancias que la excluyen recae sobre la misma persona jurídica infractora. Las razones que abonan tal punto de vista son, al menos, tres. En primer lugar, por el carácter complejo del juicio de culpabilidad. No resulta realista pretender que en cada proceso penal se tengan que considerar todos y cada uno de los múltiples elementos que integran la culpabilidad. En segundo lugar, en la práctica, no resulta factible que recaiga sobre la acusación la prueba de un elemento negativo: la ausencia de una organización defectuosa. Lo contrario supondría cargar a la acusación con una imposible *probatio* diabólica (...). En tercer lugar, lo habitual será que, constatada la tipicidad y antijuricidad de una acción u omisión imputable a una persona jurídica, se afirme que aquélla procede de un defecto organizativo (hasta el punto de que, como hemos visto, no resultan excepcionales las construcciones que estiman que debe presumirse, sin posibilidad de prueba en contrario, ese defecto de organización). Partiendo de tales postulados, resulta razonable eximir de la prueba de lo que resulta excepcional o presumir lo que es normal. Por último, hacer recaer la carga de la prueba sobre la persona jurídica es coherente con el fundamento mismo del reconocimiento de su responsabilidad penal, el cual radica en la necesidad de contrarrestar el creciente poder de aquellas entidades, trasladándolas la responsabilidad de implementar mecanismos de cumplimiento normativo, a la vista de las dificultades que los poderes públicos tienen a la hora de investigar lo que acaece en el seno de las empresas» (Gómez Tomillo 2015, pp. 188 ss.). En cuanto a la Fiscalía General del Estado, «dado que el precepto hace responder

[13] Consagrada en su momento por las decisivas SSTC 177/1999 y 2/2003.

a la corporación por los hechos delictivos cometidos como consecuencia de la omisión del debido control en cada caso, resulta previsible que la persona jurídica oponga en su defensa el establecimiento previo de determinados estándares de prevención del delito en su seno, correspondiéndole la carga de la prueba acerca de su existencia y sobre todo, su incidencia real en los hechos. Ello es así por cuanto, frente a la constatación de un hecho típico atribuible a una de las personas físicas a que se refiere el artículo 31 bis del Código Penal, *cabe presumir la antijuridicidad y la culpabilidad en la conducta*, salvo que se acredite por quien efectúe una alegación en ese sentido, la concurrencia de circunstancias que justifiquen la misma o gradúen la responsabilidad por el hecho» (Fiscalía General del Estado 2011, p. 48).[14]

Ninguna de estas dos opiniones puede ser compartida. Por supuesto, no es objeto de discusión a quién corresponde acreditar la concurrencia de circunstancias eximentes. Jurisprudencia constante declara, a este respecto, que la carga de la prueba de las eximentes corre a cargo de la parte procesal que las alega, esto es, de la defensa. Así las cosas, en un procedimiento sustanciado por la eventual responsabilidad penal de una sociedad, la prueba de la concurrencia de alguna causa que pueda eximirla de responsabilidad penal corresponderá a la representación legal de la sociedad misma.[15] Ello no obstante, en el negado supuesto de que cupiera fundamentar la responsabilidad penal de una persona jurídica con apoyo en la existencia de un defecto de organización, la ausencia del mismo nunca podría ser contemplada como una eximente. Si el defecto de organización de la sociedad constituyera un elemento fundamentador del injusto en los supuestos de responsabilidad penal de personas jurídicas, es evidente que una aplicación lógica del principio acusatorio conduciría, necesariamente, a afirmar que tal elemento debe ser probado por la parte que invoca su concurrencia, esto es, por la acusación. Llegar a la conclusión opuesta, esto es, a que es la defensa la que tiene que demostrar que no ha existido defecto de organización alguno, supone una inaceptable *inversión de la carga de la prueba*, sin que, además, se justifique de ninguna manera por qué debe producirse la misma en el derecho penal de la persona jurídica y no, en cambio, en el de la persona física. ¿Por qué razón resulta inconcebible que el defecto de organización pueda presumirse en casos de persona física y no, en cambio, que en supuestos de personas jurídicas quepa –como hace la Fiscalía General del Estado– «presumir la antijuridicidad y la culpabilidad en la conducta», colocándose a ésta en situación de auténtica *probatio diabólica*? (Lascuraín Sánchez 2013, pp. 122). No es correcto, por ello, el argumento de Gómez Tomillo (2015, pp. 182 ss.), según el cual «en la práctica, no resulta factible que recaiga sobre la acusación la prueba de un elemento negativo: la ausencia de una organización defectuosa. Lo contrario

[14] Cursiva añadida.

[15] SSTS 18-11-87; 29-2-8; SAP Córdoba, 3ª, 16/97, 20-2.

supondría cargar a la acusación con una imposible *probatio* diabólica». Como es evidente, la acusación no tendría que probar «la ausencia de una organización defectuosa», sino todo lo contrario, su existencia, mientras que la prueba del elemento negativo sí correspondería, en cambio, al acusado.

2.3. El nuevo sistema español de *Compliance* penal: breve historia de un segundo tropiezo con la misma piedra

Tal y como puede deducirse de lo ya dicho, la reforma del Código Penal operada por la LO 1/2015 incide de manera destacada en el sistema de responsabilidad penal de las personas jurídicas. Las líneas fundamentales del nuevo sistema podrían resumirse como sigue (sobre el nuevo sistema, González Cussac 2015, pp. 151 ss.).

De forma paralela, aunque íntimamente relacionada con las dos vías de imputación del hecho delictivo a la persona jurídica, la LO 1/2015 introduce de forma expresa una amplia referencia a los *programas de cumplimento penal para empresas como posible causa de extinción de la responsabilidad criminal de la persona jurídica*. Ciertamente, con ello quedaría zanjada la enconada discusión doctrinal, abierta desde la LO 5/2010, sobre si la puesta en marcha de un *Corporate Compliance program* podría servir o no para eximir de responsabilidad penal a la persona jurídica. No obstante, el nuevo sistema no queda en absoluto liberado de serias dificultades aplicativas.

Por una parte, no será en absoluto sencillo determinar cuándo un programa que, no obstante su vocación, no ha conseguido evitar la comisión del delito por parte de una persona física (éste es, recordemos, el presupuesto para la aplicación de la exención de responsabilidad), debe ser calificado desde una perspectiva *ex ante* (como la Circular FGE 1/2011 pone de relieve, desde un punto de vista *ex post* la comisión del delito parecería revelar, precisamente, todo lo contrario), sin embargo, como idóneo. La regulación sobre programas de cumplimiento contenida en la reforma tiene, ciertamente, pretensiones de exhaustividad. Impulsado por una vocación prácticamente reglamentista, el pre-legislador determina, por una parte, *quién es quién* en los modelos y, por otra, cuáles son los *requisitos* que deben concurrir «en todo caso» con el objeto de que el programa sirva para eximir de responsabilidad criminal a la empresa.

En cuanto al primer aspecto, el nuevo texto hace recaer el deber de adoptar y poner en funcionamiento el programa de cumplimiento en el *órgano de administración* de la sociedad. Por su parte, otro órgano (que en la incipiente práctica sobre la materia recibe denominaciones tales como «comisión de cumplimiento ético» o «comité de cumplimiento»), dirigido por el llamado «oficial de cumplimiento» (*Compliance Officer*) y «con poderes autónomos de iniciativa y de control», se encargaría del control y la vigilancia de su cumplimiento. Este reparto de competencias (que tendría expresamente prevista una excepción para la empresa autorizada para formular cuentas abreviadas, en la que todo correría a cargo del órgano de administración), entraría en abierta contradicción, no obstante, con la (ya expuesta) segunda vía de imputación de responsabilidad penal a la persona jurídica, en la que, recuérdese, se atribuiría la responsabilidad de supervisar, controlar y vigilar, no al *Compliance Officer*, sino a los sujetos con capacidad de decisión y organización de la empresa.[16]

3. *¿SOCIETAS PUNIRI POTEST?*

Un sector de la doctrina se muestra partidario de entender que, aunque formalmente el legislador español ha incorporado al catálogo de penas las imponibles a personas jurídicas, desde una perspectiva material tales penas no son, en realidad, *auténticas penas* y, por tanto, tampoco el principio *societas puniri potest* ha sido realmente derogado. De acuerdo con este planteamiento, las penas previstas para personas jurídicas en el actual Código Penal pueden dividirse en pecuniarias (art. 33.7 a) CP) e interdictivas (art. 33.7 b-g CP). Las primeras tendrían por objeto el restablecimiento de una situación económica de enriquecimiento injusto de la persona jurídica como consecuencia de la comisión del delito por parte de una persona física que la representa *«en*

[16] De hecho, la atribución de funciones de vigilancia al oficial de cumplimiento no casaba nada bien con la previsión del (muy cuestionable) art. 286 seis CP, recogida durante prácticamente toda su tramitación parlamentaria por el proyecto de reforma del Código Penal y que finalmente fue excluido del texto que acabó siendo aprobado. En este precepto se tipificaba la omisión de adoptar las medidas de vigilancia o control que resulten exigibles para evitar la infracción de deberes o conductas peligrosas tipificadas como delito, cuando se dé inicio a la ejecución de una de esas conductas ilícitas que habría sido evitada o, al menos, seriamente dificultada, si se hubiera empleado la diligencia debida. Esto es, en resumen, la omisión del deber de implementar un programa de prevención penal, con independencia de si tal omisión habría provocado o no la comisión de un segundo delito-fin. Se trataba de un delito que, además, genera eventual responsabilidad penal de la propia empresa. Al no exigirse este último extremo, en caso de que el delito se cometiera efectivamente debería apreciarse –siempre y cuando, evidentemente, se acabe convirtiendo en derecho positivo– un concurso de leyes, a resolver de acuerdo con el principio de especialidad a favor del precepto que tipifica el delito-fin. Lo contrario (la aplicación cumulativa de los dos preceptos en juego) daría lugar a un inaceptable *bis in idem*. El proyectado art. 286 seis CP tenía previsto hacer responsable del hecho al *«representante legal o administrador de hecho o de derecho de cualquier persona jurídica o empresa, organización o entidad que carezca de personalidad jurídica»*, que omita el mencionado deber de implementar las medidas de vigilancia o control referidas. Ninguna mención se hacía, sin embargo, del órgano de control y vigilancia separado e independiente de la administración de la sociedad, a los que sí se alude en el proyectado art. 31 bis CP. ¿No habría tenido más sentido, acaso, referirse en el mencionado art. 286 seis CP, como sujeto responsable, al oficial de cumplimiento, en lugar, por ejemplo, del «legal representante», al que el nuevo texto no incluiría entre los sujetos obligados a «adoptar y ejecutar con eficacia, antes de la comisión del delito, modelos de organización y gestión que incluyen las medidas de vigilancia y control idóneas para prevenir delitos de la misma naturaleza»?

provecho propio» (de la persona jurídica). Las segundas, las medidas interdictivas, tendrían más bien la naturaleza propia de medidas de seguridad previstas para controlar la probabilidad de reiteración delictiva inherente a sociedades peligrosas.

Desde mi punto de vista, este planteamiento es merecedor de ser ampliamente atendido. En un derecho penal respetuoso con los límites derivados de un Estado democrático, las penas deben atender a una doble racionalidad: la instrumental, o consecuencialista, y la valorativa, o principialista. En un tal derecho penal consecuencialista y, al mismo tiempo, principialista, la pena debe servir para algo, pero con la limitación de la observancia de determinados principios o valores. Con otras palabras: las penas deben servir para proteger a la sociedad mediante la prevención de la comisión de delitos, pero con el sometimiento a los límites del *ius puniendi* derivados del carácter social y democrático de derecho. En el caso de las penas a personas jurídicas, se trata, de forma evidente, de consecuencias jurídicas derivadas de una política criminal eminentemente pragmática y consecuencialista sustraída a límites tan fundamentales como el de *non bis in idem*, personalidad de las penas, responsabilidad por el hecho, imputación subjetiva, imputación personal o proporcionalidad de las penas. Además, se afirma –con toda razón– que por la especial naturaleza del hecho delictivo y la especial gravedad que entraña la pena, la imposición de ésta al autor de una infracción penal implica la realización de un juicio de reproche ético-social que difícilmente puede tener como destinatario a una persona jurídica (Silva Sánchez 2001, p. 331, Mir Puig 2004, p. 10, Pastor Muñoz 2006, p. 14, Robles Planas 2006, p. 7, 2011, p. 5). Nada de ello obsta, sin embargo, la imposición a la persona jurídica de medidas de seguridad, consecuencias jurídicas interdictivas o reglas de restablecimiento de situaciones económicas de enriquecimiento injusto (Pastor Muñoz 2006, p. 13).

Descartada, por tanto, la viabilidad dogmática de una teoría del delito paralela para personas jurídicas, se trata ahora de analizar la segunda de las vías anunciadas *supra*: el recurso a un concepto más amplio de culpabilidad que permita aprehender en su seno formas de responsabilidad objetiva o colectiva, como lo sería la prevista para personas jurídicas en el Código Penal español. Esta segunda alternativa se fundamenta en una amplia jurisprudencia del Tribunal Constitucional, en virtud de la cual el principio de culpabilidad debe adaptarse a la distinta naturaleza de las diferentes ramas del ordenamiento jurídico. Así, por ejemplo, a diferencia de lo que sucede (o debería suceder) con el derecho penal, el derecho civil o el derecho administrativo admitirían ciertas formas de responsabilidad objetiva y colectiva, compatibles con el principio de culpabilidad, en el mencionado sentido amplio de la expresión (Mir Puig 2014, pp. 6 s.).[17]

En mi opinión, este segundo punto de vista tiene la indudable virtud de llamar a las cosas por su nombre. En efecto, el art. 33.7 CP se refiere a las nuevas consecuencias para personas jurídicas como «penas», pero resulta evidente que estas penas para personas jurídicas nada tienen que ver con las previstas en el mismo cuerpo legal para personas físicas. Aunque caben diversos sentidos del término «pena», en el sentido más fuerte del término, entendido como reproche ético-jurídico, la «pena» sólo puede serlo para personas físicas. La pena para personas jurídicas, esto es, la pena por hecho ajeno, cumulativa o sin culpabilidad, responde, más bien, a la naturaleza jurídica propia de la responsabilidad civil (singularmente análoga a ésta es la multa prevista en el art. 33.7 a) o a la de una medida de seguridad (este es el caso de las penas interdictivas del art. 33.7 b-g CP) (Mir Puig 2014, p. 12).

En el caso de la responsabilidad penal de personas jurídicas, tanto los presupuestos como el contenido de las medidas previstas son completamente distintos a los que caracterizan el sistema de responsabilidad de personas físicas. Así, el presupuesto de la responsabilidad no será un hecho propio delictivo, sino un *estado de cosas peligroso* que genera un *enriquecimiento injusto* a la persona jurídica. En lo que respecta al contenido de las medidas, el mismo reviste naturaleza fundamentalmente económica (singularmente, la pena de multa) y preventiva (éste es el caso de las llamadas penas interdictivas) (Mir Puig 2014, pp. 11 s., Cigüela Sola 2015, *passim*).

Puede afirmarse, en conclusión, que las penas previstas para personas jurídicas en el Código Penal español sólo lo son precisamente porque el legislador penal así lo indica, pero nada tienen que ver con las penas para personas físicas. Tanto por sus presupuestos, como en atención a su naturaleza jurídica, las medidas que nos ocupan se encuentran más próximas a las sanciones civiles, a las medidas de seguridad y a las consecuencias accesorias. Existen razones para creer, por tanto, que bajo la piel de lobo de la pena, el Código Penal oculta, en realidad, en parte la *oveja descarriada* de una suerte de responsabilidad civil derivada de delito y, en parte, la de una especie de sistema de medidas de seguridad interdictivas para sociedades peligrosas.[18]

---

[17] Así, la STC 246/1991, FJ 2º, reconoció que los principios de personalidad de la sanción y de responsabilidad subjetiva deben aplicarse al derecho administrativo de forma que permitan la responsabilidad de las personas jurídicas –admitida expresamente por la Ley 30/1992, de 26 de noviembre, de Régimen Jurídico de las Administraciones Públicas y del Procedimiento Administrativo Común, en su artículo 130.1.

[18] En un sentido algo distinto, para Goena, la naturaleza jurídica de las penas previstas para personas jurídicas en el Código Penal español es completamente distinta a la que caracteriza a las penas previstas para personas físicas. No en vano, algún autor es de la opinión de que no se trata, en realidad, de auténticas penas. En opinión de Goena, tampoco se trata de meras consecuencias interdictivas, ni de reglas de responsabilidad civil. Su auténtica naturaleza jurídica

BIBLIOGRAFÍA

Bacigalupo Zapater, Enrique (2011): «La prevención de la responsabilidad penal y administrativa de las personas jurídicas y los programas de compliance», en E. Bacigalupo Zapater, *Compliance y Derecho penal*, Cizur Menor: Aranzadi.

---

sería la propia de las medidas de prevención reactiva, con una doble dimensión reestructuradora e inocuizadora. La primera se correspondería con una función preventiva, la segunda con una reactiva. Dada la disparidad lógica de estas dos dimensiones, cabe preguntarse razonablemente si ambas son realmente conciliables en un mismo concepto. En la concepción de Goena, la imposición de la pena a una persona jurídica serviría para eliminar el injusto de aquélla, entendido como estado de cosas peligroso (Goena Vives 2014, *passim*). En este sentido, entendida como instrumento de prevención reactiva, la pena a la persona jurídica podría asimilarse a la tercera vía sugerida por Mir Puig o Silva Sánchez, ya referida *supra*. No obstante, en apariencia la concepción de Goena se distinguiría decisivamente de éstas en el componente reactivo de la pena, ausente, en lo que alcanzo a ver en los planteamientos de Mir y Silva. Asiste la razón a Goena cuando afirma que la persona jurídica carece de culpabilidad. Contemplada ésta como un presupuesto de la imputación objetiva, en el planteamiento de Goena la ausencia de culpabilidad no obsta la posibilidad de atribuir el estado de cosas antijurídico a un sujeto no libre como la persona jurídica. No se le imputa, por tanto, un hecho típico, sino que se le atribuye un estado de cosas antijurídico, de tal modo que, frente a tal circunstancia, la pena se presentaría como una medida de prevención reactiva (Goena Vives 2014, *passim*). No obstante, cabe plantearse la duda de si dicha medida debe encontrarse recogida en el Código Penal o fuera del mismo, en una ley especial. Aunque Goena acoge con simpatía esta última posibilidad, parece acabar decantándose por la primera, ya que entonces el sistema de responsabilidad penal de personas jurídicas acabaría beneficiándose del amplio aparato de garantías del derecho penal. En realidad, la cuestión puede verse como un trasunto de la relativa a si las reglas de determinación de la responsabilidad civil derivada de delito han de encontrarse recogidas en la legislación penal o en la legislación civil. A favor de la primera opción juega, ciertamente, el factor relativo a las garantías del procedimiento penal, ya apuntado por Goena (2014, *passim*). No obstante, resulta metodológicamente discutible que la supuesta conveniencia de una consecuencia procesal (la eventual aplicación de las garantías propias del proceso penal) constituya, al mismo tiempo, uno de los elementos a considerar en el análisis relativo a la naturaleza jurídica de la institución. En otras palabras: con carácter previo a la decisión de si la responsabilidad penal de la empresa debe dirimirse o no en un procedimiento penal debería decidirse si puede decirse que tal responsabilidad tiene, en realidad, naturaleza penal. De lo contrario, la consecuencia del razonamiento lógico prejuzgaría uno de sus presupuestos fundamentales. Por lo demás, es evidente que, del mismo modo que, lamentablemente, ha venido sucediendo con otros ámbitos del derecho penal, la incorporación al Código Penal de instituciones no penales, o, cuanto menos, de naturaleza considerablemente diversa a la propia del derecho penal de personas físicas, bien podría provocar un indeseado efecto contaminante en el sistema. Tal efecto podría comportar (y, en cierto modo, ya está comportando) una creciente flexibilización de criterios de imputación y garantías procesales para personas físicas, en lo que constituye una auténtica pendiente resbaladiza de imprevisibles consecuencias. Es cierto que el sistema español de responsabilidad penal de personas jurídicas sin necesidad de culpabilidad en la persona física que habría cometido el delito guarda ciertas analogías con el de mediras de seguridad, cuyo presupuesto es la peligrosidad del reo. Pero también que nada justifica la equiparación de penas para personas jurídicas con las mediras de seguridad, máxime sin que el legislador se exprese al respecto. No cabe pena en sentido estricto sin culpabilidad, y si cabe, entonces la medida impuesta no puede ser calificada como tal.

Carpio Briz, David (2011): «Non bis in idem», en I. Ortiz de Urbina coord., *Memento penal económico y de la empresa*, Madrid: Francis Lefebvre.

Cigüela Sola, Javier (2015): *La culpabilidad colectiva en el Derecho penal. Crítica y propuesta de una responsabilidad estructural de la empresa*, Tesis doctoral inédita, Barcelona.

Cuadrado Ruiz, María Ángeles (2007): «La responsabilidad penal de las personas jurídicas. Un paso hacia adelante... ¿un paso hacia atrás?», *Revista Jurídica de Castilla y León* [en línea] 12, 121-152. Disponible en: http://digibug.ugr.es/bitstream/10481/38633/1/RJ-n%C2%BA12-cuadrado.qxd.pdf [Acceso 15 julio 2016].

Díez Ripollés, José Luís (2012): «La responsabilidad penal de las personas jurídicas. Regulación española», *InDret: Revista para el análisis del derecho* [en línea] 1. Disponible en: http://www.raco.cat/index.php/InDret/article/download/260787/347969 [Acceso 15 julio 2016].

Dopico Gómez-Aller, Jacobo (2009a): «Pero, ¿es que nadie va a pensar en los socios?», *Legal Today* [en línea], 8-4-2009. Disponible en: http://www.legaltoday.com/practica-juridica/penal/economico/pero-es-que-nadie-va-a-pensar-en-los-socios [Acceso 15 julio 2016].

Dopico Gómez-Aller, Jacobo (2009b): «¿Qué salvar del art. 318 CP? La responsabilidad de administradores y encargados del servicio en los delitos contra los derechos de los trabajadores «atribuidos a una persona jurídica». Consideraciones de lege ferenda», en J. Álvarez García, A. Manjón-Cabeza Olmeda, A. Ventura Püschel, coords. *La adecuación del Derecho penal español al ordenamiento de la unión europea. La política criminal europea*, Valencia: Tirant lo Blanch, p. 549-574.

Dopico Gómez-Aller, Jacobo (2010): «Responsabilidad penal de personas jurídicas», en I. Ortiz de Urbina coord., *Memento Experto Reforma Penal*, Madrid: Francis Lefebvre.

Fiscalía General del Estado (2011): *Circular 1/2011 relativa a la responsabilidad penal de las personas jurídicas conforme a la reforma del código penal efectuada por ley orgánica número 5/2010* [en línea], Madrid: Fiscalía General del Estado. Disponible en: https://fiscal.es/fiscal/PA_WebApp_SGNTJ_NFIS/descarga/memoria2012_vol1_circu_01.pdf?idFile=7ed535ae-8bf0-4aa5-b219-618b3ac7420f [Acceso 15 julio 2016].

Gallego Soler, José Ignacio (2004): «Criterios de determinación de la responsabilidad penal individual en estructuras organizativas empresariales», en J.L. Modolell González, J.I. Gallego Soler, *Empresa y Derecho penal*, Caracas: Cátedra Fundacional Banco Mercantil.

Goena Vives, Beatriz (2014): *Sanciones penales a personas jurídicas: criterios de modulación. Reinterpretación desde la teoría de la pena*, Tesis doctoral inédita, Pamplona.

Gómez Martín, Víctor (2009a): «Las penas a la sociedad, ¿sirven para colmar lagunas de punibilidad?», *Legal Today* [en línea], 23-4-2009. Disponible en: http://www.legaltoday.com/practica-juridica/penal/economico/las-penas-a-la-sociedad-sirven-para-colmar-lagunas-de-punibilidad [Acceso 15 julio 2016].

Gómez Martín, Víctor (2009b): «El enigmático art. 318 CP: diez cuestiones controvertidas», en S. Mir Puig, M. Corcoy Bidasolo dir., J.C. Hortal Ibarra coord., *Protección penal de los derechos de los trabajadores. Seguridad en el trabajo, tráfico ilegal de personas e inmigración clandestina*, Buenos Aires-Montevideo-Madrid: B de F, p. 227 280.

Gómez Tomillo, Manuel (2015): *Introducción a la responsabilidad penal de las personas jurídicas en el sistema español*, 2ª ed., Cizur Menor (Navarra): Thomson Reuters Aranzadi.

Gómez-Jara Díez, Carlos (2005): *La culpabilidad penal de la empresa*, Madrid; Barcelona: Marcial Pons.

Gómez-Jara Díez, Carlos (2011): «Fundamentos de la responsabilidad penal de las personas jurídicas», en J. Banacloche Palao, J.M. Zarzalejos Nieto, C. Gómez-Jara Díez, *Responsabilidad penal de las personas jurídicas. Aspectos sustantivos y procesales*, Madrid: La Ley, p. 25-47.

González Cussac, José Luis (2015): «Responsabilidad penal de las personas jurídicas (arts. 31 bis, ter, quáter y quinquies)», en J.L. González Cussac et al., *Comentarios a la Reforma del Código Penal de 2015*, Valencia: Tirant lo Blanch, p. 151-209

Jakobs, Günther (1996): *Sociedad, norma y persona en una teoría del Derecho penal funcional*, Madrid: Civitas.

Jakobs, Günther (2000): «La omisión: Estado de la cuestión», en J.M. Silva Sánchez ed., *Sobre el estado de la teoría del delito (Seminario en la Universitat Pompeu Fabra)*, Madrid: Civitas, p. 129-154.

Jakobs, Günther (2002): «Strafbarkeit juristischer Personen», en *LH-Lüderssen*, Baden Baden: G Bemmann.

Jescheck, H.-H. (1981): *Tratado de Derecho Penal, PG*, I, traducción, adiciones y notas de derecho penal español a cargo de S. Mir Puig y F. Muñoz Conde, Barcelona: Bosch.

Lascuraín Sánchez, J.A. (2013): «Compliance, debido control y unos refrescos», en A. Nieto coord., *El derecho penal económico en la era compliance*, Valencia: Tirant lo Blanch, p. 111-136.

Mir Puig, Santiago (1998): «Recensión a Jakobs, *Sociedad, norma y persona...*», *Revista de Derecho Penal y Criminología*, 2ª Época, 2 p.445-455.

Mir Puig, Santiago (2004): «Una tercera vía en materia de responsabilidad penal de las personas jurídicas», *Revista Electrónica de Ciencia Penal y Criminología* [en línea], 06-01. Disponible en: http://criminet.ugr.es/recpc/06/recpc06-01.pdf [Acceso 15 julio 2016].

Mir Puig, Santiago (2014): «Las nuevas «penas» para personas jurídicas: una clase de «penas» sin culpabilidad», en S. Mir Puig, M. Corcoy Bidasolo, V. Gómez Martín dir., *Responsabilidad de la empresa y Compliance. Programas de prevención, detección y reacción penal*, Buenos Aires, Montevideo, Madrid: B de F, p. 3-14.

Mir Puig, Santiago (2015): *Derecho penal: parte general*, 10ª ed., Barcelona: Reppertor.

Nieto Martín, A (2007): *La responsabilidad penal de las personas jurídicas: un modelo legislativo*, Madrid: Iustel.

Pastor Muñoz, Nuria (2006): «¿Organizaciones culpables? Recensión a Carlos Gómez-Jara, La culpabilidad penal de la empresa, Marcial Pons, Madrid, 2005», *InDret: Revista para el Análisis del Derecho* [en línea] 2. Disponible en: http://www.raco.cat/index.php/InDret/article/viewFile/121377/167825 [Acceso 15 julio 2016].

Peñaranda Ramos, Enrique et al. (1997): «Estudio preliminar» en G. Jakobs, *Estudios de Derecho penal*, Madrid: Civitas.

Ragués Vallès, Ramón (2002): «Atribución de responsabilidad en el Derecho penal de la empresa», en *XXIII Jornadas Internacionales de Derecho penal*, Bogotá: Universidad Externado de Colombia.

Robles Planas, Ricardo (2006): «¿Delitos de personas jurídicas? A propósito de la Ley austriaca de responsabilidad de las agrupaciones por hechos delictivos », *Indret: Revista para el Análisis del Derecho* [en línea], 2, Disponible en: http://www.indret.com/pdf/344.pdf [Acceso 15 julio 2016].

Robles Planas, Ricardo (2011): «Pena y persona jurídica: crítica del art. 31 bis CP», *Diario La Ley* 7705, 29-09-2011, pp. 4 s.

Schünemann, Bernd (2000): «La culpabilidad: estado de la cuestión», en J.M. Silva Sánchez ed., *Sobre el estado de la teoría del delito (Seminario en la Universitat Pompeu Fabra)*, Madrid: Civitas, p. 91-128.

Silva Sánchez, Jesús-María (2001): «La responsabilidad penal de las personas jurídicas y las consecuencias accesorias del art. 129 del Código penal», en *Derecho penal económico, Manuales de Formación Continuada* Madrid: CGPJ, p. 308-364.

Silva Sánchez, Jesús-María (2002): «La responsabilidad penal de las personas jurídicas en el convenio del Consejo de Europa sobre cibercriminalidad», en O. Morales García dir., *Delincuencia informática. Problemas de responsabilidad*, Madrid: CDJ, p. 113-142.

Silva Sánchez, Jesús-María (2010): «La reforma del Código penal: una aproximación desde el contexto», *Diario La Ley* 7464.

Silva Sánchez, Jesús-María e Iñigo Ortiz de Urbina (2006): «El art. 31.2 del Código Penal», *InDret: Revista para el Análisis del Derecho* [en línea] 2. Disponible en: http://www.raco.cat/index.php/InDret/article/viewFile/121374/167822 [Acceso 15 julio 2016].

Consideraciones en torno a la imposición y determinación de penas interdictivas a personas jurídicas[1]

María Soledad Gil Nobajas

1. Introducción. 2. Previo: las «penas» para las personas jurídicas y su responsabilidad en el Código Penal español. 3. Cuestiones comunes a las penas interdictivas: primeros problemas. 4. Catálogo de penas interdictivas: problemas específicos. 4.1. Disolución. 4.2. Suspensión de actividades. 4.3. Clausura de locales y establecimientos. 4.4. Prohibición de actividades. 4.5. Inhabilitaciones especiales. 4.6. Intervención judicial. 5. Reglas para su aplicación: algunas disfuncionalidades. 6. Consideraciones finales. Bibliografía.

RESUMEN

Este trabajo analiza las penas interdictivas aplicables a las personas jurídicas reguladas en las letras b) a g) del art. 33.7 del Código Penal, puesto que presentan unas características comunes que las diferencian de la multa. A la luz de su contenido y caracterización doctrinal, su finalidad y las reglas para su imposición y determinación del art. 66 bis CP, se pondrán de relieve algunos de los problemas generales y particulares que suscitan.

Palabras clave: Personas jurídicas, Responsabilidad penal, Penas interdictivas.

ABSTRACT

This paper analyses interdiction penalties applicable to legal entities, specified in paragraphs b) to g) of article 33.7 Criminal Code, which display some characteristic features that differentiate them from the fine penalty. Some general and particular problems referred to these penalties will be highlighted, taking into account their content and doctrinal characterization, purpose and the legal provisions that regulate their applications and determination.

---

[1] Este trabajo se enmarca en el Proyecto de Investigación I+D+I DER2013-46523-R, *Prevención y tratamiento punitivo de la corrupción en la contratación pública y privada*, del Programa Estatal de Investigación, Desarrollo e Innovación orientada a los retos de la sociedad, y cuyos investigadores principales son Pilar Otero González y Abraham Castro Moreno; igualmente, en el equipo de investigación *Poder público y empresa en un contexto multinivel y transnacional* (UD-R2010) reconocido por el Gobierno Vasco para el período 2013-2015 (IT607-13), cuyo investigador principal es Luis I. Gordillo Pérez.

Keywords: Legal entities, Criminal liability, Interdiction penalties.

1. INTRODUCCIÓN

Con la introducción del art. 129 en el Código Penal de 1995 se reguló la posibilidad de aplicar determinadas reacciones jurídicas a los entes colectivos, bajo el calificativo de consecuencias accesorias. Aunque en esta regulación los presupuestos sustantivos para su imposición y las reglas para su determinación e individualización brillaban por su ausencia, una de las pocas cuestiones definida era la concreta consecuencia accesoria imponible para cada delito circunscrito al ámbito de aplicación del art. 129. Quince años después, y tras algún traspiés intermedio, el modelo de responsabilidad penal para las personas jurídicas (en adelante RPPJ) que introdujo la LO 5/2010 mantuvo, en esencia, esas mismas reacciones jurídicas, más alguna otra, incluida la multa; catálogo que mantiene la LO 1/2015. Con esta reforma no solo se conservó en su inmensa mayoría el catálogo de sanciones penales de la regulación anterior, sino que incorporó un doble sistema de responsabilidad, uno para personas jurídicas y otro para entes sin personalidad jurídica, que se unifican, a excepción de la multa y la disolución, en las concretas consecuencias jurídicas aplicables bajo, teóricamente, la diferente naturaleza de penas y consecuencias accesorias.

El objeto de este trabajo se centra en las penas interdictivas para las personas jurídicas recogidas en las letras b) a g) del art. 33.7 CP, dado que presentan unas particularidades que las permiten diferenciar de la pena de multa, la única de imposición obligatoria. Así, se realiza un análisis crítico de estas sanciones, su finalidad, contenido y reglas para su imposición y determinación, destacando algunas de las cuestiones conflictivas que suscitan. Debe advertirse que los aspectos que se abordan se limitan fundamentalmente al régimen de imposición de penas, si bien muchas de estas cuestiones son extrapolables a las consecuencias accesorias del actual art. 129. Es más, teniendo en cuenta que el legislador de 2010 ha mantenido prácticamente invariable el catálogo de sanciones para las personas jurídicas, la referencia a esta regulación, antes de la introducción del art. 31 bis, se presenta como obligada, así como la aplicación que los tribunales han hecho de este último precepto. Van a quedar fuera, por razones de espacio, la posibilidad de imponer algunas de estas sanciones como medidas cautelares.

2. LAS «PENAS» PARA LAS PERSONAS JURÍDICAS Y SU RESPONSABILIDAD EN EL CÓDIGO PENAL ESPAÑOL

No es posible hablar de penas aplicables a la persona jurídica, cualesquiera que sean, sin referirse a su presupuesto: la responsabilidad penal de aquella y su vía de fundamentación. Sería una labor suicida abordar un tema tan complejo, discutido y con diferentes enfoques en los límites de este trabajo y, obviamente, no pretendo embarcarme en él. Pero el objeto de análisis es una clase específica de «penas» para las personas jurídicas, conforme a los requisitos del art. 31 bis y ss., por lo que resultan preceptivas unas breves consideraciones al respecto.

Se han manejado distintos argumentos sobre la necesidad político-criminal de castigar penalmente a las personas jurídicas, si bien de entre ellos el protagonismo lo ha acaparado la autorregulación regulada, bajo el discurso de que es la empresa la que debe controlar los riesgos que genera ante un Estado que no puede monitorizarlo todo, ni además es el más capacitado para hacerlo. No voy a entrar a valorar aquí si incitar a las empresas al desarrollo de modelos de organización eficaces para la prevención y detección de delitos es un objetivo que deba resolverse con el expediente penal[2]. Pero si este es el escenario sobre el que se plantea el debate, el modelo que desarrolle una filosofía autorreguladora debe resultar coherente con ella y eficaz para lograr su objetivo. Son numerosas y variadas las vías de fundamentación para imponer sanciones a las personas jurídicas, de diferente naturaleza según los presupuestos de partida. En una labor de síntesis, se nos habla de heterorresponsabilidad o autorresponsabilidad; dicotomía en la que, a mi juicio, ofrece dogmáticamente una mayor rentabilidad esta última, sin perjuicio de las objeciones a la que lógicamente puede y debe someterse.

Sentado lo anterior, otra cosa es la valoración concreta que merezca el modelo de RPPJ que introdujo la LO 5/2010 y que ya ha conocido dos reformas, la última por medio de la LO 1/2015, de 30 de marzo. Esta última modificación, con una prolija y detallada regulación de un modelo de organización empresarial con efectos exoneratorios o atenuantes, según el caso, para la persona jurídica, es expresión legal de que, en efecto, la filosofía inspiradora es la autorregulación empresarial[3]. A partir de aquí, se está, en mi opinión, ante un modelo con una clara base de heterorresponsabilidad, incorporando un componente o criterio de imputación autónoma respecto de la persona jurídica; la existencia de una deficiencia organizativa que «explique» la comisión del delito. O también, se trata de un sistema a medio camino entre la heterorresponsabilidad y la autorresponsabilidad, pero sin haber dado el paso definitivo hacia esta última. Ni la posibilidad de sancionar

[2] Un sector importante de la doctrina niega este punto de partida, al menos para fundamentar una vía estrictamente penal, es decir, de imposición de auténticas penas a las personas jurídicas. Si bien principalmente este rechazo se vincula en considerar incompatible una fundamentación de esta índole con las categorías tradicionales del delito.

[3] La segunda clave del sistema reside en que, a pesar de existir un defecto de organización, solo se sanciona a la persona jurídica si el delito se ha llevado a cabo en su beneficio directo o indirecto, es decir, entendido en un sentido amplio.

autónomamente a la persona jurídica, aunque no haya persona física a quien castigar, convierte el modelo en uno de responsabilidad propia, ni el hecho de que el fundamento de su sanción resida en una deficiencia organizativa convierte esta última en una culpabilidad jurídico-penal. Lo primero porque también los modelos puros de responsabilidad derivada necesitan establecer excepciones en esta dirección para no caer en la inoperancia absoluta del sistema. En el caso particular del art. 31 bis y ss. esta autonomía de la responsabilidad compagina mal con la modulación de la pena de multa que se recoge, como reconoce mayoritariamente la doctrina. Lo segundo, porque la culpabilidad por defecto de organización, tesis acuñada por Tiedemann para fundamentar la responsabilidad administrativa de la entidad del § 30 OWiG, no formula realmente una culpabilidad jurídico-penal que, para colmo, va referida al hecho injusto cometido por la persona física.

El problema de las vías intermedias es que corren el riesgo de acumular las objeciones de las dos fórmulas de las que toman sus elementos configuradores; aunque hay que reconocer que la actual regulación penal española resulta en la práctica más operativa que cualquier modelo de autorresponsabilidad, caracterizados por su compleja fundamentación teórica. En cualquier caso, a pesar de que personalmente soy partidaria de otra fundamentación que permita imputar objetiva y subjetivamente menoscabos de bienes jurídicos a los entes colectivos, comparto la mayoría de las críticas que un amplio sector de la doctrina ha dirigido al art. 31 bis y ss., porque aquí no es posible hablar de una auténtica culpabilidad jurídico-penal por el defecto de organización. Las deficiencias organizativas resultarán, en su caso, el sustrato fáctico sobre el que desarrollar el hecho injusto de la persona jurídica y la culpabilidad, bajo una comprensión normativa, deberá ir referida a ese injusto. Teniendo presente esto, es discutible que las reacciones objeto de este trabajo pueden considerarse penas, en su sentido jurídico-penal, aunque no creo que pueda negarse su carácter penal en sentido amplio. No obstante, a los efectos de este trabajo, se mantendrá la nomenclatura de penas, puesto que así las ha denominado el legislador cuando van referidas a entes dotados de personalidad jurídica.

3. CUESTIONES COMUNES A LAS PENAS INTERDICTIVAS: PRIMEROS PROBLEMAS

El art. 33.7 CP recoge un total de 6 penas interdictivas, todas ellas penas graves, lo que de entrada plantea los primeros problemas. Por un lado, porque puede resultar incoherente en atención al diverso contenido y duración que poseen. Es verdad que podría defenderse que su gravedad viene motivada por la incidencia real para el desarrollo de la actividad empresarial u objeto social, que puede ser muy superior a la de su duración real[4]. No obstante, y como se verá, el CP no establece una duración mínima de extensión, por lo que teóricamente es posible pensar en una duración mínima de un día. Con todo, y aunque lo más aconsejable es que se diferenciara entre penas graves y menos graves[5], generalmente implicarán una afectación y restricción severa de la actividad empresarial (salvo, en ocasiones, la intervención judicial), en atención a las reglas que orientan su aplicación y determinación. A mi juicio esto puede resultar algo incoherente con el fomento de la autorregulación que inspira la RPPJ, al menos si lo que se pretende es resocializar o rehabilitar a la entidad que no se organiza correctamente y no meramente neutralizar la utilización delictiva de esta, aspecto sobre el que se volverá más adelante.

Por otro lado, su naturaleza grave suscita problemas procesales, ya que su duración no tiene por qué guardar relación con la gravedad de la pena impuesta a la persona física (De la Mata Barranco et al. 2011, p. 13, Gallego Díaz 2013, p. 86). Sobre esto la Ley 37/2011, de 10 de octubre, de medidas de agilización procesal (posterior, por cierto, a la entrada en vigor de la reforma penal de 2010), introdujo un art. 14 bis en la Ley de Enjuiciamiento Criminal con el siguiente tenor: «cuando de acuerdo con lo dispuesto en el artículo anterior el conocimiento y fallo de una causa por delito dependa de la gravedad de la pena señalada a éste por la ley se atenderá en todo caso a la pena legalmente prevista para la persona física, aun cuando el procedimiento se dirija exclusivamente contra una persona jurídica». Se trata de una solución técnica para facilitar la operatividad de la RPPJ, aunque no supera, a mi juicio, la incongruencia de que persona física y jurídica responden por el mismo tipo penal. Existiría una accesoriedad (Gallego Díaz 2013, p. 86) limitada referida al hecho típico de la persona física, si bien este sujeto y la persona jurídica responderían por razones distintas. Aquélla con base en su culpabilidad, ésta por el defecto de organización. Y puesto que el delito por el que responden ambas es el mismo, lo único que parece posible graduar es la gravedad de la deficiencia organizativa, lo que correlativamente debería dar lugar, en principio, a una pena para la persona jurídica más o menos grave. Pero no solo en cuanto a su duración, lo que nos reconduce al primero de los problemas aludidos, sino en cuanto al catálogo de sanciones contempladas, su contenido y su afectación (real) sobre la entidad[6].

---

[4] Similar, Manzanares Samaniego (2012, p. 2).

[5] Así lo considera Roca Agapito (2014, p. 384).

[6] Una de las críticas vertidas al modelo de RPPJ que consagra el art. 31 bis es que la persona física responde por un delito doloso, mientras que el déficit de organización será generalmente imprudente. No obstante, y siendo partidaria de otra vía de fundamentación teórica, no veo muy claro que en el marco de la regulación española pueda hablarse de responsabilidad dolosa o imprudente de la persona jurídica, puesto que entiendo que el hecho injusto de la persona física se le imputa a la entidad. A menos que se haga equiparar la mayor o menor gravedad del

La distinta gravedad de la pena entre persona física y jurídica genera igualmente disfunciones en el plano de la prescripción. En aplicación del art. 133.1 CP y 131.5, las penas a las personas jurídicas prescribirán a los diez años, por lo que puede darse la paradoja de haber prescrito el delito para la persona física y no para la entidad, a pesar de que la base de la sanción de esta última es el delito de aquélla. Salvo que se interprete que también aquí el plazo de prescripción de la pena para la persona física «arrastra» al de la persona jurídica, similar a lo que sucede con la competencia judicial. No obstante, parece dudosa su admisión al no existir aquí previsión legal específica.

Un segundo rasgo definidor de las penas interdictivas es que son, salvo tasadas excepciones[7], de aplicación facultativa[8] y, además, cumulativas a la multa (Boldova Pasamar 2013, p. 261), que opera prácticamente siempre como pena de imposición obligatoria. Parece desprenderse, entonces, que la multa juega el papel de pena principal y las interdictivas son penas accesorias (Manzanares Samaniego 2012, p. 1 s., Roca Agapito 2014, p. 382 s.)[9]. Además, son hereditarias en su mayoría de las consecuencias accesorias incorporadas al Código Penal en 1995 en consonancia con las previsiones internacionales en la materia. No obstante, se critica recurrentemente el no haber contemplado otras sanciones conocidas en derecho comparado, mucho más variadas y que no solo persigan una finalidad preventivo-negativa como la que implica la mayor parte de las penas recogidas en el art. 33.7[10].

Unido a su naturaleza potestativa y finalidad preventivo-negativa, debe advertirse que las penas interdictivas tienen además una aplicación muy restrictiva en el caso de sociedades mercantiles públicas que ejecuten políticas públicas o presten servicios de interés general, única excepción a la exclusión de sanción penal para las personas jurídicas de derecho público. Conforme al art. 31 quinquies, además de la multa la única pena interdictiva legalmente admisible en estos casos es la intervención judicial. A menos que la entidad se hubiera creado expresamente para eludir una eventual responsabilidad penal, en cuyo caso no será oponible la limitación referida. En mi opinión la razón de esta restricción viene determinada por la naturaleza del servicio público o

---

defecto de organización con el dolo o la imprudencia. Esta es la concepción que defiende Nieto Martín (2008, p. 160).

[7] En el Código Penal, la disolución es de imposición obligatoria en los delitos de asociación ilícita (art. 520), depósito de armas, municiones o explosivos (art. 569) y pertenencia a organización criminal (art. 570 quáter). El delito de cohecho del art. 424 contempla por su parte, la obligatoriedad de imponer la inhabilitación para obtener subvenciones y ayudas públicas, para contratar con entes, organismos o entidades que forman parte del sector público y para gozar de beneficios o incentivos fiscales y de la Seguridad Social de 5 a 10 años. En este caso, la obligatoriedad de imposición es compartida con la multa para la persona jurídica, en atención a lo dispuesto en el art. 427 bis. En contra, Faraldo Cabana (2015, p. 2).

[8] Para una clasificación de estas penas véase por todos, Díez Ripollés (2013, p. 195-197).

[9] Las considera penas principales cumulativas de la multa Gallego Díaz (2013, p. 87).

[10] Por todos, De la Cuesta Arzamendi (2011, p. 23, con extensa bibliografía).

interés general que prestan e impedir, así, que afecte a su continuidad y derive en negativos efectos sociales y económicos. Bajo una lógica similar, cabría preguntarse, entonces, si tal vez sería conveniente prever una restricción de esta índole a otras entidades de derecho privado. Me refiero fundamentalmente a los partidos políticos y sindicatos, sometidos a la RPPJ tras la reforma operada por la LO 7/2012, de 27 de diciembre, de reforma del Código Penal en materia de transparencia y lucha contra el fraude fiscal y en la Seguridad Social. Situaciones de creación fraudulenta aparte, en el caso de los partidos políticos la limitación podría articularse por el fin constitucional que desempeñan, es decir, servir de instrumento de la participación política de los ciudadanos. En cuanto a los sindicatos, en términos similares, por el interés general de los trabajadores a los que representan.

Según se ha señalado, las penas interdictivas del art. 33.7 cumplen fundamentalmente un fin preventivo-especial, en conexión con un modelo estructural (Baucells Lladós 2013, p. 203)[11], a diferencia de la multa, de marcado carácter preventivo-general. Obsérvese que inicialmente el art. 129 recogía un apartado 3 señalando que las consecuencias accesorias estaban orientadas a «prevenir la continuidad de la actividad delictiva y los efectos de la misma». Esta previsión ha desaparecido de ese precepto para formar parte del conjunto de reglas del art. 66 bis que orientan la imposición y determinación de las penas interdictivas. Esta finalidad ha sido utilizada como argumento para defender el carácter potestativo de su imposición y, en consecuencia, aproximar su naturaleza a la de las medidas de seguridad (Feijóo Sánchez 2011, p. 117). No cabe duda de que la cuestión sobre su naturaleza jurídica está influida por la postura personal que se adopte sobre la RPPJ, pero en cualquier caso el elemento de consenso está en el hecho de que estas sanciones, por su contenido, tienen un claro carácter inocuizador (Feijóo Sánchez 2011, p. 117 s.)[12], pasando a primer término la prevención especial negativa. Solamente en la intervención judicial, como se verá, es posible advertir una orientación preventivo-especial positiva. En el caso de las inhabilitaciones especiales, también hay quien les atribuye secundariamente una connotación retributiva[13].

Por otro lado, no se ha contemplado la RPPJ para el delito de quebrantamiento de condena, ni tampoco sustitutivos penales o la suspensión

---

[11] Sin perjuicio de que también puede observase una orientación intimidatoria derivada de las reglas del art. 66 bis, según señala Roca Agapito (2014, p. 402).
Para un análisis detallado de los distintos modelos teóricos de sanción, véase Baucells Lladós (2013, p. 176 ss).

[12] También Gómez-Jara Díez (2011, p. 113), si bien desde su concepción de la RPPJ no prescinde de la prevención general.

[13] Así lo defiende Roca Agapito (2014, p. 397), señalando que esta pena también mira al pasado, como compensación temporal de la situación patrimonial ilícita disfrutada indebidamente por la persona jurídica a consecuencia de los delitos cometidos en su provecho.

total o parcial de las penas interdictivas (De la Cuesta Arzamendi 2011, p. 24, Gallego Díaz 2013, p. 94, Roca Agapito 2014, p. 376 s.). Sobre lo primero, impide toda respuesta jurídica en caso de incumplimiento (Feijóo Sánchez 2011, p. 127), sin perjuicio de lo que se dirá en relación con la disolución. En cuanto a lo segundo, podría pensarse que la razón de no prever la sustitución está en que estas penas no persiguen un fin resocializador; finalidad a la que se orientaría esta institución en el caso de personas físicas. No obstante, no parece que esto resulte compatible con la autorregulación empresarial, a los efectos de que la entidad corrija los defectos de organización que llevan a la comisión de delitos[14]. Con todo, un sector de la doctrina defiende la posibilidad de suspender las penas interdictivas de corta duración por penas de multa o trabajos en beneficio de la comunidad, puesto que paralelamente a la libertad personal, la libertad de empresa sería el derecho fundamental más preciado de las personas jurídicas (Gómez-Jara Díez 2011, p. 125). Ahora bien, además de que legalmente dicha suspensión no está prevista y que los trabajos en beneficio de la comunidad no es una pena que pueda imponerse a las personas jurídicas, debe tenerse presente que se trata de penas de aplicación facultativa y, por las reglas que establece el art. 66 bis y que más tarde se analizarán, una vez acordada la necesidad de imponerla, pierde peso la posibilidad de suspensión[15]. En mi opinión, aunque es criticable esta ausencia de previsión, los efectos negativos de no posibilitar la suspensión quedan matizados porque el contenido y las reglas del art. 66 bis, abocan a la imposición de estas penas en supuestos de personas jurídicas plenamente o sustancialmente criminógenas o personas jurídicas reincidentes. De nuevo, por tanto, hay que destacar su carácter inocuizador. Para otros supuestos (y desde luego para otro catálogo de penas), sería conveniente una regulación específica de la suspensión, introduciendo condiciones o reglas de conducta que evitasen la pena interdictiva inocuizadora en favor de obligaciones rehabilitadoras.

4. CATÁLOGO DE PENAS INTERDICTIVAS: PROBLEMAS ESPECÍFICOS

4.1. Disolución

Calificada de pena de muerte (jurídica) para la persona jurídica[16], produce «la pérdida definitiva de su personalidad jurídica» y consecuentemente «de su capacidad de actuar de cualquier modo en el tráfico jurídico, o llevar a cabo

[14] Se adscribe a esta finalidad de las sanciones penales para personas jurídicas Baucells Lladós (2013, p. 185).

[15] Cfr. Gómez-Jara Díez (2011, p. 126), refiriéndose a las reticencias a suspender la ejecución por parte del órgano judicial.

[16] Por todos, Bacigalupo Sagesse (2011, p. 11).

cualquier clase de actividad, aunque sea lícita». En consonancia con la normativa privada, impuesta la disolución se abrirá el proceso de liquidación, al objeto de reglar activo y pasivo[17] (momento en el que entraría en juego a mi juicio el pago de la multa impuesta), paso previo a la cancelación en el Registro Mercantil. Adviértase que durante el proceso de liquidación la persona jurídica despliega cierta actividad en el tráfico jurídico por medio de los liquidadores, aunque condicionada por las circunstancias concretas que atraviesa. Aquí surge una interesante cuestión sobre posibles delitos que se cometan en el proceso de disolución, tanto desde la perspectiva de la imputación jurídico-penal a la persona física (particularmente si el liquidador puede ser considerado administrador, de hecho o de derecho, en el caso de exigir esta cualificación la correspondiente figura delictiva), como en el caso de que el delito prevea la RPPJ, pues todavía no está extinta sino en fase de liquidación.

Problemas de imputación jurídico-penal aparte, la disolución tiene carácter definitivo e irreversible, pero, a diferencia de la muerte física, la persona jurídica puede «resucitar» y aparecer nuevamente con otro nombre y otra fisionomía. Se trataría, según algún autor, de un delito de quebrantamiento de condena que daría lugar a una nueva declaración de responsabilidad penal (Gallego Díaz 2013, p. 91). No obstante, este delito no conlleva RPPJ, por lo que la imputación solamente podría ir referida a la persona/s física/s que crean la nueva persona jurídica[18]. Con todo, puede cuestionarse hasta qué punto es este sujeto el que incumple la pena de disolución, cuya destinataria es la propia entidad. Y, por otro lado, nada impide que una persona física, incluso condenada a una pena privativa de libertad, cree una persona jurídica que sea continuadora de la disuelta, salvo que se le impusiera una pena de inhabilitación especial en este sentido (lo que generaría un quebrantamiento de condena respecto de esta pena). No obstante, también podría plantearse aplicar en este caso particular la previsión del art. 130.2 CP, es decir considerar que la disolución impuesta como pena fue una disolución meramente aparente, en cuyo caso procedería disolver la nueva persona jurídica, si mantiene una identidad total o parcial de sus actividades, proveedores, clientes y empleados, Es decir, la nueva creación de la persona jurídica se estimaría fraudulenta y, en consecuencia, no extinguiría la responsabilidad penal[19].

Dada la gravedad de esta pena, debe reservarse a casos especialmente graves según las reglas del art. 66 bis que se analizarán *infra*. Pero además

---

[17] Critica la ausencia de regulación sobre el destino del patrimonio de la empresa disuelta Gómez Tomillo (2010, p. 23, nota 17).

[18] Similar, extendiéndolo a todas las penas interdictivas y señalando que el administrador respondería del delito por la vía del art. 31 CP, Feijóo Sánchez (2011, p. 127).

[19] En relación con la regulación del art. 129 previa a la reforma de 2010, Mapelli Caffarena (2005, p. 366) sostiene que existiría una línea ininterrumpida de ejecución de la sanción que la hace extensiva a nuevos intentos de crear una entidad.

resulta de obligada imposición en los supuestos de asociación ilícita (art. 520), depósito de armas, municiones y explosivos (art. 569) y pertenencia a organización criminal (arts. 570). Igualmente parece una pena adecuada para los casos de sociedades instrumentales (Díez Ripollés 2013, p. 198), que operan como centro de alejamiento de la imputación jurídico-penal.

La doctrina destaca la nula aplicación de la disolución[20], cuando en realidad no ha sido así bajo el régimen del art. 129 previo a la LO 5/2010. Es verdad que esta regulación no establecía los supuestos de aplicación de la disolución, si bien la doctrina la limitaba a casos de asociaciones ilícitas[21]. Expresamente el Tribunal Supremo ha confirmado su imposición en varias ocasiones, en casos de sociedades o empresas creadas para dar cobertura a la actividad delictiva que motiva la condena de los autores[22].

4.2. Suspensión de actividades

Se trata de una pena temporal que no podrá exceder los cinco años[23]. A falta de indicación legal, es discutible si la suspensión se refiere a la totalidad de las actividades de la entidad o puede decretarse exclusivamente respecto de una o algunas. Un sector de la doctrina se decanta por la primera opción (Díez Ripollés 2013, p. 199), acorde con la mención genérica de «suspensión de actividades» que hace la ley. A diferencia de la disolución, mantendría la personalidad jurídica, pero la entidad perdería la «capacidad de actuar de cualquier modo en el tráfico jurídico, o llevar a cabo cualquier clase de actividad, aunque sea lícita» (Feijóo Sánchez 2012, p. 250). De esta interpretación parece desprenderse que su imposición vendría motivada por la existencia de una persona jurídica plenamente criminógena. Pero entonces, ¿por qué optar por la suspensión en lugar de la disolución y dejar una carcasa (existencia de personalidad jurídica) sin contenido real (desarrollo de actividad alguna)?[24]. Además, la suspensión total de actividades puede derivar con el tiempo en la necesidad de la disolución de la persona jurídica (Díez Ripollés

[20] Destaca que en esta inaplicación han prevalido los intereses económicos derivados del impacto a terceros frente a los argumentos político-criminales Baucells Lladós (2013, p. 212 s.).

[21] Por todos, Bacigalupo Sagesse (1998, p. 303).

[22] Sin ánimo de exhaustividad, SSTS, 2ª, 924/2005, de 17 de junio; 50/2007, de 19 de enero; 152/2007, de 23 de febrero; 202/2007, de 20 de marzo; 968/2007, de 26 de noviembre; 985/2007, de 26 de noviembre; 145/2008, de 8 de abril; 769/2008, de 30 de octubre; 756/2009, de 29 de junio; 290/2010, de 31 de marzo. En todas ellas la disolución se acordaba respecto de sociedades o empresas creadas para dar cobertura a la actividad delictiva que motiva la condena de las personas físicas.

[23] Cfr. Bacigalupo Sagesse (2011, p. 11), considerando que la suspensión es una clase específica de inhabilitación temporal.

[24] La califica de disolución temporal Echarri Casi (2003, p. 89).

2013, p. 199), tratándose entonces de una disolución *de facto*[25] o pre-disolución. Estos motivos llevan a otros autores a restringir su aplicación a la actividad o actividades vinculadas con el delito o delitos cometidos, sin perjuicio de que también pueda ser total en supuestos especialmente graves[26]. No obstante surge entonces la dificultad de diferenciar esta pena respecto de la prohibición de actividades[27], que sí puede restringirse a una o unas en concreto, siempre que estén vinculadas con el delito cometido. Sin negar que ambas posiciones aportan argumentos valederos, de la escasa aplicación judicial de la suspensión con anterioridad a la LO 5/2010, se desprende que siempre se ha aplicado a la totalidad de las actividades, principalmente como medida cautelar[28].

4.3. Clausura de locales y establecimientos

Es una pena de carácter real que únicamente afecta a los espacios físicos de la persona jurídica (Gallego Díaz 2013, p. 92). Impide acceder a las instalaciones y su utilización, pero no veta que las actividades de la entidad se desarrollen en otros lugares sobre los que carezca de título jurídico, inclusive los domicilios particulares de sus directivos o empleados[29]. Pero si no se tiene otro espacio físico, eventualmente puede derivar en la disolución de la sociedad, dado que esta pena afecta a la totalidad de sus locales y establecimientos. No obstante, hay quien aboga por permitir una clausura parcial, clausurando solo el local o locales relacionados con el delito (Zugaldía Espinar 2012, p. 137)[30]. Esto tendría sentido para una entidad con actividad lícita, si bien alguna de sus dependencias es el espacio físico de la comisión delictiva. Pero de darse esta situación, ¿lo realmente peligroso a efectos de

---

[25] Rodríguez Fernández (2011, p. 178), haciendo alusión a la posición de la Fiscalía General del Estado en la Circular 1/2011, de 1 de junio.

[26] Rodríguez Fernández (2011, p. 178), Gallego Díaz (2013, p. 92), Roca Agapito (2014, p. 393), aduciendo diversos argumentos. También la Circular de la Fiscalía General del Estado 1/2011 se adscribe a esta interpretación. Plantea también como argumento para defender la suspensión parcial el hecho de que la prohibición no se contemple como medida cautelar Feijóo Sánchez (2011, p. 122), aunque finalmente considera que la ley avala una suspensión total. Le sigue, Zugaldía Espinar (2012, p. 136).

[27] Díez Ripollés (2013, p. 199), rechazando interpretar que la suspensión pueda ir referida a actividades no vinculadas con el delito porque entonces carecería de sentido la suspensión temporal.

[28] La aplicación más fructífera de la suspensión ha sido en relación con los delitos de terrorismo en cuanto al entramado político y financiero de ETA. Sin ánimo de exhaustividad, AAN, 4ª, de 12 de enero de 1999; AAN, 3ª, de 26 de julio de 1999, rec. 55/1999; AAN, 1ª, 97/2002, de 7 de octubre, AAN, 4ª, de 25 de junio de 2003; AAN, 4ª, de 2 de septiembre de 2006.

[29] Díez Ripollés (2013, p. 199 s.) considera que la clausura total implica la suspensión de las actividades en todo caso, Roca Agapito (2014, p. 395).

[30] Baucells Lladós (2013, p. 209), poniendo de ejemplo una sociedad con una buena cultura de cumplimiento de la legalidad, pero que en alguno de sus establecimientos o locales se han cometido delitos.

instrumentalización es el espacio disponible para la actividad delictiva o la actividad delictiva en sí? A mi juicio lo lógico es impedir la actividad vinculada con el delito, de manera que la persona jurídica pueda reasignar el espacio físico a otra actividad lícita dentro de su objeto social, por lo que lo más adecuado sería la prohibición de actividades[31]. A menos que se considere que es el local en sí, por su ubicación, sus instalaciones materiales, etc., el que «contamina» la actividad, por lo que clausurado este, la actividad «se encauza» a la legalidad. Pero esta interpretación mantiene el problema de la reubicación de la actividad aludido *supra*, por lo que da la sensación de que al final lo que se trata de afectar es la actividad.

La clausura de locales y establecimientos ha sido la principal consecuencia accesoria prevista en la regulación previa a la LO 5/2010, siendo la que en mayor número de ocasiones se ha impuesto.

4.4. Prohibición de actividades

Se trata de una pena que puede tener carácter definitivo o temporal, en cuyo caso no podrá exceder de 15 años, a diferencia del límite de 5 años que con anterioridad a la LO 5/2010 se establecía como consecuencia accesoria. Según se desprende expresamente de la letra e) del art. 33.7, la prohibición podrá estar referida a todas las actividades o solamente a una o alguna de ellas, con el requisito ineludible de que el juez deberá concretar la clase concreta de actividades afectadas por la prohibición, así como motivar la conexión existente con los hechos que han servido para cometer, favorecer o encubrir el delito (Mapelli Caffarena 2011, p. 276).

Según ha quedado expuesto, la limitación de la prohibición a unas determinadas actividades hace difícil diferenciar esta pena de la suspensión, cuando se interpreta que ambas afectan con carácter general a las actividades de la persona jurídica e, incluso, produce un efecto equiparable a la disolución cuando la prohibición es definitiva[32]. A menos que la prohibición, total o parcial, derive en una modificación del objeto social[33] que le permita a la entidad continuar en el tráfico jurídico. Algún autor sostiene que la diferencia entre la suspensión y la prohibición estriba en si la persona jurídica es completamente criminógena o una sociedad legalmente constituida con una actividad también legal. Así, en este último caso la pena más adecuada sería la prohibición referida exclusivamente a las actividades vinculadas con el delito (Mapelli Caffarena 2011, p. 276). Pero, a mi juicio, esta delimitación no resulta plenamente satisfactoria, porque si la suspensión es parcial y se limita a una o unas concretas actividades que han permitido cometer el delito, o lo han

[31] Así también Díez Ripollés (2013, p. 200).
[32] De esta opinión, Díez Ripollés (2013, p. 200).
[33] Cfr. Rodríguez Fernández (2011, p. 180).

facilitado o encubierto, también se está dando por hecho que la constitución de la entidad es lícita, así como el resto de su actividad, es decir, no están «contaminadas» plenamente por una filosofía criminógena. Tiene sentido entonces que, compartiendo la misma naturaleza, la diferencia entre la suspensión y la prohibición reside exclusivamente en la temporalidad de su imposición (Bacigalupo Sagesse 2011, p. 12), aunque no es muy comprensible semejante diferencia de duración, máxime por los problemas que plantea su diferenciación[34].

4.5. Inhabilitaciones especiales

La pena de la letra f) del art. 33.7, la única que no se contemplaba anteriormente en el catálogo de consecuencias accesorias del art. 129, integra tres clases de inhabilitaciones: para obtener subvenciones y ayudas públicas, para contratar con el sector público y para gozar de beneficios o incentivos fiscales o de la Seguridad Social. Es una de las sanciones que ejemplificativamente suele mencionarse en la normativa europea sobre la responsabilidad de personas jurídicas, lo que claramente ha determinado su incorporación al Código Penal.

La eficacia de esta sanción queda supeditada a su conocimiento por parte de los organismos y administraciones que tienen en sus manos la posibilidad de conceder ayudas, subvenciones, beneficios o incentivos fiscales o conceder una contratación pública (Feijóo Sánchez 2011, p. 124, Roca Agapito 2014, p. 399), sin que el Código Penal haya establecido los cauces para esta comunicación.

Como excepción puntual al carácter potestativo de las penas interdictivas, esta pena resulta de obligada imposición, junto a la multa, en el delito de cohecho del art. 424.

4.6. Intervención judicial

Un sector de la doctrina la califica de pena de libertad vigilada para las personas jurídicas (De la Cuesta Arzamendi 2011, p. 23, Feijóo Sánchez 2011, p. 125), siendo la única pena interdictiva que contiene una regulación más detallada[35]. Tiene, además, una finalidad específica dirigida a «salvaguardar los derechos de los trabajadores o de los acreedores» y su duración máxima es de cinco años. Los rasgos particulares de la intervención judicial ha llevado a

[34] Esta sanción apenas ha tenido aplicación como consecuencia jurídica con anterioridad a la reforma de 2010. Sobre un supuesto de prohibición temporal, véase la SAP Salamanca, única, 23/2001, de 12 de marzo.

[35] No obstante la califica de «sanción en blanco» Roca Agapito (2014, p. 401).

algún autor a defender su naturaleza cautelar o de garantía, semejante a las penas del art. 48 CP para las personas físicas[36].

Su contenido legalmente se concreta en los siguientes aspectos: a) puede afectar a la totalidad de la entidad o limitarse a una parte de esta (instalaciones, secciones o unidades de negocio). Ello es adecuado en atención al tamaño que posea la persona jurídica y el número de actividades que desarrolle, cuando el delito solo esté vinculado con una línea de actividad o se relacione con una de las sedes de aquella; b) el contenido de la intervención, su duración y plazos para informar de su seguimiento, así como la determinación del interventor, deberá establecerse por el juez en la sentencia o posteriormente en auto; c) es la única pena que puede verse modificada o suspendida (excepción a la ausencia legal de mecanismos de suspensión y sustitución), previo informe del interventor y del Ministerio Fiscal. Parece lógico, en mi opinión, que si la intervención consigue corregir el déficit organizativo que permitió o facilitó la comisión del delito, decae la necesidad de seguir manteniéndola. E igualmente es razonable pensar que si el interventor considera que las deficiencias detectadas hacen insuficiente esta pena o, al revés, existe una evaluación positiva que todavía no aconseja la suspensión, pero sí una modificación para transformarla, por ejemplo, de una intervención total a una parcial, pueda solicitarse desde el punto de vista de la rehabilitación empresarial; d) el interventor tiene derecho a acceder a todas las instalaciones y locales de la empresa o persona jurídica, así como a recibir toda información que sea necesaria para el ejercicio de sus funciones. De la literalidad de la ley se desprende, a mi juicio, que resulta indiferente que la intervención sea total o se limite a una o varias unidades o sedes específicas para que el derecho de acceso abarque a toda la persona jurídica, lo que resulta razonable debido a que el interventor necesitará conocer cómo funciona toda la organización y cómo se relacionan sus unidades, líneas y dependencias para poder actuar sobre aquella o aquellas que estén «contaminadas».

Con todo, el Código Penal pospone a un desarrollo reglamentario la concreción y ejecución de esta pena[37], todavía pendiente, lo que a juicio de algún autor la convierte hasta entonces de imposible aplicación, pues entre otros aspectos la decisión del órgano judicial sobre quién va a ser interventor pasa por establecer normativamente los requisitos para ello[38]. No obstante, otros autores consideran que, a falta de determinación reglamentaria específica, habrá de estarse supletoriamente a lo dispuesto en los arts. 630 y ss.

[36] Así, Roca Agapito (2014, p. 400).

[37] Denuncia el riesgo de sobrecarga del aparato de la Administración de Justicia que su ejecución puede suponer, De la Cuesta Arzamendi (2011, p. 23).

[38] De esta opinión, Feijóo Sánchez (2011, p. 125).

LEC en relación con la administración judicial (Rodríguez Fernández 2011, p. 181 s., Roca Agapito 2014, p. 401)[39].

La intervención supone una limitación a las facultades de gestión de los administradores de la persona jurídica (Díez Ripollés 2013, p. 201), así como una restricción a la libertad de empresa, por lo que también comparte parcialmente la finalidad preventivo-especial inocuizadora a la que se orientan el resto de penas interdictivas. Como contrapartida, es la que presenta una mayor idoneidad para conseguir una reestructuración de la organización y/o actividad que garantice la supervivencia de la entidad, aunque de manera insuficiente, porque este objetivo queda relegado a un segundo plano al regularse expresamente que la intervención judicial va dirigida a proteger los derechos de los trabajadores[40]. A pesar de ello, es una candidata idónea en términos de prevención especial positiva, dirigida a producir el menor impacto posible para terceros no implicados en el delito. Lamentablemente, bajo el régimen de consecuencias accesorias previo a la introducción de la RPPJ no se ha llegado a aplicar en ninguna ocasión[41].

5. REGLAS PARA SU APLICACIÓN: ALGUNAS DISFUNCIONALIDADES

Las reglas del art. 66 bis CP para la aplicación de las penas (y consecuencias accesorias) a personas jurídicas han sido tachadas de complejas, confusas e indeterminadas (Gallego Díaz 2013, p. 95, Roca Agapito 2014, p. 379 s.)[42]. Dado el carácter primordialmente facultativo de estas sanciones, el juez deberá decidir si aplica alguna o algunas[43] (además de la multa) y de responder afirmativamente cuál o cuáles y en qué extensión. En esto el precepto mete en el mismo saco los criterios para tomar ambas decisiones, por lo que se ha denunciado igualmente la excesiva discrecionalidad de la que goza

[39] Rechaza esta postura Feijóo Sánchez (2011, p. 126).

[40] Cfr. Feijóo Sánchez, Bernardo (2011, p. 125), quien parece vetar totalmente la posibilidad de utilizarla para una reestructuración y reorganización empresarial por el fin específico que legalmente se le atribuye.

[41] Únicamente se solicitó su aplicación en un supuesto y fue denegada (SAP Barcelona, sec. 6ª, 25 octubre 2001, rec. 103/2001), porque se pedía su imposición cautelar, lo que entonces no permitía el art. 129 CP. A esta inaplicación también contribuía el escaso número de delitos en los que se preveía bajo la vigencia del art. 129 CP.

[42] Cfr. no obstante, Feijóo Sánchez, Bernardo (2011, p. 127), quien denuncia la falta de un mayor margen de intervención del juez en la fase de ejecución al tratarse de sanciones orientadas a la prevención especial.

[43] No hay impedimento para entender que el órgano judicial, en la medida en que sean compatibles, pueda acordar más de una pena interdictiva que acompañe a la multa, puesto que en todos los delitos que integran el ámbito de aplicación del art. 31 bis se señala que los jueces o tribunales "podrán asimismo imponer las penas recogidas en las letras b) a g) del apartado 7 del artículo 33".

el órgano judicial (Bacigalupo Sagesse 2011, p. 10)[44]. Adviértase que el antiguo art. 129 no contaba con una regulación específica en esta cuestión, por lo que la doctrina vino a suplir esta laguna delimitando los criterios de orientación para la aplicación del art. 129. Así, debía constatarse, por un lado, la peligrosidad instrumental del ente y, por otro, atender a la proporcionalidad en el caso concreto[45], según una ponderación de la necesidad de reaccionar frente a esta peligrosidad y los intereses de terceros. Es conveniente recordar estos elementos, puesto que, como se verá, los criterios de imposición y determinación de las penas interdictivas no se apartan sustancialmente de ellos.

El art. 66 bis establece varias escalas en la determinación de la pena. En primer lugar, remite a las reglas sobre atenuantes y agravantes del art. 66.1, a excepción de la multirreincidencia. No obstante, esta regla solo puede aplicarse a la multa, puesto que las penas interdictivas no se imponen conforme a un marco penal establecido en el correspondiente tipo penal. Consecuentemente, ni es posible establecer la pena inferior en grado, ni pueden establecerse grados intermedios, al no fijarse límite mínimo alguno (Manzanares Samaniego 2012, p. 10, Gallego Díaz 2013, p. 97)[46]. Obsérvese que en el caso particular de la disolución la imposibilidad de graduación es absoluta. Por la misma razón tampoco podrán aplicarse a las penas interdictivas las específicas atenuantes previstas para las personas jurídicas, todas ellas postdelictivas. No obstante, su presencia operará significativamente como un criterio añadido de orientación sobre su imposición, según se verá, además de afectar lógicamente a la pena de multa.

En segundo lugar, se contemplan los criterios que deberán tenerse en cuenta con carácter general para la decisión sobre la imposición y extensión de cualquier pena interdictiva: a) necesidad para prevenir la continuidad de la actividad delictiva o de sus efectos; b) sus consecuencias económicas y sociales, y especialmente los efectos para los trabajadores; c) el puesto que en la estructura de la persona jurídica ocupa la persona física u órgano que incumplió el deber de control.

---

[44] Denunciando la vulneración del principio de legalidad en su vertiente de *lex certa*, Gallego Díaz (2013, p. 95).

[45] Por todos, De la Fuente Honrubia (2004, p. 122). Como muestra en la jurisprudencia de la no aplicación de la clausura, por desconocer la repercusión que podrá acarrear a terceros, véanse las SSAP Murcia, sec. 5ª, 23/2005, de 2 de marzo y AP Alicante, sec. 3ª, 614/2008, de 21 de octubre. Por su parte, la SAP Madrid, sec. 5ª, 34/2008, de 23 de marzo, no aplica la clausura del local porque no queda acreditada la intervención de los dueños en el delito de tráfico de drogas por el que se plantea su aplicación.

[46] Cfr. no obstante, Díez Ripollés (2013, p. 202), quien dada la naturaleza grave de las penas recogidas en el art. 33.7 sugiere un límite mínimo de 3 meses, siguiendo lo establecido en el art. 40 para la mayoría de las penas privativas de derechos de las personas físicas.

Debe advertirse que el primero de estos criterios es hereditario del anterior art. 129.3 previo a la reforma de 2010, destacando expresamente que la finalidad a la que se orientan las penas interdictivas es prioritariamente preventivo-especial, frente al fin preventivo-general que mostraría la multa, según se expuso en su momento. Lo determinante, entonces, para que se valore la necesidad de prevenir la continuidad delictiva es la presencia de un déficit organizativo que convierte a la entidad objetiva o instrumentalmente peligrosa para la comisión de delitos. De ahí que la valoración sobre la imposición, teniendo como horizonte la prevención especial, debe realizarse en el momento en que se está decidiendo la aplicación de alguna sanción interdictiva, no cuando se cometió el delito (Gómez-Jara Díez 2011, p. 123, Feijóo Sánchez 2011, p. 121), pues las circunstancias pueden haber cambiado sustancialmente, como se desprende del contenido de las atenuantes específicas existentes para las personas jurídicas.

Siguiendo con los criterios del art. 66 bis, el recogido en la letra b) es, en mi opinión, plasmación legal del principio proporcionalidad (Feijóo Sánchez 2011, p. 120), esto es, el juicio de necesidad (Roca Agapito 2014, p. 404), adecuación y proporcionalidad en sentido estricto al que se venía supeditando la aplicación del antiguo art. 129. Aunque este principio opera para todo el ordenamiento jurídico, es positivo que el legislador lo haya contemplado expresamente como regla de orientación. A mayor relevancia social de la empresa, menor tenderá a ser la pena interdictiva (Gómez-Jara Díez 2011, p. 122) o incluso aconsejará su no imposición. Lo cuestionable es que esto, por legítimo que resulte, puede poner en entredicho la necesidad de reestructuración de la persona jurídica, impidiendo corregir sus deficiencias organizativas. Y es que dado el marcado carácter preventivo-especial negativo de estas sanciones, o se está ante entidades plenamente criminógenas que hagan decaer el juicio de proporcionalidad en favor de su aplicación, o las consecuencias sociales, laborales y económicas, directas o indirectas, que se deriven de su aplicación, tratándose de personas jurídicas fundamentalmente lícitas, desaconsejarán su aplicación. A excepción, claro está, de la multa, aunque su efecto en la rehabilitación empresarial, sin negarlo[47], es menor que otras sanciones de orientación preventivo-especial, pero positiva. La única que, no sin objeciones, puede cumplir esta tarea es la intervención judicial, con un contenido aflictivo menor que el resto, a mi juicio, pero lamentablemente no hay todavía normativa de desarrollo.

La novedad en la 1ª regla del 66 bis radica en la letra c), el puesto de la persona física u órgano que incumplió el deber de control. Este criterio se vincula en origen con la posibilidad de sancionar penalmente a la persona jurídica cuando el delito es cometido por un subordinado de una persona con

[47] Cfr. Baucells Lladós (2013, p. 179 s.), crítico en cuanto al modelo económico y la prevención general negativa que lo inspira.

autoridad y se ha podido cometer por haber incumplido gravemente el deber de vigilancia según las concretas circunstancias del caso concreto. No obstante, tras tomar carta de naturaleza la regulación pormenorizada de los modelos de organización y gestión en la LO 1/2015, la nueva redacción permite que se aplique indistintamente a ambas modalidades de RPPJ. En cualquier caso, el criterio tiene en cuenta la trama de relaciones jerárquicas y de división del trabajo, a veces muy compleja, existente en una persona jurídica. Teóricamente, a mayor posición jerárquica en la entidad, resultaría más relevante la ausencia de vigilancia sobre los sujetos situados en un nivel inferior. No obstante, hay que tener presente que de existir una cadena de delegaciones de competencias o, incluso, de delegaciones de deberes de vigilancia, lo normal es que no se cumpla la igualdad «mayor posición jerárquica=mayor relevancia del incumplimiento». En la delegación de competencias, el delegante mantiene un deber residual de vigilancia sobre el delegado, pero a medida en que se asciende en la escala jerárquica se vuelve más general y, en consecuencia, menos eficaz para corregir, detectar o evitar lo que ocurra en niveles inferiores.

Derivado de lo anterior, este criterio avala una comprensión de la RRPJ, incluso tras la LO 1/2015, como modelo de heterorresponsabilidad[48]. Si el criterio autónomo de imputación para la persona jurídica es el déficit de organización, no se entiende por qué posteriormente la decisión sobre la imposición y la determinación de la sanción interdictiva ha de depender de circunstancias que afectan a la persona física y no están en conexión directa con la deficiencia organizativa[49]. Es verdad que el incumplimiento de un sujeto concreto puede ser un síntoma de la organización deficitaria. Pero, insisto, el incumplimiento del deber de vigilancia por parte de un sujeto situado en un escalafón jerárquico medio o inferior, no tiene por qué traducirse en una menor necesidad de aplicación de una sanción interdictiva o a la inversa. Dadas las dudas que genera este criterio, hay quienes sistemáticamente interpretan que en realidad el legislador quiso referirse al puesto jerárquico que ocupaba el sujeto que cometió el delito, no a quien incumplió el deber de vigilancia (Roca Agapito 2014, p. 405)[50]. Con ello se podrían superar algunas objeciones, si bien no resulta a mi juicio satisfactorio desde el punto de vista del defecto de organización, cuya gravedad, que es la que realmente debería ser determinante en la aplicación de la sanción

[48] Señala expresamente que es expresión de un modelo basado en el *alter ego* Gómez-Jara Díez (2011, p. 123); Rodríguez Fernández (2011, p. 185. Lo vincula con un modelo de transferencia, Roca Agapito (2014, p. 409). Sin perjuicio de esta y otras reglas sobre la individualización de las penas interdictivas, también hay previsiones en cuanto a la imposición de la pena de multa que llevan a una comprensión de la RPPJ basada en el *alter ego*, particularmente la compensación de multas para la persona física y jurídica del art. 31 ter.1 CP.

[49] De otra opinión, Boldova Pasamar (2013, p. 261 s.).

[50] Siguiendo a Dopico Gómez-Aller.

interdictiva, no tiene por qué ir en paralelo a la importancia del cargo que ostenta la persona física que comete el delito. Con todo, estoy de acuerdo en que la valoración de este criterio dependerá de si el sujeto que incumplió el deber o, bajo otra interpretación, cometió el delito, sigue formando parte o no de la organización empresarial (Feijóo Sánchez 2011, p. 120).

Los anteriores criterios tienen carácter orientativo, sin que se excluyan otros que asistan a la decisión del órgano judicial. Estos otros factores serían manifestaciones concretas del primer criterio acogido en el art. 66 bis, es decir, sirven para acreditar la necesidad de aplicar una sanción interdictiva con el fin de que no continúe la actividad delictiva. Así, como antes se ha apuntado, las atenuantes específicas reguladas para la persona jurídica pueden ser un factor determinante para vetar su imposición. Ya con anterioridad a la LO 1/2015 un sector doctrinal defendía esto en relación con la implementación de un *compliance program* válido y eficaz tras la comisión del delito pero con anterioridad al juicio oral (Gómez-Jara Díez 2011, p. 123, Rodríguez Fernández 2011, p. 185 s.), y sin perjuicio de la correspondiente atenuación de la multa. Esto evidentemente sigue siendo válido una vez explicitada legalmente la eficacia exoneratoria del sistema de prevención de delitos cuando ya existe con anterioridad al delito; también en la hipótesis de que dicho modelo de organización previo no se haya mostrado eficaz, según su grado de incumplimiento o ineficacia conforme a los requisitos detalladamente expresados en el art. 31 bis y ss. Obsérvese, por lo demás, que aquí sí que se está ante un elemento referido propiamente a la persona jurídica.

En tercer lugar, el art. 66 bis contempla varias reglas de individualización de las penas interdictivas. Así, cuando tengan carácter temporal, no podrán exceder la duración máxima de la pena privativa de libertad prevista para el delito cometido por la persona física. No obstante, solo se podrán imponer con una duración superior a dos años si la persona jurídica es reincidente o se utiliza instrumentalmente para la comisión de ilícitos penales, en el sentido de que la actividad legal de la persona jurídica sea menos relevante que su actividad ilegal. Ahora bien, una modificación introducida por la LO 1/2015 establece que la duración no podrá superar los dos años cuando la RPPJ tiene su origen en la segunda modalidad del art. 31 bis y siempre que derive «de un incumplimiento de los deberes de supervisión, vigilancia y control que no tengan carácter grave». Frente a esto caben las siguientes consideraciones. Primero, el legislador vincula de nuevo la sanción aplicable a la persona jurídica con circunstancias que afectan a la responsabilidad de la persona física. La diferencia reside en que ahora se trata de una regla que opera como límite a la duración de la sanción, no en cuanto a la decisión de su imposición, si bien a mi juicio resulta igualmente disfuncional[51]. Por otro lado, también es

[51] Cuestionan igualmente esta relación punitiva, Mapelli Caffarena (2011, p. 306) y Gallego Díaz (2013, p. 96). No obstante, Gómez-Jara Díez (2011, p. 124) fundamenta esta limitación en el

una regla disfuncional si la pena impuesta a la persona física no es privativa de libertad[52]. Segundo, la nueva regla que introduce la LO 1/2015 resulta algo sorprendente, pues si la segunda modalidad de RPPJ solo entra en juego cuando se han incumplido gravemente los deberes de supervisión, vigilancia y control por parte de los sujetos con autoridad y poder de toma de decisiones, organización y control, no se comprende muy bien que luego la duración de la sanción deba limitarse si el incumplimiento de dichos deberes no tiene el carácter de grave. Directamente no habría RPPJ en esta hipótesis, porque el incumplimiento va referido a la actuación de una determinada persona física. Podría interpretarse que en realidad se está aludiendo a la menor gravedad de la deficiencia organizativa o a la menor gravedad del incumplimiento del *compliance program*, lo que permitiría considerar un factor directamente vinculado con la persona jurídica, aunque con una redacción legal no muy afortunada. Pero, aun admitiendo esta interpretación, no tendría sentido limitar esta regla a la segunda modalidad de responsabilidad del art. 31 bis.1 b), sino que debería hacerse extensible a cualquier hipótesis de sanción de la entidad. E, incluso entonces, se estaría admitiendo un déficit de organización que no es grave, lo que permite limitar la duración a dos años máximo de unas sanciones interdictivas con una incidencia muy negativa (a excepción de la intervención judicial) en el desarrollo de su actividad y en la propia existencia de la entidad.

Las otras dos reglas (multirreincidencia e instrumentalización para la comisión de ilícitos penales) se repiten igualmente en el caso específico de la disolución y prohibición de actividades cuando son permanentes (algo que por definición ocurre con la disolución), o en el caso de la prohibición y la inhabilitación especial, cuando se impongan con una duración superior a 5 años. Son circunstancias en principio apreciables en la propia persona jurídica, pero en mi opinión no actúan únicamente como reglas para permitir una duración superior según la concreta pena interdictiva a la que se refiere. Si atendemos a la experiencia judicial de las consecuencias accesorias con anterioridad a la introducción del art. 31 bis en el Código Penal, y particularmente en el caso de la instrumentalización para la comisión de delito, se está en realidad ante un factor que permite constatar objetivamente la peligrosidad instrumental de la persona jurídica para la comisión de delitos, es decir, la presencia de una deficiencia organizativa absoluta.

---

principio de igualdad entre personas jurídicas y físicas. En mi opinión, esto puede tener sentido con anterioridad a la LO 1/2015, pero debe replantearse una vez que expresamente se regula el carácter exoneratorio de los programas de cumplimiento, puesto que si el fundamento de la sanción para la persona jurídica es el defecto de organización, la determinación de aquella deberá venir motivada por la gravedad de este, y no por la culpabilidad de la persona física.

[52] Señala el caso específico del art. 284.4, Roca Agapito (2014, p. 381).

6. CONSIDERACIONES FINALES

Teniendo en cuenta el marcado carácter inocuizador de las penas interdictivas, la repercusión social que puede conllevar su imposición, la grave afectación para intereses de terceros y su negativo impacto para el desarrollo de la actividad empresarial e, incluso, para la propia existencia de la persona jurídica, no parece descabellado pensar que los jueces y tribunales van a tener el mismo cuidado en aplicarlas que el que han venido teniendo por la vía de las consecuencias accesorias del CP de 1995. Parámetros de necesidad, idoneidad y proporcionalidad, hacen augurar su práctica inaplicación[53], al menos en cuanto a personas jurídicas que desarrollen una actividad fundamentalmente lícita.

Parece, entonces, que el campo reservado a las penas interdictivas sigue reconduciéndose al art. 129, con exclusión de la disolución, claro está, pues no se puede disolver lo que nunca ha nacido a los ojos del derecho. Aunque este precepto alude ampliamente a cualquier tipo de entidad sin personalidad jurídica, en realidad está teniendo presente organizaciones *de facto* instrumentalizadas para la comisión de delitos. Recuérdese que a falta de clarificación por parte del legislador (y lleva perdiendo numerosas oportunidades para ello), sigue asumiéndose unánimemente que para fundamentar la aplicación de una consecuencia accesoria no es suficiente con la imposición de la pena a la persona física que comete el delito, sino que debe constatarse la peligrosidad instrumental u objetiva del ente. Todo ello lleva a pensar en una organización criminal u organización fáctica que persigue la comisión de delitos, así como la instrumentalización de locales y/o establecimientos con el mismo fin, con el narcotráfico y la prostitución como campo estrella de aplicación del art. 129 desde su incorporación al Código Penal.

No obstante, existirían supuestos de personas jurídicas en los que podría plantearse como adecuada la imposición de estas sanciones, pena de multa aparte. Me refiero a las sociedades fachada, pantalla o, simplemente fiduciarias cuando, a pesar de su existencia legal, son instrumentalizadas para la comisión de delitos. En este sentido, las no siempre acertadas reglas y criterios del art. 66 bis están fundamentalmente orientadas a esta clase de entidades, aunque metiendo en el mismo saco la decisión sobre su aplicación como su concreta determinación cuantitativa. Ciertamente es menos problemático en términos de coste social e intereses de terceros si se trata de entidades sin actividad real o limitada al encubrimiento o facilitación para la comisión de delitos. Solo así podría acaso comprenderse que los criterios de aplicación y determinación se reconduzcan a la persona física. Pero tratándose de personas jurídicas con una

---

[53] Similar, en el caso específico de la disolución, Baucells Lladós (2014, p. 419).

determinada complejidad organizativa e, incluso, con una extendida cultura criminógena, la multa parece convertirse en la única sanción aplicable, a excepción probablemente de la intervención judicial. En cualquier caso, los criterios deberían reconducirse a factores inherentes a la propia entidad, no a la persona física. Debe insistirse en que la responsabilidad de ambas no tiene por qué ser igual de grave, a pesar de que comparten responsabilidad por el mismo delito.

Todo lo anterior lleva a otra cuestión. ¿Ha seleccionado el legislador español adecuadamente las sanciones penales aplicables a las personas jurídicas en atención a la autorregulación empresarial? Es cierto que se respetan las pautas internacionales que sirvieron de inspiración al catálogo de consecuencias accesorias del CP de 1995. Pero este catálogo ha pervivido prácticamente inmutable en el marco de distintos regímenes legales, y con diferente naturaleza, mientras que el debate político-criminal en torno a la RPPJ se ha ido desarrollando en el tiempo sobre el eje de la autorregulación empresarial, lo que ha dado lugar a diversos modelos teóricos de fundamentación. Sin duda, este rico debate y desarrollo doctrinal ha influido en el concreto modelo de responsabilidad que los estados han incorporado en sus ordenamientos jurídicos. Solo hay que comparar, por ejemplo, el modelo contravencional alemán de 1968, el francés en el Código Penal de 1994 y el español de 2010, específicamente este último tras la reforma de 2015.

En el caso particular español, se han ido perfilando los elementos de la RPPJ teniendo en consideración modelos de organización y gestión, pero no ha pasado otro tanto con las sanciones[54]. De ahí que, a mi juicio, existiría una relación disfuncional entre estos dos aspectos. Eso no significa que no sea adecuado prever penas con una finalidad inocuizadora o neutralizadora, a cuya dirección se orientan la mayoría de las sanciones interdictivas del art. 33.7 CP, sino que si lo que se aspira es a fomentar la implementación de una cultura de respeto a la legalidad, de dotarla de un organización correcta que evite o, al menos, detecte la comisión de delitos en su seno, también deberían incorporarse sanciones que puedan acompañar a la multa pero que persigan una finalidad preventivo-especial positiva, más adecuadas con la idea de una especie de «resocialización empresarial», como señala Feijóo Sánchez (2011, p. 118) «fomentando procesos de reestructuración o de reorganización que permitan corregir defectos estructurales o problemas de organización de personas jurídicas»[55]. E, incluso, concebidas como penas principales y no subordinadas a la multa. En este sentido, la experiencia comparada nos ofrece ejemplos para ello, donde junto a la multa y sanciones interdictivas, existen

[54] Para Roca Agapito (2014, p. 376), la LO 5/2010 habría cubierto las disposiciones sobre la previsión legal de las sanciones penales y las de su determinación, pero presenta numerosas lagunas en lo referido a su ejecución.

[55] También favorable a esta orientación, Baucells Lladós (2013, p. 182 ss.).

remedial orders que buscan la rehabilitación empresarial (obligaciones dirigidas a evitar prácticas ilegales, corregir políticas criminógenas, mejorar las condiciones de peligro, promover cambios sistemáticos necesarios, implementar programas de cumplimiento si no existen ya) y a las que la entidad se somete bajo la amenaza de una sanción con efectos más negativos[56].

La única sanción en el Código Penal español que puede orientarse a este fin rehabilitador es la intervención judicial, abriendo la puerta a la adopción de medidas positivas empresariales. No obstante, y dejando de lado los problemas de ejecución, también implica una restricción en la gestión de la persona jurídica, una imposición desde el exterior por vía del interventor que tiene acceso a las distintas instalaciones y puede recabar toda la información que estime pertinente. Algo que a los ojos de la entidad supone una injerencia. Por otro lado, la ley le otorga una concreta finalidad de defensa de los derechos de los trabajadores y acreedores, algo de vital importancia, pero deja relegados estos otros aspectos de prevención especial positiva en cuanto a la reorganización y reestructuración de la entidad, que solo parecen posibles por la vía de la atenuante de la letra d) del art. 31 quáter[57]. Por lo menos la intervención judicial ahora está en plano de igualdad con el resto de penas interdictivas, puesto que en el régimen de consecuencias accesorias anterior a la reforma de 2010 su previsión expresa para determinados delitos era extremadamente limitada y su aplicación judicial nula. En realidad, la intervención judicial se muestra idónea, incluso con las insuficiencias con que es regulada, para los casos de personas jurídicas con una actividad preferentemente lícita, es decir, como alternativa frente al resto, cuyo sentido está relegado fundamentalmente para personas jurídicas plena o mayoritariamente criminógenas (Feijóo Sánchez 2011, p. 125, Roca Agapito 2014, p. 400).

BIBLIOGRAFÍA

Bacigalupo Sagesse, Silvina (1998): *La responsabilidad penal de las personas jurídicas*, Madrid: Bosch.

Bacigalupo Sagesse, Silvina (2011): «Los criterios de imputación de la responsabilidad penal de los entes colectivos y de sus órganos de gobierno (arts. 31 bis y 129 CP) (1) », *La Ley* 7541.

Baucells Lladós, Joan (2013): «Las penas previstas para la persona jurídica en la reforma penal de 2010. Un análisis crítico», *Estudios Penales y Criminológicos* [en línea] 33, p. 175-218. Disponible en: http://www.usc.es/revistas/index.php/epc/article/view/1322/1681 [Acceso 20 julio 2016].

[56] Gobert, James y Punch, Maurice (2003, p. 242 ss.

[57] Similar, Feijóo Sánchez (2011, p. 118 s). Para este autor es significativo que solo se puedan prohibir actividades, pero no obligar a hacer actividades que estimulen reestructuraciones organizativas mediante "acciones positivas" (Feijóo Sánchez 2011, p. 123).

Baucells Lladós, Joan (2014): «Sistema de penas para la delincuencia económica en derecho español», en M. García Arán dir., *La delincuencia económica. Prevenir y sancionar*, Valencia: Tirant lo Blanch, p. 393-423.

Boldova Pasamar, Miguel Ángel (2013): «La introducción de la responsabilidad penal de las personas jurídicas en la legislación española», *Estudios Penales y Criminológicos* [en línea] 33, pp. 219-263. Disponible en: http://www.usc.es/revistas/index.php/epc/article/view/1395/1667 [Acceso 20 julio 2016].

De la Cuesta Arzamendi, José Luis (2011): «La responsabilidad penal de las personas jurídicas en el Derecho español», *Revista electrónica de la AIDP*, A-05:1.

De la Fuente Honrubia, Fernando (2004): *Las consecuencias accesorias del artículo 129 del Código Penal*, Valladolid: Lex Nova.

De la Mata Barranco, Norberto et al. (2011): «La atribución de la responsabilidad penal de las personas jurídicas y su exención: instrumentos de prevención en el seno corporativo», *La Ley Penal* 87, p. 5-19.

Díez Ripollés, José Luís (2013): «Las penas de las personas jurídicas y su determinación legal y judicial: regulación española», en J.G. Fernández Teruelo dir., *Estudios penales en homenaje al profesor Rodrigo Fabio Suárez Montes*, Oviedo: La Fábrica de Libros, p. 195-217.

Echarri Casi, Fermín Javier (2003): *Sanciones a personas jurídicas en el proceso penal: las consecuencias accesorias*, Pamplona: Aranzadi.

Faraldo Cabana, Patricia (2015): «La obligatoria modulación de las multas penales impuestas a la persona jurídica y a la persona física», *La Ley Penal* 115, p. 1-12.

Feijóo Sánchez, Bernardo (2011): «La responsabilidad penal de las personas jurídicas», en J. Díaz-Maroto Villarejo dir., *Estudios sobre las reformas del Código Penal*, Cizur Menor: Civitas-Thomson, p. 65-142.

Feijóo Sánchez, Bernardo (2012): «Las consecuencias jurídicas del delito», en M. Bajo Fernández et al., *Tratado de responsabilidad penal de las personas jurídicas*, Cizur Menor: Civitas-Thomson, p. 235-259.

Gallego Díaz, Manuel (2013): «Las penas aplicables a las personas jurídicas en el Código Penal español», *Revista Penal* 31, p. 85-99.

Gobert, James y Maurice Punch (2003): *Rethinking Corporate Crime*, London: Lex Nexis Butterworths.

Gómez Tomillo, Manuel (2010): *Introducción a la responsabilidad de las personas jurídicas en el sistema español*, Valladolid: Lex Nova.

Gómez-Jara Díez, Carlos (2011): «Penas a personas jurídicas», en J. Banacloche Palao et al., *Responsabilidad penal de las personas jurídicas. Aspectos sustantivos y procesales*, Las Rozas: La Ley, p. 111-126.

Manzanares Samaniego, José Luís (2012): «Las penas de las personas jurídicas», *La Ley* 7920.

Mapelli Caffarena, Borja (2005): *Las consecuencias jurídicas del delito*, 4ª ed., Cizur Menor: Civitas-Thomson Reuters.

Mapelli Caffarena, Borja (2011): *Las consecuencias jurídicas del delito*, 5ª ed., Cizur Menor: Civitas-Thomson Reuters.

Nieto Martín, Adán (2008): *La responsabilidad penal de las personas jurídicas: un modelo legislativo*, Madrid: Iustel.

Roca Agapito, Luis (2014): «Sanciones penales aplicables a las personas jurídicas», en M. Ontiveros Alonso coord., *La responsabilidad penal de las personas jurídicas*, Valencia: Tirant lo Blanch, p. 371-412.

Rodríguez Fernández, Samuel (2011): «Las penas aplicables a las personas jurídicas tras la reforma legislativa de 2010», *Cuadernos de Política Criminal* 105, p. 159-198.

Zugaldía Espinar, José Miguel (2012): *La responsabilidad penal de las personas jurídicas, de los entes sin personalidad y de sus directivos*, Valencia: Tirant lo Blanch.

Abreviaturas

AA: Asunción autoría
AAP: Auto de la Audiencia Provincial
ADPCP: Anuario de Derecho Penal y Ciencias Penales
ap. / aps.: apartado(s)
AP: Audiencia Provincial
AR: Asunción responsabilidad.
art. / arts.: artículo(s)
ATS: Auto del Tribunal Supremo
BOCG: Boletín Oficial de Congreso de los Diputados
BOE: Boletín Oficial del Estado
BVerG: Bundesverfassungsgericht (Tribunal Constitucional)
c.: Contra
CDJ: Cuadernos de Derecho Judicial
CE: Constitución española
CEDH: Convenio Europeo de Derechos Humanos
CF: Consejo Fiscal
CGPJ: Consejo General del Poder Judicial
CIS: Consejo Superior de Investigaciones Científicas
CiU: Convergència i Unió
coord. / coords.: coordinador(es)
CP: Código Penal español
CPT: Comité Europeo para la prevención de la tortura
CSP: Delitos contra la salud pública
dir.: director, directora
DM: Decisión Marco
ed.: edición, editor
FGE: Fiscalía General del Estado
GP: Gesetzgebungsperiode (período legislativo)
IPF: Informe Psicológico Forense
JAI: Justicia y Asuntos de Interior
LEC: Ley de Enjuiciamiento Civil
LECrim: Ley de Enjuiciamiento Criminal
LO: Ley Orgánica
LOEX: Ley sobre derechos y llibertades de los extranjeros en España y su integración social
LOGP: Ley Orgánica General Penitenciaria
LORRPM: Ley Orgánica Reguladora de la Responsabilidad Penal de Menores
LOTC: Ley Orgánica del Tribunal Constitucional
LPRL: Ley de Prevención de Riesgos Laborales
LPRS: Ley de Peligrosidad y Rehabilitación Social

MAIN: Memoria del análisis de impacto normativo
núm. / núms.: número(s)
p. / pp.: página(s)
párr. / párrs.: párrafo(s)
PG: Parte General
PJ: Poder Judicial
PP: Partido Popular
PPR: Prisión Permanente Revisable
RD: Real Decreto
RJ: Repertorio de Jurisprudencia
s. / ss.: siguiente(s)
SIP: Sistema de Información Penitenciaria
(S)SAN: Sentencia(s) de la Audiencia Nacional
(S)SAP: Sentencia(s) de la Audiencia Provincial
(S)STC: Sentencia(s) del Tribunal Constitucional
(S)STEDH: Sentencia(s) del Tribunal Europeo de Derechos Humanos
(S)STS: Sentencias(s) del Tribunal Supremo
StGB: Strafgesetzbuch (Código penal alemán)
TAI: Tratamiento Ambulatorio Involuntario
TC: Tribunal Constitucional
TEDH: Tribunal Europeo de Derechos Humanos
trad.: traducción, traducido
TS: Tribunal Supremo
UPyD: Unión Progreso y Democracia
v.: Versus
v.gr: verbigracia
vid.: vide (véase)
UE: Unión Europea

Made in the USA
Middletown, DE
04 November 2026

36541626R10177